创智
Innovative Wisdom

战略管理

Strategic Management
Building Dynamic
Capabilities of Organizations

打造组织动态能力

陈劲 焦豪 —— 编著

北京大学出版社

图书在版编目(CIP)数据

战略管理:打造组织动态能力/陈劲,焦豪编著.—北京:北京大学出版社,2021.3
ISBN 978-7-301-31921-5

Ⅰ.①战… Ⅱ.①陈… ②焦… Ⅲ.①战略管理—教材 Ⅳ.①C931.2

中国版本图书馆 CIP 数据核字(2021)第 001703 号

书　　　名	战略管理:打造组织动态能力
	ZHANLÜE GUANLI: DAZAO ZUZHI DONGTAI NENGLI
著作责任者	陈　劲　焦　豪　编著
责 任 编 辑	任京雪　李　娟
标 准 书 号	ISBN 978-7-301-31921-5
出 版 发 行	北京大学出版社
地　　　址	北京市海淀区成府路 205 号　100871
网　　　址	http://www.pup.cn
微信公众号	北京大学经管书苑（pupembook）
电 子 信 箱	em@pup.cn
电　　　话	邮购部 010-62752015　发行部 010-62750672　编辑部 010-62752926
印 刷 者	三河市北燕印装有限公司
经 销 者	新华书店
	730 毫米×1020 毫米　16 开本　20.5 印张　543 千字
	2021 年 3 月第 1 版　2021 年 9 月第 2 次印刷
定　　　价	66.00 元

未经许可，不得以任何方式复制或抄袭本书之部分或全部内容。
版权所有，侵权必究
举报电话: 010-62752024　电子信箱: fd@pup.pku.edu.cn
图书如有印装质量问题，请与出版部联系，电话: 010-62756370

PREFACE >>> 序

改革开放四十年来，中国经济取得了举世瞩目的成就，中国企业也逐渐从默默无闻走到了世界舞台的中央，其管理经验也越来越多地被学界关注，中国传统文化中的战略思想与现代企业管理实践的融合已成为新的趋势。与之相伴，尽管西方当前主流战略管理理论范式在批判以环境论与资源观为代表的经典范式的基础上取得了长足的进步，但在面对发展变化更加迅速的外部环境时，仍暴露出诸多不足，不同范式间的整合尚未形成，协调内外部因素的战略管理框架尚未建立。

杰出的理论源于伟大的时代。在工业经济向知识经济转型的当今世界，企业生存发展的核心驱动力已由提升"效率"转向促进"创新"。企业所面临的竞争环境是易变的、不确定的、复杂的及模糊的，企业战略的制定与调整在面临来自外部环境与自身资源、能力约束的同时，也必然受到现有战略管理框架的影响与制约。由于战略管理理论体系与学术共同体普遍存在认知"刚性"，既有范式依然主导着企业的管理实践。然而，时代变革对企业管理实践创新的"推力"与战略管理理论固有体系之间的"张力"不断积聚，范式演进与迭代递次呈现，全新的战略管理理论范式与整合框架呼之欲出。企业战略管理在朝着强调动态能力的方向演进，东方传统战略思想也必将被纳入其中。时代的进步与社会、经济的转型为企业战略管理理论体系的发展划定了新的边界，新的情境孕育了新的管理实践，新的管理实践迫切需要新的战略管理理论体系的指引。

本书在系统性回顾战略管理经典理论与重要思想源流的基础上，将战略管理的前沿思想与中国企业的管理实践及中国传统文化中的战略内涵相融合，提出了基于动态能力的战略管理新框架，同时吸收了知识观和创新基础观的主要观点与方法。希望这一新的战略管理理论体系必将为新时代的企业管理实践贡献更多力量！

本书由陈劲教授提出编写的总体构想，并与北京师范大学的焦豪教授进行了深度的研讨，明确了写作框架。焦豪教授负责第2、3、7、8、10、11、16章的编写；清华大学经济管理学院的博士生曲冠楠负责第1、4、5、17、18章的编写并协助组织工作，范昭瑞负责第12、14、15章的编写，郭梦溪负责第6、9、13章的编写。全书由陈劲教授统稿并审定。清华大学技术创新研究中心的有关师生也给予了大力支持。

中国工程院院士、全球著名创新管理大师、浙江大学许庆瑞教授，世界著名知识管理大师、日本一桥大学野中郁次郎教授，战略管理学会（SMS）候任主席、美国莱斯大学张燕教授等对本书写作提供支持，他们专门为本书写了推荐语。动态能力理论创始人、美国加州伯克利大学哈斯商学院大卫·蒂斯教授对本书的写作也寄予厚望。在此，向他们表示由衷的感谢。

希望本书的出版能进一步推动战略管理知识体系的现代化，并增强中国学者对战略管理知识体系的独有贡献。我相信本书对提升中国企业的战略管理水平、对提升中国战略管理领域的学术研究水平将起到重要的推动作用！

陈　劲
2021 年 3 月 3 日
于清华园

CONTENTS 目 录

第1篇 导 论

第1章 战略管理与持续竞争优势 / 3
1.1 战略管理发展的新格局 / 4
1.2 战略管理框架体系 / 7
1.3 全书内容概览 / 13

第2篇 战略分析

第2章 由外向内的战略规划：识别机遇和威胁 / 19
2.1 安索夫的环境论 / 20
2.2 企业的外部环境 / 21
2.3 总体环境 / 21
2.4 行业环境 / 26
2.5 外部环境分析及工具 / 29

第3章 由内向外的战略规划：打造可持续竞争优势 / 39
3.1 内部组织分析 / 40
3.2 资源基础观 / 42
3.3 能力观 / 48
3.4 核心能力观 / 49
3.5 动态能力观 / 55
3.6 建立可持续竞争优势 / 61

第4章 知识观与企业战略 / 68
4.1 知识观与企业可持续竞争优势 / 70
4.2 知识观：以知识创造为核心的企业战略 / 71

4.3　知识观下企业战略的实施　/ 75

第 5 章　创新基础观与企业战略　/ 82

5.1　创新基础观：动态视角下企业创新战略的新框架　/ 83

5.2　经济视角：创新战略与竞争优势　/ 85

5.3　经典创新范式与企业战略目标　/ 86

5.4　中国本土创新范式与企业战略　/ 91

第 3 篇　基于核心能力的战略管理框架制定

第 6 章　业务层的静态战略　/ 103

6.1　顾客与业务层战略的关系　/ 104

6.2　业务层战略的目的　/ 106

6.3　竞争战略　/ 107

6.4　蓝海战略　/ 112

6.5　平台战略　/ 114

6.6　创新与变革时代的竞争战略　/ 116

第 7 章　业务层的动态竞争　/ 122

7.1　动态竞争缘起　/ 124

7.2　竞争者分析　/ 125

7.3　竞争性行为的驱动因子　/ 126

7.4　企业间竞争性对抗　/ 127

7.5　竞争性对抗模型　/ 130

第 8 章　公司层战略　/ 133

8.1　公司层战略的前提：边缘竞争理论　/ 135

8.2　多元化战略　/ 136

8.3　双元战略　/ 141

8.4　复合战略　/ 145

8.5　公司层战略与业务层战略的协同　/ 151

第 4 篇　基于开放视野的战略发展

第 9 章　合作战略　/ 159

9.1　战略联盟　/ 160

9.2　业务层合作战略　/ 163

9.3　公司层合作战略　/ 165

9.4　国际合作战略——跨国战略联盟　/ 167

9.5 网络合作战略 / 168
9.6 合作战略的竞争风险及管理对策 / 169

第 10 章　并购战略 / 173
10.1 企业并购的概念与特征 / 175
10.2 并购战略的背景 / 176
10.3 企业并购的类型 / 179
10.4 企业并购的动因 / 180
10.5 基于能力的企业并购模式 / 182
10.6 基于能力的企业并购后整合管理 / 185
10.7 阻碍并购成功的因素 / 190

第 11 章　国际化战略 / 196
11.1 国际化战略的意义与挑战 / 198
11.2 识别国际化机遇 / 199
11.3 国际化经营中的环境 / 202
11.4 三种基本的国际化战略 / 203
11.5 国际市场进入模式的选择 / 204
11.6 研发国际化 / 208

第 5 篇　战略实施、结构建设与战略评估

第 12 章　组织结构、平台与生态系统 / 215
12.1 战略和组织结构的关系 / 216
12.2 组织的结构和控制 / 217
12.3 战略和组织结构的发展模式 / 220
12.4 战略和组织结构的发展新趋势 / 223
12.5 战略和组织结构的匹配 / 230

第 13 章　战略协同 / 238
13.1 战略平衡 / 239
13.2 战略性人力资源管理 / 241
13.3 战略性财务管理 / 243
13.4 战略性营销管理 / 246
13.5 战略性供应链管理 / 248

第 14 章　战略评估 / 253
14.1 战略评估的意义 / 255

14.2 企业战略评估的过程 / 255
14.3 企业战略评估的方法 / 255
14.4 平衡计分卡 / 259
14.5 战略地图 / 264

第6篇　战略素养

第15章　战略领导力 / 273
15.1 战略领导力及其类型 / 274
15.2 高层管理者在企业中的角色 / 278
15.3 管理者继承与接替 / 281
15.4 关键战略领导行动 / 282

第16章　战略创业 / 287
16.1 战略创业的背景与内涵 / 289
16.2 战略创业的作用机制 / 291
16.3 战略创业的流程模型 / 293
16.4 战略创业的保障机制 / 295

第17章　战略思维 / 301
17.1 什么是战略思维？ / 302
17.2 信息科技驱动的战略思维 / 302
17.3 以钱学森思想为代表的综合集成思维 / 305
17.4 以《孙子兵法》为代表的东方动态战略思维 / 306

第18章　战略变革 / 311
18.1 战略变革及其类型 / 312
18.2 新时代企业战略变革的意义 / 313
18.3 关键战略变革行动 / 314
18.4 战略变革与组织变革 / 317
18.5 战略变革与大趋势 / 318

第 1 篇 导 论

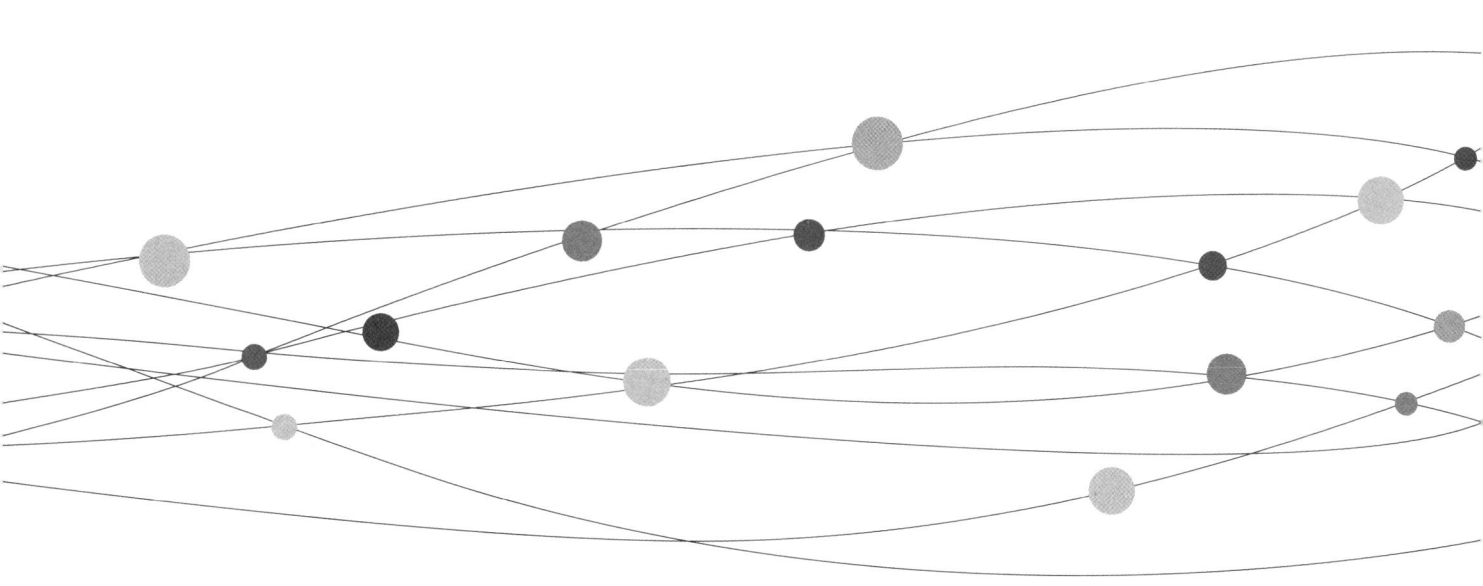

第1章
战略管理与持续竞争优势

>> **学习目标**
- 了解新时代企业战略管理的新格局;
- 了解战略管理体系的基本结构;
- 了解战略管理的基本框架。

开篇案例

巨人之殇(上)

2020年2月下旬,中华大地上正上演着全民抗击新型冠状病毒(2019-nCoV)的"人民战争",老百姓们盼望着疫情的好转,管理者们则在忧心着公司的生存。正值此时,接连的坏消息如惊雷炸裂:**方正集团被裁定重整,海航集团被政府接管。**

真可谓"眼见他起高楼,眼见他宴宾客,眼见他楼塌了",两个曾经的巨人,从艰苦创业到辉煌一时,再到轰然倒下,是多么令人惊叹与唏嘘。人们不禁要问:**是什么原因导致了这两个商业巨头的倒下?**

方正集团

方正集团植根于中国的最高学府——北京大学,从出生开始就带着天之骄子的光环。其汉字激光照排技术助其一骑绝尘,20世纪90年代后期,方正集团的汉字激光照排系统占据了国内出版业90%以上的市场份额、海外中文排版系统80%的市场份额,风头一时无两。进入新千年，方正集团继续高歌猛进，在全国校办企业中独树一帜，2009年其利润额一度达到全国校办企业利润总额的60%—70%。

转折始于2019年。彼时，方正集团在中国企业500强中排名第138，在中国电子信息百强企业中排名第5。前三季度高达24.69亿元的亏损（归属于母公司所有者的净利润−31.9亿元）拉开了其坍塌的序幕。截至2019年第三季度末，方正集团总负债为3 029.51亿元，资产负债率高达82.84%。2020年2月18日，方正集团发布公告："集团已于2月14日收到北京一中院通知，北京银行以方正集团未能清偿到期债务，且明显不具备清偿能力，但具有重整价值为由，向法院申请对方正集团进行重整。"2020年2月19日，北京市第一中级人民法院已正式裁定受理北京银行对方正集团的重整申请。自此，号称中国"最牛校企"的方正集团，在历经34年风雨之后黯然退出历史舞台。

海航集团

从国有企业民营化，到被政府接管，27年成为海航集团的一个轮回。20世纪90年代初期，由陈峰等人运作，海航集团成为中国首家国有企业民营化的航空公司。与方正集团不同，海航集团在商海打拼的金字招牌是服务。海航集团以"店小二"精神笑迎八方客，董事长陈峰甚至在空中亲自为乘客倒茶。作为曾经的中国民航服务标杆，"服务至上"体现了海航集团的核心战略。海航集团连续9年蝉联Skytrax "世界五星航空公司"称号。2019年，海航集团再度上榜Skytrax "全球最佳航空公司TOP10"榜单，排名上升至第7位。旗下海口美兰国际机场为全球第8家、国内（除港澳台地区）首家Skytrax五星级机场。作为中国四大航空公司之一，海航集团是中国发展最快的航空公司，其在2019年中国民营企业500强中以6 000多亿元的营收排名第2（仅次于华为）。国际上，在《财富》世界500强榜单中，海航集团曾一路高歌猛进，从2015年的464位以每年跃升100位左右的速度蹿升至2017年的170位。

然而，海航集团的衰落比想象的要快得多。2018年，海航集团陷入流动性与经营困境，跌出世界500强榜单。2019年年底，海航集团负债7 000亿元，主动请求当地政府介入。2020年2月29日下午，海航集团官方宣布："海南省人民政府牵头成立了'海南省海航集团联合工作组'，将全面协助、全力推进海航集团风险处置工作。"

请思考

1. 到底是什么摧毁了这两家集团公司？它们的失败是时运不济、经营不善，还是隐隐存在的深层次的原因？

2. 一个是高科技校企，一个是航空业巨头，它们的失败是否存在一些共性原因？

资料来源：

作者根据相关资料撰写。

本章首先对新时代企业经营管理面临的新问题、新挑战与新格局进行分析，探索着描述企业战略管理发展的大趋势；其次对当今企业战略管理的基本体系与过程进行简单介绍；最后对全书内容进行梳理。

1.1 战略管理发展的新格局

新的时代需要新的战略管理理论体系。人类社会在经历了五千年的农业经济与三百年的工业经济之后，伴随着知识经济的发展与深化，以大数据、人工智能、物联网、区块链、虚拟现实等技术的应用为代表的新一代数字经济革命，使人类社会向知识经济（Knowledge Economy）的转型步伐迈入更深的层次与更广阔的疆域。

然而，战略管理理论体系与整体框架仍然由传统的环境论与竞争论主导，缺乏对人类命运共同体的关注，缺乏对社会未来大趋势（Megatrend）的把握，缺乏对企业战略能力及战略智慧的培育，缺乏对知识管理与创新管理的重视，难以指导组织获得真正具有长期价值的可持续竞争优势。旧有的战略管理理论体系正面临前所未有的挑战：

其一，对企业能力（Capabilities）的关注不足。尽管从资源观向能力观（核心能力与动态能力）的转向是战略管理的大趋势，但真正基于企业能力构建的战略管理理论体系仍未形成，对企业能力本质的认识仍然存在争议，对企业能力获得途径的研究仍不充分，对能力与资源、能力与制度、能力与企业长期发展的协同演化仍然缺乏系统性论述。

其二，对创新（Innovation）管理的重视不足。新时代，创新已经成为企业生存与发展的命脉所在，众多世界级商业巨头（如通用、波音）近年来所遭遇的危机无不与此相关。在飞速变化的外部环境下，领先企业赖以生存的优势资源或可顷刻间丧失其价值，而创新作为企业不断自我迭代的重要战略正越来越多地受到重视，基于创新基础观（Innovation Based View）的企业战略正在孕育，而传统战略思想所带来的禁锢正在被打破。

其三，对知识（Knowledge）管理的理解不足。长期以来，西方管理思想将企业知识理解为信息，将企业理解成信息处理的机器，忽略了隐性知识的重要作用。Nonaka（1994）提出知识创造的SECI（Socialtzation, Externalization, Combination, Internaltzation）模型，旨在讨论隐性知识与显性知识的交互和演化对组织整体学习能力及知识产出的影响，该过程同样可以被看作组织能力的形成与演化过程。知识管理是企业动态能力获得的重要前因变量，但是连接知识管理与动态能力的机制尚未明晰，知识管理在企业战略中的重要作用在很大程度上被忽略了。

其四，对责任（Responsibility）与利益相关者（Stakeholder）的关照不足。企业社会责任近年来成为战略管理实践与研究的热点之一。然而，现行关于企业社会责任的研究并未真正将股东（Shareholder）与利益相关者的诉求相连接，事实上，主流观点仍将企业社会责任视为一种"成本"，从而导致股东与利益相关者诉求的对立，以及企业战略选择上的两难境地。战略管理急需一种整合二者利益诉求的分析框架。

其五，对意义（Meaning）及人类命运共同体的整体性思考不足。创新活动向人类命运整体意义的回归，是习近平总书记"构建人类命运共同体"理念在经济社会领域引领重大理论与实践转向的具体体现。现有的战略管理框架仍然将分析重点集中在"效率与技术"，而忽略了可以改善企业长期发展与社会整体福利的"价值与意义"，人性与哲学思考在企业战略中的回归将是企业战略管理未来发展的大趋势所在。

为应对以上挑战，本书着重从能力观视角阐述企业战略管理的核心内涵，将知识管理、创新管理与企业战略相结合，以东方的整体论思想为统筹，形成静态与动态相融合、资源与能力相协同、知识与创新相整合的新时代战略管理理论体系，长短兼顾、动静结合、中西合璧，为打造世界级创新企业赋能，为构建人类命运共同体助力。

1.1.1 全球发展的挑战

在工业经济向知识经济转型的当今世界，企

业所面临的竞争环境是易变的（Volatility）、不确定的（Uncertainty）、复杂的（Complex）及模糊的（Ambiguity），企业战略的制定与调整在面临来自外部环境与自身资源、能力的约束的同时，也必然受到现有战略管理框架的影响与制约。然而，时代变革对企业管理实践创新的推力与战略管理理论固有体系之间的"张力"不断积聚，企业战略管理的新格局逐渐形成，战略管理范式演进与迭代如图1-1所示。企业战略管理在经典的环境论、竞争论、资源观与核心能力观的基础上逐渐走向动态能力论与知识观，并与中国传统战略思想的整体观相融合，成为全新的创新基础观。时代的进步与转型为企业战略管理理论体系的发展划定了新的疆域，新的情境孕育了新的管理实践，新的管理实践迫切需要新的战略管理框架的指引。

取得了世界瞩目的成果，中国企业逐渐从默默无闻走到了世界舞台的中央，其管理思想与经验也越来越多地被学界关注（吴照云和张兵红，2018；陈春花，2016），中国传统文化中的战略思想与现代企业管理实践的融合已成为新的趋势（齐善鸿等，2018）。与之相伴，尽管西方当前主流战略管理范式在批判以环境论与资源观为代表的经典范式上取得了长足进步，但在面对迅速发展变化的外部环境时，仍暴露出诸多不足，不同范式间的整合尚需完善，协调内外部因素的战略管理框架尚需建立。

技术革命的波浪式前进，是颠覆性技术与渐进性技术相互交织所呈现的宏观图景。在经典范式下，技术的发展是线性的，可以借用技术路线图等工具与组织的具体规划来实现。然而，在复杂多变的环境中，颠覆性技术的涌现是非确定性的，但其影响是巨大的。拥有坚实壁垒的领先企业，往往被来自其他利基市场的跨领域挑战者颠覆，而后者依赖的正是颠覆性技术。颠覆性技术的涌现特征使得在位者不得不依靠"自我革命"来保持领先优势，因此传统的构筑可持续竞争优势的资源观不断受到挑战。

图1-1　战略管理范式的演进

资料来源：陈劲等（2019）。

数字经济的到来使得从理论与现实角度管理复杂性变得可能，大数据与人工智能等技术的飞速进步使得基于有限理性的组织决策理论或可被修正；全样本数据的潜在可得性与机器计算能力的迅猛发展使得企业战略的制定与调整更加系统化。同时，在数字视角下，企业与行业的边界变得模糊，商业模式间更加本质的联系愈发清晰，跨界整合与专注深耕同时成为企业战略管理发展的大趋势。

1.1.2　技术革命和数字经济

技术革命的波浪式前进与数字经济的涌现式发展为后发国家及企业的赶超战略提供了有利的场域。中国自实施创新驱动发展战略以来，在工程科技领域和数字科技驱动的商业模式创新方面

1.1.3　和谐社会和美好生活

传统范式主要以关注企业内部效率和市场需

求为导向。尽管长期以来这些范式被证实对企业发展做出了不菲的贡献，但仍需看到，基于问题解决与市场需求导向的企业战略较为短视，缺乏对创新意义的深刻洞察及对人类未来的美好向往，从而大大消减了创新的实际应用效果，最终影响企业的长期发展。当今及未来，企业的战略管理框架和行为应承担构建和谐社会与促进美好生活的责任，在全球可持续发展、人类总体福利改善、社会文化进步等方面发挥重要作用。

战略管理范式向社会文化、人文关怀和艺术表达方向转化的趋势有其时代背景：一方面，人类科技的飞速发展使得技术本身的约束大大减少，如何使用技术变得越来越重要，人类在不断应用技术解放劳动力的同时也在不断思考自身与新技术带来的新约束之间的张力。另一方面，有限理性的存在使得由市场推动的创新的最优边界只能在短期效率上实现帕累托改进，而无法引领长期效率和社会福利的持续提升。缺乏整体性创新范式的引领，加剧了市场失灵带来的资源错配，从而催生了众多"没有灵魂"的技术改进，以及对增进社会福利、助力人类发展"没有意义"的产品。在可预见的未来，人工智能、大数据、材料科学和能源技术等领域的不断发展或许能够帮助人类彻底解决癌症、食物和能源等问题。但是，科技并不能解决全部问题，且其本身可能会成为问题，随之而来的人性与科技之间的张力将愈发彰显，科技本身并不会必然具有意义，赋予其价值和意义的是人与人类社会。

1.2 战略管理框架体系

1.2.1 战略管理的经典框架

战略管理兴起于20世纪60年代，其经典框架可概括为三个，即最初的"战略—结构"框架，以及由此发展出的分别关注外部环境和内部资源的环境论视角与资源基础观视角，二者分别发展出了庞大却难以整合的理论体系（马浩，2017）（见图1-2）。战略管理经典框架的形成开启了战略管理领域的大门，解释与指导了所处时代的企业实践。

图1-2 环境论与资源基础观间的比较
资料来源：陈劲等（2019）。

1.2.1.1 兴起：环境、战略与组织结构

20世纪60年代，美国管理学者艾尔弗雷德·钱德勒（Alfred Chandler）在其著作《战略与结构：美国工商企业成长的若干篇章》（*Strategy and Structure*：*Chapters in the History of the Industrial Enterprise*）中对企业战略问题进行了分析，正式开启了战略管理的篇章。Chandler（1962）认为，战略是企业长期基本目标的决定，以及为贯彻这些目标所必须采纳的行动方针和资源分配。他以20世纪上半叶美国大企业事业部制组织结构变革为例证，分析了企业经营战略与组织结构之间的关系，从而提出了著名的"战略—结构"框架。该框架的核心论述是，为适应外部环境，企业会设计与实施经营战略，而组织结构制约了其可能采取的行动和分配的资源。因此，企业需要调整或重构组织结构以适应经营战略（采取行动及分配资源），即组织结构会伴随组织经营战略的变化而变化。在此基础上，学者从不同维度对企业战略问题进行分析。以哈佛商学院

教授 Andrews（1971）为代表的学者将企业战略视为一种非正式的"设计"（汪涛和万健坚，2002），即在既定原则的指导下进行灵活的调整。Learned et al.（1969）提出了著名的企业商业政策（Business Policy）SWOT 分析框架，认为高层经理人需要统筹分析企业自身的优势（Strengths）、劣势（Weaknesses），以及来自外部环境的机会（Opportunity）、威胁（Threats），为应对随时变化的情境进行灵活变通。尽管存在分析角度上的差异，但总体而言，早期的战略学者主张企业应当运用自身优势，积极回应环境中的机会，规避内部劣势并中和外部威胁（Barney，1991）。这种相对全面的企业战略理论框架，为战略管理的学科领域划定了边界，为后续战略管理理论的发展奠定了基础。

1.2.1.2 环境论视角：产业结构与战略定位

环境论视角可以追溯至伊戈尔·安索夫（Igor Ansoff）的开创式研究，其 1965 年出版的《公司战略》（Corporate Strategy）是早期战略研究中的经典之作。Ansoff（1965）认为，企业的战略行为是其对环境的感知与交互的过程，以及由此引起的组织结构变化的过程。因此，企业战略由"环境、战略模式与组织"三种要素构成，当三种要素匹配得当时，可以产生协同效应并增进企业绩效。Ansoff（1957）提出了著名的"产品—市场"组合矩阵，强调了系统性分析产品与市场关系的"协同"性的重要性。Ansoff（1987）的另一个重要观点是从环境变化的视角挑战了 Chandler（1962）的"结构追随战略"观点，认为当环境发生变化时，组织对其的感知是破碎的、滞后的与缺乏整体性的，因此现实的情况是组织会先改变结构来适应环境，而后再调整其战略能力，这种"先结构、后战略"的思路可以帮助企业缩短适应环境的时间，塑造一种"弹性"的战略能力。

尽管战略管理的开创性研究承认企业应同时关注内部特质与外部环境，但从 20 世纪 70 年代后期开始，竞争论视角的研究逐渐成为主流。以迈克尔·波特（Michael Porter）为代表的战略管理学者将研究的主要重心放在了竞争环境下对企业外部机会与威胁的分析上（Lamb，1984），从而继承并发扬了 Ansoff 的环境论视角。以著名的"五力模型"（Five Forces Model）为代表，Porter（1980）分析了能够为企业带来更高绩效的环境条件（Environmental Conditions），即拥有更多机会和更少威胁的产业具备哪些结构特质。

竞争论视角下，企业战略的核心是获取竞争优势（Porter，1985）。企业的战略决策由两部分组成：第一，行业（产业）的选择，不同的产业结构（由"五力"刻画）提示不同的盈利能力与潜在威胁，企业需要基于对产业结构的分析选择"有吸引力"（Attractive）的行业制定进入战略；第二，行业内的竞争战略，即便在同一个行业内，企业之间所处的地位不同也会影响企业的盈利能力，处于更易盈利位置的企业具有优势竞争地位。能否获取行业内的有利地位，考验的是一个企业的"战略定位"（Strategic Positioning）（Porter，1996）能力。基于上述框架，企业可以通过低成本、差异化、一体化（横向/纵向）、价值链活动等具体战略进入潜力行业，争取有利地位，最终获取竞争优势。

在整个 20 世纪八九十年代，以"五力模型"为代表的环境论视角是战略管理理论的主流，其受产业组织经济学（Industrial Organization Economics）的"S-C-P"（Structure-Conduct-Performance）（Schmalensee，1985）思想影响颇深，即认为决定企业盈利能力的关键是其所处的行业（行业因素）及其在行业中的地位（市场份额），而并非企业间（资源）的差异。S-C-P 学者坚称，"任何异质性的成果必须反映非匀质性的机会"（巴尼，2016），这一结论暗含了企业之间完全同质的假设。然而，从经典 SWOT 分析框架来看，环境只关注机会与威胁，而对企业内部（优势、劣势）关注不足，随着社会的发展与实证结论的积累，这种专注外部行业因素的分析框架不断受到挑战，强调企业间差异的视角逐渐兴起（Lippman and Rumelt, 1982）。

1.2.1.3 资源观视角：资源基础与核心能力

进入20世纪90年代，伴随着工业经济向知识经济的转型与信息技术的迅猛发展，以及产业格局与竞争环境的不断变化，企业间的竞争日趋激烈与全面。管理者与理论家都意识到，仅仅依靠过去片面的产业进入与定位战略等无法使企业获得持续竞争优势（Sustained Competitive Advantage）（Barney, 1991）。以杰恩·巴尼（Jay Barney）与加里·哈默尔（Gary Hamel）等为代表的战略学者将视角拉回到企业内部，从不同角度分析企业间差异对其长期绩效的影响。1991年，以Wernerfelt（1984）的研究为基础，Barney（1991）以企业资源为视角，发表了资源基础观（Resource Based View, RBV）的扛鼎之作"Firm resources and sustained competitive advantage"，提出了企业资源分析的VRIN框架，认为有价值（Value）、稀缺（Rare）、不可模仿（Imitability）且不可替代（Non-substitutability）的资源是塑造企业持续竞争优势的关键。作为资源基础观在企业层面的体现（马浩，2017），Prahalad and Hamel（1990）在《哈佛商业评论》（*Harvard Business Review*）上撰文"The core competence of the corporation"，正式提出企业核心能力的理论框架。该理论认为，企业间存在知识、技术等资源的固有差异，这些差异独特且难以在企业间流动或被复制，因而可以此为基础塑造企业独特的竞争优势。以该理论为基础，企业战略应当紧紧围绕自身特点，进入与自身优势相对应的产业，避免盲目扩张与多元化经营。

资源基础观曾被寄希望于成为整合战略管理框架的有力范式（Peteraf, 1993）。然而，针对其是否可以成为一个理论的争论也十分激烈。Priem and Butler（2001）提出重要批判，认为资源基础观关于重要资源的论述存在明显的同义反复（Tautological）、边界不明晰、缺乏动态性等问题，难以发展为真正的理论。此外，Leonard-Barton（1992）指出，伴随企业核心能力的形成，往往会出现核心刚性（Core Rigidities）问题，即在快速变化的环境中，核心能力常常无法随之改变，企业原有的核心能力不仅不能为企业带来持续竞争优势，反而会成为企业竞争优势发挥的阻碍。

综上所述，可以看到资源基础观并不足以解释企业在快速变化和不可预期的市场环境中竞争优势的"获取"。此外，核心能力受到核心刚性的制约，不能帮助企业实现竞争优势在变化环境中的"保持"，战略管理研究期待着更加权变与整合的动态视角。

1.2.2 战略管理的新框架

伴随知识经济社会的转型与发展，高速变化的外部环境使得传统的单一导向的战略管理框架难以满足需求，以动态观为桥梁，连接企业内外部因素的企业动态能力理论得以建立。然而，动态观固然有其先进性，但近十年来人类科技的爆炸式发展又使得"动态市场"的内涵发生了根本变化，环境的变化已经从单纯的"速度提升"转为"范式迭代"，专注于"当下"而忽略企业"未来"持续竞争优势获得的旧有动态框架已不能满足企业实践的需求，战略管理的全新框架亟待建立。

战略管理的新框架是以动态观为出发点，以东方传统战略思想为指引，统筹创新管理与知识管理的战略内涵，建立的内外兼顾、长短期均衡、东西方融合的全新战略管理框架（见图1-3）。

战略管理的新框架旨在系统性整合"后经典"时代占主导地位的企业动态能力观、核心能力观、知识观等理论范式，并引入创新基础观与东方传统战略思想的整体观、伦理观、时空观，实现动态能力观、知识观、创新基础观在东方传统战略思想指引下的统一。

图1-3 战略管理的新框架

资料来源：陈劲等（2019）。

战略管理的新框架之"新"在于将当前的战略管理主导范式（动态基础观、知识观）与代表新时代特征和大趋势的战略管理新范式（创新基础观）在东方传统战略思想的指引下实现了整合。整合后的新框架紧紧围绕动态环境中的企业战略，针对企业生存、企业发展、成就卓越的阶梯目标，涉及三大核心战略议题（见图1-4）：

图1-4 企业目标与战略议题

资料来源：陈劲等（2019）。

（1）适应环境，它是企业在动态环境下的生存问题，即企业如何组织、调配与重构资源来适应环境变化，获得适应能力。通过引入动态能力，建立战略管理新框架的动态观基础，强调动态能力是企业适应动态环境的关键。进而，通过将知识观与动态观相连接，着重强调知识管理与组织学习作为动态环境下企业动态能力获得的有效途径，是其重要的前因变量。

（2）获得可持续竞争优势，它是企业在动态环境下的发展问题。适应环境只能解决企业的生存问题，优秀企业应当考虑如何获得发展，也就是如何获得可持续竞争优势。针对Teece et al.（1997）及Eisenhardt and Martin（2000）等关于动态环境中不存在企业持续竞争优势的论断，通过创新基础观补足这一短板，强调持续创新、双元能力与边缘竞争是企业应对动态环境、保持竞争优势的三大支柱。

（3）引领变革，它是优秀企业在动态环境下如何走向卓越的问题，即如何积极引领时代变革，将发展优势转变为引领能力，成就世界级的伟大企业。新框架通过引入东方传统战略思想，弥补当前范式在企业长期战略决策上的短板，以整体观、伦理观、时空观为引领，强调以整体视角看待企业与环境的关系，以"利他精神"塑造企业社会价值与商业伦理，正确处理历史、当下与未来的关系，帮助企业增强对环境变化与人类发展大趋势的把握，推动企业实现持续发展、永续经营和变革引领。

1.2.2.1 动态观：从静态资源到动态能力的视域转换

动态论是战略管理新框架的基础与出发点，是动态环境下企业竞争优势的核心来源。基于"产业结构分析"的环境论与基于"企业特征"的资源基础观分别强调了企业外部环境与内部资源对战略的影响，但战略管理领域仍缺乏一个完整的框架将上述理论视角进行综合。尽管Wernerfelt（1984）与之后的Conner（1991）、Collis（1994）等学者都尝试建立两种视角间的联系，但真正实现二者初步融合的理论来自Teece et al.（1997）提出的动态能力概念与分析框架。Teece et al.（1997）认为，所谓动态能力，是指企业所具备的集聚、组合、调配、使用资源，以及根据环境变化重新集聚、再次组合、反复调配资源的独特能力。需要注意的是，动态能力强调企业运用内部资源创造与捕捉市场机会以适应外部环境的能力，也即资源的价值需要依赖企业对资源的运用（市场定位、资源配置）能力得以实现。动态能力视角旨在将以往分离的内部（优势、劣势）与外部（机会、威胁）研究进行连接。Eisenhardt and Martin（2000）对Teece et al.（1997）的观点进行批判式发展，认为基于"能力"的定义仍然存在同义反复问题，动态能力应当是企业利用资源的过程，是一系列可识别的组织惯例的组合，其并不具备那么高的企业特异性，不同企业之间的动态能力在一定边界内可以存在共性。

综上所述，从静态的资源视角向动态的能力视角的转换，体现了战略管理对资源与环境双重约束下企业如何获得竞争优势的探索。然而，动态观仍面临三个主要挑战：其一，模糊的获得方式问题。尽管过程角度定义下的动态能力具备可识别性与企业间共性，但其仍旧偏向于一种性质的描述，缺乏关于动态能力前因变量的系统性讨论。其二，可持续竞争优势问题。不同于资源基础观的静态市场假设，动态能力观强调市场的动态性，并认为在高度变化的市场中，持续竞争优势是不可能获得的。然而，现实中很多企业存在长期的超额收益，这种理论与现实的背离是新框架需要予以解释和回应的。其三，对外部环境变化的大趋势回应不足。动态能力专注于企业外部环境的当下变化，而对关乎企业长期发展的宏观趋势关注不足，缺乏关于企业、社会、国家发展的整体性思考与长远的战略眼光。这是需要在战略管理的新框架内讨论与回应的。

1.2.2.2 知识观：动态视角下企业核心能力的重塑

在战略管理的新框架中，首先应当被讨论的是企业动态能力的获得问题，而企业的知识创造与管理能力被认为是动态能力获得的关键。Zollo and Winter（2002）讨论了企业动态能力的获得方式，认为动态能力的获得依赖于组织学习，通过经验积累、知识表达、知识编码来实现。从源流上看，这一思路来自知识基础观（Grant，1996）。知识基础观将企业看作获得、处理、使用知识的学习型组织。毫无疑问，对组织学习过程与机制的研究最终会落脚到对知识的讨论。然而，无论是战略管理的经典框架还是关于动态市场的分析框架，都未将知识管理纳入其中。

从更系统的知识管理视角来看，知识是企业重要的竞争性资源（Nonaka and Konno，1998），是构造企业核心能力与动态能力的关键。Nonaka and Konno（1998）认为，从弗雷德里克·W. 泰勒（Frederick W. Taylor）到赫伯特·西蒙（Herbert

Simon），传统的西方范式将组织看作"信息处理"的机器，这种观点根深蒂固，以至于他们因此而忽略了知识创新的重要性。其进一步指出，传统的西方管理学所关注的知识是显性的，可以用语言、文字或数字来表达；而传统的东方管理学则将知识看作一种"隐性"的智慧，它们既包括所谓的"技术、诀窍、心法"，又包括更深层次的"理念、情感、认知"。正是这些隐性的知识，塑造了企业不可复制的竞争优势与环境适应性。

因此，在战略管理的新框架中，应更加关注企业的知识管理过程与能力的塑造，将其视为变化市场中企业动态能力获得的重要前因要素。Nonaka（1994）在其文章"A dynamic theory of organizational knowledge creation"中提出了企业知识创新的SECI模型，对知识创新的过程和机理进行了系统性分析，强调了显性知识与隐性知识在组织场域中交互和相互转化的四种模式：社会化（Socialization）、表出化（Externalization）、联结化（Combination）、内在化（Internalization）。将知识管理的分析纳入战略管理的新框架中，有利于解决资源观与动态能力观的同义反复问题，也有助于解释变化环境中企业动态能力获得的途径与机制。

在知识经济不断发展的当今世界，企业依靠传统行业壁垒与优势资源获取竞争优势的策略正在愈发地无以为继，产业的不断重组与分化使得企业战略的制定者顾盼两难，知识的创造与管理能力成为新时代企业核心能力的主体及动态能力的基础，知识观将成为战略管理新框架中不可忽视的重要组成部分。然而，在某种程度上，知识观专注于内部知识的挖掘和利用，而易忽视对外部知识的探索和搜寻。应当认识到，知识是创新的微观基础，一个更加强调对内外部知识与资源进行综合利用的创新观视角，将是战略管理的新框架所不可或缺的。

1.2.2.3 创新观：动态视角下企业竞争优势的持续获得

战略管理的新框架讨论的第二大议题是关于"企业的可持续竞争优势"，在动态市场中企业持续竞争优势的获得需要依靠创新基础观的引领。

在传统的动态能力观框架下，Teece及Eisenhardt等坚持的动态市场中不存在企业持续竞争优势的论断可以追溯到资源基础观，其根本逻辑是基于不同租金形式所对应的企业可持续盈利能力。Peteraf（1993）认为，资源在企业间的异质性分布可以为企业带来李嘉图租金（Ricardian Rents）（Rumelt，1987），从而获得持续竞争优势。而当环境处于高速变化与高度不确定性状态时，李嘉图租金在熊彼特冲击（Schumpeterian Shocks）之下极易消散，且能够产生李嘉图租金的优势资源又是十分稀缺的，无法轻易获得，因此企业无法获得持续的租金收益。不仅如此，Eisenhardt and Martin（2000）认为，动态能力在企业间存在共性且具有替代性，因此不能成为企业持续竞争优势的基础。

然而，若从创新观的视角来看，企业在动态视角下的可持续竞争优势便可以获得。应当认识到，动态能力所强调的对资源的整合与重构，体现的正是企业创新过程的核心，其本质上是在说明创新活动对于改变竞争格局的重要作用（马浩，2017）。因此可以说，动态能力的提出是对Schumpeter（1934）创新范式的回归与继承。从创新管理的视角上看，创新活动可以带来熊彼特租金（Schumpeterian Rents）。尽管在动态市场中创新将逐渐被模仿，但创新资源的稀缺性是相对的，即优秀的企业可以通过不断地探索和永无止境地拼搏向上，持续获得新的创新资源，赢得并保持竞争优势。需要说明的是，尽管在"过程观"定义下的动态能力具有企业间共性，但其本质上是指企业间可识别的"组织惯例"存在共性，而并非创新活动所产生的创新资源存在共性，创新资源的根本属性就是"差异性"。

我们提出战略管理的创新基础观是战略观、战略模式、战略能力的统一。它强调企业应秉持持续创新的战略观，将培育双元能力与实施边缘竞争战略相结合，作为构建动态市场下企业获取可持续竞争优势的关键。

1.3 全书内容概览

本书共计 6 篇 18 章内容，章节的具体安排与主要内容如下：

第 1 篇，导论。

统领全书，介绍新时代企业战略管理体系发展的新格局，提出全书内容核心——战略管理新框架。

第 2 篇，战略分析。

共包含 4 章（第 2 至第 5 章），分别聚焦于企业的外部环境与内部组织。第 2 章提供了外部环境的分析思想与方法，能够帮助企业更好地理解自身所处环境的特点。第 3 至第 5 章则从资源、能力、动态能力、核心能力、知识及创新出发，多方位、多视角地关注企业内部战略规划，能够帮助读者理解企业进行价值创造、保持可持续竞争优势的必要因素。

第 3 篇，基于核心能力的战略管理框架制定。

共包含 3 章（第 6 至第 8 章），主要阐述业务层战略与公司层战略。在第 6、第 7 章中，业务层的静态战略讨论了各类型业务层战略在市场竞争中的作用机制，动态竞争战略则介绍了企业实行动态竞争战略全过程的内在机理与制定流程。公司层战略是企业整体的战略总纲，第 8 章重点介绍了多元化战略与双元战略，并总结出公司层战略与业务层战略的协同机制。

第 4 篇，基于开放视野的战略发展。

共包含 3 章（第 9 至第 11 章），主要阐述企业合作、并购及国际化三种战略发展途径。本篇基于开放视野并着眼于发展，提出了不同战略各自的适用环境及意义所在，并详细介绍了三种战略的具体实现形式。

第 5 篇，战略实施、结构建设与战略评估。

共包含 3 章（第 12 至第 14 章），主要阐述企业战略实施中的组织结构安排、战略协同与战略评估。本篇着眼于企业战略的实施过程，其中第 12 章讨论战略与组织结构之间的双向互动关系；第 13 章阐述战略协同、战略平衡的概念及其在企业各部门中的应用原则；第 14 章则着重于阐述企业战略评估的重要意义、过程与主要方法。

第 6 篇，战略素养。

共包含 4 章（第 15 至第 18 章），主要阐述关乎战略判断、理解与执行的一系列素质养成和能力，包括卓越领导力的打造、创业精神的发挥、战略思维的培养与变革能力的构建。其中，战略创业通过建立简明的概念模型梳理了企业战略创业的内涵、作用机制、流程模型与保障机制等基本体系，在思想上强调用创业精神发展企业战略，并在实现途径上提供了可行的操作思路。

➡ 案例阅读

巨人之殇（下）

巨头倒下的消息传来，商界、学界及新闻界纷纷对两家企业为何走向衰败展开了分析。尽管大家的观点、论据、思路都存在一定的差别，但有一点几乎成为大家的共识，即致使方正集团与海航集团失败的最直接原因，是**过度多元化的企**

业战略。

所谓多元化战略，是指企业通过并购等手段进入与其现有业务不同的领域乃至产业，形成跨界经营的产业格局。回首20世纪五六十年代，伴随着第二次世界大战后较为稳定的国际发展环境与第三次技术革命的红利显现，美国企业开始兴起多元化浪潮，多元化战略被企业视为既可以分散风险又可以增强竞争力的不二选择。但是从80年代后期到整个90年代，过度多元化给诸多跨国公司带来的苦果开始显现：有的企业陷入困境，有的企业走向破产。企业开始关注自身资源禀赋与核心能力的建设，一个去多元化的浪潮开始兴起。多元化是一柄双刃剑，它既可以使企业迅速壮大并分散风险，又可以削弱企业的核心能力，让其失去可持续竞争优势。从这一视角来看方正集团与海航集团，不难发现二者在战略选择上的相似性。

2002年，方正集团创始人王选在公司内斗中出局，离开了他一手创办的企业。彼时，方正集团拥有两块核心资产：激光照排和电脑。同年，集团董事长魏新宣布实施多元化战略，他表示："激光照排一年才几个亿的销售收入""我们的电脑销售收入比较大，一年有几十亿元，但那是高新技术企业吗？""我从来不认为电脑公司是高新技术企业，因为核心技术都不掌握在我们手里"。在多元化战略的指引下，方正集团在2009年关闭了年销售量达500万台、全球前十的个人电脑（PC）业务，转而涉足地产商贸、金融证券、智慧城市、智慧医疗，甚至智慧交通等领域。关闭PC业务的方正集团并未如其掌舵人所说的那样，去努力掌握"核心技术"，而是慢慢从一个高新技术企业，变成了一个金融控股财团。在多元化最迅猛的时期，方正集团甚至投资了矿山、高尔夫球场等与核心业务几乎没有任何关联的领域，尽管后续有意收缩，但仍然形成了IT（信息技术）、医疗医药、房地产、金融、大宗商品贸易、职业教育等六大产业板块。过度多元化的基本格局已经形成，其苦果开始逐步显现。企业规模的迅速扩大和企业整合能力的低下导致不可控的风险积累与无法协同的资源冗余，削弱了企业的盈利能力，也将企业负债推向了前所未有的高位。

再来看海航集团。从2001年开始，海航集团开始尝试多元化战略，在国内外资本集团的助力下，开始大规模收购国内星级酒店。2008年，海航集团确立了八大业务板块：航空、旅游、商业、物流、实业、机场、置业、酒店。2012年被优化为航空、物流、资本、实业、旅游五大业务板块。根据陈峰董事长的计划，依托"以多方融资为支撑、以快速并购为主要手段的多元化战略扩张之路"，海航集团到2020年营收将高达8 000亿—10 000亿元，从而进入"世界100强"，2030年营收将达到15 000亿元，进入"世界50强"。在这个宏伟的多元化战略的引领下，海航集团一路融资"买买买"，旗下公司从2009年的200家急速扩张至2011年的700多家。然而，过快的扩张速度所带来的规模激增与海航集团"重并购、轻管理、轻整合"的战略失误相结合，激发了风险，集团资产负债率从2006年的56%升至2012年的79%，超出公认的安全线（60%）近20%。终于，到了2019年，如梦方醒的掌门人陈峰认识到了过度多元化的危机并决定回归主业，他表示："我们就是聚焦航空主业，非主业的不留悬念，再盈利也不要。"但一切为时已晚，海航集团早已失去了翻身的机会，陈峰悔恨地说道："认为自己什么都能干、什么都可以干时，祸就埋下了。"

战略的核心目标是帮助企业获得持续竞争优势，战略的制定应当是兼顾内外、协调资源与能力、统筹机会与挑战的系统过程。任何一种战略如果不能适应环境的特征，不能匹配企业的资源与能力，那么其必然是空中楼阁。方正集团与海航集团正是在这种无限扩张的"春秋大梦"之中，走向了万劫不复的深渊。

资料来源：
作者根据相关资料撰写。

思考题

1. 什么是企业战略？
2. 企业战略管理的核心目标是什么？
3. 新时代的企业战略管理呈现出怎样的新趋势？

每章必读

［1］ANDREWS K R. 1971. Concept of corporate strategy[M]. Homewood, IL：Irwin.

［2］ANSOFF H I. 1965. Corporate strategy[M]. New York：Penguin Books.

［3］BARNEY J. 1991. Firm resources and sustained competitive advantage[J]. Journal of Management, 17（1）：99-120.

［4］CHANDLER A D. 1962. strategy and structure：chapters in the history of the industrial enterprise[M]. Cambridge, MA：MIT Press.

［5］PORTER M. 1985. Competitive advantage[M]. New York：Free Press.

［6］TEECE D J, et al. 1997. Dynamic capabilities and strategic management[J]. Strategic Management Journal, 18（7）：509-533.

［7］陈劲，曲冠楠，王璐瑶. 2019. 基于系统整合观的战略管理新框架[J]. 经济管理，41（7）：5-19.

［8］马浩. 2017. 战略管理学50年：发展脉络与主导范式[J]. 外国经济与管理，39（7）：15-32.

参考文献

［1］ANDREWS K R. 1971. Concept of corporate strategy[M]. Homewood, IL：Irwin.

［2］ANSOFF H I. 1957. Strategies for diversification[J]. Harvard Business Review, 35（5）：113-124.

［3］ANSOFF H I. 1965. Corporate strategy[M]. New York：Penguin Books.

［4］ANSOFF H I. 1987. The concept of corporate strategy[M]. Homewood, IL：Irwin.

［5］BARNEY J. 1991. Firm resources and sustained competitive advantage[J]. Journal of Management, 17（1）：99-120.

［6］BROWN S L, EISENHARDT K M. 1998. Competing on the edge：strategy as structured chaos[M]. Cambridge, MA：Harvard Business Press.

［7］BURNS T, STALKER G M. 1961. The management of innovation[M]. London：Tavistock.

［8］CHANDLER A D. 1962. Strategy and structure：chapters in the history of the industrial enterprise[M]. Cambridge, MA：MIT Press.

［9］COLLIS D J. 1994. Research note：how valuable are organizational capabilities?[J]. Strategic Management Journal, 15（S1）：143-152.

［10］CONNER K R. 1991. A historical comparison of resource-based theory and five schools of thought within industrial organization economics：do we have a new theory of the firm?[J]. Journal of Management, 17（1）：121-154.

［11］EISENHARDT K M, MARTIN J A. 2000. Dynamic capabilities：what are they?[J]. Strategic Management Journal, 21（10-11）：1105-1121.

［12］GRANT R M. 1996. Toward a knowledge-based theory of the firm[J]. Strategic Management Journal, 17（S2）：109-122.

［13］LAMB R. 1984. Competitive strategic management[M]. Englewood Cliffs, NJ：Prentice Hall.

［14］LEARNED E P, CHRISTENSEN C R, ANDREWS K

R, et al. 1969. Business policy: text and cases[M]. Homewood, IL: RD Irwin.

[15] LEONARD-BARTON D. 1992. Core capabilities and core rigidities: a paradox in managing new product development[J]. Strategic Management Journal, 13(S1): 111-125.

[16] LIPPMAN S A, RUMELT R P. 1982. Uncertain imitability: an analysis of interfirm differences in efficiency under competition[J]. The Bell Journal of Economics, 13(2): 418-438.

[17] NONAKA I, KONNO N. 1998. The concept of "Ba": building a foundation for knowledge creation[J]. California Management Review, 40(3): 40-54.

[18] NONAKA I. 1994. A dynamic theory of organizational knowledge creation[J]. Organization Science, 5(1): 14-37.

[19] PETERAF M A. 1993. The cornerstones of competitive advantage: a resource-based view[J]. Strategic Management Journal, 14(3): 179-191.

[20] PORTER M E. 1980. Competitive strategy[M]. New York: The Free Press: 396.

[21] PORTER M E. 1985. Competitive advantage[M]. New York: Free Press.

[22] PORTER M E. 1996. What is strategy?[J]. Harvard Business Review, 74(6): 61-78.

[23] PRAHALAD C K, HAMEL G. 1990. The core competence of the corporation[J]. Harvard Business Review, 68(3): 79-91.

[24] PRIEM R L, BUTLER J E. 2001. Is the resource-based "view" a useful perspective for strategic management research?[J]. Academy of Management Review, 2001, 26(1): 22-40.

[25] RUMELT R P. 1987. Theory, strategy, and entrepreneurship[M]. Cambridge, MA: Ballinger.

[26] SCHMALENSEE R. 1985. Do markets differ much?[J]. American Economic Review, 75(3): 341-351.

[27] SCHUMPETER J A. 1934. The theory of economic development: an inquiry into profits, capital, credit, interest, and the business cycle[M]. Cambridge, MA: Harvard University Press.

[28] SIMON H A. 1947. The psychology of administrative decisions, administrative behavior: a study of decision-making processes in administrative organization[M]. New York: Free Press.

[29] TEECE D J, et al. 1997. Dynamic capabilities and strategic management[J]. Strategic Management Journal, 18(7): 509-533.

[30] TUSHMAN M L, SMITH W. 2002. Organizational technology[M]// BAUM J. The Blackwell companion to organizations. UK: Blackwell: 368-414.

[31] TUSHMAN M L, O'REILLY Ⅲ C A. 1998. Winning through innovation: a practical guide to leading organizational change and renewal[M]. Cambridge, MA: Harvard University Press.

[32] WERNERFELT B. 1984. A resource-based view of the firm[J]. Strategic Management Journal, 5(2): 171-180.

[33] ZOLLO M, WINTER S G. 2002. Deliberate learning and the evolution of dynamic capabilities[J]. Organization Science, 13(3): 339-351.

[34] 巴尼. 2016. 不平等从何而来?[M]//史密斯,希特. 管理学中的伟大思想:经典理论的开发历程. 北京:北京大学出版社.

[35] 布朗,艾森哈特. 2001. 边缘竞争[M]. 吴溪,译. 北京:机械工业出版社.

[36] 陈春花. 2016. 共享时代的到来需要管理新范式[J]. 管理学报, 13(2): 157-164.

[37] 陈劲,曲冠楠,王璐瑶. 2019. 基于系统整合观的战略管理新框架[J]. 经济管理, 41(7): 5-19.

[38] 马浩. 2017. 战略管理学50年:发展脉络与主导范式[J]. 外国经济与管理, 39(7): 15-32.

[39] 齐善鸿,李宽,孙继哲. 2018. 传统文化与现代管理融合探究[J]. 管理学报, 15(5): 633-642.

[40] 汪涛,万健坚. 2020. 西方战略管理理论的发展历程、演进规律及未来趋势[J]. 外国经济与管理, 24(3): 7-12.

[41] 吴照云,张兵红. 2018. 中国管理科学体系的未来构建[J]. 经济管理, 40(9): 7-19.

第 2 篇
战 略 分 析

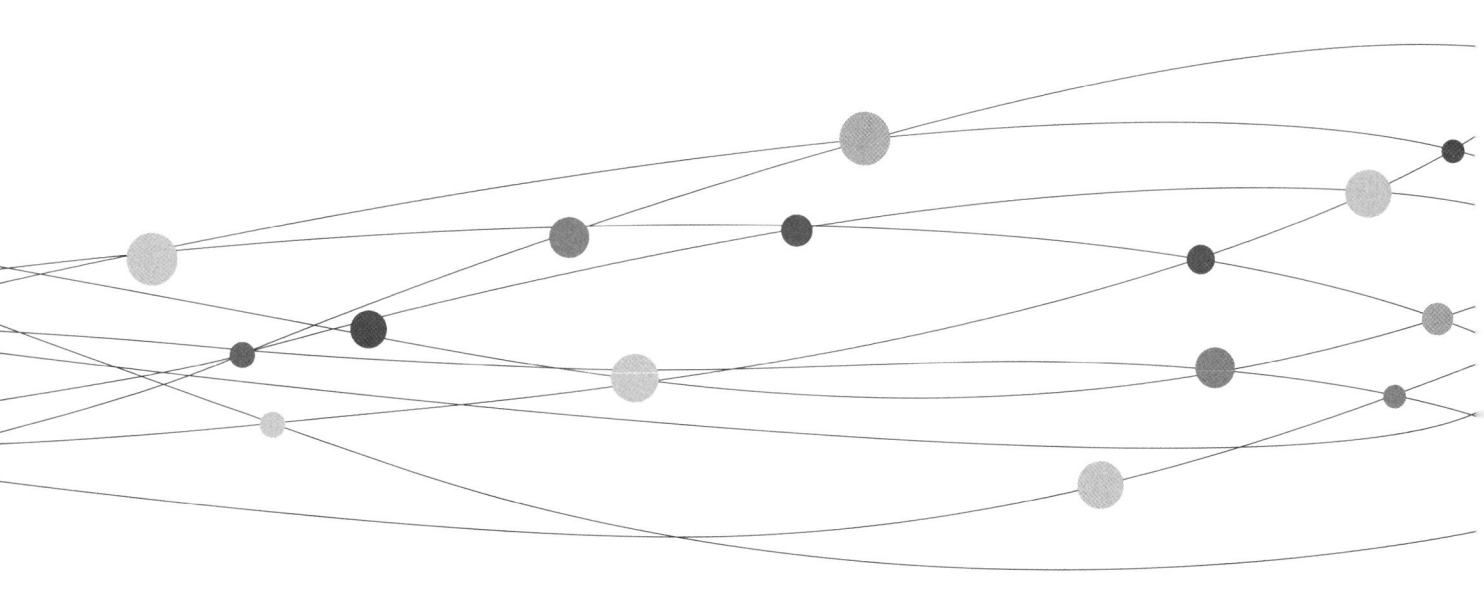

第 2 章
由外向内的战略规划：识别机遇和威胁

>> **学习目标**
> 了解企业环境与战略的关系；
> 了解总体环境的具体分类；
> 了解行业环境的分析方法；
> 了解常用的外部环境分析工具。

开篇案例

新冠疫情的"危"与"机"

"危机"这个词充满智慧："危"代表着危险，"机"则代表着机会。身处危机中，意识到危险的同时，也不要忽视机会的存在。很多企业在遇到大环境不利时会一败涂地，而同时也有一些企业抓住了机会，获得前所未有的成功。这两种不同的结果体现出企业家面对危机的态度与能力。

2020 年注定是不平凡的一年，在突如其来的疫情之下，从组织到个体，都不同程度地受到或大或小的影响。旅游、交通运输、线下零售、线下教育培训、商场、影院、餐饮、酒店等重度依赖线下消费场景的产业，更是面临前所未有的巨大生存压力。

为了活下去，企业和员工都在主动或被迫做出选择与改变。

餐饮企业如履薄冰

疫情暴发后首当其冲受影响的就是餐饮业。尽管 2020 年 2 月 17 日之后线下逐步复工，但对于广大餐饮企业而言，堂食的解禁时间以及解禁后消费者外出就餐的频率与心理，依然呈未知数状态。1月26日，乐凯撒创始人陈宁发声，受疫情影响其公司预计损失3 000万元，疫情结束前董事长和CEO（首席执行官）不发工资，经营团队半薪，以保证未来3个月的现金流安全。

这还不是最严重的。2月1日，在全国范围内拥有超350家门店的餐饮连锁企业西贝董事长贾国龙也在采访中告急，2万名员工待业，月收入减少7亿—8亿元，月工资支出1.5亿元，"账上现金撑不过3个月"。

无独有偶，外婆家创始人吴国平也透露，即使不开业，每天天一亮就要支付250万元的固定成本，如果持续停业，公司现金流也只能应付2个月。就连行业领头羊海底捞也表示，根据测算，估计疫情造成的2020年营收损失约50.4亿元。

"共享员工"抱团战"疫"

面对这场人员支出成本与现金流危机，企业也在不断寻求自救。"共享员工"的一夜爆红，轻易地吹皱了人力资源市场的一池静水，帮助疫情下的企业改变了经营管理思路。

"共享员工"的概念源于盒马鲜生和餐饮业的一场合作。疫情暴发之后，自我隔离的人们对生鲜产品上门配送的需求迅猛增长，盒马鲜生面临巨大的人员缺口。2月3日，盒马鲜生隔空喊话云海肴、青年餐厅，邀请其员工"临时"到盒马上班。于是，"共享员工"的概念横空出世。

对于整个停滞的餐饮业来说，共享员工可能只是杯水车薪，但它为疫情下的企业提供了一个抱团取暖的思路。此后，多家企业如西贝、奈雪、探鱼、沃尔玛、生鲜传奇、京东、苏宁、联想等相继跟进。越来越多的企业加入，或者提供临时就业岗位增加自己员工的收入，或者借用别处员工分散自身的用工压力。

从"借人"到"借车"，共享模式又完成了一次进阶，过去看似关联性不强的行业企业，在疫情之下站在了一起。毕竟谁能坚持到疫情结束，谁将会是大赢家。

请思考

1. 新冠疫情属于总体环境中的哪个方面？
2. 新冠疫情对企业经营管理的影响有哪些？

资料来源：

穆清. 疫情之下，你的工作和工资还好吗？[EB/OL]. (2020-03-14)[2020-09-09]. https：//3g.163.com/dy/article/F7L429990519D9A7.html。

本章首先从安索夫的环境思想出发，将企业外部环境具体分为总体环境、行业环境和竞争环境。其次通过细分总体环境各个方面及运用波特五力模型对行业环境进行分析，详细说明企业的外部环境状况。最后介绍企业外部环境分析的常用工具，包括安索夫环境分析工具、战略情报体系等，构建起企业外部环境分析的框架体系。

2.1 安索夫的环境论

20世纪60至70年代，经典战略管理理论的代表人物伊戈尔·安索夫强调，企业实施战略行为的目的在于适应环境，为了追求自身的生存与发展，企业需要进行结构调整，匹配和适应环境、市场的变化，进而制定战略决策（Ansoff and

Brandenburg, 1967）。因此，企业战略由环境、战略模式与组织三种要素构成，当三种要素彼此匹配得当时，可以产生协同效应并增进企业绩效。这一时期形成的经典战略管理理论的落脚点为环境论，过分强调企业所处的行业环境，以及企业被动适应环境。

具体而言，安索夫从战略、组织、生产和市场等不同层面，深入挖掘了不同等级的动荡环境对组织的影响，以及组织在不同等级的动荡环境中的战略需求。譬如，在较低等级的动荡环境中，基于比较稳定的环境状态，组织趋向于维系原有战略的稳定性。

动态环境的危险中也蕴藏了机会，处在动态环境"漩涡"中的企业只有不断地调整管理方式才能适应动态环境的变化，把握环境中的机会，规避环境中的风险，保持持续的竞争优势。

2.2 企业的外部环境

企业的外部环境通常是指短期的、不由企业控制的要素所构成的客观环境。一方面，任何一个企业都受环境因素的制约，良好的外部环境是每个企业赖以生存的土壤；另一方面，企业通过有效的管理也可以影响环境，因此企业与外部环境之间的关系是紧密的、相互作用的，创造良好的营商环境对企业规模扩张有着重要意义。而一个想要获得发展成效的企业，必须及时感知环境因素的变化趋势，主动适应外部环境的变化。我们一般可将企业所处的外部环境分为总体环境、行业环境和竞争环境三大类。这三个层次的外部环境相互影响、相互制约，一同构成了影响企业发展的外部客观因素。

总体环境、行业环境和竞争环境均具有以下特征：①动态性，即随着企业处于不同生命周期，企业面临的外部环境在状态上是变化的、不稳定的、有差异的，这要求企业必须建立弹性的战略体系来应对外部环境变化。②复杂性，由于企业本身是一个开放系统，加上时代背景的变化，企业所需要分析的外部环境影响因素的种类、数目和影响程度也在与日俱增，外部环境呈现复杂化的趋势。

接下来，我们将按照总体环境、行业环境和分析工具三个层次展开，对企业外部环境的构成进行深入剖析，建立分析框架。

2.3 总体环境

总体环境是外部环境中对某个特定行业和行业内企业产生影响的各种因素的集合。总体环境分析的因素主要包括人口统计、经济、政治/法律、社会文化、技术、全球化和自然因素这七个方面，如图2-1所示。

图 2-1 总体环境的细分

2.3.1 人口统计因素

消费市场是由人构成的，市场的大小和活跃程度决定了一个企业规模扩张的大小和速度。因而，企业在进行战略分析和制定之前，首先应该考虑的就是人。**人口统计因素**包含的要素有人口规模、年龄结构、地理分布、种族结构、受教育水平、家庭类型、地区特征、迁移活动和收入结构等。

人口统计因素会影响企业人力资源决策、市场决策等方方面面。人口规模会直接影响企业产品的销售范围及生产规模，在收入水平和购买力水平相似的情况下，人口规模直接决定了市场规模和市场发展的空间。人口结构则包括年龄结构、教育结构、家庭结构、收入结构、职业结构、性别结构、民族结构等。其中，年龄结构尤为重要，它直接关系到企业目标市场的选择。过去40年中国经济能够快速发展，最主要原因之一就是"人口红利"，尤其是在1970年左右的第一波"婴儿潮"高峰及此后在1987年的"回声潮"高峰，推动了中国劳动力资源的高速增长。但由于计划生育政策的实施，以及出生率加速下行，近年来，中国人口增长维持低速状态，回声潮后再也没出现过人口出生高峰。人口结构的变化，意味着企业相关产品对应的市场也需要相应变化。除此之外，人口的地理分布对营销地点或工厂选址有影响；性别结构和年龄结构会直接影响社会需求；劳动力的受教育水平则直接影响企业的人力资源状况。

在现实统计中，可以衡量企业人口环境的具体统计因素主要包括：结婚（或离婚）率、出生（或死亡）率、人口的平均寿命、人口的年龄和地域分布、少数民族比例、性别比例、地区人口在教育或生活方式上的差异等。需要注意的是，越来越多的企业试图或者已经开始参与全球市场竞争，对人口统计因素的分析进而也应该建立在全球化的基础上。

2.3.2 经济因素

经济因素是指与企业业务密切相关的国家（或地区）的经济条件、经济特征、经济联系和发展方向等。经济因素对企业的影响是直接的，在相对稳定的、具有强劲增长潜力的经济环境下，企业的成长会更有保证。同时，由于经济环境综合地影响了企业的生存、发展和决策，企业必须识别出那些影响企业发展和生存的关键要素，以加强对企业宏观经济环境的分析。

经济因素主要包括：①经济发展水平。在1978年党的十一届三中全会后，我国不断进行经济改革与创新，迎来了经济发展的热潮，资本与技术水平相继提升，许多创业企业正是抓住了机会将企业规模进行了扩张，并取得了经营成功。②市场规模。企业需要提前对各个消费市场上产品和服务的需求进行估算，再进一步研究该市场的其他特征。③消费需求、消费行为、消费结构。消费不仅指人们对消费品的使用，还指人们为消费而发生的购买行为。④经济特征，包括经济发展水平、经济基础结构、城市化等。经济发展水平不同，消费者对产品的需求也不同。举例来说，经济发展水平高的国家或地区，消费者更强调产品款式、性能及异质性，品质竞争多于价格竞争；而在经济发展水平低的国家或地区，消费者则较看重产品的功能及实用性，更注重性价比。

在进行经济因素分析时，可以注重挖掘和分析的项目包括通货膨胀率、利率、经济转型、基础设施状况、金融体系发展情况、财政和货币政策、个人存款率、商业存款率、价格水平、可支配收入水平等。

2.3.3 政治/法律因素

政治/法律因素是指制约企业发展的政治因素和法律因素及其运行状态。不论企业当下处在怎样的社会制度环境中，必然会受到政治或法律的约束。政治因素指企业面临的政治体制、政治形式、大政方针和政策等。法律因素指国家或地方政府颁布的各项法规、法令和条例等。各种组织都为了吸引法律和国际规则制定机构的注意力而展开竞争，目的是寻求某一个领域的发言权甚至控制某些资源。

任何一个国家的方针政策都具有较大的灵活性和可变性，随着时代和社会背景的变迁，方针政策会随时推陈出新。企业如果想要谋取优先于竞争者的有利地位，就要通过发展政策战略研究政策因素，并相应地调整其发展战略，在竞争中占据主动，帮助其快速处理来自不同时间点的机遇和威胁。除政治因素外，各国甚至地方政府也会根据自身发展现状颁布相关法律法规来规范和制约企业的生产经营活动。法律法规对企业的影响具有两面性：一方面，企业可以透彻地了解法律法规，对其合理运用并将其作为维护自身正当权益的利器；另一方面，企业也必须在相关法律法规的约束下进行生产经营活动，不得越界。

在进行政治因素分析时，可以注重挖掘和分析的项目包括政企关系、政府财政状况、政府管制及解除管制政策、企业业务经营领域内的国家产业政策等。在进行法律因素分析时，可以注重挖掘和分析的项目包括公司法、劳工法、反托拉斯法、税法、专利法等。

2.3.4 社会文化因素

社会文化因素是指企业经营活动所在地社会的态度和价值取向，通常包括民族特征、文化传统、宗教信仰、社会结构等。文化是一个社会的规范，观念更为系统化，文化解释着一个社会的全部价值观和规范体系。企业并不是处在一个与世隔绝的环境中。在不同的国家和地区，文化之间的区别要比其他特征更为深刻，它决定着人们独特的生活方式和行为规范，也形成了不同国家和地区的消费者态度和购买动机的取向模式。因此，越是想要追求成功的企业，越要意识到发生在社会和关联文化中的变化。

在进行社会文化因素分析时，可以注重挖掘和分析的项目包括人们的生活方式、公众道德观念、社会责任、购买习惯及对待休闲的态度等。

实践链接

1969年，在广州的秋交会上，中国一家出口公司与科威特某客户达成了10吨、700箱的冻鸭交易，当时客户提出了如下要求：需要中国伊斯兰教协会出证，证明这些鸭子是按照伊斯兰教方法屠宰。合同签订后，我方错误以为只需按照合同要求开具由中国伊斯兰教协会出证的证明即可，依旧采用了当时最科学的屠宰方法。1970年8月，货物到达目的地后，科威特当地市政厅卫生局食品部屠宰科检验并报告了这批鸭子并非按照伊斯兰教方法屠宰，并通知收货人拒绝收货。最后，这笔业务损失惨重，除往返运费外，还损失了销售差价，在政治上也产生了不良影响。

资料来源：进出口贸易—品名品质条款［EB/OL］.（2012-09-12）［2020-12-03］. https://wenku.baidu.com/view/131a240503d8ce2f0066239f.html。

2.3.5 技术因素

科学技术的发展，使产品的技术生命周期迅速缩短，生产规模的扩大也越来越多地依赖科学技术的进步。以电子技术、信息技术、新材料技术、生物技术为主要特征的新技术革命，不断改造着传统产业。**技术因素**是指创造新知识并且将新知识输出为新产品、新服务、新流程和新材料的组织及行为。这些新兴技术的应用使得产品的数量、质量、品种和规格有了新的飞跃，同时也使一批新兴产业建立和发展起来。新兴技术的发展、新兴产业的出现，可能给某些企业带来新的市场机会，也可能给某些企业带来环境威胁。

新兴技术的出现可以大大增加市场供给或需求，帮助企业扩大经营范围或开辟新市场；新兴技术的应用也帮助企业建立了领先的竞争优势；技术进步可加快产品更新，缩短产品的生命周期；新兴技术的发展甚至会促使企业更多地关注环境保护、企业社会责任及可持续发展等问题。因此，对于企业而言，迅速而全面地研究技术因素非常重要，领先于竞争者选用新兴技术的企业获得的市场回报也会更高。企业应当持续地关注行业内甚至行业外的技术发展趋势，辨别当前使用技术的替代品，帮助企业建立竞争优势。

当今，基于互联网衍生的"互联网+"技术作为主要的技术进步对企业产生了深远的影响，并将触角伸向了各个领域。"互联网+医疗""互联网+金融""互联网+公共服务""互联网+交通""互联网+教育"和"互联网+物流"……互联网在逐渐改变消费者的个体行为习惯，也在改变企业的运作管理方式与服务模式。特别是随着云计算、大数据、物联网、人工智能等技术的日趋成熟，"互联网+"作为新经济时代下多种信息技术的集成与整合被推出并得到广泛认可，不仅催生了新的经济形态，而且为"大众创业，万众创新"提供了绝好的环境。

2.3.6 全球化因素

新的全球市场、重要的国际事件，以及全球市场重要的文化和制度特征都是**全球化因素**的组成部分。当前，企业经营朝着全球化趋势迈进，经济全球化的步伐加快，科学技术迅猛发展，科技竞争日趋激烈，区域经济集团化成为全球趋势，世界产业结构也向着高级化发展。

全球化不仅给企业带来了进入新市场的机遇，而且因外部新竞争者的进入而带来了挑战。根据安永会计师事务所 2012 年发布的年度全球化报告，中国香港连续 3 年在全球 60 个最大经济体中的全球化指数排名最高，身处其中的企业所面临的机会和压力都是巨大的。全球化程度中等的企业常常采用全球聚焦策略，通过聚焦全球利基市场来提高其全球化程度。通过实施全球化战略，企业能够建立和利用其特殊能力和资源，与当地市场建立强有力的联系，并能获取关于当地市场的知识。

2.3.7 自然因素

一个国家和地区的自然地理条件也是影响市场的重要环境因素，**自然因素**主要包括气候、季节、自然资源、地理位置等。一个国家和地区的海拔高度、温度、湿度等气候特征，影响着产品的功能与效果。自然因素也影响着人们的消费模式，还会对经济、社会发展、民族性格产生复杂的影响。

企业的目标是获取经济利益，期间不可避免地会遇到竞争，企业是为利益而竞争，不是为竞争而竞争。企业在开展竞争的同时，也应该关心自然环境问题。企业在研究其自然环境时应注意到自然资源日趋短缺、环境污染日益加剧、环保组织活动的影响日益增大、绿色消费者人数日益增多等变化。企业只有注重可持续性和社会责任，持续地利用好自然环境，才能提升自身的综合竞争能力。

总体环境细分与具体要素如表 2-1 所示。

 实践链接

2018 年 5 月，丹麦一个名为 Operation X 的电视节目指控 H&M 每年焚烧 12 吨未出售的衣物，且自 2012 年至今已累计销毁 60 吨。该节目跟踪调查了 H&M 2018 年 6 月的尾货去向,记者表示,亲眼看到这些衣物被运入丹麦一家名为 KARA/NOVEREN 的废物处理公司。丹麦科灵设计学院教授 Else Skjold 对此发表了意见,认为 H&M 这样做是由于生产过剩。这一指控把一直以"环境可持续"为发展核心的 H&M 推上了风口浪尖。尽管起初 H&M 官方对调查情况予以否认,并表示:"节目中看到的所销毁衣物都是停止生产的产品,它们都是发霉或不符合安全质量标准的一批订单。"但随着舆论的施压,H&M 最终还是承认了定期烧毁衣物的行为。虽然 H&M 一直有旧衣回收的项目,且在设计中也提高了有机棉和环保材料的使用比率,还曾表示将在 2020 年前把所有衣物都换成环境友好、可循环利用的材料。但这一事件的曝光,还是令 H&M 的品牌形象大打折扣,随之而来的是人们对"快时尚"与"强污染"关系的重新衡量。

表 2-1 总体环境:细分与具体要素

环境因素	具体要素	
人口统计因素	• 人口规模 • 年龄结构 • 地理分布 • 种族结构	• 家庭类型 • 受教育水平 • 迁移活动 • 收入结构
经济因素	• 通货膨胀率 • 利率 • 贸易赤字和盈余 • 预算赤字和盈余	• 个人存款率 • 商业存款率 • 国内生产总值
政治/法律因素	• 反托拉斯法 • 税法 • 管制与解除管制 • 政府财政状况	• 政企关系 • 劳工法 • 教育哲学和政策
社会文化因素	• 劳动力中的女性比例 • 劳动力的多样性 • 有关工作生活质量的特征 • 民族特征	• 工作和职业偏好的转变 • 文化传统 • 宗教信仰
技术因素	• 产品创新 • 知识应用	• 私人和政府支持的研发支出焦点 • 新的沟通技术
全球化因素	• 重要政治事件 • 关键的全球市场	• 新兴工业化国家 • 不同文化和制度属性
自然环境因素	• 能源消费 • 开发能源的实践 • 可再生能源利用 • 最小化企业的生态烙印	• 可利用的水资源 • 环境友好型产品生产 • 对自然疾病或人造病毒的反应

资料来源:希特等(2016)。

2.4 行业环境

行业（Industry）是提供功能相近的产品或服务（高度替代性产品或服务）的一群企业。**行业环境（Industry Environment）**是一系列能够直接影响企业及其竞争行为和反应的因素。在企业进入某一行业之前，企业需要对行业竞争强度进行分析，从而确定自身在行业中所处的位置，进而确定竞争战略。一般来说，每个行业内都会有很多种竞争战略组合，企业运用这些战略以获得竞争优势和超额利润。

行业环境分析主要掌握来自该行业的五种竞争压力：新进入者、供应商、购买者、替代品及现有竞争者（见图2-2）。这五种压力被称为"**波特五力模型**"（Michael Porter's Five Forces Model），该模型是美国战略管理学者迈克尔·波特于20世纪80年代初提出的（Porter，1980）。这五种压力直接影响企业及其竞争行为和反应，也决定企业是否能从这个行业中获取利益。

波特五力模型扩展了企业行业环境分析的领域。从前，企业进行行业环境分析时，只会分析现有市场上存在的直接竞争者，而忽略了潜在的竞争者。现如今，企业可以根据该模型和相关理论针对更广的范围，鉴别潜在的客户及为其提供服务的企业，以此识别当前的和潜在的竞争者。

图2-2 行业竞争结构

资料来源：波特（2005）。

2.4.1 新进入者的威胁

新进入者的威胁是指新进入者在给行业带来新资源、新生产能力的同时，还将就生产资料等资源展开与原有企业的竞争，导致行业的生产能力提升，企业市场占有率下降，行业竞争加剧，产品价格下降，行业平均利润降低等，严重时可能危及其他企业的生存。

新进入者威胁的程度取决于进入障碍和原有企业的反击程度。进入障碍，即进入壁垒，这是现有的竞争者（特别是赚取超额利润的企业）设法制造的。在某一行业中竞争的企业，在分析这些进入壁垒后，可以判定它们在多大程度上能够对新进入者进入市场造成障碍。决定进入壁垒高低的主要因素有：规模经济、资本需求、产品差异化、顾客忠诚度、分销渠道、转换成本及其他成本优势。这些障碍中有的是很难借助复制或仿造的方式来突破的。其中，规模经济是指生产单位产品的成本随着生产规模的扩大而降低。生产规模越大，进入壁垒就越高。选择大规模进入，新进入者所需的投资就大，遭受的反击风险也高；选择小规模进入，新进入者的单位产品成本就高。资本需求是指对企业初始投入的要求，除厂房设施和设备外，库存、市场营销活动及其他重要职能，都需要大量的资本投入。产品差异化代表着随着时间的推移，产品的独特性在顾客心中逐步树立，从而产生品牌忠诚。分销渠道的建立也将是企业竞争的一个有力体现，行业中的参与者都会发展出有效的分销产品的方式，分销渠道的获得对于非耐用消费品行业和国际市场的新进入者来说可能是一个很大的进入壁垒。转换成本则包括机会成本、会计成本和情感成本。企业也有可能具备成本优势，比如行业内企业已经拥有的专利技术，或者占据了极佳的地理位置，或者控制了主要的原材料来源等。

现有企业应对新进入者的策略也各有不同。现有企业采取的反击措施越激烈，新进入者就越难进入该行业，进而他们带来的威胁和压力也就越小。常见的应对新进入者的策略主要有：强烈反击型，即在竞争者新进入行业时便展开强烈的反击，不留余力地将其扼杀在萌芽状态；局部反击型，即对竞争者在某些脆弱的领域进行攻击，同时保留自身实力；漠视型，即以逸待劳，坐观其变。相反，如果新进入者定位于行业内现有企业还未能提供服务的利基市场，就能避开进入壁垒。因此，小的创业企业最好寻找并服务于那些被忽视的细分市场。

2.4.2 供应商的议价能力

供应商的议价能力是指供应商通过提高投入要素价格或降低单位价值含量，影响行业中现有企业的盈利能力与产品竞争力的能力。供应商是否具有较强的议价能力主要取决于投入要素是什么，如果供应商出售给企业的投入要素价值构成了企业产品总成本的较大比例，对企业生产、产品质量有很大影响，那么供应商就具有很强的议价能力。在以下情境中，供应商的议价能力会被加强：

（1）供应的产品由一家或几家企业集中控制，很难找到替代品。

（2）供应的产品对企业来说是很重要的生产要素。

（3）供应的产品具有异质性。

（4）购买者的转换成本太高。

（5）供应商容易实行前向一体化，但购买者很难实施后向一体化。

2.4.3 购买者的议价能力

购买者的议价能力是指处于强势地位的购买者，往往通过要求更低的价格、更高质量的产品或服务，来影响行业中现有企业的盈利能力。行业内企业之间的竞争也会使购买者获利。在以下情境中，购买者的议价能力较强：

（1）购买者众多且大量购买。

（2）购买者的利润很低。

（3）购买的产品占购买者全部费用或很大的比例。

（4）购买者的转换成本较低，购买的产品属于标准化或无差别的产品。

（5）购买者对行业信息掌握充分。

（6）供应商的产品对购买者的产品或服务无关紧要。

2.4.4 替代品的威胁

替代品的威胁是指两个企业之间可能会由于所生产的产品可以相互替代，从而产生竞争。这种源自替代品的竞争，会以各种形式影响行业中现有企业的竞争战略。企业会受到方方面面的影响：首先，企业现有产品的获利空间将因存在能被随时接受的替代品而被压缩；其次，因为替代品生产者挤占了部分市场份额，企业如果想保留甚至挽回流失的市场份额，就必须采取提高产品质量或降价等措施而压缩了盈利空间；最后，替代品生产者的竞争力强弱受产品购买者转换成本高低的影响。总之，替代品价格越低、质量越好，购买者转换成本越低，企业所面临的竞争压力就越大。

因此，可以看出，在以下情境中，替代品造成的威胁更大：

（1）替代品在价格上具有吸引力。

（2）购买者转向替代品的成本较低。

（3）替代品在质量、性能和其他一些重要属性方面的顾客满意程度较高。

2.4.5 现有竞争者之间的竞争程度

现有竞争者之间的竞争程度是指行业中绝大多数企业之间的利益都是紧密联系在一起的，作为企业整体战略一部分的各企业竞争战略，其目标都在于使得自己的企业获得竞争优势，在这个过程中必然会产生冲突与对抗。因为一个行业内的企业是相互制约的，企业的行为通常会引发竞争反应。同一行业中的企业很少完全相同，它们在资源和能力方面各有不同，并努力使自己与竞争者不同。

现有竞争者之间的竞争形式主要有价格战、广告战、引进新产品、提高服务水平等。影响行业竞争程度的因素主要有：①行业内现有企业的数量和力量。根据行业内现有企业的数量和力量，行业通常可分为a.完全垄断，即没有竞争对手，企业竞争性弱，消费者利益保障水平低；b.寡头垄断，即几个主要企业参与竞争；c.垄断竞争，即许多生产并出售相近但不同质产品的企业参与竞争；d.完全竞争，即许多类似的竞争企业参与竞争，且行业没有主宰者。②行业增长速度。行业增长速度越慢，竞争越激烈。③行业内企业固定成本或库存成本的高低。当固定成本高或库存成本高时，企业只能通过扩大产量、降低产品价格参与竞争，因此竞争会更激烈。除此之外，行业退出障碍、行业转换成本均会影响行业竞争程度。在这些因素的影响下，企业间的竞争程度会大幅提升，企业若想进一步生存、发展，则需付出更高的代价。

实践链接

汇源集团的"滑铁卢"

成立于1992年的汇源集团，作为中国饮料食品行业的龙头企业，经过20多年的发展，产业化水平不断提高，营销服务渠道也不断扩张，在全国拥有140多个经营实体，链接了1 000多万亩果蔬茶奶等原料基地。

早在1995年，汇源250毫升100%纯果汁产品就在中国上市推广，这是中国最早上市的纯果汁饮料，从某种程度上可以说汇源是中国纯果汁饮料中的"第一品牌"，其美誉度也一直延续至今。

2007年2月，汇源在香港上市时，已经是中国少数形成上下游完整产业链布局的果汁生产商，此时其创始人、董事长朱新礼认为，种果树做农业存在规模化的商业机会，所以决定出售汇源果汁饮料灌装业务，获取更多的现金流投入上游产业。2008年9月3日，可口可乐宣布拟以每股现金作价12.2港元，总计约179.2亿港元（约合24亿美元）收购汇源果汁的全部已发行股份及全部未来行使可换股债券。在朱新礼看来："出售汇源果汁饮料灌装业务的目的是把筹集的

179.2亿港元投入更上游的现代农业,帮助中国更多农村、农民实现规模化、科技化与品牌化经营。同时,还可以借助可口可乐的全球营销网络,把中国的浓缩果汁和果酱输送到全球100多个国家去。"

消息一出,立刻点爆舆情,对朱新礼形成几乎人人口诛笔伐的局面。有人提出中国民营企业家的终极追求问题:"不能忘记了,在'民族工业'的语境之下,企业家还不能忘记自己身上所担负的实业报国的使命。对于明天的中国来说,被收购意味着你的传奇成为历史,并不能再参与创造新的历史,也无法感受民族复兴征途上的种种壮举。"还有人指责朱新礼在可口可乐开出的"天价"面前选择了"出卖",进而提出所有的"民营企业家如果不把'产业报国'作为最高的价值追求,而仅仅把个人财富最大化作为最高的价值追求,那么最终也不过是为跨国公司效力罢了"……

为了配合可口可乐的收购,汇源早做准备,不仅在上游领域进行了大量投资,同时还大幅削减了与可口可乐重叠的销售渠道及销售人员。无奈可口可乐收购汇源的申请被中国商务部否决,汇源不得不再重新建立销售渠道,员工暴增上万人。饮料行业竞争激烈已达白热化,汇源让出的渠道,马上就被其他饮料品牌填补,资金被上游挤占的汇源,要重新夺回失去的渠道谈何容易?原先定位为原材料供应商而进行的大量投资出现问题,加上产销不平衡带来的产能利用不足,直接影响了汇源的利润。

受此重挫,作为果汁业龙头的汇源开始一蹶不振,业绩停滞不前。2014年4月24日,朱新礼在接受凤凰财经的采访时明确表示:"假如2008年我把汇源1/3的事业用25亿美元卖给美国公司的话,那么这25亿美元再加上我原来占2/3的部分——汇源农业、汇源果业,将来再生产汇源果酒、汇源鲜果等一系列汇源品牌,我现在早就是千亿级公司了。"北京银杉科创投资管理中心合伙人张伟明也告诉记者:"汇源果汁如果当初被可口可乐收购,就有可能和今天的局面大不一样。可惜历史发展没有如果。"

资料来源:雷颐.2019.汇源并购案十年反思[N].经济观察报,04-01;戈祥.2016."汇源"并购失败后的发展困境与重振[J].经营与管理,(19):11-19。

2.5 外部环境分析及工具

2.5.1 安索夫环境分析矩阵

安索夫环境分析矩阵(Ansoff Matrix)是由安索夫于1975年提出的对企业外部环境进行分析的一种方法,也被称作产品市场扩张方格、成长矢量矩阵(Ansoff,1975)。其主要是以产品和市场为两大基本划分维度,构造出一个2×2的矩阵来区分四种不同的企业发展战略,帮助企业根据目前所处外部环境选择最适合自身获利成长的战略方向(见图2-3)。安索夫环境分析矩阵主要包括以下四种发展战略:

图2-3 安索夫环境分析矩阵

（1）**市场渗透**（Market Penetration）。它是现有产品和现有市场的组合，以目前的产品—市场组合为发展焦点，力求提高产品的市场占有率。市场渗透是一种立足于现有产品，充分开发其市场潜力的企业发展战略，通常被称为企业最基本的发展战略。为了达到市场渗透的目的，企业通常可以通过扩大生产规模、提高生产能力、增加产品功能、改进产品用途、拓宽销售渠道、开发新市场、降低产品成本、集中资源优势等单一策略或组合策略实现。

（2）**市场开发**（Market Development）。它是利用现有产品开拓新市场，如企业可以利用人口、地理等特征的不同开拓新的区隔市场。如果市场上企业现有的产品已没有进一步渗透的余地，企业就必须设法开拓新的市场。然而，在与原来不同的市场上找到具有相同产品需求的使用者，产品定位和销售方法会有所调整，但产品本身的核心技术不变。市场开发可以分为地域性开发、国内市场开发和国际市场开发等。企业实施市场开发战略的具体途径可以是：①在当地发掘潜在顾客，进入新的细分市场；②在当地开辟新的营销渠道，包括雇用新类型的中间商和增加传统类型中间商的数目；③开拓区域外部或国外市场。

实践链接

20世纪60年代末期，米勒公司在全美啤酒行业中排名第7，市场占有率仅为4%。经过实施市场开发战略，到1983年，米勒公司的市场占有率达21%，仅次于排名第1的布什公司（市场占有率为34%）。米勒公司究竟是如何创造了这个奇迹呢？米勒公司经过前期市场调研，将广告宣传定位在了啤酒饮用量高的蓝领群体身上，在奠定了成功的基础后，乘胜追击，根据啤酒热度的高低，划分出高热度啤酒市场和低热度啤酒市场，并进入低热度啤酒市场，推出了"莱特"牌啤酒。最初很多厂商并不看好"根本不存在市场的市场"，但经过米勒公司的包装和营销，产品投入市场后，当年在美国销售量就达200万箱，并在以后几年迅速上升。米勒公司也由此被称赞为"世纪口味的啤酒公司"。

资料来源：米勒啤酒案例分析1［EB/OL］.（2010-12-25）［2020-12-03］. https://wenku.baidu.com/view/5f288851ad02de80d4d84066.html。

（3）**产品延伸**（Product Development）。它是开发新产品或新服务，将现有产品线延长，服务于现有市场的顾客。产品延伸战略是企业在国际目标市场上应用较为广泛的一种战略，可以帮助企业迎合消费者多变的心理、适应不同价格层次的需求和获得更多的细分市场份额。实施品牌延伸战略的具体途径主要有：①向上延伸，即企业将现有的中低档产品品牌向高档产品品牌进行延伸，帮助企业提升品牌价值，改善品牌形象；②向下延伸，即企业通过现有的高档产品品牌推出中低档产品品牌，通过品牌向下延伸战略提高市场占有率；③双向延伸，即企业现有的中档产品市场稳定后，通过向产品大类的上下两个方向延伸，一方面增加高档产品，另一方面增加低档产品，以最大限度地扩大市场范围。

（4）**多元化经营**（Diversification）。又称多样化战略，是指企业在新市场提供新产品，在四种战略中属于最冒险、要求最高的战略。所谓多元化经营，就是企业尽量增加产品大类和品种，跨行业生产、经营多种多样的产品或业务，扩大企业的生产经营范围和市场范围，充分发挥企业特长，充分利用企业的各种资源，提高经营效益，保证企业的长期生存与发展。现有关于多元化经营战略的研究已经很充分，不同的划分依据定义了不同的多元化经营战略类型。

2.5.2 战略情报体系

在军事行动中,战争的胜利既依赖于军队实力,但更依赖于优秀的战略实施,在商业活动中更是如此。企业战略直接规划了企业关键资源的分配,以及这些资源如何影响企业的长期成长。但制定正确的战略规划,需要详尽的情报信息。有效的竞争对手分析的关键,是收集相关数据和信息,使企业了解竞争对手的意图及其中的战略含义。**战略情报体系**是指收集、处理、分析和应用代表外部环境和竞争对手特征的状态变化的数据或信息的过程(希特等,2016)。战略情报体系的建立有利于企业认清现有处境,帮助企业准确估计自身实力、竞争对手的能力及外部环境的各种机会和威胁。

在进行战略情报分析时,企业要收集竞争对手的未来目标、当前战略、假设和能力等相关信息,如图2-4所示,帮助企业了解、解读和预测竞争对手的行为和反应。同时,企业不仅要收集有关竞争对手的情报,还要收集世界其他国家相关的公共政策信息,帮助企业获得国外竞争对手的相关信息。通过有效的竞争情报和公共政策情报收集,企业能够获得创造竞争优势所需的知识,做出高质量的战略决策。

未来目标
- 我们的目标和竞争对手的目标对比
- 未来经营的核心
- 对待风险的态度

当前战略
- 目前竞争方式
- 如果竞争结构发生变化,那么这个战略站得住脚吗

假设
- 我们是否假设未来将是稳定的
- 我们是否保持现状
- 竞争对手对其自身和行业的假设是怎样的

能力
- 我们的优势和劣势
- 相对于竞争对手,我们如何评价

反应
- 我们的竞争对手未来会做什么
- 我们比竞争对手在哪些方面更有优势
- 这会如何改变我们与竞争对手的关系

图 2-4 战略情报分析

资料来源:希特等(2016)。

战略情报体系所研究的具体问题包括:

(1)在现有环境和竞争对手的约束下,企业是否有机会进入新的市场?进入的标准有哪些?

(2)根据现有的资源条件,企业的战略定位是什么?

(3)企业应该选择哪些具体战略予以实施?

(4)在战略制定和实施过程中,企业应该监控竞争环境或竞争对手的哪些因素特征?

(5)影响战略制定和实施的具体因素有哪些?

围绕上述问题,收集战略情报,能够帮助企业梳理出最有价值的企业能力,帮助企业从全

局、长远的角度思考企业现状，正确地规划企业的未来。在实际运用中，在不同的情境下收集竞争情报，要遵守不同的规则。《财富》（Fortune）曾提供了获取竞争对手情报的12招：收购竞争对手垃圾；购买竞争对手产品加以分析；匿名参观竞争对手工厂；空中拍照；交通站记录竞争对手运货情况；分析竞争对手招工合同、竞争对手广告；向顾客、经销商了解竞争对手销售情况；派人参观竞争对手经营或参观竞争对手主要客户经营；冒充顾客了解竞争对手；假招工接触竞争对手员工；派技术人员参加行业会议，向竞争对手技术人员了解情况；收买竞争对手内部没有被善待的人或与领导有矛盾的人。

在收集战略情报时，企业应该考虑是否符合法律法规和伦理准则。行业协会通常公布企业可以采用的情报收集方式：①获取公开的信息，如竞争对手的年报、法庭记录、招聘广告、财务报告等文件；②通过参加行业协会会议、贸易论坛和展销会得到竞争对手的宣传册，了解其产品。非法侵入、窃听和偷盗等行为则被广泛地认为是不符合伦理和违法的行为。

2.5.3 情景分析

情景分析（Scenario Analysis）法起源于20世纪70年代中期，在国外应用广泛。随着企业的发展和市场的成熟，企业愈发追求建立持久的、内在的竞争优势，从适应环境为主转变为了主动创造未来的竞争状态。情景分析法又称情景规划法，是针对企业未来在较长时期内环境可能产生的情景变化，结合诸多不确定性因素，模拟并预测出未来可能出现的多种情况，便于企业提前制定应对措施。

情景分析法的实施步骤有多种分类方法，根据企业的实际状况有所不同，可以按时间长短来划分，也可以按定性或定量来划分等（娄伟，2012a）。目前，在企业实际运用中，定性与定量、回溯式与前推式情景分析法是常用的方法。在定性的情景分析法中，具有代表性的是斯坦福研究院拟定的六步骤情景分析，其基本步骤包括：明确情景分析的目的和主要任务，识别关键因素，分析外在驱动力，发展情景逻辑，分析情景内容（娄伟，2012b）。而在定量的情景分析法中，情景分析一般包括三个步骤：情景描述，模型运行，结果分析。模型的准确建立在定量情景分析中起到了至关重要的作用。同时，现在也有越来越多的研究者将定量情景分析与定性情景分析相结合。

回溯式情景分析是根据未来已经固定的情景，帮助企业了解要达到确定的目标应该采取怎样的策略、如何规划路径。其主要步骤为：确定战略方向，解释外部因素，确定未来情景，由固定的未来回溯到现状分析，确定行动纲领。前推式情景分析是以企业现状和可能的未来路径为开始，告诉企业未来将达到的位置和最终的状态。

情景分析法与传统预测方法有着显著区别：传统预测方法是根据企业近年来的发展趋势得出一个唯一的未来发展结果；情景分析法则是针对未来的多变性对企业未来的发展预测出多种可选择的情景。使用情景分析法有以下好处：

（1）分析环境便于准确制定战略。情景分析法帮助企业提前综合分析了外部环境，评估和剖析了自身实力及竞争对手的特征，进而有利于企业准确制定相应的战略决策。由于情景和战略决策的一一对应性，针对每种情景企业都会制定相应的策略，具有全面性。

（2）提高企业的动态应变能力。情景分析法很好地预测了未来的不确定性因素，给了企业一个很好的预示作用，企业在真实面对这些机会或威胁时能够较好地运用现有资源进行应对，充分发挥现有能力。

（3）提高团队的综合实力，便于资源的优化配置。因为在运用情景分析法时需要企业各个层次的员工都参与，所以在分析过程中，员工能够更好地感受企业文化，激发员工的责任感。并且情景分析法可以为企业情报部门提供大量的市场环境参数，企业资源也能够根据较为准确的战略进行配置，规避了无效性。

除了斯坦福六步情景分析法，另一个常用的定性情景分析法是**直觉逻辑（Intuitive Logic）**情景分析法（娄伟，2012b）。直觉逻辑情景分析法由壳牌石油前规划师皮埃尔·瓦克（Pierre Wack）发起，主要是创造一套条理清晰、可信的未来故事，作为测试商业规划和项目的"风洞"，该方法能把关于未来的零碎信息有效整合为完整的情景。壳牌石油由于利用情景分析法有效地规避了几次大的风险，从而成为"情景分析法的金牌标准"。所以，壳牌石油情景分析法也被作为直觉逻辑情景分析法的代表。

20世纪70年代，是壳牌石油情景分析法的初步应用阶段；80年代，壳牌石油情景分析法主要是学习详述未来，在不确定性环境中利用情景分析法成功预测未来，在一轮产业重组中稳固地位；90年代，壳牌石油情景分析法开始选择全球化，尝试把全球化思想融入情景分析中；到1998年，壳牌石油已经构建出一系列全球化视角的情景，全球化成为情景分析的核心要素。

近年来，面临日益复杂的社会现实，壳牌石油不断完善情景分析法，使其能够适应社会发展的需要，并基于情景分析法，发展出一套战略管理系统，用于指导企业的战略规划。在进行情景分析的过程中，壳牌石油坚持以下进程：①从关注顾客需求出发，确保其工作同顾客需求一致；②尽可能广泛地收集不同的资料及不同的观点，确保观点的多样化。

壳牌石油情景分析法作为一种典型的定性情景分析法，一般包括以下步骤：界定情景分析的题目、难题和焦点，识别和检查关键因素，识别关键不确定性因素，使用情景矩阵确定情景逻辑，创作、丰富情景故事，评估情景对企业、政府、社会的意义，提出方案和政策建议。

2.5.4 设计思维

设计思维（Design Thinking）是一种能够洞察目前困境的本质，理性、客观地剖析和找出最合适的解决方案的方法（Dunne and Martin, 2006）。这里的设计思维本质上是基于外部环境的分析工具，但是借鉴于设计师的解决问题之道，设计思维的目光不囿于企业内部，其注重对外部环境的细致观察与思考来解决企业现有问题或寻找创新点，以此应对快速变化的全球复杂商业环境带来的产品落后及创新不足等挑战，助力企业战略规划。

因此，设计思维首先是一种方法论，其目的是为企业提供实用和富有创造性的解决方案，即以解决方案为导向，通过对现在和未来的洞察，分析问题中特征的改变。设计思维的思维方式和传统的科学研究方式不太相同，科学研究往往是针对研究问题设计变量，得出研究结论后确定解决方案。而设计思维在解决问题时首先是确定目标，然后确认能够实现该目标的足够多的因素，优化实现目标的路径。

关于设计思维在实际应用时的具体操作步骤和流程，研究者们也给出了多种多样的答案。斯坦福大学的D. School（哈索-普莱特纳设计学院）将设计思维过程划分为五个阶段：①同理心（Empathise），即以同理心为基础进行换位思考，深入体会顾客的行为、需求；②定义（Define），将同理心得到的顾客信息进行编码，生成顾客所面临问题解决方案的描述；③概念生成（Ideate），收集所有相关部门、人员的意见，进行发散思维，探索出既有质又有量的方案；原型化（Prototype），将脑海中的无形想法转换为可视化的实物；测试（Test），通过将方案置于真实操作环境中，反复测试优化解决方案。

此外，设计咨询公司 IDEO 也归纳出了较为完善的设计思维流程：①发现，企业首先要了解任务和挑战，准备研究调查，通过背景调查获得完成该挑战的灵感；②解释，通过"讲故事"找出灵感中有意义的部分并转化成可行的设计机会；③构思，通过头脑风暴集中想法，并做出清晰的规则重新定义想法；④实验，通过实验获得直接的反馈，优化和改善想法；⑤进化，经过一段时间的观察和实践，跟踪学习，推进策略发展更新。

案例阅读

依靠情景规划方法
诺基亚"逃出"危机

近年来，随着商业世界中不确定性和复杂性因素的大幅增加，运用情景规划方法的企业越来越多。2011 年，贝恩咨询公司对近千家跨国公司的调查表明，有 65% 的企业使用了情景规划工具。昔日手机巨头诺基亚最近几年的成功转型，就可以被看作情景规划方法的一个最新实践案例。

提到诺基亚，很多人的印象大概还是那家在功能手机时代称霸全球、但在智能手机时代迅速没落的企业。然而，诺基亚在过去的几年中已成功从一家手机厂商转型成通信设备领域仅次于华为的全球领先企业。在诺基亚的转型过程中，起到关键作用的是 2012 年出任公司董事长的李思拓和他所提倡的情景规划方法。

在李思拓出任诺基亚董事长时，这家公司正不折不扣地处于危机时刻。作为功能手机时代的全球霸主，诺基亚在 2007 年 iPhone 诞生后反应迟缓，也未能拥抱安卓生态体系，而是固守在功能手机时代所积累的硬件优势和自己开发的塞班操作系统。在 2010 年第二季度，诺基亚在移动终端市场的份额仍有 35%，领先于三星的 21%，稳居全球首位。然而，在 2012 年第一季度，诺基亚的市场份额就被三星超越，丢失了占据 14 年的市场霸主地位。同期，诺基亚的股价跌至 1.69 美元/股，创历史新低，而李思拓是在 2012 年 5 月就任诺基亚董事长的。

李思拓刚刚上任一个月，微软宣布推出 Surface 平板电脑，这对于诺基亚来说无异于晴天霹雳。由于诺基亚在微软推出平板电脑的一年前和微软签订了合作协议，规定诺基亚手机排他性使用微软的 Windows Phone 操作系统，但没有规定微软不能基于 Windows Phone 操作系统推出自己的产品。微软之所以能够成为全球电脑操作系统的绝对霸主，在很大程度上是因为微软长期以来只提供 Windows 操作系统和办公软件，不生产个人电脑（PC）等硬件产品，这让全球的 PC 厂家都能放心地预装微软的系统和软件，而不必担心自己和微软产生直接竞争。然而，Surface 平板电脑的上市打破了这种联盟关系，也暗示微软除生产电脑外，也有可能进入手机生产领域，和诺基亚直接竞争。

设计情景

上任伊始的李思拓清醒地意识到这种潜在可能性带给诺基亚的将会是灭顶之灾，他从 2012 年 9 月中旬开始和管理团队一起，运用情景规划方法分析诺基亚和微软之间合作伙伴关系的各种可能性，以此为契机把情景规划方法引入诺基亚，并最终使情景规划融入诺基亚管理文化的基因。

当时，诺基亚管理团队一共设计了四种主要情景：情景一，重新协商与微软的合作伙伴关系；情景二，诺基亚通过推出新项目颠覆整个市场；情景三，诺基亚探索其他非安卓操作系统选项的可能性；情景四，诺基亚拥抱安卓平台，包括内部自主研发和外部收购两条路径（见图2-5）。

图 2-5 诺基亚手机业务危机中的情景规划

分析可能性

诺基亚管理团队在规划出四种情景后，逐一分析了每种情景实现的可能性、可行性及相关的后果。由于诺基亚自己开发的塞班操作系统难以适应智能手机时代的要求，因此和微软达成合作协议使用 Windows Phone 操作系统，如果诺基亚这时转而拥抱安卓平台则会有两个方面的后果：一是很难对微软和公众保密，而泄密必将引发诺基亚和微软之间的纠纷，并使公众认为诺基亚对微软的手机操作系统失去了信心，从而也对诺基亚手机失去信心；二是从 Windows Phone 操作系统切换到安卓操作系统是一个庞大的系统性工程，据估算至少需要两年时间才能实现和操作系统的完美匹配，而盈利则变得更加遥遥无期。

如果诺基亚不能转向安卓操作系统，那么使用其他操作系统是否存在可能性呢？答案也是否定的，因为除诺基亚已放弃的塞班操作系统外，当时市场上只有火狐操作系统和 Facebook 计划推出的操作系统，而这些备选项都无法和安卓操作系统相比，所以情景三也不是一个好的选项。

除塞班操作系统外，诺基亚当时还在开发一个名为"宁静号"的云端操作系统，但这个系统的研发一直不顺利。此外，继续开发"宁静号"操作系统和情景一的继续与微软合作并不矛盾。所以，四种情景最终聚焦于情景一，即重新协商与微软的合作伙伴关系。分析到这里，诺基亚看似没有做多少选择，但实际上诺基亚团队在分析其他几种情景时对情景一有了更清晰的认识，而在情景一中又包括多种子情景。

情景一的第一个子情景是微软收购诺基亚手机业务，第二个子情景是微软收购其他手机制造商，第三个子情景是微软自主研发成为手机制造商。每一种子情景又都有可能产生两种主要的结果，一种是对诺基亚有利的结果，另一种是对诺基亚不利的结果。

诺基亚首先针对微软通过自主研发成为手机制造商的可能性进行了分析及相关的信息收集。分析表明，微软自主研发手机的可能性很小，而且即使微软决定自主研发，诺基亚也可以通过和微软达成新的合作协议得到合理的补偿。此外，李思拓通过个人关系私下向微软时任 CEO 史蒂夫·鲍尔默了解到，微软基本上没有考虑自主研发手机。

在排除了这个子情景之后，诺基亚开始分析微软收购其他手机制造商的可能性。一个最可能的收购对象是中国台湾地区的宏达国际，而微软当时的确已经派出一个团队对宏达国际进行尽职调查。为此，诺基亚一方面开始着手准备起诉微软；另一方面也设想如何可以在微软决定收购宏达国际的前提下，与微软达成某种新的协议并获得补偿。

展开谈判

在充分考虑了其他情景之后，诺基亚开始聚焦与微软进行谈判，力争以满意的价格把手机业务出售给微软。首先，诺基亚董事长李思拓争取机会和微软 CEO 鲍尔默进行了多次充分的沟通，李思拓从鲍尔默的角度分析了微软的处境，并参照鲍尔默话语中的信息，认定微软既不会自己研发手机业务，又不大可能收购宏达国际。双方在几次沟通后，讨论聚焦到如何促使微软达成收购诺基亚手机业务上了。

2013 年 4 月，诺基亚和微软进行了第一轮谈判。由于微软给出的报价远远低于诺基亚的预期，这轮谈判很快就失败了。第一轮谈判失败后，李思拓进行了反思，认为他应该更多地和鲍尔默进行一些非官方的交流。此外，诺基亚和微软设计了一种 4×4 的会议方法，由双方董事长、CEO、财务总监和法务总监配对分别进行会谈，大大提高了沟通的效率和效果。

为了提高和微软谈判的能力，诺基亚管理团队采取了一种称为"企业价值三角划分法"的方法，对微软可能的出价进行预测。第一个角度是基于微软上次的报价，这个报价显示了微软对诺基亚价值的初步看法，可以从中分析出微软对诺基亚相关信息的掌握程度，以及微软的估价方法。第二个角度考虑的是如果微软放弃收购诺基亚、转而收购宏达国际，那么将要付出多大的收购代价。根据诺基亚与宏达国际的差异，可以进一步得出微软下一步可能的出价。第三个角度着眼于诺基亚的内在价值，即利用诺基亚对自身信息充分掌握的优势计算诺基亚手机业务对股东的价值，从而得出诺基亚股东愿意以什么价格出售手机业务。这三个角度的计算同样可以被看作情景规划方法在并购过程中的微观应用，诺基亚从三个角度得出的价格相差不大，从而大大增强了下一轮谈判中报价的信心和说服力。

2013 年 5 月，诺基亚和微软开始了第三轮谈判。但由于诺基亚的经营情况进一步恶化，第三轮谈判也以失败而告终。接下来，诺基亚方面采取了更为积极的态度，主动到微软总部进行第四轮谈判，这次谈判比较顺利，李思拓和鲍尔默之间达成了共识，形成了初步的并购意向。然而好事多磨，当鲍尔默把收购诺基亚手机业务的进展报告给微软董事会时，由于他之前一段时间没有和董事会就此事项进行充分沟通，因此遭到了董事会的否决。

扩大全景促成谈判成功

鲍尔默因为这件事情感到非常内疚，主动飞到诺基亚总部和李思拓进行沟通，虽然双方在这次沟通之后修订的合作协议也没有得到双方董事会的批准，但两位 CEO 之间的信任程度进一步加深。此后一段时间，诺基亚不再仅仅聚焦于出售手机业务这件事上，而是通过讨论收购西门子的合资公司诺西通信中西门子所占的股份，把视野扩大到更大的全景上。经过充分的讨论，诺基亚发现收购西门子在诺西通信中的股份不仅对自己是一项划算的生意，而且西门子也非常乐意出让这部分股份。

在计划收购诺西通信股份之外，诺基亚进一步评估了自己另一块名为"HERE"地图业务的价值。这块业务包含在之前和微软的出让意向中，但微软方面认为这块业务价值不大。而诺基亚通过对地图业务的独立评估，挖掘出了该业务的潜在价值，并在一年半以后作价30亿美元把这块业务卖给了德国一家汽车企业。从手机业务中剥离了地图业务之后，手机业务对微软的吸引力反而更大了。2013年7月21日，诺基亚和微软最终达成协议，微软以71.7亿美元的价格收购诺基亚手机业务及相关知识产权许可。

从诺基亚策划出售手机业务所采取的策略，以及与微软谈判中针对不同情景做出的改变，我们不难理解情景规划方法在企业重大战略决策和危机应对过程中的重要作用。经过多年的实践，情景思维和情景规划方法已经成为诺基亚文化中不可分割的一部分。李思拓曾对外界表示，一个没有备选方案的提案是不能提交到诺基亚董事会上进行讨论的。诺基亚现在要求，对任何一项重要事项都首先要绘出全景图，其次要对每一个情景进行分析，并对主要情景进行模拟，最后才会经过充分讨论做出选择。

从诺基亚的转型实践可以看到，企业在大变局时代面临复杂的营商环境，必须掌握情景规划等决策工具。只有通过掌握全景信息、分析具体情景、进行模拟演练等步骤，企业才能做出更为合理的选择，也才能从容应对所面临的不确定性和不连续性，在很大程度上能够把危机消灭于无形，最终做到面对危机从容不迫。

资料来源：

路江涌．2020．诺基亚靠什么"逃出"危机？［J］．中欧商业评论，04-28。

思考题

1. 企业外部环境对企业总体战略制定有哪些影响？
2. 概括安索夫环境论的主要思想。
3. 试结合实例分析企业外部总体环境、行业环境和竞争环境之间的关系。
4. 如何分析企业外部总体环境？它由哪些因素构成？
5. 试对现今的企业外部总体环境进行论述。
6. 举出一个具体行业，利用波特五力模型进行行业环境分析。
7. 企业各个外部环境分析工具的使用场景与使用条件是什么？
8. 任选一个外部环境分析工具，按步骤对现今的医药行业环境进行分析与预测。

每章必读

［1］AMIT R, ZOTT C. 2001. Value creation in e-business［J］. Strategic Management Journal, 22 (6-7)：493-520.

［2］ANSOFF H I. 1979. Strategic management［M］. New York：John Wiley and Sons.

［3］COVIN J, SLEVIN D. 1989. Strategic management of small firms in hostile and benign environments［J］. Strategic Management Journal, 10：75-87.

［4］D'AVENI R A. 1995. Coping with hyper-competition：utilizing the new 7S's framework［J］. Academy of Management Executive, 9 (3)：45-57.

［5］DESS G G, BEARD D W. 1984. Dimensions of organizational task environments［J］. Administrative Science Quarterly, 29：52-73.

［6］PENG M W. 2003. Institutional transitions and strategic choices［J］. Academy of Management Review, 28：275-286.

［7］PORTER M E. 1981. The contribution of industrial organization to strategic management［J］. Academy of Management Review, 6：609-620.

［8］RUMELT R P. 1991. How much does industry matter？［J］. Strategic Management Journal, 12：167-185.

参考文献

［1］ANSOFF H I, BRANDENBURG R C. 1967. A program

of research in business planning[J]. Management Science, 13（6）：219-239.

[2] ANSOFF H I. 1975. Managing strategic surprise by response to weak signals[J]. California Management Review, 18（2）：21-33.

[3] DUNNE D, MARTIN R. 2006. Design thinking and how it will change management education: an interview and discussion [J]. Academy of Management Learning & Education, 5（4）：512-23.

[4] PORTER M E. 1980. Industry structure and competitive strategy: keys to profitability [J]. Financial Analysis Journal, 36（4）：30-41.

[5] 波特. 2005. 竞争战略［M］. 陈小悦, 译. 北京：华夏出版社.

[6] 娄伟. 2012a. 情景分析方法研究 ［J］. 未来与发展, 35（09）：17-26.

[7] 娄伟. 2012b. 情景分析理论与方法[M]. 北京：社会科学文献出版社.

[8] 希特, 爱尔兰, 霍斯基森. 2016. 战略管理：竞争与全球化(概念)［M］. 焦豪, 等, 译. 北京：机械工业出版社.

第3章
由内向外的战略规划：打造可持续竞争优势

>> **学习目标**
> 了解内部组织分析的目的与面临的挑战；
> 了解如何从资源角度分析企业内部组织；
> 了解如何从能力角度分析企业内部组织；
> 了解企业的核心能力与动态能力的相关知识；
> 了解企业建立可持续竞争优势的方法。

开篇案例

Keep 是如何 "Keep" 的？

Keep 这一手机软件于 2015 年 2 月 4 日上线，由于快速的用户增长及融资进展受到行业关注。其中，达到 100 万用户用时 3 个月，1 000 万用户用时 9 个月，1 亿用户用时 2 年 7 个月。在 2019 年 11 月 15 日北京市工商业联合会发布的"2019 北京民营企业科技创新百强"中，Keep 入选榜单十强。2019 年"双十一"购物节中，Keep 天猫旗舰店全店支付金额行业排名第二，京东旗舰店健身训练店铺人气榜单第一。年轻的 Keep 是如何"Keep"高歌猛进的态势的？

打开 Keep 的网页或者手机客户端，迎面而来的是令人印象深刻的黑底白字"自律给我自由"，下端清晰可见"一站式解决你的运动需求"字样。从客户的角度来说，每一次使用 Keep 公司的产品，都在有意识或无意识地强化该企业打造的价值观体系——坚持运动即自由。企业趁此机会紧紧抓住客户需求，试图构建一种"正向激励—提升黏性"的客户—企业关系。从企业的角度来说，这行价值观大字正是公司为确定目标客户群体和所要满足的需求埋下的伏笔。

战略就是要解决产业的选择和产品的确定问题，就是考虑要卖什么以及怎么卖。

App（应用程序）要想实现自身的可持续发展，不能仅仅依靠技术优势，更要与人们的生产、生活紧密联系起来，要紧紧围绕社会的发展需求和大众的消费特点，抓准发展机遇。进入"互联网+"时代，全民健身意识的深入人心和大众生产、生活方式的变化，使得人们健身时间、方式、动机和成本的需求呈现个性化、多样化的特点。具体而言：健身时间碎片化需要健身类 App 随时随地提供服务；健身方式多样化需要健身类 App 提供个性化服务；大众渴望通过健身类 App 实现互相激励、即时互动；大众渴望健身类 App 提供低成本、专业性强的健身服务。

就工具分类来说，Keep 本质上是一款在线教育产品，既然是教育产品，就要为"小白"用户提升健身分值，解决他们从 0 到 60 分甚至 70 分的需求。Keep 初期以其个性化、平民化、易操作、重交流、娱乐性、传播快和参与性强的优势，可以最大限度地满足大众健身个性化的需求。作为一款专注于提供个性化健身服务的 App，Keep 依托互联网信息技术和资源，契合了全民健身背景下人们对健康的关注和健身需求，迅速完成品牌积累。

2018 年年初，Keep 在初期工作的基础上完成了战略转型。不再过于依赖线上的 App，而是把业务场景从 App 继续拓展到线下和硬件领域，将线上、线下和硬件产生的数据串联起来，通过人工智能技术提高用户健身效果。同时，借助移动通信技术的升级、可穿戴式智能设备的普及和互联网内容形式的发展，Keep 会根据用户不同场景的不同健身需求和健身地点生成不同的健身方案。

这家互联网科技公司在不断地尝试、突破自己的边界，从软件到硬件，从线上到线下，构筑着自己的生态。我们尚不得知这些重大举措会为 Keep 带来怎样的财务表现，但这支拥有自我演进迭代能力的团队，能更从容地面对未来。

请思考

1. Keep 的自我演进迭代能力体现在哪些方面？
2. 自我演进迭代能力是否意味着 Keep 具备可持续竞争优势？

资料来源：

作者根据相关资料撰写。

在第 2 章中，我们对企业外部环境进行了分析，能够帮助企业更好地做到与环境协调发展，理解自身所处竞争环境的特点，并建立可持续竞争优势。在本章，我们将关注企业自身，通过分析企业的内部组织及内部组织中的资源、能力、核心竞争力、动态能力，为企业进行价值创造和建立可持续竞争优势做准备。

3.1 内部组织分析

3.1.1 内部组织分析的背景

企业环境包括外部环境与内部组织两部分。企业内部组织也被称为企业内部环境，是企业内部物质、文化环境的总和，包括企业资源、能力（核心能力、动态能力）等，它们相互影响、相互关联、相互作用。《孙子兵法·谋攻篇》中曾提到："知彼知己，百战不殆；不知彼而知己，一胜一负；不知彼，不知己，每战必殆。"知彼，即了解外部竞争环境；知己，即了解自身实力，认清自我优势和劣势，以扬长避短。相较于企业的外部环境，企业的内部组织是可控的和动态的。企业对内部组织的分析要与外部环境相结合，以判断企业能力是否与外部需求相匹配。

在一定程度上，企业内部组织与战略制定有很强的关联，内部组织分析是企业经营决策的基础，是制定战略的始发点、根据和条件，是取得市场竞争优势的根本。企业内部组织分析的目的在于理清企业历史和现状，明确企业的优势和劣势，更好地进行价值创造。价值（Value）是由消费者愿意支付的商品性能特征和属性衡量的。当企业具备竞争优势时，就能为消费者创造更多的价值。企业必须正确地认识、分析和选择符合企业战略原则的资源和能力，必须对这些资源和能力进行充分利用并发挥其作用，形成竞争优势。

对企业来说，为消费者创造价值是获得超额利润的有效途径。企业为创造价值采取的措施将会影响企业对业务层战略的选择。

3.1.2 内部组织分析中的挑战

虽然企业内部组织的构成因素，如资金、人力、原材料等，仍然在决定企业竞争优势时发挥着重要作用，但是它们的可替代性正在增强。随着市场经济逐步成熟和经济竞争日益全球化，金融借贷变得越来越便利，人才的流动性越来越强，原材料也越来越容易找到替代品。从表面上看，保护企业的资源、能力和核心竞争力可能是相当容易的一件事。但实际上，这些工作同管理者所从事的其他工作一样充满了挑战和困难。企业管理者往往因要做出准确的经营战略预判而面临巨大的压力。

企业竞争优势的持续时间正在不断缩短，创新与学习成为企业获得生存的途径和方法。外部环境和竞争对手的多变性同时增加了企业内部组织分析的复杂程度，内部组织的动态性要求企业必须深入分析组织内部未来可能的变化趋势。例如企业需要关注：

（1）未来企业内部组织的变化有哪些？

（2）在确定了未来发展目标和战略之后，企业如何协调内外部资源、能力，做到动态平衡？

（3）如果当前内部组织与外部环境条件有冲突、不一致，企业应如何进行调整和转换？

（4）企业学习能力、更新速率和变革效率如何？

正如我们将学习到的，不确定性、复杂性、组织内部的冲突都会对管理者进行内部组织分析产生影响（见图3-1）。不确定性主要涉及新兴技术的开发和应用、经济政策的改变，以及消费者习惯和需求的改变等，这加大了企业管理者进行内部组织分析的复杂程度。在日常运营中，不确定性的偏见也会影响企业决策，企业在进行决策时，组织内部的冲突也会出现。

在这种情况下，企业管理者需要具备一定的判断力，在没有完全相同的、可参考的历史经验的基础上做出正确决策；同时，也要帮助企业赢得利益相关者的认可和支持。对企业来说，能够找到成功利用企业资源进行正确决策的人非常具有挑战性，同时也凸显了这样的管理者的重要性。

正如杰克·韦尔奇（Jack Welch）所说："企业如果想具有生命力，就不能停止学习的步伐，需要重新定位、重新开始，迎接新的自己。"（韦尔奇和韦尔奇，2017）由此可以看出，企业想要维持竞争优势，就要不断更新自己，面对现有的各种挑战，对环境进行深入的分析。

图 3-1 影响企业内部组织分析的三要素

如前所述,企业内部组织包括资源、能力(核心能力、动态能力)等因素。资源是能转化为企业优势以及对企业提供支持与帮助的一切物质与非物质要素,是企业战略实施的基础,但其本身并不能直接形成能力,需要通过合理的配置与协同才能形成实际能力。企业的"能力"是有效使用资源、使其相互作用,从而再产生新的能力与资源的能力,是对资源综合利用的水平。在有了相应的能力之后,企业需要在众多能力中识别其所独有的核心能力,进而打造竞争优势。

因此,企业是由特定资源构成的社会共同体,并且资源在这一共同体中实现转移和创造。企业必须识别和获取有用、关键的资源,并将其转化为核心能力,从而形成企业的竞争优势;反过来,出色的核心能力和动态能力又能够帮助企业在动态变化的复杂环境中更加高效、成功地获取关键资源。这样就形成了一个资源与能力之间相互转化的循环,如图 3-2 所示。

图 3-2 资源、能力与持续竞争优势

接下来的内容将按照资源、能力与持续竞争优势的逻辑图展开,首先介绍资源的识别与整合,然后讨论由资源向核心能力、动态能力的动态转化,从而获得持续竞争优势,其中还考虑组织管理所起到的促进作用。

3.2 资源基础观

3.2.1 资源的概念和分类

20 世纪 80 年代中期以来,资源基础观逐渐崭露头角,并得到迅速发展。该理论认为,企业可以看作资源的有机组合。英国学者安妮·布鲁金(Annie Brooking)认为企业=有形资产+智力资本。

竞争优势是企业在行业或市场中业绩出众的能力,也是获得比同行更高利润率的能力。企业要想获得竞争优势,就必须比竞争对手创造更高的价值,而企业创造更高价值的能力又来源于自身资源的存量以及在使用这些资源的过程中所积累的独特能力。所以,资源是企业战略的实质,是持续竞争优势的基础所在。

传统经济理论认为，在常规情况下，如果市场是完善的，那么超额的经济租金将会因新竞争者的不断加入、竞争加剧而变得不可能。资源基础观则认为，企业如果拥有超常资源，并且通过一定形式的隔离机制防止资源被稀释，就有可能赚取可持续的超常回报。

英国经济学家伊迪丝·彭罗斯（Edith Penrose）是最早提倡资源基础观的学者之一，早在 1959 年她就提出，企业不仅仅是一个行政管理单位，其更重要的存在形式是生产资源的集合。行政管理单位的角色和作用是通过其决策来决定这些资源在不同使用者、不同时间的配置。当我们从这个角度来审视私人公司和评判其规模时，最好的标准是它们所操控的生产资源。

杰恩·巴尼（Jay Barney）被公认为"资源基础理论之父"。他认为，在公司之间可能存在一些异质或差异，正是这些差异使一部分公司保持着竞争优势。因此，资源基础观强调战略选择，认为公司管理的战略任务就是找出、发展和配置这种与众不同的关键资源，以谋求最大化的经营回报。

资源是生产过程的投入要素，是人们进行经济分析的基本单位。资源可以多种形式存在，从普遍存在的普通投入要素到高度差异化的资源，应有尽有。

企业的资源包括企业在生产经营过程中投入的各种有形的资源和无形的资源。**有形资源（Tangible Resources）** 主要包括财力资源、实物资源、组织资源、技术资源等（见表3-1）；无形资源主要包括人力资源、创新资源、声誉资源等（见表3-2）。企业资源的拥有和利用情况决定其活动的效率与规模。

表 3-1 有形资源

财力资源	• 企业的借款能力 • 企业产生内部资金的能力
实物资源	• 企业的厂房和设备等 • 获取原材料的能力
组织资源	• 企业正式的结构 • 正式的计划、控制和协调系统
技术资源	• 技术含量，如专利、商标、版权和商业机密等

资料来源：Barney（1991：101）；Grant（1991, 100-102）。

表 3-2 无形资源

人力资源	• 数量与素质 • 管理能力 • 组织惯例
创新资源	• 创意 • 科技能力 • 创新能力
声誉资源	• 客户声誉 • 品牌 • 对产品质量、耐久性和可靠性的理解 • 供应商声誉 • 有效率的、有效的、支持性的和双赢的关系及交往方式

资料来源：Hall（1992）；Grant（1991：101-104）。

财力资源是一种能够获取和改善企业其他资源的资源，包括企业的借款能力和企业产生内部资金的能力，是企业管理最重要的内容之一。实物资源包括各种有形资产，比如企业的厂房和设备等，以及获取原材料的能力，即企业物质条件的拥有情况及利用程度。组织资源是指企业正式的结构及正式的计划、控制和协调系统。技术资源主要反映企业的技术含量，包括专利、商标、版权和商业机密等。人力资源即企业员工的数量、素质和使用状况，企业要想办法利用好现有人才并引进和开发新的人才。创新资源是指投入于企业技术创新的资源，包括创意、科技能力和创新能力等。声誉资源是指企业获取社会公众信任和赞美的程度。与有形资源相比，无形资源是一种更高级、更有效的核心竞争力来源，因为无形资源更加不可见，所以很难被竞争对手了解或模仿，将无形资源作为开发企业能力和核心竞争力的基础对企业更有优势。

企业资源具有以下基本特征：首先，企业资源的内涵是不断更新的。由于环境的变化，资源对企业的重要程度也相应发生着改变，越来越多的新要素出现并被纳入企业资源的范畴。其次，企业资源具有动态性，同一个企业随着发展所拥有的资源的数量和质量是不断变化的。再次，企业资源具有系统性，各种资源之间并非相互孤立，而是相互联系、相互影响的，它们一同支撑着企业的运营。最后，企业资源的边界正在逐渐模糊。随着信息技术的发展，环境间的边界呈现模糊趋势，企业资源也是如此，边缘性资源的重要性正在不断提升。

在评价一种资源是否具有战略价值时，要同时参考其实物价值和潜在价值，潜在价值即其能为企业创造多少竞争优势。管理者需要正确分析现有资源的价值，通常可以从以下三个方面入手：

（1）该资源是否能够帮助企业更好地满足客户需求？相较于竞争对手来说，企业拥有的资源应该能够更好地帮助企业建立竞争优势。同时，如果某一种资源未来比较稀缺，那么现在拥有这一资源的企业便掌握了竞争对手没有的独特优势。

（2）该资源是否具有持久性？如果某一种资源很快就被市场淘汰或者被其他资源替代，那么它的价值就非常小，反之则较大。比如经久不衰的企业品牌帮助麦当劳建立了持久的竞争优势，其品牌价值巨大。

（3）该资源是否能够被轻易模仿？如果某一种资源的模仿成本很低、能被轻易模仿，那么随之而来的价值创造期也很短暂；反之，如果模仿成本高，那么竞争优势就可以持久。

3.2.2 依靠关键资源获取租金的条件

Peteraf（1993）认为，企业之间的资源条件和能力条件是有区别的，一些企业因拥有更具生产效率的资源而获得了竞争优势。他从经济租金的视角对关键资源的特征进行了界定，认为能够构筑和维持企业持续竞争优势的资源必须具备四个条件：异质性（Heterogeneity）、事前限制竞争（Ex Ante Limits to Competition）、事后限制竞争（Ex Post Limits to Competition）和流动性受限（Imperfect Mobility）。

3.2.2.1 异质性

资源的异质性是指企业拥有独特的、与其他企业相比更加优质的资源。拥有了这样的异质资源，企业在市场竞争中将更具效率，进而获得高于平均利润的超额收益。资源基础观从两个角度解释了异质资源和超额收益之间的关系：首先，异质资源可能使企业获得李嘉图租金，即由于企业拥有异质资源，企业的成本低于平均水平，从而获得超额收益；其次，异质资源可能使企业的产品具有差异性，获得一定的市场竞争力，从而凭借垄断效应获得超额收益（垄断租金）。

资源异质性的存在使得相似企业不属于同类关系，因为它们的资源条件不同。异质性既具有普遍性，又具有专业性。例如，处于同一产业中的两家企业，在研发、生产、市场营销等方面的优势并不相同，即使两家企业拥有完全相同的研发资源，这些资源也会在专业范围上有所差别：第一家企业可能专门进行产品技术开发，而第二家企业则可能专门进行工艺技术开发。

资源异质性的前提是资源市场具有不完全性，即资源交易存在限制。因为如果资源市场是高效的，资源交易是无限制的，那么每家企业都能轻松地复制其他企业的关键资源，这样就会侵害成功企业的竞争优势地位。

3.2.2.2 事前限制竞争

事前限制竞争使企业在获得异质资源时不会因激烈的竞争而付出过高的成本。企业获得资源的成本如果过高，将抵消资源带来的收益，进而企业就难以维持竞争优势。如甲、乙两家企业同时希望获得某种资源（如优越的地理位置），随后它们对这种资源展开竞标，使得该资源价格升至投资成本与其预期收益相抵消的程度，整个预期收益将流向该资源先前的所有者，该资源就无法成为任何一家企业竞争优势的来源。

事前限制竞争通过眼光和运气达成。眼光即预期，两家企业间预期的分歧促使它们对特定资源的价值评价产生冲突。眼光好的企业更可能以较低的成本获取升值潜力大的资源，从而掌握竞争优势。运气是指关键资源（异质资源）在无意中被获得或早已获得，而无须通过市场竞价。

3.2.2.3 事后限制竞争

所谓事后限制竞争，是指在企业凭借异质资源获得超额收益之后，还必须存在限制竞争的力量，防止竞争侵蚀异质资源的超额收益。如果异质资源可以被模仿，那么竞争对手就能够通过模仿分享超额收益；如果异质资源可以被替代，那么竞争对手就会利用替代资源分享超额收益。

事后限制竞争通过不完全的可模仿性与不完全的可替代性两种形式，成功地阻碍竞争对手的侵入。

不完全的可模仿性使竞争对手既难以模仿异质资源，又难以模仿异质资源作用下的竞争战略。可模仿性的阻碍来源于：

（1）社会复杂性。该资源可能依赖于企业特有团队而不是单个经理或员工的技术或知识。

（2）因果模糊性。竞争对手希望模仿该资源，却不太清楚该资源或创造该资源的过程与竞争优势之间的因果关系。

（3）长期性。竞争对手较容易模仿应急的研发。转换成本也与此有关。

（4）资源综合效力。已经拥有丰富的研发成功经验、较大的顾客群及一定信誉的企业所具备的优势是难以模仿的，这种高质量的资源积累将对那些资源积累质量有限的竞争对手形成壁垒。

（5）资源的互补性。如可以及时反馈顾客意见的营销网络资源，提高了研发资源的价值，这不易被模仿。

（6）提防侵入的威慑力。企业对侵入者的强硬表现会对其形成威慑，"吓"退模仿者。有效的威慑力来自储存的资源，如能力与品牌。

难以模仿企业关键资源的竞争对手可以通过制造一种替代产品在市场上分一杯羹。即使用一种不同的更易获取的资源分享超额收益，但不完全的可替代性可以阻碍或阻止此种替代行为。

3.2.2.4 流动性受限

流动性受限是指企业的关键资源不具备良好的流动性，或者说市场不完全。如果企业的关键资源能够市场化并实现自由流动，那么出价高的厂商将夺走关键资源，企业的超额收益也将因此而消失。流动性受限可以防止企业的关键资源被竞争对手竞标买走。

企业要保持其关键资源，就必须使资源具有不完全流动性，以阻止该资源被竞争对手夺走或丧失其创造的竞争优势。与事后限制竞争不同的是，流动性受限涉及企业对资源本身及其价值的控制程度，而不是竞争对手赶超它的能力。流动性受限抵制的是竞争对手对资源的掠夺而不是对资源的模仿。二者的相同之处在于，都是为了保持竞争优势，而不是获得竞争优势。

对企业价值较高的低流动性资源包括：

（1）企业的专有资源。在企业以外这种资源的价值会大为降低，如大学的校内信息网络。

（2）所有者的沉没成本。如企业员工长期工作获得的信息与知识积累。

（3）受转换成本影响的资源。如法律顾问对所服务的大型企业的内外关系及特殊要求的深入了解。

（4）与另一家企业的专有资源相结合的专有资源。如日本 NEC 公司将计算机与通信技术相结合，在半导体领域与多家公司组成战略联盟，巩固了自己在大型计算机方面的领先地位。

（5）转让成本较高的资源。如一家在通信技术方面缺乏高质量、专业化技能的企业，如果要开发通信技术，那么所付出的代价将是巨大的。

资源的流动性受限还表现在对企业核心层成员攫取资源所创造的价值的威胁而做出的反应。这种不完全流动性也被称为可占用性，即企业或核心层成员"占用"该价值的能力。丧失资源价值的最大威胁来自资源所有者的核心层成员，如关键的技术人员。这些核心层成员所处的位置常常有利于他们攫取该资源为企业所创造的价值。

关键资源构筑与维持竞争优势的四个条件不是相互排斥的，而是相互联系、相互作用的。资源的异质性是企业创造竞争优势的最基本条件，如果企业拥有同质的资源，那么这些资源就不是竞争优势的来源。事前限制竞争是必要条件，因为如果获得该资源所投入的成本高到与预期收益相抵消，那就没有竞争优势可言。以上两个是获得竞争优势的条件。事后限制竞争防止利润被摊薄，流动性限制保证关键资源留在企业，它们两个是企业保持竞争优势的条件。

3.2.3　资源的获取与利用

3.2.3.1　制定资源基础战略

企业不可能永远"稳坐钓鱼台"，如果企业依靠某种资源持续获取租金，那么该资源则成为模仿者或革新者的目标，后者通过模仿和革新很快就会侵蚀这些资源创造的价值。因此，管理者必须制定资源基础战略，维持企业的竞争优势，保证企业利润的持续性（白仁春等，2005）。资源基础战略具体包括：

（1）资源识别。企业要识别和评价它所拥有的各种资源，以找到那些作为未来竞争优势基础的资源。识别资源就是要选择合适的资源分类标准对企业资源进行分类，这是识别具有竞争优势资源的关键。为了使企业找到具有竞争优势的资源，就要选择那些深入的、直接与竞争优势指标相关的分类方法。评价资源就是要对每一类资源的特性进行分析和研究，看其在满足顾客需求、稀缺性、流动性、不可模仿性和可获得性方面的表现，在此基础上确定其价值。有价值资源有时可能是资产与能力的结合，其中任何一个单独部分都不具有优势，但组合在一起就成为一种较好的资源包，能够为企业创造集成性的竞争优势。

（2）资源投资。任何资源都会逐渐贬值，因此一套行之有效的企业战略应包括可持续的投资决策以维护和发展企业的关键资源。在进行投资决策之前，企业必须对其战略地位和竞争对手进行仔细分析，只有投资于能够产生竞争优势的资源，才有可能从此项投资中获得经济租金。选择哪一种资源作为投资对象并不是一件十分容易的事情，这种决策会把企业推向两个最艰难的权衡，即持续性和适应性之间、僵化性和灵活性之间的权衡。这种两难困境说明了资源带给企业的机会具有很大的不确定性。这种不确定性既使决策者感到烦恼，又在创造竞争优势的过程中发挥作用。

（3）资源更新。企业在市场竞争中随时面临被模仿和被替代的双重威胁，以致其竞争优势及赖以存在的资源价值都是短暂的。这就迫使企业不停地拼搏，在激烈的市场竞争中不断地更新资源。企业资源更新的方式包括：①通过提高质量强化现有资源的能量;②增加补充性资源以巩固企业在现有市场中的地位;③开发新资源使企业进入更新的、更富有吸引力的行业。资源更新通常是在企业内部实现的,通过市场交易取得所需资源可能要冒更大的风险。企业在趋利避害的动机下实现资源的更新,是一种不懈的、低风险的改进过程。

(4) 资源调配。企业实施资源管理的目的就是最大限度地发挥资源的价值,创造企业的竞争优势。资源在企业内部往往处于使用、待用、未用和弃用等状态。资源调配就是要使企业的资源都处于使用而且是最佳使用的状态。因此,企业要把无用的资源调配成有用的资源,再调配成有效资源;实现资源在部门间的合理调配,提高资源的集成能力;将资源调配到新的行业或市场,以改变企业的业务范围。

3.2.3.2 优化资源利用途径

组织要想善用资源,需要注意五个问题,即更有效地将资源集中在关键战略目标上;更有效地积累资源;用一种类型的资源补充另一种类型的资源,以期产生更高的附加值;尽可能保护资源;以及迅速回收资源。

(1) 集中资源。集中资源是指将企业有限的资源集中用于有限的目标。这就要求做到以下三点:一是要统一目标。对单一战略意图的长期追求,能够把个人、职能部门及企业的力量统一在一起。如果对企业成长和开发新业务的优先顺序缺乏统一认识,就有可能造成资源分散。同时,企业高级管理层频繁换人也会使得对持续性的企业认识因人员流失而难以获得延续。二是要集中目标。统一目标是为了在长时间内使目标不分散,集中目标则是为了在特定时间内资源不会被稀释。若把稀缺的资源分散于多个目标,结果往往是样样都不精通。企业改进的任务越重,资源基础越薄弱,就越要有重点地集中使用资源。三是要瞄准目标。瞄准目标不仅是将企业有限的资源集中在少数目标上,而且是集中在合理的目标上,即瞄准顾客看重的、最能发挥效用的活动。其中,关键在于如何以最低的成本,创造尽可能多的顾客能够感受到的价值。

(2) 积累资源。积累资源就是通过内部挖掘和外部借用达到增加企业资源的目的。任何企业都是一个存储经验的仓库,其员工随时都会接触新客户、对竞争对手有新的了解、想出解决问题的新方法,并在其他方面有所长进。但企业之间的差异不在于经验比其他企业深入、丰富,而在于能否从积累的经验中挖掘新知识、吸取教训。从积累经验的过程中挖掘出改进、创新的构想,是善用资源的重要内容。借用其他企业的资源也是善用资源的一种方式,如通过战略联盟、合作经营、内部授权和外包,都可能获得企业以外的技术和资源。如果运用得好,则不仅可以获得合作伙伴的技术,还可以把这些技术内部化,据为己有。当然,如果企业想通过借用的方式善用资源,那么其自身的吸收能力与创新能力是同等重要的。

(3) 互补资源。互补资源要求企业在使用资源的过程中善于整合不同类型的资源,同时能够平衡各种类型的资源。整合资源是指企业要有能力整合不同类型的资源,以发挥每一种资源的最大价值。这是企业对资源进行加工转换的关键。就整合方式而言,有技术整合、功能整合。技术整合的关键不在于企业拥有个别而零散的技术,而在于能否将这些技术整合起来制造出一流的产品、提供一流的服务。功能整合就是将研发、生产、市场营销等各不相同的功能整合为一体,推出成功的产品。平衡资源是指企业要平衡地使用各种类型的资源,以拥有能使关键资源或核心能力充分发挥作用的相关资源。企业要正常运行,就必须平衡其在新产品研发、生产和市场营销等方面的资源,使之相互配合默契。

如果企业在某一方面存在不足，就会影响整体能力的发挥。

（4）保护资源。对资源进行重复利用就是保护资源的一种方式。某种技术或专长的重复利用率越高，资源善用就越成功。比如，佳能公司将其在光学技术方面的专长应用于照相机、复印机、眼科检测仪器、半导体生产设备、便携式摄像机等多个项目。夏普公司将其液晶显示专长应用于计算机、袖珍电子日历、微型电视机、大屏幕投影电视机和笔记本电脑等产品。本田公司将其与发动机相关的核心技术应用于摩托车、小汽车、船只、发电机和割草机等产品。保护资源还要求企业进行对外结盟活动。比如，企业有时可以联合潜在竞争对手一起对付共同的敌人，有时可以与其他企业合作建立新的技术标准或开发新的技术，等等。这些做法的目的在于联合其他企业的资源以扩大自己在行业或市场中的影响力和实力。同时，了解竞争对手的一举一动，寻找其防御不严的竞争空间作为自己进入市场的切入点，是保护资源的另一种方式。

（5）回收资源。善用资源的另一个决定性因素是资源支出（投资）与回收（获得经营收入）之间所需经历的时间。回收的速度快，说明资源的利用率高。回收速度比相同条件下的竞争对手快一倍，就代表着双倍的资源运用优势。这种简单的数学道理可以说明为什么日本企业强调缩短新产品开发的周期。

3.3 能力观

企业能力是指企业有效地协调资源并利用资源的能力。企业拥有的资源是企业战略实施的基础，但拥有资源不一定能有效利用，需要通过合理的配置和协同才能产生实际能力，因此企业有效利用资源的能力就成为企业内部组织分析的重要因素，这些能力帮助企业获得相对于竞争对手的竞争优势。

Penrose（2009）将企业能力归于资源的最优配置和使用，认为企业能力决定企业的成长方向和极限。20世纪70年代，学者们正式提出了企业能力的概念，Richardson（1972）使用"能力"（Capabilities）来描述企业的知识、经验和技能。Penrose（2009）指出，企业是资源的集合，企业资源集合的异质性决定了企业的异质性，这正是企业业绩差异的主要来源。企业资源基础观真正被关注是20世纪80年代的事情。Wernerfelt（1984）被认为是企业资源基础观复兴的重要标志。从1984年到20世纪80年代末，对企业资源基础观的理论探讨主要集中于阐释企业的独特资源和能力是持续竞争优势之源、企业资源的获取和培育途径等。这些基本观点后来为企业能力理论的出现奠定了理论基础。

Prahalad and Hamel（1990）认为，企业是一个能力体系或能力集合，企业能力将最终决定企业的竞争优势和经营绩效，并明确提出核心能力就是"组织对拥有的资源、技能、知识的整合能力，即组织的学习能力。一套强有力的核心能力的存在是企业成长的源泉"。该理论强调企业内部的资源、核心技术、技能等核心能力要素对企业成长的重要性，但忽视了不断变化的外部环境对企业成长的影响。

因此，企业资源和能力的运作是相互依赖的，只有将两者有机结合起来才能构建持续竞争优势。资源是企业生产经营的前提和基础，资源的充足能使能力实现成为现实。企业如果不具备合理规划资源的能力和经验，那么再优秀的资源也只能被浪费。优质的资源只有通过合理的配置才能实现有序运作，并最大效益地发挥作用。

企业能力是多种多样、多层次的，因此划分依据有很多，按全面性大小可分为综合能力和专业能力，按重要程度可分为一般能力和核心能力，按内容可分为组织能力、产品销售能力和管理能力等。不同划分依据划分出的不同能力的特点有所区别，展现出的特质和分析方向也不同。

与此同时，企业各职能部门（功能领域）能够体现出企业某方面的能力，如表3-3所示。

表3-3　企业能力举例

职能部门	能力	代表企业举例
配送	高效地按照用户订单或配送协议进行配货	京东
人力资源	激励、授权及保留雇员	Microsoft
管理信息系统	通过收集定点采购数据高效地控制存货	Walmart
市场营销	有效地推广品牌产品	Procter & Gamble，Ralph Lauren
	有效地服务顾客	MaDonald's
	创新性采购	Nordstrom，Crate & Barrel
管理	展望未来潮流	Hugo Boss，Zara
生产	生产可靠的产品所需要的设计和生产技能	Panasonic
	产品和设计质量	German Wittur Group
	产品和产品部件的微型化	Sony
研发	技术创新	Cater Pillar
	开发精密的电梯控制系统	OTIS
	把技术快速转化为产品并投入生产	Chaparral Steel
	数字技术	THOMSON

资料来源：希特等（2014）。

3.4 核心能力观

3.4.1 核心能力的概念

企业核心能力的研究作为战略管理的前沿问题一直备受关注，很多学者对企业核心能力的界定、培养、识别、评价、规划以及基于核心能力的战略管理范式等进行了积极的探讨，并提出了一系列有价值的理论观点。

自Prahalad and Hamel（1990）提出核心能力的概念以来，有关核心能力的研究已经成为管理学的一个研究热点，由此将核心能力用于企业战略组成的研究越来越受到关注。Prahalad and Hamel（1990）将核心能力定义为"组织对拥有的知识、技能和技术的整合能力，即组织的学习能力。强有力的核心能力的存在是企业成长的源泉"。之后，众多的学者分别从不同的视角对核心能力进行了研究。如麦肯锡咨询公司认为，核心能力是指某一组织内部一系列互补的知识和技能的结合，它具有使一项或多项业务达到竞争领域一流水平、具有明显优势的能力。巴顿（2000）认为，核心能力是"使公司区别于其他公司，并为公司提供竞争优势的一种知识群，是一种行动能力，是一个组织长期形成的专有能力，是为顾客提供价值的关键所在"。

学者们分别从知识载体、元件、构架、整合、协调、组合、技术网络、产品平台、技术能力、组织学习等不同视角对核心能力的概念进行了界定。所有这些基于不同视角表述的观点尽管不尽相同，但对于核心能力是企业在市场竞争中获取持续竞争优势的能力、是企业在竞争中的制胜之本、是实现企业可持续发展的基础的认定则是一致的。依照Prahalad and Hamel（1990）关于核心能力的定义，核心能力的内容应当包括知识、技能和技术，它本质上是企业通过对多种知识、技能和技术的有效整合，在企业长期生产经营活动中逐步积累而形成的。企业核心能力蕴藏于企业的每个层面、每项职能、每个流程和每个员工之中，你可以感受到它的存在与作用，可以描述它，但它不是某种具体的东西，不能把它与核心技术或关键产品等同起来。

核心能力是指企业特有的、给消费者带来特殊效用，并帮助企业在某一市场上长期占据优势地位的隐形内在能力。在动态多变的市场环境中，企业仅仅依靠一般的资源和能力很难脱颖而出，因此企业必须培养异质于竞争对手的特殊资源和能力并借此建立竞争优势。核心能力不仅能够使一家企业具备与众不同的竞争力，而且可以反映企业独特的个性。因为核心能力是企业在发展过程中逐渐积累起来的知识、技能，是为企业所独有的，是企业拥有的最宝贵的财产。在一定程度上，核心能力是一种综合能力，而非某种单一的能力。企业的开发创新能力、战略管理能力、组织管理能力、市场营销能力、生产制造能力、人力资源开发与管理能力、企业文化及企业历史等，既是构成企业核心能力的基本要素，又是核心能力的载体和体现。

综上所述，企业的核心能力可以描述为蕴藏于企业各个层次（包括环境、组织、技术、产品等）、由能力元和能力构架组成的、能使企业高效整合资源并获得持续竞争优势的知识系统。

3.4.2 核心能力的特征

企业的核心能力具有以下五个特征：价值性、异质性、可延展性、路径依赖性与核心刚性。核心能力的价值性、异质性与可延展性能够帮助企业赢得最初的竞争优势，但同时也会让企业陷入路径依赖性和核心刚性的泥潭，阻碍企业持续竞争优势的获取。如果企业不能克服核心能力的路径依赖性和核心刚性，那么结果就是"温水煮青蛙"。

（1）价值性。企业的核心能力是企业独特的竞争能力，是企业获取持续竞争优势的源泉，富有战略价值。一个企业的竞争优势归根结底产生于为顾客创造的价值。核心能力以实现顾客的价值为目标，对顾客最看重的价值，即顾客的核心利益做出关键的贡献，同时也为企业带来独特的价值和利益（坎贝尔和卢斯，1999）。核心能力是企业获取持续竞争优势的源泉，因此它必须有利于企业效率的提高，使企业在创造价值和降低成本方面比竞争对手更优秀，同时能够给消费者带来独特的价值，即经济学上所说的消费者剩余。只要核心能力能为消费者提供成功的产品，那么它就是有价值的。这种价值性取决于企业的生产力和弹性两个条件，生产力决定了企业有效处理同一性质的活动的能力，弹性指企业能够有效处理不同性质的活动的数量。从某种意义上说，持续不断地创造可感知的价值是核心能力的使命。

（2）异质性。企业的核心能力是企业中的"积累性学识"，是企业对多种知识、技能和技术的有效整合，是企业中各种能力要素相互协调、相互作用，在长期的生产经营活动中积累而形成的，深深地打上了企业特殊组成、特殊经历的烙印，具有企业的"基因"特征。它是独一无二的，而且不易被其他企业模仿和替代。从经济学的角度来看，异质性是产生企业竞争优势的基本条件。核心能力作为企业获取持续竞争优势的来源，必须是独一无二的，与竞争对手有着较大的差异性，这种差异性决定了企业之间的异质性和效率差异。企业之间的异质性可以表现为技术、成本、治理结构、管理体系、人力资本等某一方面，也可以是各种能力的综合体现或一组先进技术的和谐组合。这些最终都通过为企业带来超额利润或持续竞争优势来体现。典型事例是美国的制药巨头——默克公司。同样是新药的研发，该公司改变了行业内传统的实验室研发惯例，在医药行业中的八大商品领域与领先的大学研究部门建立密切联系，采取合作研发的方式，不仅降低了自身的开发成本，而且将新产品的临床试验与审批时间缩短了一半以上。这一方案帮助默克公司在制药行业内长时间独占鳌头，被视为其成功的关键。

（3）可延展性。企业的核心能力具有延伸和拓展的功能。延伸是从纵向上看，主要指已有产品的升级换代；拓展是从横向上看，主要指开拓新的产品，涉足其他经营领域。核心能力的价值性和异质性使企业能够充分利用核心能力构建的优势，根据市场需求（包括潜在需求）不断地使产品升级换代，开拓新的产品或涉足新的经营领域，使企业具有旺盛的、永不衰竭的、持久的生命力。企业一旦建立了自己的核心能力，就能以核心产品为平台将其组合到相关的业务中，从而不断地推出创新成果。也就是说，企业某一方面核心能力的形成可以在相关领域衍生出许多有竞争力的技术或产品，给企业带来进入多个潜在市场的途径，从而为企业带来规模优势和经济效益。延展性是企业多元化的出发点，也是企业保持持久生命力的根本保障。核心能力能够同时应用于多个不同的任务，即帮助企业扩展相关市场，支持多种产品和服务，帮助企业探索更有活力的新兴领域。如佳能公司利用其在光学镜片、成像技术和微重量控制技术方面的核心能力，成功地进入了复印机、激光打印机、照相机、传真机等二十多个市场领域。

（4）路径依赖性。企业的核心能力包括独特的技术技能、操作技巧和诀窍、组织管理和文化特征，大多难以用语言、文字、符号直观地表示，而是深藏于企业的管理体制、文化、技术和市场占有中，对外界甚至对其自身来说都是隐性的。因而缄默性、因果模糊、无法传授等特点决定了核心能力对企业有较强的路径依赖性。这种路径依赖性使得核心能力难以交易和被复制，增加了企业以较低的成本获得比竞争对手更高的价值增值或较高质量的产品的可能性。

（5）核心刚性。核心能力的异质性、价值性、可延展性等特征，决定了企业能够获得高额经济回报。然而，成功的企业经常面临两难困境：一方面，为了赢得竞争优势，企业需要不断地增强现有能力；另一方面，当企业竭尽全力去挖掘与利用现有资源和能力并形成路径依赖时，竞争对手的行动、环境的变化及新技术的出现可能使企业精心培育和构筑的核心能力衰竭、废弃。Leonard-Barton（1992）指出，企业的核心能力一旦形成，就会出现核心刚性问题，即在快速变化的环境中，核心能力常常无法随之改变，此时，企业原有的核心能力不仅不能为企业带来持续竞争优势，反而会成为企业竞争优势发挥的阻碍。核心能力和核心刚性就像一枚硬币的正反两面。追溯核心能力形成与发展的过程，可以发现核心刚性形成与发展的原因包括：忽视环境变化，过分强调目标，决策的有限理性，知识积累的客观结果，转移成本和组织惯性。正是由于核心刚性的存在，组织需要一种能够根据环境变化而动态匹配、更新的能力。

对核心能力认识的几个误区

误区1：将资源优势等同于核心能力。资源优势对企业核心能力的形成起着十分重要的促进作用，它也是企业在竞争中表现出来的优势。但资源优势不能等同于核心能力，资源可以单列，绝大多数资源可以计量，其优势是与竞争对手相比较而言的，而核心能力是一种可以感受却无法计量的综合能力，二者虽有联系但本质不同。

误区2：将比较竞争优势等同于核心能力。企业的核心能力是企业在竞争中形成比较优势的源泉，但比较竞争优势并不等同于企业的核心能力。比较竞争优势是指与其他企业相比较而言的优势。一个企业可能拥有资源、市场、价格、供销网络、资金、人才、品牌等之中的一个或多个竞争优势，虽然这些也都是衡量企业核心能力的指标，但它们都是结果性的表征，是企业核心能力所产生的结果的表现，而不是核心能力本身。此外，比较竞争优势一般具有时间的相对性，存在时间区间，而由核心能力产生的持续竞争优势在相当长的时间里是连续的。

误区3：将无形资产等同于核心能力。无形资产是指可供企业使用，为企业创造价值，但不具备实物形态的资产。其内容不仅包括专利、商标、商誉、土地使用权、特许经营权，还包括知识、企业管理机制、管理质量、员工素质和技能、供销网络等。无形资产代表企业的一种法定权和优先权，或者企业具有的高于一般水平的获利能力。应当说，无形资产与核心能力都体现为企业的获利能力，能够使企业成为特定市场领域的领先者并获得超额利润，二者在本质上具有一致性，内容也有许多共同之处。但二者不能等同起来，无形资产是不具备实物形态的资产，不直接表现为能力，且具有单体存在、表现的特点。不少无形资产（如专利、设计方案、咨询方案、商标、特许经营权、土地使用权等）还可以通过市场进行交易。而核心能力并非资产，它是企业通过对多种知识、技能和技术（即多种无形资产）的有效整合而形成的，无法通过市场进行交易。但可以认定，无形资产是企业核心能力的构成要素，是企业核心能力的载体，拥有一定数量和质量的无形资产是培育企业核心能力的必要条件。

3.4.3 惯例在核心能力构建中的角色和作用

在复杂多变的市场环境和日益激烈的竞争格局下，企业竞争优势的获取不再仅依靠占有异质性的资源，更重要的是培养企业的能力。在企业的生命周期中，各个阶段的主导能力是不同的，各种能力的组成和架构也是不同的。企业如何才能把握能力演化机理、促进能力提升，使其适应各个周期的发展要求呢？惯例（Routine）作为企业的一种行为模式，连接了资源与能力，可以用来解释企业能力演化的机理。

3.4.3.1 惯例的界定与特征

惯例是演化经济学的一个主要概念。惯例是企业中不断重复而有效的活动方式和技能，主要是指企业不断运用的知识和能力，包括企业的各种活动和程序，如技术选择、雇佣习惯、新产品生产、投资决策、广告决策及产品多样化战略等。

演化经济学借鉴了生物学中的进化论思想，把企业惯例作为企业的"基因"，把企业的主动行动机制作为生物变异，把生存竞争作为企业的市场竞争。类似于生物学中的基因概念，企业的惯例相对稳定，具有惰性，可以传递企业的重要特征，扮演着生物学中的遗传基因的角色。

惯例的执行是自动的、程序化的，能够指导企业如何处理类似的事务，而无须经过深思熟虑的选择。不过，只有当企业认为遵循现有惯例会产生令人满意的结果时，企业才会遵循这些惯例，并在发展中对它们进行复制。

惯例具有以下四个方面的特征：

第一，惯例是企业的记忆。一个组织的惯例

主要存储在其操作层面。企业作为一个组织，主要靠运用来记住惯例。

第二，惯例是企业成员之间的"休战"。惯例操作涉及企业内部冲突的全面停止。在企业的每一个层级都有监督者和被监督者之间的冲突，在惯例框架下，他们实现了一定的平衡。如果有人试图把对手排除到企业之外，则可能会引起企业的剧烈动荡，从而影响整个企业的稳定与发展。因此，"休战"对于双方以及整个企业而言都是有利的。

第三，惯例是企业的目标。惯例是一种秩序，它只有被强加在不断变化的某些资源的集合上，才能持续下去。当环境发生变化时，惯例需要做出相应的调整和变异，这时需要把搜寻一种好的惯例作为目标，进行变革。

第四，惯例是难以复制的。惯例中有许多潜在的默示知识和能力，出于各种原因，在复制的过程中很难把惯例完全复制过来，会发生许多改变。

3.4.3.2 惯例的作用

首先，惯例是企业的行为方式。由于企业的行为方式由活动构成，而活动又取决于惯例，因此惯例成为企业行为方式的代名词。企业的活动涉及方方面面，主要包括价值判断类活动、生产交易类活动，以及监督、控制和激励类活动，惯例决定了企业在这些活动中的行为方式。从一定意义上讲，惯例可以直接决定活动的质量和效率。即使是同一类活动，由于企业所处的具体情景不同，也可能形成不同的惯例。因此，惯例就具有非唯一性和替代性，这就必然使得活动的质量和效果存在差异，尤其是当执行企业特有的活动时。惯例本身执行的熟练程度和质量高低对企业整体运行的效率具有重要意义。

其次，惯例是企业的规制方式。规制在企业中要解决内部冲突，确定对微观经济主体的激励和约束方式，同时协调企业内部的正式与非正式关系等。惯例代理人按照企业长久以来形成的惯例行事，惯例形成的均衡状态使他们愿意达到一般标准，尽量避免激烈的和非正常的冲突，并使冲突控制在一定的范围内。惯例形成了既定的行为方式和相应的行为标准，不仅可以减少信息不对称，方便监督和控制，还可以解决机会主义和冲突问题。惯例不是单独存在的，它的连贯性涉及企业内部与外部、企业内部之间、员工之间的信息交流和技术发挥，具有很强的协调作用。

最后，惯例是企业知识节约和创新的基础。在知识节约方面，惯例形成了程序化的行为方式和隐性知识，降低了企业内部的认知需求，使企业成员可以追求本职工作的高度专业化；在知识创新方面，应对新的竞争课题，企业不断突破已有惯例的惯性，实现惯例创新；另外，只是集合现有惯例进行重新整合的行为，也可以引起知识的整合创新。

3.4.3.3 资源、惯例与能力的关系

资源是客观存在的要素，其中有形资源是企业的物质基础，是其他一切资源与能力的载体，易于被其他企业购买或复制。无形资源主要是企业的知识与信息要素，是企业最具活力也最具独特性的能动性因素，是企业在长期实践中以特定方式逐步积累形成的，具有相对稳定性。无形资源驱动有形资源表现为企业的能力，如生产知识与经验在生产人员的运用下与设备等要素结合形成生产能力，营销知识与经验在营销人员的灵活运用下形成营销能力，良好的知识技术储备加上研发技术人员的创造性发挥形成企业的技术能力等。

资源构成了企业持续竞争优势的基础，能力来源并附着于资源之上，因此在不完全和有缺陷的市场上，企业只有获取稀缺资源的优先权及资源的不可模仿性和难以替代性，才能获得持续竞

争优势；决策目标也应与资源的配置情况相协调，具有经济合理性。然而，只是拥有稀缺资源并不一定能够获得持续竞争优势，企业在获取资源的过程中还应注意无形资源（或隐性资产）的获取，因为其在资源向能力转化的过程中起着关键作用。只有将有形资源与企业的无形资源（如企业文化、技术与经验的积累等）相协调，并与企业的能力相匹配，才能真正形成独特的竞争力。

企业资源、惯例与能力的关系如图3-3所示。

图3-3 资源、惯例与能力的关系

惯例是企业的行为方式，涉及企业方方面面的活动，保证惯例正常发挥作用就是使企业的各项活动顺利开展。在这个过程中，资源与惯例之间形成了密切的关系。

第一，企业的资源要与惯例相匹配。企业惯例的专门化决定了所需资源的专门化，同时，企业所拥有的资源的数量和质量将约束惯例的执行及质量。

第二，惯例本身的执行以及对惯例进行的整合和创新，都涉及企业资源的整合，它潜在地成为资源的协调机制。

第三，惯例以隐性知识的形式存在，是企业特有的无形资源的一部分。

从资源与惯例的关系中可以看到，企业的惯例不仅可以指导惯例代理人解决具体问题，使他们形成解决问题的能力；而且惯例的连贯性起到

了很好的资源协调作用，使企业在惯例的执行中形成了良好的驾驭和整合资源的能力；同时，由于惯例在企业的发展过程中是动态演化的，因此企业的能力也在这一过程中不断得到提升和加强。具体的惯例涉及企业的所有活动，在惯例的执行和演化过程中，企业逐步形成了抽象能力，这种能力是企业活动过程的产品，是企业可以控制的，具有企业特征。

Winter and Helfat（2000）认为，能力是"高水平的惯例，借助于一系列的组织管理决策，通过其可以将输入转变为特定类型的产出"，能力与企业创造产出及企业的存活密切相关。由图3-3也可以看到，能力就像是企业的"基因"，被惯性地植入了企业的行为方式。

3.4.4 核心刚性

核心刚性的形成主要是出于以下原因：

（1）企业漠视环境改变。企业会满足于现有的核心能力带来的领先地位，故步自封，对来自外部的挑战产生惰性，没有应变的积极性。当竞争对手为行业带来了新技术或者开发了新产品或新服务时，尽管企业可以凭借现有的核心能力维持市场地位，但久而久之，这些改变会使企业现有的核心能力显现出某种局限性，企业也会逐步失去领先地位。

（2）企业过分重视目标。美国学者多萝西·伦纳德-巴顿（Dorothy Leonard-Barton）曾说，核心刚性产生的最普遍的原因之一是企业过分强调目标。当企业实施一项策略并从中取得收益时，企业便会多次重复实施，单一地认为多多益善，这时反而会对企业的成长产生阻碍。在旁观者眼中，企业不过是在固守优势，拒绝改变。

（3）企业依赖企业文化的记忆性与企业成长的固定路径。企业文化是一个企业的灵魂，以文化为土壤，企业逐步产生、维持、转变核心能

力，它对企业核心能力的影响是直接的、长期的和慢性的，因此核心能力受企业文化的固有影响，会有一定的刚性。同时，由于企业的历史经验会使企业的行为朝着特定的方向前进，即对固定路径有很强的依赖，从而限制了企业的灵活性。

（4）企业过度强调核心能力建设而忽略创新。由于核心能力帮助企业获得了某一市场的领先地位，企业会想方设法不断挖掘、充分利用现有能力，将其效用发挥到最大化，以取得最大的经济效益；但在此过程中，企业忽略了核心能力的变革和发展，即忽略了创新带来的效益。因此，企业应该学会在开发现有能力和创造新能力之间保持动态平衡。

（5）企业资产的专用性。企业的核心能力是无形资源，只有将无形资源的价值赋予在有形产品或服务上才能为企业创造利润，一旦与企业核心能力相结合的资产具有专用性，就增加了企业在核心能力变革时的退出障碍。如果企业想要创新，就必须放弃现有固定投资的价值，这种现实情况会对企业目前核心能力的更新产生消极作用。

（6）企业高管和员工行为的有限理性。由于人们在面对新的机会和挑战时，往往首选规避风险，不愿意接受新的机会和挑战，因此对核心能力进行更新的动力也较弱。同时，不论是企业高管还是员工，现有的行为选择都会受到过去经验的制约，这也会导致企业核心能力的刚性。

⭐ 实践链接

柯达曾是世界上最大的影像产品及相关服务的生产商，在"胶卷时代"一直是无人能够撼动的王者。1966 年，公司仅海外销售额就达到 21.5 亿美元，远超第二名。但随着数码相机的兴起，传统胶片的生存空间越来越小。从 1997 年开始，柯达便一直亏损，仅有 2007 年一年实现全年盈利，与之相对应，柯达的市值从 1997 年 2 月最高的 310 亿美元跌至 2007 年的 21 亿美元，仅仅在 10 年内就蒸发掉 99% 的市值。与胶卷有关的技术曾是柯达的核心竞争力，依靠这些独特的技术柯达取得了不俗的成绩。但随着时代的发展和外部环境的冲击，柯达引以为傲的核心优势却成了公司的核心刚性，直接或间接地导致了公司的破产。当时，行业内的企业都在积极尝试引进新技术和新人才，但柯达专注于吸引最好的化学专业的毕业生和工程师。尽管在 2003 年之后，柯达将重心转向新兴的数字产品，但终究难挽颓势。2012 年 4 月 20 日，柯达正式宣布破产。

柯达、诺基亚等老牌企业在转型时都呈现明显的核心刚性，这种核心刚性的存在使得企业忽视市场变化，没有及时对核心能力进行调整，企业的管理层从意识到核心刚性的存在到做出反应，再到克服、培育出新的核心能力，都是相当困难的。因此，受企业文化惯性、组织惯性、人力资本和战略偏差等诸多因素的影响，柯达失败在所难免。

3.5 动态能力观

核心刚性的存在以及外部环境的变化，促使企业界和学术界寻求新的能力。20 世纪 90 年代初，随着战略管理理论的发展，动态能力观逐步发展为企业能力理论的一个分支。相较于传统的企业能力理论而言，动态能力观把重点从研究产生竞争优势的资源和能力的特征及市场条件，逐步转向探索这些具有 VRIN 属性的资源和能力是如何产生、发展及演化的。动态能力观就是企业动态地适应内外部环境，整合内外部资源，以创造新的竞争优势的一种观念。企业动态能力观的培养需要动力机制、配置机制和学习机制在企业内部不断运转,需要企业与外部环境不断互动。动态能力观的提出使企业由原来只关注企业内部扩展为关注企业内部与外部。企业只有协调好内部与外部的关系,才能适应外部环境,避免内部能力的惯性与刚性。企业必须依据外部环境的变化,通过组织学习与知识积累,不断调整与提升自身的资源和能力,最终形成持续竞争优势。

动态能力观研究的基本问题是:在动态的市场环境中企业为什么和怎样建立持续竞争优势?企业如何表现出不同的绩效?动态能力观通过整合演化经济学、技术创新、组织学习与战略管理等理论来解释这些问题(焦豪,2013)。

动态能力观强调能力与环境相适应。不论是企业资源基础观还是核心能力观,在解释企业竞争优势时都带有明显的静态特征。首先,它们的前提假设为外部环境是不变的,然而,自20世纪90年代以来,由于技术和市场的快速变化,企业面临的环境充满了不确定性。在急剧变化的环境中,技术创新、消费者偏好的改变等都会使企业的竞争优势荡然无存。其次,竞争优势从确立的那一刻起,就处于模仿者与革新者的强烈破坏和冲击之下。这决定了它不可能永远维持现状,只能维持到竞争对手成功模仿或超越时。企业要想基业长青,关键不在于在短期内或某个时点上获得竞争优势,而在于在长期内抵御竞争对手的侵蚀或适应外部环境的变化,获得持续竞争优势。核心能力理论出现后,人们一度认为核心能力是企业获取持续竞争优势的来源,核心能力理论是培养企业持续竞争优势的最佳理论。但随着知识经济的到来,科技发展日新月异,人们逐渐认识到核心能力同时具有刚性,很难适应环境的变化。在动态多变的市场环境中,核心能力不可能永远维持企业的竞争优势。

Teece et al.(1997)基于三个关键要素——资产定位(Position)、组织过程(Process)、发展路径(Path)构建了动态能力的基本分析框架。资产定位是指企业当前拥有的技术/智力资产、互补性资产、客户基础、与供应商/合作者的外部联系等;组织过程是指企业惯例或当前活动和学习的范式;发展路径是指企业战略选择的可能性、收益增长的可能性和路径依赖等。企业的动态能力存在于组织过程中,其形成是由企业的资产定位与发展路径决定的。

3.5.1 动态能力的重要意义

中国曾诞生了许多优秀的企业,如秦池、三株、巨人等,但仅仅是昙花一现。究其根本,是其缺乏能够适应生命周期不同阶段的动态应变能力,当以往所处稳态环境中的静态均衡被不断打破,其竞争优势往往也不能持续存在。长期以来,如何赢得并保持竞争优势一直是战略管理领域的核心问题。企业要想获得持续竞争优势,必须具备动态能力。动态能力对于企业而言,具有以下重要意义:

一是企业捕获机遇、保持竞争优势的前提。全球一体化趋势的加强以及技术革新的加快,使得市场原有的构架和行业的竞争规则被迅速打破,企业所处的竞争环境趋于复杂和不确定,呈现出高度的动态性。这就要求企业能更快地感知竞争对手的变化并做出反应,拥有重构企业内外部资源的能力,通过变革与创新构建持续竞争优势,动态地适应日益复杂的环境,从而获得持续成长。

实践链接

戴尔成功从传统企业转型为互联网和电子商务企业就是典型的动态能力案例。戴尔原本是电话直销电脑公司,尽管也很成功,但当互联网革命开始之时，它毫不犹豫地选择了把握机遇，将全部业务转到线上，并充分利用互联网技术为客户提供个性化定制和配送服务，大大提高了客户的满意度，50%以上的增长率被奇迹般地保持了多年，成为今天世界上最大的电脑厂商之一，对其他转型较慢的竞争对手形成了巨大的威胁和挑战。

二是企业顺利成长、转型的强有力工具。 如同任何有机体一样，在生命周期的不同阶段，企业需要有相应的战略措施和组织结构。一般而言，企业生命周期包括创业阶段（Entrepreneurial Stage），集体主义阶段（Collective Stage），结构化与控制阶段（Formalization and Control Stage），组织架构的发展、调整与转型阶段（Elaboration of Structure Stage）。这些阶段是自然有序的、分等级排列的，每个阶段的组织结构、领导方式、管理体制和员工心态都各有特点；每个阶段都会面临大大小小的危机和管理问题，需要企业采用一定的管理策略以顺利成长、转型。特别是处于创业阶段的企业，组织规模小、层级关系简单，具有创新、超前和冒险等特征，动态能力是创业型企业成长为成熟企业及成熟企业战略转型的强有力工具。

三是企业实现跨越式发展的必备能力。 随着中国改革开放的深入以及与国际接轨速度的加快，行业保护规则逐渐撤销，业已建立的中国市场稳态环境被迅速销蚀。本土企业的外部环境受多因素、多维度交织影响，动态能力的重要意义更是不言而喻。在新的形势下做出新的转变，是企业得以存活和发展的必然要求；而动态能力是企业识别、适应环境变化的能力，能够使企业按照环境需求，发挥自身资源和能力的优势随机应变，抓住转瞬即逝的市场机会实现企业战略跨越。

实践链接

《华为基本法》第一条规定："为了使华为成为世界一流的设备供应商，我们将永不进入信息服务业。通过无依赖的市场压力传递，使内部机制永远处于激活状态。"国内电信行业起步之初，通信质量低、价格高且使用不便，市场需求被大大压抑。因此，华为在进入电信行业之初，便倾全力投入程控交换机的开发上，产品开发的成功迅速拉开了公司与国内竞争对手的差距，使公司在业内站稳了脚跟。在电信市场上，国际大公司有技术优势，但是服务速度没有优势；华为在一些县市的电信局设立办公室，为客户提供快速而周全的贴身服务，从而确定了在市场上的优势地位。

3.5.2 动态能力的内涵和构成要素

动态能力是使企业内部资源与外部环境相匹配的一种能力，它使企业现有操作能力从一种状态转变为另一种状态，从而让企业适应快速变化的环境的需要。企业只有形成并不断提升动态能力，才能持续不断地获得无数个暂时的竞争优势，从而在长期获得持续竞争优势，最终达到基业长青。动态能力由机会识别、整合重构、组织柔性、技术柔性四个要素组成，如图3-4所示（焦豪，2011）。

图3-4　动态能力的构成要素

（1）**机会识别**。机会识别是指企业通过扫描和监控市场环境，对其变化特征、规律及对企业可能产生的影响进行分析，从而了解市场不同群体需求的变化，识别出新的机会，进而选择合适的产品和服务以满足目标客户，并且设计出捕捉机遇并将其转化为价值的应变机制。

例如，有些企业中的中高层管理者和技术专家会凭借其深厚的人文底蕴、敏锐的商业洞察和多年的市场经验，及时把握产业结构变化和消费需求升级等市场发展机遇，进而塑造以文化内涵和生活品位等人类需求为核心价值的品牌形象，这样不仅能得到市场认同和追捧，而且能引领整个行业的产品和技术升级，从而使企业最终保持持续竞争优势。

企业要深入了解自己所处行业的发展运行规律，同时捕捉可能的变化趋势，甚至有人认为组织情报系统是动态能力的构成要素之一。

（2）**整合重构**。整合重构是指通过对企业现有资源的重新部署，以及对辅助性资源和再造流程的有机管理，从而达到资源的合理配置。

实践链接

在过去金字塔式的组织结构下，海尔的产品生产流程是：供货公司把订单先传到集团的市场部，经过事业部、企划处到生产分厂，分厂制订一个计划，再发到车间进行生产。经过业务流程再造，海尔将金字塔式的组织结构变成了一种扁平化的组织结构，并按产品生产流程重新整合了资源，取消了一层一层的"中介"，每个部门、每个员工直接对市场负责，生产部门和市场需求的距离被迅速拉近。曾经从下订单到生产车间接到指令需要十几天，现如今订单与生产车间的距离不过是鼠标轻击的弹指一瞬。这就是企业内部整合重构的价值体现。

整合重构要求企业必须持续地拥有更新动力，通过鼓励全体员工创新而对各种经营活动进行变革以提高企业的效率。

（3）**组织柔性**。组织柔性是指决定权职配置、信息流动等规则、程序的一种组织结构属性。

市场瞬息万变，企业战略需要因时制宜，同时组织结构要跟随企业战略而制定和实施，这就需要各部门打破正规工作程序，以保持工作的灵活性和动态性，同时具备非常畅通的内部沟通渠道和沟通机制，保障工作模式能因时制宜、因人而异，从而使企业战略实施不滞后于环境的变化。

实践链接

1996年史蒂夫·乔布斯（Steve Jobs）重新入主苹果，进行大刀阔斧的改革，砍掉70%没有前途的项目，裁撤冗余人员，汇集各种背景人才，打造全新的灵活团队，迅速扭转公司财务状况，推出震惊世界的产品，让公司起死回生，这无疑是商业史上最具戏剧性的案例之一。当时微软在获悉苹果计划推出iPhone后，也计划生产类似产品，甚至连研发计划都规划完毕，但由于整体推进非常慢，最终被苹果抢先推出，遥遥领先，成功绕过微软占据了小众市场，最后居然还演化成赢家通吃的奇迹。

组织结构的柔性化，有利于动态能力的激活和提升，不至于被组织惯例羁绊。具备组织柔性能力的企业，实现战略转变的速度要远快于一般企业。

（4）**技术柔性**。在信息经济时代，企业现有技术能否快速改进以提升客户对企业产品和（或）服务的认同感至关重要。因此，企业需要从与自身业务相关的技术、知识演变中，挑选出与自身现有资源基础关联的部分，并大力运用到企业的产品中去，以增加产品和服务的功能。

综上所述，企业只有以满足客户需求为目标，依靠机会识别能力和快速反应能力，才能在变革、更新的推动作用下，根据企业洞察到的环境中的机会，通过技术柔性能力和组织柔性能力，进行价值链及资源的配置与整合，动态地适应复杂变化的环境，最终取得企业所拥有的资源与所处环境的动态相机匹配。

3.5.3 动态能力的作用机制

动态能力存在的最终目的是使企业在不同时期适应复杂的动态变化的环境，其产出是资源和惯例的重新架构与组合，最终获得短期绩效的优秀表现和长期的持续竞争优势。因此，动态能力注重学习、应对市场变化，强调能力的动态性、系统性和结构性，本质上是对环境变化的一种适应机制。其中，机会识别能力是动态能力的前提，整合重构能力是动态能力的实现手段，技术和组织柔性能力则是动态能力的支撑体系（见图3-5）。

图3-5 动态能力的作用机制

第一，作为动态能力的前提，机会识别能力帮助企业通过网络获取信息和知识，推动信息和知识在企业内部传播与扩散，促进利用式创新和探索式创新活动的产生。由于产业分工越来越细，大多数企业处于产业链的某一个或几个阶段，必须和供应商、客户、联盟伙伴等利益相关者进行交互。因此，通过和利益相关者的动态积极交互，企业能够识别和获取对企业运营有用的信息和知识，最终促进企业内部的创新行动，从而创造与提供具有创新性的产品和服务。具体实现可以从两个方面入手：其一，企业将相对显性的知识进行编码，存储于文档或结构化的数据库中，便于企业成员获取和使用，这样可以提高既有知识的使用效率，促进既有知识的周期性重复使用，从而有助于既有知识的改进，促进利用式创新的产生；其二，由于知识和人是不可分割的，相对隐性的知识存储于关键员工的头脑和人际网络中，企业可以通过鼓励人际交流来共享这种隐性知识。面对面沟通的人际交流便于隐性知识的传递，可以促进直觉和创意的交流与碰撞，激发出更多的创造性构想，对以新知识创造为主要内容的探索式创新具有促进作用。

第二，作为动态能力的实现手段，整合重构能力通过重组内部知识来推动利用式创新、探索式创新的实现。实证研究发现，动态能力与企业创新战略具有显著的正向影响关系，会促进企业内部知识的重构与相应创新活动的开展。企业应当依靠以企业家为核心的高层领导行为的推动，强化员工的知识整合与重构意识，激发知识整合与重构的欲望和动力，最终通过整合重构能力实现企业内外部知识、新旧知识、各部门零散知识的整合与重构，提升企业整体的知识运用和知识创造能力，推动利用式创新和探索式创新活动在企业内部的顺利开展。

第三，作为动态能力的支撑体系，技术和组织柔性能力通过技术模块化与组织结构扁平化支持企业内部的利用式创新和探索式创新活动。具有柔性能力的企业能够通过技术模块化和组织结构扁平化对市场变化做出快速反应，扩展资源的使用范围，有效地配置资源，以及提高现有资源的使用效率，从而不仅能够成功地实现局部的持续改进，而且可以涉足新的产品市场、开发新的产品组合，支持利用式创新和探索式创新活动的开展。

综上所述，企业通过扫描外界环境发现可行性机会，在这个阶段企业领导人可以显著地实施探索式创新的相关活动，最大化地利用新机会带来的先发优势。利用式创新和探索式创新可以从不同方面提升企业的短期财务绩效与长期竞争优势。利用式创新以企业现有技术和知识存量为基础，强调对现有技术和知识进行改进与完善，最终改进现有的产品设计、拓展现有的运营知识和技能、扩张和拓宽现有的产品线与产品组合、提升现有分销渠道的效率、改进现有促销手段的效果，为现有市场中的客户群体提供更优质的产品和服务。相反，探索式创新是一种更大幅度、剧烈的创新行为，强调获取与创造全新的技术和知识，力求超越企业现有的技术存量及相应的知识基础，最终通过研发新的技术设计新的产品、开辟新的细分市场、发展新的分销渠道、采用新的促销手段，为新市场中的客户群体提供有价值的产品和服务。

综合起来，动态能力通过促进企业创新实现绩效的提升，具体而言，动态能力不仅可以促进企业对细分市场的开拓和对现有目标市场竞争手段的改进，还是重大创新的触发器，最终实现企业内外部知识、新旧知识及各部门零散知识的整合与重构。

企业动态能力的测量

我们根据动态能力模型，构建了企业动态能力评测表（见表3-4）。可以根据所在企业实际情况，对表中各个项目选取相应的分值，完全同意为5分，完全不同意为1分，中间情况依次类推。

评测企业如果得分为18—36分，则表明动态能力很差；如果得分为37—54分，则表明动态能力较差；如果得分为55—72分，则表明动态能力较好；如果得分为73—90分，则表明动态能力很好。

表3-4 企业动态能力评测表

	请按实际情况对企业进行评估，判断对以下句子的同意程度	完全不同意	基本不同意	中立	基本同意	完全同意
1	企业对所在产业发展运行规律了解非常深入	1	2	3	4	5
2	企业能够充分认识到所处环境的变化与发展趋势并制订计划以使企业提前做好准备	1	2	3	4	5
3	企业对客户当前需求及其发展趋势了解非常深入	1	2	3	4	5
4	企业对竞争对手了解非常深入	1	2	3	4	5
5	企业和供应商与经销商等利益相关者频繁交流，从他们那里能及时获得对企业有用的信息	1	2	3	4	5
6	企业非常支持员工的创新活动	1	2	3	4	5
7	企业积极营造具有创新精神的企业文化	1	2	3	4	5
8	企业对具有创新能力的员工给予充分的奖励	1	2	3	4	5
9	企业员工经常提出有创意的设想和主意	1	2	3	4	5

(续表)

请按实际情况对企业进行评估，判断对以下句子的同意程度	完全不同意	基本不同意	中立	基本同意	完全同意
10 企业员工敢于冒险、富有首创精神	1	2	3	4	5
11 企业现有技术有助于增加产品和服务的功能	1	2	3	4	5
12 企业现有技术可以运用到多种产品和服务中去	1	2	3	4	5
13 企业现有技术有助于提升客户对产品和服务的认同感	1	2	3	4	5
14 企业能够迅速熟悉新引进的技术工艺，形成生产能力	1	2	3	4	5
15 企业允许各部门打破正规工作程序，以保持工作的灵活性和动态性	1	2	3	4	5
16 企业内部运营的工作模式因人而异、因时制宜	1	2	3	4	5
17 企业有非常畅通的内部沟通渠道和沟通机制	1	2	3	4	5
18 企业实现战略转变的速度总是快于竞争对手	1	2	3	4	5

3.6 建立可持续竞争优势

Hofer and Schendel（1978）将可持续竞争优势进行了定义，即为企业所特有的、能帮助企业持续超越竞争对手的能力。波特（2005）则认为，只要企业能够长时间领先于其他竞争对手，并维持高于行业平均水平的经营业绩，企业就具备可持续竞争优势。在经济和管理研究领域中，不同的学者分析的角度不同，对可持续竞争优势的定义也不同。但是大家都认同可持续竞争优势为企业带来的经济效益对企业来说是至关重要的，企业应该通过不断的学习与创新行为，创造并维持自身的可持续竞争优势。可持续竞争优势来自企业所拥有的核心资源和能力，企业的资源和能力是相关和互补的。

3.6.1 可持续竞争优势的四个标准

可持续竞争优势的四个标准分别是有价值的、稀缺的、难以模仿的和不可替代的（见图3-6），通过这四个标准，企业可以识别和建立自己的核心竞争力。不能满足这四个标准的能力就不能被视为核心竞争力。

有价值的能力是指那些能够帮助企业利用机会、减少威胁进而创造价值的能力。企业可以把握外部环境中的机遇为客户创造价值。**稀缺的能力**是指极少数被现有或潜在竞争对手拥有的能力。如果很多竞争对手同时拥有某一种能力，那么这种能力就不会成为企业竞争优势的来源；如果某一种能力有价值但不具有稀缺性，则会加大对等竞争的可能性。**难以模仿的能力**是指其他企业不能轻易通过模仿建立起来的能力。因为首先，企业是基于特定的发展背景成长起来的，发展出的能力也是独特的；其次，在企业竞争能力和竞争优势之间没有明确的划分，竞争对手无法直观了解企业基于何种能力建立竞争优势，所以无法模仿；最后，社会复杂性意味着企业能力是错综复杂的社会现象的产物，模仿者无法照搬使用。**不可替代的能力**是指那些不具备战略对等资源的能力。通常情况下，一种能力越难以替代，它所具有的战略价值就越高。

同时，可持续竞争优势的基本构成要素来自领先的效率、领先的品质、领先的创新和领先的客户响应。劳动生产率和资本生产率等较高的企业通常具有较低的成本结构及成本优势。而领先的品质能够帮助企业树立良好的声誉，为客户创造更高的价值，提高企业的盈利能力。创新更是企业维持竞争优势的来源，领先于竞争对手的创新能更好地为客户提供满足其需求的产品，提高现有产品的品质。领先的客户响应是指企业比竞争对手更善于识别和满足客户的需求，客户因此赋予其产品更高的价值。

图 3-6 可持续竞争优势的四个标准

 实践链接

如何在数字屏幕统治的娱乐环境下，让孩子放下手中的电子产品去玩真实的玩具？乐高的答案是不断推陈出新，做好每一块积木。20 世纪 90 年代，急于追赶潮流的乐高扩充了许多业务，但 94% 的乐高套装都不盈利。时任乐高集团主席兼 CEO 的约恩·维格·克努德斯托普（Jorgen Vig Knudstorp）花了两年时间简化公司业务，重建财务体系与关键绩效指标管理体系等。克努德斯托普的改革卓有成效，截至 2005 年年底，乐高由过去一年亏损 16 亿丹麦克朗逆转至税前盈利 7.02 亿丹麦克朗，公司产品销量增加了 20%。解决了内忧，还有外患。乐高在 1958 年获得的专利早已失效，从垄断到开放，乐高遭受的市场竞争一度非常大。摆在乐高面前的难题是，怎样才能让消费者重新爱上并且只爱乐高积木呢？答案是抓住自己的核心业务和能力，不断推陈出新。在乐高，一款新产品从概念设计到上市可能要经历 1—4 年的时间。乐高的产品迭代快，淘汰率也高，任何产品都必须证明销售利润率在 13.5% 以上，否则会被淘汰出量产名单。开放的创意环境与现实的市场导向，成为乐高创造力的两大保障，乐高用一块积木在数字时代征服了全世界。

3.6.2 价值链分析

波特于 1985 年提出了"价值链"（Value Chain）概念，并对**价值链**进行了定义：企业是在设计、生产、销售、运输和辅助产品生产的过程中进行各种活动的集合体。这些互不相同但相互关联的生产经营活动，构成了一个创造价值的动态过程，即价值链。**价值链分析（Value Chain Analysis）** 就是帮助企业梳理一系列的输入、转换与输出活动，因为每个活动都有可能相对于最终产品产生增值行为，企业如果想要确定竞争优势、获得市场领先地位，就必须在价值创造的每一个环节都做得比竞争对手更好。

价值链并非相互孤立的，企业内部各业务单元之间相互关联构成企业特有的价值链，各业务单元之间存在运作价值链，同产业之间、上下游企业之间存在行业价值链。价值链主要由两类价值创造活动组成，分别是基本活动和辅助活动。基本活动包括产品生产、销售、运输和售后服务等活动。辅助活动通过提供材料、技术、人力等对企业本活动和价值链进行支撑，但不会与每个主体直接发生联系。价值链分析建立在价值创造活动分析的基础上，价值创造活动是企业从事的物质上和技术上界限分明的各项活动。除此之外，价值链还具有异质性，不同产业的价值链不同，同一行业中不同企业的价值链也不同。

产业内的基本活动有五类：进货后勤、生产作业、发货后勤、市场营销和售后服务。进货后勤是指与接收、存储和分配存货相关的各种活动，比如购买原材料，将原材料从供应商运到企业，然后对原材料进行盘点、入库，对库存进行控制和车辆调度等。生产作业是指将投入的资源转化为最终产品的一系列活动，比如机械加工、包装、组装、质检、设备维护、印刷等。发货后勤是指与买方有关的存货存储和发送等活动，比如产成品库存管理及配送车辆调度等。市场营销是指引导买方进行产品或服务购买的各种活动，比如广告、促销、销售渠道建设等。售后服务是指商品售出以后企业所提供的各种服务活动，比如安装、维修、培训、零部件供应等。

产业内的辅助活动有四类：企业基础结构、人力资源管理、研究开发和采购。企业基础结构是指支撑企业价值链运营的企业制度，比如会计制度、行政流程等。人力资源管理是指通过招聘、甄选、培训、薪酬等管理形式对企业内外部相关人力资源进行有效运用。研究开发是指企业中所有价值创造活动的技术成分。采购是指购入可供价值创造活动投入的所有行为和活动，一方面包括与基础活动有关的采购行为，另一方面包括与辅助活动有关的采购行为。

价值链具有以下特点：首先，任何一个企业都是价值链上的一部分；其次，企业内部价值创造活动的外部关联可以为企业赢得竞争优势，因此企业应该努力维持与供应商、代理商、分销商和客户构成的价值网络；最后，价值链之间的关联可以维持企业的竞争优势地位，竞争对手可能模仿企业的产品或服务，但是很难模仿价值链之间的关联。

价值链分析需要经过以下步骤：

（1）将价值链进行分解，与企业发展战略有关的活动、成本、收益和资产一一对应。

（2）查明导致企业价值链变动的各项活动，并根据这些活动，分析与竞争对手形成差异的原因。

（3）分析企业价值链中各利益相关者之间的关系，确定他们之间的作业相关性。

（4）根据分析得出的结论改进价值链，帮助企业更好地控制成本，进而培养可持续竞争优势。

3.6.3 外包决策

外包（Outsourcing）是企业采取的一种经营战略，依据服务协议，企业将一些非核心、成本不占优势的活动向企业外部转移，从而便于将有限的资源应用于那些能够创造出独特价值的核心业务。营利性组织和非营利性组织都在积极地将外包作为一项决策内容。

常见的外包决策涉及生产、销售、脑力资源、管理、物流、公关等：

（1）生产外包就是企业将生产业务外包给专门的厂商完成以节约成本，这种外包形式一般出现在劳动密集型产业。

（2）销售外包主要有销售代理和特许经营两种类型，是指企业将销售业务部分外包给有多重渠道的销售机构，企业多是通过招募代理商、经销商的方式扩大销售渠道。

（3）脑力资源外包是指企业将产品开发、咨询、策划和人才培训等业务委托给专业机构完成，借助外部资源为企业服务。

（4）管理外包是指企业将财务、后勤、行政、人力资源管理等业务委托给专业机构完成，从冗杂的日常管理中解脱，从而有更多的时间和精力放在创造利润的活动上。

（5）物流外包又称使用第三方物流，即企业将自身的物流业务委托给专业的物流公司完成。

（6）公关外包包括客户关系和IT应用服务等，企业可以将耗费大量精力的客户关系管理或花费较大成本的IT开发业务委托给外包供应商完成。

外包有助于企业最大化地发挥资源的效用，提高灵活性，加快企业决策的速度，能够使企业以较低的成本获得更好的产品和服务，降低管理成本。企业也能够从外包供应商那里学习如何提升自身的创新能力。但外包在给企业带来便利的同时也给企业带来了困扰，这些问题与企业创新能力的缺失和工作职位的减少有关，因为企业必须把原本由自身承担的一部分生产活动外包给其他企业。

实践链接

在中国，联合利华的产品下了生产线以后，均会在第一时间将物流外包给上海友谊集团物流有限公司（以下简称"上海友谊"），外包内容包括储运、盘点、流通加工（如消毒、清洁、礼品和促销包装、贴标签、热塑封口等）。上海友谊提供24小时发货信息的联网服务。同时，由于专业运营物流服务，上海友谊有多重渠道降低运输成本，通过智能物流方式能够提高满载率，按照客户分布对物流路线进行策划。而通过将物品外包，联合利华则可以集中精力从事新产品开发、扩大市场网络等工作。通过与上海友谊建立战略合作伙伴关系，联合利华在中国的业务得到了强势的发展。

案例阅读

"喜茶"的发展之道

2012年，广东江门九中街新开了间名为"皇茶"的小店，店主是个21岁的年轻人，名字叫聂云宸。那时的他一人身兼数职，小到菜单设计，大到店面装修，全部一人包办。为了保证经营，聂云宸每天都要耗费大量的时间改良配方，期间他多次试错，一度将自己的小店推向倒闭的边缘。最糟糕的时候，店铺一天只有20元的营业额。

半年之后，皇茶的第一款王牌产品——芝士茶——诞生了。摒弃奶盖粉、珍珠这些"花里胡哨"的东西，以芝士、时令水果为原料打造了属于皇茶的专属品牌。2012年年底，"芝士奶盖茶"传遍吃货圈，皇茶门前排起了长龙，顾客络绎不绝。

皇茶于2015年10月进入广州市场、2015年12月进入深圳市场、2017年分别进入上海和北京市场，由于在大城市里的模仿者与竞争者过多，皇茶山寨品牌频繁出现，于是在2016年聂云宸将"皇茶"更名为"喜茶"。自此，喜茶连带旗下所有品牌，成为舆论关注的焦点，统统成了"网红"。

只有优秀的产品才能留住更多的客人,创新是喜茶深受粉丝喜爱的重要原因。喜茶不断将产品口味随着消费者的需求进行改变。"芝芝桃桃""波波茶"之类的产品都是喜茶推出的主打创新产品。公司使用两种方式推出新产品:一是在原有产品上进行更新。喜茶定位明确,即分享给顾客茶的真味,在茶味的基础上对产品进行改进、创新。如为了满足人们对健康饮食的需求,引入"更健康"的低脂芝士茶系列。二是研发新产品。喜茶团队注重产品研发,坚持独立自主的产品研发模式,根据季节变化推出不同的茶饮系列。在注重茶饮质量的同时,喜茶还在原本用于防止烫手的杯套上做出了花样和创意,连同店面装修风格,均结合了酷、灵感与禅意的品牌理念。

喜茶注重口碑和消费者感受,在新产品上线的前几天,先不对产品进行宣传推广,只是在线下门店摆放海报,让消费者自己选择,如果消费者对这一产品的评价很高,才对产品进行线上社交平台的宣传和推广。这一行为,可以不断优化产品,也可以保持和提升喜茶的口碑。

喜茶还十分擅长打破行业界限、与其他品牌进行联名,喜茶的跨界范围广泛,从彩妆、服装潮牌到旅游,但其在选择合作品牌时也会注意对方的形象是否贴合自身酷、年轻的品牌形象。同时,喜茶利用跨界营销对品牌进行多方面的诠释,丰富且帮助自身形成完整的品牌形象,产生更广泛和深入的品牌联想。就拿2020年来说,疫情突如其来,餐饮业受到前所未有的打击,纷纷闭门歇业。但疫情也没有阻止喜茶跨界的步伐。喜茶先在公众号推出"喜茶饼干"产品,数万盒存货在三小时内被扫空;接着携手盒马推出两款青团产品,上线1小时就全部售罄。

奈雪的茶与36氪联合发布的《2019新式茶饮消费白皮书》显示,中国茶饮市场的总规模在2019年突破4 000亿元,咖啡市场的总规模在2019年接近2 000亿元,可谓前景广阔。庞大的市场吸引了众多参与者,随着门店数量的增多,茶饮赛道的竞争也越来越激烈。为保持住行业地位,喜茶坚持在产品上不断创新,在品牌上继续深耕,不断追求更远大的目标。

资料来源:
作者根据相关资料撰写。

思考题

1. 为什么需要分析企业内部环境?

2. 试论述企业资源、能力、核心能力、动态能力与战略之间的关系。

3. 如何对一个企业资源进行分类,其意义何在?并以一个实际企业为对象分析其资源,总结资源分析过程。

4. 企业获取利用资源时,可能会遇到哪些阻碍?给出可能的解决方案。

5. 企业能力包括哪些内容?如何理解企业资源、能力和竞争优势之间的关系?

6. 企业核心能力的概念以及评价标准是什么?如何培养企业的核心能力?

7. 核心刚性是如何形成的?如何避免核心刚性的出现?

8. 什么是企业的动态能力,它是如何体现的?

9. 分析动态能力对于企业的意义以及企业如何获取动态能力。

10. 判断一个企业是否具有可持续竞争优势的评判标准是什么?

11. 试论述价值链分析的基本原理及其对于构建可持续竞争优势的意义。

每章必读

[1] BARNEY J B. 1991. Firm resources and sustained competitive advantage[J]. Journal of Management, 17: 99-120.

[2] BARNEY J B, ZAJAC E J. 1994. Competitive organizational behavior: toward an organizationally-based theory of competitive advantage[J]. Strategic Management Journal, 15: 5-10.

[3] EISENHARDT K M, MARTIN J A. 2000. Dynamic capabilities: what are they? [J]. Strategic Management Journal, 21 (10-11): 1105-1121.

[4] TEECE D J. 2012. Dynamic capabilities: routines versus entrepreneurial action [J]. Journal of Management Studies, 49 (8): 1395-1401.

[5] TEECE D J. 2007. Explicating dynamic capabilities: the nature and microfoundations of (sustainable) enterprise performance [J]. Strategic Management Journal, 28 (13): 1319-1350.

[6] ZOLLO M, WINTER S G. 2002. Deliberate learning and the evolution of dynamic capabilities[J]. Organization Science, 13 (3): 339-351.

[7] 焦豪, 魏江, 崔瑜. 2008. 企业动态能力构建路径分析: 基于创业导向和组织学习的视角[J]. 管理世界, (4): 91-106.

参考文献

[1] BARNEY J B. 1986. Strategic factor markets: expectations, luck, and business strategy[J]. Management Science, 32 (10): 1231-1241.

[2] BARNEY J B. 1991. Firm resources and sustained competitive advantage [J]. Journal of Management, 1 (17): 99-120.

[3] Barney J. 2002. Gaining and sustaining competifive advantage [M]. 2nd ed. NJ: Prentice Hall.

[4] GRANT R M. 1991. Contemporary strategy analysis [M]. Cambridge, U. K.: Blackwell Business.

[5] HALL B. 1992. The strategic analysis of intangible resources [J]. Strategic Management Journal, (13): 136-139

[6] Hofer C W, SCHENDEL D. 1978. Strategy formulation: analytical concepts [M]. Saint Paul (Conn.): West Publishing Co.

[7] LEONARD-BARTON D. 1992. Core capabilities and core rigidities: a paradox in managing new product development [J]. Strategic Management Journal, 13 (S1): 111-125.

[8] MICHAEL E P. 1997. New strategies for inner-city economic development [J]. Economic Development Quarterly, 11 (1): 11-27.

[9] PENROSE E T. 2009. The theory of the growth of the firm [M]. Oxford: Oxford University Press.

[10] PENROSE E T. 1959. The theory of the growth of the firm [M]. Oxford: Oxford University Press.

[11] PETERAF A M. 1993. The cornerstones of competitive advantage: a resource-based view [J]. Strategic Management Journal, 14 (3): 179-191.

[12] PRAHALAD C K, HAMEL G. 1990. The core competence of the corporation [J]. Harvard Business Review, 68 (3): 79-91.

[13] RICHARDSON B. 1972. The organization of industry [J]. The Economic Journal, (82): 883-896.

[14] SIRMON D G, HITT M A, LRELAND R D. 2007. Managing firm resources in dynamic environments to create value: looking inside the black box [J]. Academy of Management Review, 32 (1): 273-292.

[15] TEECE D J, PISANO G, SHUEN A. 1997. Dynamic capabilities and strategic management [J]. Strategic Management Journal, 18 (7): 509-533.

[16] WERNERFELT B. 1984. A resource-based view of the firm [J]. Strategic Management Journal, 5 (2): 171-180.

[17] WINTER G S, HELFAT E C. 2000. The satisficing principle in capability learning[J]. Strategic Management Journal, 21 (10-11): 981-996.

[18] 巴顿. 2000. 知识与创新[M]. 孟庆国, 等, 译. 北

京：新华出版社.

[19] 白仁春,郭红龄,刘平.2005.企业资源发展策划[M].北京：北京大学出版社.

[20] 波特.2005.竞争优势[M].陈小悦,译.北京：华夏出版社.

[21] 焦豪.2011.双元型组织竞争优势的构建路径：基于动态能力理论的实证研究[J].管理世界,(11)：76-91.

[22] 焦豪.2013.企业动态能力论：企业家的创新视角[M].北京：北京师范大学出版社.

[23] 坎贝尔,卢斯.1999.核心能力战略[M].严勇,祝方,译.大连：东北财经大学出版社.

[24] 刘小玫,李垣,刘衡.2008.企业战略类型与资源战略管理的匹配[J].现代管理科学,(09):13-15.

[25] 韦尔奇,韦尔奇.2017.赢（尊享版）[M].余江,玉书,译.北京：中信出版社.

第4章
知识观与企业战略

>> **学习目标**
- 了解知识观对塑造企业可持续竞争优势的重要作用；
- 了解知识观的理论源流与重要组成部分；
- 了解知识观与企业战略行为之间的重要联系。

开篇案例

乐高——塑料方块的重新崛起（上）

创立于1932年的丹麦玩具公司乐高一直是世界拼装积木的领导品牌。20世纪90年代，在视频游戏和智能电子设备越来越受欢迎时，乐高曾展开一项针对儿童的玩具市场调查，结果显示，2/3的儿童宁愿玩游戏机之类的玩具，也不愿玩积木建筑玩具。同时，随着20世纪80年代乐高积木最后一个专利到期，传统积木市场陷入残酷的竞争，乐高内外部的专家和顾问根据市场观察与调研得出结论：乐高积木终将死亡，21世纪不再是小小塑料方块的天下，数码世界将取而代之。

因此，1993—2002年间，乐高开拓了种类繁杂的新业务，包括软件（电脑游戏和电影工作室）、生活产品（乐高儿童服饰）、媒体（书、杂志、电视）、女孩玩具（乐高娃娃）等。正如克努德斯托普在采访中所总结的：乐高一年可能要发展5个周边产业，突然要管理许多不了解的业务，公司没有这个能力，也跟不上发展的步伐，很多尝试都以失败而告终。最致命的是，乐高在追求潮流的同时放弃了安身立命之本——乐高积木，包括零售商和乐高粉丝在内的人都对此举表达了困惑与不满。

乐高将希望寄托于蓝海市场，期待破坏性创新能带来改变；积极吸纳具有不同文化背景的创新人才，引进了开放式创新。然而这些时髦的创新法则非但没有让乐高实现爆发式增长，反而让公司陷入史上最大规模的亏损，一度几乎无法独立生存。

2004年，34岁的麦肯锡前顾问克努德斯托普被委以设计乐高转型战略的重任，他的转型战略不但让濒临破产的乐高走出了困境，还让公司的业绩实现了飞跃式增长。2007—2012年，在iPad之类的智能电子设备流行的大背景下，乐高实现了营收年均22%的增长、税前利润年均38%的增长。同时期，玩具巨头孩之宝、美泰的年均收入增长率分别只有1.3%和1.5%。

请思考

1. 为什么一系列已经被验证的成熟的企业战略应用于乐高会导致失败？是战略制定上的问题，还是乐高自身执行上的缺失？抑或是战略与企业特质的匹配出现了偏差？

2. 克努德斯托普是如何制定新的企业战略的？这一战略为什么能让乐高重现生机？

资料来源：

陈劲，郑刚. 2009. 创新管理：赢得持续竞争优势［M］. 北京：北京大学出版社。

本章首先以知识观为视角，阐述知识观与企业可持续竞争优势之间的关系；其次介绍知识观下企业战略的基本框架与主要内容；最后从知识观下企业战略实施的角度，讨论企业战略观、目的论、战略过程与战略桥梁。在主体部分之后，运用本章学习的理论对开篇案例进行具体分析。

知识观作为企业战略管理理论的重要组成部分，在塑造企业可持续竞争优势的过程中发挥着不可替代的重要作用，并对企业创新活动与实践活动等战略行为具有重要影响。

在静态视角下，知识观塑造的企业知识基础（Knowledge Base）是企业重要的无形资源（Tangible Resource），可以帮助形成企业核心竞争力（Core Competence）（Prahalad and Hamel, 1990）。众多实证研究已经证实，企业的知识基础是其后续技术创新的重要先决变量，是企业获得竞争优势的重要来源。

在动态的市场环境中，企业的知识基础被认为是其塑造动态能力的关键。Zollo and Winter (2002) 从微观基础出发，认为企业的知识基础与组织学习过程是动态能力获得的主要方式，具体过程包括经验积累（Experience Accumulation）、知识表达（Knowledge Articulation）与知识编码（Knowledge Codification）。

从理论进化的角度来看，知识观发轫于Grant (1996) 的开创性研究，在这篇奠基性文章中，罗伯特·M. 格兰特（Robert M. Grant）提出了知识基础观的概念。在其论述中，企业被看作获得、处理、使用知识的学习型组织。在此基础上，Nonaka and Konno (1998) 继续从知识的本质性质出发，批判了从弗雷德里克·W. 泰勒到希尔伯特·西蒙的传统的西方范式将组织看作"信息处理"机器的观点，认为知识不仅有显性的成分，还包含隐性的部分，即不仅包括所谓的"技术、诀窍、心法"，还包括更深层次的"理念、情感、认知"。正是这些隐性知识，塑造了企业不可复制的竞争优势与环境适应性。基于这一认识，野中郁次郎（Irujiro Nonaka）等提出了知识创造的 SECI 模型，并进一步发展了知识观的理论框架。

进入 21 世纪，知识观的理论框架不断扩充，知识创造的"场"（Ba）、实践智慧等核心概念被先后提出，丰富了以知识创造与管理为核心的战略管理理论体系。

4.1 知识观与企业可持续竞争优势

知识观作为企业战略管理的重要理论视角，关注企业可持续竞争优势的获得。本节主要讨论知识观与企业资源、核心能力、动态能力及学习型组织之间的重要联系。

4.1.1 从外向内：知识观与企业资源

知识是重要的企业资源。自杰恩·巴尼提出资源基础观的理论框架，战略管理的视野便开始由外部转向企业内部，关注自身竞争优势的基础（Barney，1991）。巴尼认为，当资源符合价值性、稀缺性、不可模仿性、不可替代性时，可以为企业带来可持续竞争优势。

知识作为一种无形资产，是企业重要的竞争性战略资源（Nonaka and Konno，1998）。尽管知识资产并非传统意义上可见的企业资源，但其所涵盖的诸多类型（如专利、商业秘密、品牌价值、声誉等）已然成为新时代企业竞争优势的重要来源。伴随着信息化时代的到来，知识经济为企业带来了比拼知识资产的新局面。

4.1.2 从资源到能力：知识观与企业核心能力

知识观有助于企业发展核心能力。Prahalad and Hamel（1990）提出的核心竞争力的概念与资源基础观有一定的关系，但它主要讨论了企业的能力。核心竞争力指的是旨在为未来客户提供便利的、企业自身独一无二的核心能力。相对于竞争对手，企业的核心竞争力具有压倒性的优势，是难以模仿的能力与技术的集合体。但在一般情况下，核心竞争力的测算、评估是一件困难的事，有时它只停留在概念上。此外，所谓的"核心"也是随着环境的变化而变化的，我们必须把是否过时、是否落后纳入评价体系。《基业长青：企业永续经营的准则》（*Built to Last: Successful Habits of Visionary Companies*）的作者之一詹姆斯·柯林斯（James Collins）指出，企业要想实现伟大的飞跃，就必须跳出"能力陷阱"。

知识观有助于企业正确发展、认识与评估自身的核心能力。因为多年来长期支撑企业发展的核心能力在未来不一定有效，当前的核心能力很有可能成为企业的核心刚性，借助知识观的理论框架及知识体系的反思性，企业可以塑造、修正乃至再造自身的核心能力，从而避免落入"能力陷阱"。

4.1.3 从静态到动态：知识观与企业动态能力

知识资本和无形资源理论分别产生于经济学、会计领域，而 Teece et al.（1997）认为它们缺乏动态视角，于是提出了动态能力理论。根据动态能力理论，企业如果想要把知识资本和内部资源变成具有实际价值的东西，就需要一个具备企业家精神的领导者，像乐团的指挥那样带领企业成员持续革新知识基础。可以说，动态能力观继承了熊彼特提出的创新与企业家的关系等奥地利经济学派的理念。同资源基础观与核心能力观不同，动态能力观关注动态市场下企业竞争优势的获得。

在知识观的理论框架下，企业知识基础与知识能力是获得动态能力的关键。在动态市场中，企业的战略资源与核心能力极易受到熊彼特冲击的影响而失去竞争优势，动态能力所关注的是企业再调配、再组合资源以适应环境变化的能力，其本质上是企业知识体系的进化，即关于"什么是重要的资源"及"如何运用这些资源"等重要问题的反思与重构。

4.1.4 从组织到个体：知识观与学习型组织

在知识观下，组织持续竞争优势的获得与其学习能力及治理有关。Senge（1995）提出了学习型组织理论，其特征是不断地进行应对周围环境变化的学习、"逆学习"（Unlearning）、"学习方法的学习"及分享。学习型组织理论的形成背景是对20世纪机械文明的批判及系统理论的缺乏等。

学习型组织的提出代表着知识观分析层次向下延伸，即从"关注组织整体的知识结构"向同样"关注个体在组织中知识的获得"转变。在学习型组织中，学习的个体成为知识训练的基本单位。Scharmer（2009）的"U形理论"也属于这一理论框架。U形理论深入挖掘组织能力问题，将其扩展到领导者个人的内心意识及变化过程层面。它主要由以下三个阶段构成：与世界合二为一的"感知"（Sensing）；通过内省让内在领悟涌现的"自然涌现"（Presensing）；顺应自然、迅速行动的"实现"（Realizing）。

从20世纪90年代开始，知识资产的概念得以传播，与知识工作者在组织层面创造知识的过程相对应，它总括性地把握了隐性知识和显性知识，其基础是基于知识的认识论、存在论（哲学、社会学、美学）以及人类主体行为的创新；学习型组织的概念也开始被重视，其应用领域也从传统的商业组织扩散到"泛管理"语境下的其他组织类型。

4.2 知识观：以知识创造为核心的企业战略

4.2.1 源起：格兰特的知识基础观

从源流上看，除管理学领域之外的哲学讨论，如迈克尔·波兰尼（Michael Polanyi）关于知识本质与性质的讨论，Grant（1996）提出了知识基础观的概念。格兰特将企业看作获得、处理、使用知识的学习型组织。

竞争优势的行业定位观（Positioning）和资源基础观（与核心能力）分别从企业外部及内部来界定企业竞争优势的来源，知识基础观则通过对企业知识本质的重新思考，进一步推进了对企业竞争优势来源的认识。知识基础观认为，企业是一个知识处理系统，企业内的知识以人为载体，通过各种手段（如文本、技术系统、言传身教等）实现部分和完全共享，通过知识整合和创造，产生能带来经济价值的新知识。企业的这一特征使得企业同时面临两个主要任务：一是对企业内部的个人知识进行整合、创新以创造出新的有价值的专门知识；二是从外部有效获取企业所需知识。

知识基础观的提出，进一步深入分析和明确了企业竞争优势的来源与微观基础，为以知识观为核心的企业战略管理框架打下了基础。然而，知识基础观关注的是企业内部知识的共享与整合，并未深入讨论知识的根本来源问题。

4.2.2 SECI：知识创造的经典模型

野中郁次郎提出了经典的知识创造SECI模型（Nonaka，1994）。Nonaka and Konno（1998）认为，传统的西方范式将组织看作"信息处理"的机器，这种观点过于根深蒂固，以至于他们忽略了知识创新的重要性。并进一步指出，传统的西方观点关注的知识是显性的，可以用语言、文字或者数字来表达；而传统的东方观点将知识看作一种"隐性"的智慧，它们既包括"技术、诀窍、心法"，又包括更深层次的"理念、情感、认知"。正是这些隐性知识，塑造了企业不可复制的竞争优势与环境适应性。因此，战略管理新框架应更加关注企业的知识管理过程与能力塑造，将其视为变化市场中企业动态能力获得的重要前因要素。

SECI模型（如图4-1所示）认为，知识创造是隐性知识与显性知识在社会化互动的过程中产生的，又称知识转换（Knowledge Conversion）。知识转换始于知识创造的"场"中，并存在四种模式：社会化（Socialization），外显化（Externalization），组合化（Combination），内在化（Internalization）。在第一种模式下，组织内的个体通过非语言的观察、模仿、实践等行为实现隐性知识的获取，并在经验分享的过程中获取共享的新的隐性知识，完成社会化过程。在第二种模式下，个体通过隐喻、概念、模型等形式将隐性知识转化为显性知识，完成外显化过程。在第三种模式下，组织内部的团队通过显性知识的组合有效利用信息，建立知识体系，完成组合化过程。在第四种模式下，个体通过实践把显性知识具体化，并作为新的隐性知识来理解、学习，完成内在化过程。野中郁次郎认为，组织知识创造的过程是一种"螺旋式"的动态过程，知识以螺旋式成长的形式，穿梭、交互于个体、团队、组织甚至跨组织的多层次系统中，在空间与时间的维度下实现动态的知识创造与流动。

图4-1 SECI模型

资料来源：野中郁次郎和绀野登（2020：85）。

需要注意的是，知识创造的SECI过程不是一个循环就结束了的，而是一个螺旋式、无限的、周而复始的持续性组织活动。因此，保持知识创造的原动力及其惯性至关重要——将丰富的隐性知识投入知识创造的螺旋式运动过程，参与该过程的人们将在其中实现自我成长。包括企业在内的各类组织能否持续进行自我革新和创新取决于其是否具备面向未来的高瞻远瞩的能力，以及从属于组织的个体拥有的社会智力。

此外，知识创造的SECI过程虽说可以持续运行，但在现实中也存在局限性，因为任何活动都会产生成本。所以，我们需要从外部环境中找出令其持续运行的可能性。根据交易成本理论，如果知识创造活动的成本过高，那么组织就应该扩大或模糊自身的边界，加入更多的知识，以节约成本，个体参与程度较高的隐性知识社会化、外显化过程便是如此，企业并购也是其延伸手段。与此相反，如果像组合化那样能够借助互联网等手段从外部环境中自由获取显性知识，那么成本就会很低，因此组织只要维持目前的边界就可以了。

4.2.3 "Ba"：知识创造的"场"

野中郁次郎认为，知识创造过程需要很多人共同合作，这些人之间需要相互沟通和活动的空间，并且促进知识创造的是沟通环境或场所，因此他把英国哲学家迈克尔·波兰尼在1958年《个人知识》（*Personal Knowledge*）中提出的"场"的概念引入研究当中，进一步揭示了如何提高知识创造的效率和速度问题。日语中"场"即Ba。他把"场"定义为"能够创造关联性的共享空间"，进一步理解为"利用、共享和实践知识的空间"，这种"场"包括物理的、虚拟的、心灵的空间。

野中郁次郎对知识创造的四个过程相应提出了四个"场"，即创出场（Originating）、对话场（Dialoguing）、系统场（Exercising）和实践场（Systematizing）。隐性知识到隐性知识即社会化过程，需要创出场；隐性知识转化为显性知识即外显化过程，需要对话场；显性知识到显性知识即组合化过程，需要系统场；显性知识转化为隐性知识即内在化过程，则需要实践场（Nonaka and Konno，1998）。

4.2.3.1 创出场

创出场是指相互了解、相互信赖，从而能够孕育出种种想法和思路的场所，是实实在在存在的、能够面对面交流的一种物理意义上的场地，如家庭、会议室、办公室、车间、实验室、餐厅、酒吧及各种娱乐场所等。创出场是传播、共享隐性知识的场所。在创出场的作用下，个人隐性知识不断增加，主要是通过直接交流，如师傅带徒弟、合作、参观、观察、模仿、反复练习等方式实现，以感悟和领会经验、技巧等隐含在其他人头脑中的知识。但创出场仅限于共同体验的人们，即亲人、师徒或买卖双方之间的交流。

4.2.3.2 对话场（相互作用场）

对话场是将隐性知识外显化的场所，在创出场中产生的各种想法和思路（隐性知识的萌芽），通过对话场的作用成为显性知识，从而使个人的隐性知识转化为一个部门的显性知识、个人的专有知识转化为部门的公共知识。对话场能增加组织的知识存量，促进新知识的生产。

4.2.3.3 系统场（虚拟场）

系统场是将在对话场中产生的新概念、新知识与其他概念、知识重新组合或融合的场所。系统场利用计算机技术、网络技术和人工智能等现代化技术，把各部门的知识相互连接，转化为组织内部的知识，即知识联网。在创出场、对话场、系统场的作用下，个人的想法和思路等隐性知识转化为组织的知识，即显性知识，实现了知识的创造和共享。系统场是传播、组织和整合知识的场所，它把一个个知识孤岛联系在一起，使得组织内部的知识资源得到充分的利用和共享。

4.2.3.4 实践场

若想掌握新知识并将其转化为自己的隐性知识，就需要一个消化的过程，即检验和吸收的过程。实践场就是检验和吸收所创造的知识，并将其转化为个人、部门和组织的隐性知识的场所。在实践场中，各类知识都能得到扩展，实践场提供了学习和反复练习的场所。

需要说明的是，四个不同的场因在知识创造过程中的不同阶段所起的作用不同而得名，但在物质世界，它们有可能是同一个场所，也就是说，同一个场所既是创出场、对话场、系统场，又是实践场。

4.2.4 "知行合一"的实践智慧

野中郁次郎在批判基于信息（Information）的西方战略管理理论体系的基础上，提出了以知识（Knowledge）为核心的企业战略管理理论体系，强调知识创造是理解一切企业战略的关键。基于这种认识，野中郁次郎提出了实践智慧的概念，并将其作为知识创造理论的核心。

野中郁次郎在其著作《知识创造管理：适应未来组织发展的管理新模式》中认为，知识创造管理是以组织的"知识创造过程"为中心的管理（野中郁次郎和绀野登，2020）。知识创造过程的理论建立在两个基本点之上：一个是20世纪80年代本田、佳能等日本企业的成功经验；另一个是人们为解决一个普遍性问题所做的各种尝试，该问题就是组织应如何摆脱过去的成功带来的负面影响（即沉浸在过去的成功经验之中），以及持续开展基于知识创造的创新活动。

对于基于知识创造的企业战略与传统模式的区别，野中郁次郎认为，我们的确可以把知识创造管理思维引入现在的一部分管理活动加以利用和实践，两者之间最大的区别在于知识创造管理总是以创造性实践为基础，它不是纸上谈兵的战略论，它意味着战略与实践不可分割。当然两者也拥有共同的构想和方向，即两者都在实践的场所中驱动知识创造的过程，而不是收集、分析数据并将其浓缩成"战略"的显性知识，然后作为任务来执行。

实践链接

本田创始人本田宗一郎提倡"前往现场、了解现物、理解现实"的"三现主义"，这并非"现场主义"的口号，而是意味着战略规划与实践的知行合一。坊间流传着这样一则轶事：本田宗一郎晚年时有一次看到部下正在勤奋地制定战略规划，他很生气，说你们有工夫干这种事还不如制造一些有意思的东西。

本田宗一郎强调的是不要把自己当作业务的旁观者，而要怀有当事人的意识——从经验的共享出发，用不同的视角和价值观思考，虽有矛盾和对立，但最终也能把它们化解。也就是说，他重视肉眼不可见但某些本质性东西逐渐浮现的创造知识的过程，因此策划书、报告书之类的东西就显得多余了。

野中郁次郎所说的"实践"当然不是只盯着现场而不顾大局，而是既要贴近现场，在现场中实践，又要从大处着眼、纵观全局。

野中郁次郎认为，战略很重要，但许多时候即便反复分析现实、制定战略，到了实践阶段也会失去效果。正如战略论专家、管理学家亨利·明茨伯格（Henry Mintzberg）所说，战略不像大理石雕塑，需要靠形式上的精雕细琢（逻辑分析）完成，而是像陶艺创作中拉坯机上旋转的黏土，在混沌的对话和状况中通过艺术性加工而形成的（明茨伯格，2006）。大家都在讨论战略论，认为逻辑分析性的显性知识不断增加，但均没有付诸实践。这不是强调我们要走向现场主义，现场主义也存在局限性，现场的经验也会限制人们的知识和智慧。我们急需既非战略中心主义（侧重显性知识）又非现场中心主义（侧重隐性知识）的"第三条道路"——基于实践性理论的实践，如图4-2所示。

图 4-2 与理论脱节的实践与基于实践性理论的实践
资料来源：野中郁次郎和绀野登（2020：328）。

知识创造管理是一门实践的学问，其核心是把握现场知识并对其进行组合，最终实现实践智慧。它既不是只盯着现场的现场主义，也不是满足于过去的隐性知识、不加怀疑的经验主义。

4.3 知识观下企业战略的实施

4.3.1 战略观：主观意志回归

一般认为，战略决定了组织存在的目的，显示了为实现目标而采取的手段，在此意义上，知识创造管理与传统的管理没有区别，但是在战略制定、战略执行、战略观方面两者是大相径庭的。

知识创造管理战略的出发点是把企业当作"创造独特的未来的存在"。

战略观随着时代的变化而变化。在从20世纪走向21世纪、从工业社会走向知识社会的大潮中，我们迎来了全球化与反全球化并行的新时代，传统的战略与管理也在不断变化的冲击下亟待发展。

战略论一直属于管理学领域，历经各个时代而反映出多种多样的战略观，呈现复杂化、混合化的特征。明茨伯格看到这种情况后，对战略的类型进行了划分，梳理为十大战略管理流派，提出了组合使用不同的策略来制定、执行战略的方案。明茨伯格批判了沉迷于逻辑分析的决定论式的方法，他认为动态的形成过程才是战略应有的姿态，我们要在战略"涌现"的同时根据具体状况调整、执行战略。

战略的形成并不是写一个策划书（显性知识）然后冠以"战略"二字就可以了，它是一个反映现场状况的、与战略实践（行动）相联系的综合性过程。在实践中，战略的核心蕴藏于兼顾时刻变化的大环境与小细节且实时更新的当下知识之中，照搬写好的计划是没有用的。不过这里有一个前提，那就是战略必须作为组织的知识被大家共享，组织必须"活在战略之中"，即充分理解战略。

4.3.2 目的论："共同善"的提出

影响全世界的美国式管理以"管理是一门科学"为基础，它是赫伯特·西蒙等卡内基学派学者提出的思想，是一种决定论式的思维方式。和物理学一样，它对所有要素进行定量分析，寻求逻辑上的、实证上的唯一最佳解释。它还认为，人类个体都受到认知边界的制约，只有高效的组织才能在理性的边界下开展信息处理业务。这种排斥主观因素的价值中立的观点抛弃了"我们的存在是什么""我们想要如何生活"等人类的意志。

但是，知识创造管理不能缺少目的论，即我们要清楚自己的目的是什么、自己应该做什么。战略包括目的和手段两个方面，假如只偏重后者，那么战略就会变成扩大营业收入的手段，即具有强烈"战术性"倾向的战略。最近，人们过于忽视基于更高层次的经营理念的管理战略。

那么对于企业来说，其真正的目的是什么呢？我们究竟是为了什么而活着呢？按照亚里士多德的说法，行动和事件的存在是为了服从一个目的，而最高的人生目的（最高的善）是幸福。幸福本身不是手段，道德才是通向这个最高目的的道路，这是亚里士多德《政治学》（*Politics*）的原点。对于生存于21世纪的企业来说，亚里士多德观点的重要性愈发凸显。

亚里士多德说过"人是政治的动物",因为人类无法独自一人生存。但是,人类也想按照自己的想法自由地生活。因此,人类在与他人保持协作关系的同时,必须调节与他人的利害关系。由此在社会的维持和发展过程中,共同的公共问题就产生了,而政治正是关于这些问题的决策,社会所共有的目的便是实现共同善。

为了持续提高企业利润(这是手段而非目的),我们必须设定一个目的作为其前提,然后从这个目的出发。这样一来,目的论就与战略论、领导力理论等产生了关联。因此,共同善与实践智慧成为知识创造管理的主要成分,占据了战略形成的中枢地位。

从哲学上看,追求共同善的人类的本质是一种为了实现目的而创造意义的社会存在。最近的科学研究也暗示了这一点,哲学家马克·罗兰兹(Mark Rowlands)综合了近年来的认知科学等研究成果,论述了与以往勒内·笛卡儿(René Descartes)式的思维不同的知识的存在方式,笛卡儿将心灵与身体分离,重心灵而轻身体。知识的创造不是只在大脑中进行的,罗兰兹把弗朗西斯科·瓦雷拉(Francisco Varela)的具身认知与延展心灵结合起来,提出了融合心灵的新观点,即把知识的本质理解为一个过程,个体在其中与环境相融合,进而不断地自我超越、创造意义。

人类大脑的进化和语言的发展是同步进行的,语言在与环境的交互中发展。融合心灵也和大脑进化的研究成果具有共通之处。特伦斯·迪肯(Terence Deakin)指出,不是大脑产生了心灵,而是人类通过使用语言形成了拥有心灵的大脑。换句话说,我们利用语言参与环境的变化,从而产生了意义,并针对环境开展活动。这个过程经过一代又一代人的重复,人类的大脑不断进化。

总之,人类为了实现目的(从根本上说是实现幸福等共同善)而与环境(社会)一道创造意义的存在论式的种种努力,不正是战略形成的本质吗?

4.3.3 战略过程:实践智慧的循环

野中郁次郎在《知识创造管理:适应未来组织发展的管理新模式》中提出了知识观下企业战略循环的六个阶段,这六个阶段都是以实践智慧为指引(野中郁次郎和绀野登,2020),具体如图4-3所示。

图4-3 实践智慧指引的战略循环

资料来源:野中郁次郎和绀野登(2020:165)。

4.3.3.1 设定"善"的目标

当我们在做某件事时,我们要时常保持对善恶的判断。亚里士多德在《尼各马可伦理学》(The Nicomachean Ethics)中指出,善是一切行为和选择所追求的目标。实践智慧依照共同善,以正当目的为前提。亚里士多德说:每种技术与研究,以及人的每种实践与选择都以某种善为目的,所以有人说所有事物都以善为目的。因此,我们首要先要对"什么是善"有一个明确的判断标准,并在具体状况下进行运用,即在纷繁复杂的现实中追求普遍性,它的基础正是设定"善"的能力。人是追求理想的生物,梦想和志向催人奋进。理想或许不可能实现,但只有努力尝试,人类才能突破极限、创造知识。阿拉斯戴尔·麦金太尔（Alasdair MacIntyre）也在《追寻美德：伦理理论研究》（After Virtue：A Study of Moral Theory）中诠释了共同善对于人类的重要性，他指出，"匠人之道"是面向社会道德的无止境的实践，只有在这个过程中人们才能创造"善"。亚里士多德的"善"意味着自我满足的价值，比如幸福、自我实现等。

> **实践链接**
>
> 乔布斯说过下面一段话：帮助我做出人生重大抉择的最主要方法就是牢记生命随时都有可能结束……记住自己随时都会死去，这是我所知道的最好的防止患得患失的方法……你已经一无所有了，还有什么理由不遵从自己的内心呢。
>
> （2005年6月乔布斯在斯坦福大学毕业典礼上的演讲）

这令我们联想起了马丁·海德格尔（Martin Heidegger）"本真时间"的概念，对于即将到来的未来，人类必须认识到自身可能性的终点（死亡），主动提前做好思想准备，回顾过去的体验并重新赋予其意义，正视现在，继续生活。正因为意识到了死亡，乔布斯才领悟到人生的意义，把它当作自己坚守的信念，在此基础上，他把技术和人文融合起来，打造了苹果公司。

企业设定"善"其实也是一种思考未来社会"思想领导力"（Thought Leadership）的企业活动。思想领导力以全球视野和地区性视野创造具有多样化、广泛的、关联性概念，比如IBM的"智慧星球"、通用电气的"绿色创想"等，它们显示出改变世界、创造未来的愿景。这种"善"的愿景将存在的意义赋予创造知识的主体，在组织内外形成新的关联性，同时激发参与者，为实践指明方向，从而引发大规模知识创造。

4.3.3.2 适时地创造"场"

任何实践活动都必须选择合适的时间及场所。领导者在日常的场所中锻炼实践智慧，他们需要适时地创造一个"场"（共享语境），开展充分的交流，理解他人的心情并与其产生共鸣，察觉他人情感的微妙变化并把握好干预及后续处理的时机等。

在如何把实践智慧融入组织这一点上，"场"十分重要。"场"是共享知识的动态语境，是共享、创造、利用知识的动态时空。拥有实践智慧的领导者能够根据具体情况做出决断，但是为了尽早摸清状况、采取相应的措施，使"场"有效地发挥作用，他们还必须站在他人的立场观察问题，理解他人的情感、视角、价值观等，或者在与他人的关联中想象自身行为的意义，这样便能恰当地创造、共享时刻变化的语境。

> **实践链接**
>
> 乔布斯还说过这样一段话：员工们有时在过道上闲聊，有时他们在晚上10点半突然冒出创意、然后相互沟通，有时突发奇想、发现了思考问题的新角度——这些都是创新的来源。曾经有个员工想到了一个特别炫酷的点子，希望别人点评自己的想法，他便召集了6个人开了一场临时会议。

由于领导者与他人建立了强有力的互信关系，因此他们能够适时地创造出交换知识的"场"。作为明智者，领导者具备生成共情的能力，在语境中共享互帮互助、爱、信任、安心等感性知识，这些都是人类存在的基础。

4.3.3.3 实事求是地观察现实

绝对的、善的实践没有固定的规则或步骤。

善的实践必须正视现实的细节，考虑具体的语境。巧妙地选择与目标相适应的手段和时机非常重要，其前提是根据直觉洞悉细微的情况变化，即整体把握微观的、复杂的事件、现象，考虑或放弃何种手段，这正是做出判断的起点。拥有实践智慧的领导者应具备洞察力，将目光投放在时刻变化的具体现实背后隐藏的本质上，这意味着从"一次性"的事件中洞察"普遍性"。有人说"神寄居在细节之处"，换句话讲，从日常的点点滴滴中发现深层的意义和真理是创造性实践的原点。

底特律的"汽车殿堂"里悬挂着为汽车工业做出贡献的人的肖像，其中就有本田宗一郎。他的照片记录了这样的画面：在比赛现场，本田宗一郎的视线跟随赛车手，并趴在地上对其进行观察。本田宗一郎生前说过这样一段话：

> 每当看到赛车的时候，我就明白了很多东西。为了打造车身曲线，这样做会如何，那样做会如何，然后自然而然地进入下一个制造过程。

"Reality"和"Actuality"都可以表示"现实"。前者是主客分离的、对象化的现实（名词性的），由于它是已完成的、可以确定的物质性现象，我们能够对它进行科学的分析；后者是在"此时此地"进行中的、通过身体体验的现实（动词性的），它每时每刻都处于变化之中，是一种事件性现象。如果把本田公司的"三现主义"即"现场、现物、现实"翻译成英文，那么现场是"The Actual Place"，现物是"The Actual Thing or Situation"，现实是"Being Realistic"。

本田宗一郎通过现场、现物感受到了"此时此地"的Actuality，进而综合所有的身体感官，深入观察对象的世界，整合一切线索，逐一洞察眼前的事物和现象的意义。这是一种敏锐的通感，可谓用手"倾听"引擎的声音。人类的听觉、视觉、嗅觉、味觉、触觉等不同感觉互相沟通、交错，耳、眼、鼻、舌、身等各个官能的领域可以不分界限。

明智者以现在的意外相遇为契机，对过去的体验进行重新解释和重组，把偶然的邂逅变为命运中的相会。人们常说"好运天注定"，但是幸运是明智者的自谦，真正的原因是他们具备把偶然化为必然的能力，因为他们觉察了平凡之中孕育的潜在可能性、更广泛的关联性及日常持续的动态性。

4.3.3.4 将直观的本质转化为概念

领导者的实践智慧应该是组织行动的"能量"。在组织的行动中，领导者必须进行意义建构（Sense Making），即通过具有丰富意义的语言、概念等展示行动的意义。

首先，领导者要会讲故事。麦金太尔说过：叙事就是把自我定位于历史语境中。领导者需要把微观的直观与宏观的想象力（历史的想象力、愿景、主题）联系起来，通过对话将两者之间的关系抽象化、概念化，提出假说，形成故事。

其次，领导者要重视现场中的概念化。"汽车殿堂"里还挂着另一张照片，抓拍了本田宗一郎在现场打磨概念的身影：他和技术人员在地板上促膝对坐，他一边画图，一边解释意义。这是一张具有象征意义的照片，在"此时此地"的"场"中，领导者用肢体动作和语言说明了自己的想法，与员工们一起根据自身对本质的直接感受创造概念。

最后，概念不是徒有其表、华丽的文案，它必须与行动相结合，必须是完备的，具备极强的可接受性和显示某种效用的逻辑。那么乔布斯是怎么做的呢？他把产品提供的价值浓缩到一个词或一篇文章中，比如在发布"MacBook Air"时，他称之为"信封里的计算机"，而且真的从一个信封里掏出了MacBook Air。在发布会上，他也没有使用专业术语，对芯片的性能、规格等只字不提，就像拉家常似的把信息传达给听众，比如他说过"使用 iPod 能在口袋里装 100 首曲子"。"我要用这个产品改变世界",乔布斯的自信与充满激情的演说感动了全场听众。

4.3.3.5 实现概念

发挥实践智慧最重要的因素是面向目标、将行为具体化的"政治过程",即为了实现"善",运用一切手段和资源,思考、判断、实践。实践智慧的意义源自实践。在"善"的目标下,把从个别的具体事物和现象中洞悉的本质仅仅当作共享的概念是不够的,领导者还应该有意识地影响他人,凝聚集体的力量从而实现目标。

对"善"的追求是理想主义(Idealism),而"知善必先知恶"的实用主义(Pragmatism)也很关键。换句话讲,创新者应具备"政治力",这是被称作"马基雅维利式的智慧"高度的知识能力。有学者认为,在复杂的社会环境中,讨价还价的政治力是人类在进化过程中习得的。政治力是一种权力管理(Power Management)的能力,即为了引领创新,以激情和勇气驱动一切手段,根据具体情况共享和灌输愿景,实现价值创造。

能够说服他人采取行动的"修辞"(悖论、隐喻、对比)尤为关键。修辞依赖于人类的创造力,能够打开新的视野。仅凭逻辑、事实等无法说明创造未来的过程,但我们可以利用修辞增强说服力和感染力,把打破常规的、新的构思和愿景传递给他人,这种方式效果显著。

4.3.3.6 将实践智慧组织化

任何一位领导者"单枪匹马"地干都无法系统地推进企业实践、无法持续,无法持续则无法达成目标。只有不断扩大关联性,共同善才能实现。因此,实践智慧不能只停留在企业高层或特定的精英身上,领导者必须在实践中将融入自身人格和行为的实践智慧传承、发扬下去,将分布式自治的实践智慧体系化、组织化。这样一来,不管发生什么事,我们都能建立起"韧性组织"(Resilient Organization),灵活地、创造性地、实时地应对各种情况。我们把磨炼分布式自治的实践智慧的过程称为"群策群力",本田、苹果等企业集中体现了这一点。

4.3.4 战略桥梁:知识观与创新战略

从知识观出发,企业的知识创造能力是其创新战略的基础。伊丹敬之(Hiroyuki)曾经指出,创新是内外部相互作用的结果,要协调好组织内部知识与外部市场之间的关系。创新包括两个部分:知识积累和知识实现。组织可以通过内部创造和外部获取的方法实现相关的知识(尤其是技术知识)积累;知识实现就是组织内部商业化的过程,如果知识的实现能力不足,那么即使积累了足够的知识,创新也难以成功;如果没有良好的知识积累,那么知识实现方面的努力也不过是徒劳。因此,想要成功创新,就要关注知识管理的重要作用。

在知识创造的基础上,知识整合亦是组织创新的前因变量。知识创造为组织创新提供了可能性,而知识整合则是创新过程中从构件(Components)到架构(Architecture)的关键一环。因此,可以说整合是从知识元素到组织创新的桥梁。需要注意的是,知识并非脱离主体与结构而孤立存在的,在组织情境中讨论知识的整合,必然涉及组织结构、人员等诸多因素的协同。陈劲等(2017)认为,组织应当在"战略视野"的引领下实现全面、协同、开放的资源整合,将"自然科学的聚合思维"与"社会科学的发散思维"相统一。因此,知识的整合既需要观念与思维上的能力,又需要组织结构与过程上的安排。

案例阅读

乐高——塑料方块的重新崛起（下）

克努德斯托普的成功源于其对知识观的灵活运用，而并非对企业战略成熟方案的机械套用。

在核心产品战略上，植根于公司知识基础优势，回归与加强公司的核心竞争力。 在对公司业务进行梳理之后，克努德斯托普所带领的乐高管理层发现，公司真正赚钱的核心产品还是经典积木产品，包括得宝系列、乐高城市系列等。于是，克努德斯托普对乐高进行了大刀阔斧的改革，最重要的改革之一是重新制定乐高的产品战略，把核心战略重新拉回核心产品乐高积木上。公司决定回归积木，削减与积木不相关的产品种类，缩减零售店项目、放弃电脑游戏和主题公园业务，并把创新聚焦于围绕核心产品打造更好的客户体验。这一战略决策很快取得了成效。

与此同时，公司围绕核心产品系列向周边产业拓展。2014年动画电影《乐高大电影》被称为"史上最长广告植入"电影，它完全由乐高产品作为内容输出，却得到了几乎零差评的赞誉，位列北美票房上半年冠军，在全球也取得了4.66亿美元的票房收入。许多没有玩过乐高的人观影后都留言说想买一套乐高玩具。

在组织层面，注重部门之间知识创造"场"的构建。 为保证产品研发效果，克努德斯托普打破了之前生产、设计、市场部门之间互相隔绝的状况，加强了各部门领导层的沟通，建立了跨部门的协同体系。要实现有效的研发管理，在研发之初各方面就要达成共识，避免出现无法追踪盈利或研发成本失控等问题。例如，在开发"生化战士"系列产品之前，乐高的产品团队互相隔绝，按照程序逐步进行：设计师构思出模型，将模型扔给工程师，工程师准备好用于生产的原型，再踢给市场人员，然后沿着程序进行下去。很少会有哪个团队跑到另外一个团队的地盘提供建议或要求反馈。结果就是，设计完全不符合市场需求，或者成本过高不可能盈利。现在，乐高的每个产品都有三个经理：设计经理、市场营销经理和生产经理。在产品开发的每个阶段，不同部门都会从各自角度提供反馈，然后进行设计和模型的改进、迭代。最终三个部门的人要一起决定这个产品的元素、颜色、包装等。因为产品都是在三个部门达成共识的情况下设计而成的，所以不会出现设计师设计完后市场经理说卖不了、生产经理说技术实现不了的情况，更不会出现到产品开发的最后阶段才发现成本过高根本不可能盈利的"惊喜"。

乐高的战略的成功，得益于其对自身知识基础正确、清醒的认识，更有赖于其积极调整组织结构，构建适宜实施创造、传播与重新组合的场域，从而大大提高了战略执行的效率与实际效果。

资料来源：

陈劲，郑刚．2009．创新管理：赢得持续竞争优势［M］．北京：北京大学出版社．

思考题

1. 什么是知识观？其为什么可以为企业带来竞争优势？
2. 知识观的理论源流有哪些？
3. 为什么说知识观是新时代企业战略活动的重要理论视角？
4. 知识观与哪些企业战略活动有着重要联系？

每章必读

[1] GRANT R M. 1996. Toward a knowledge-based theory of the firm [J]. Strategic Management Journal, 17 (S2): 109-122.

[2] NONAKA I. 1994. A dynamic theory of organizational knowledge creation [J]. Organization Science, 5 (1): 14-37.

[3] NONAKA I, KONNO N. 1998. The concept of "Ba": building a foundation of knowledge creation [J]. California Management Review, 40 (3): 40-54.

[4] 野中郁次郎,绀野登.2020.知识创造管理:适应未来组织发展的管理新模式 [M].马奈,刘会祯,译.北京:人民邮电出版社.

参考文献

[1] BARNEY J. 1991. Firm resources and sustained competitive advantage [J]. Journal of Management, 17 (1): 99-120.

[2] COLLINS J C, PORRAS J. 2005. Built to last: successful habits of visionary companies [M]. New York: Random House.

[3] GRANT R M. 1996. Toward a knowledge-based theory of the firm [J]. Strategic Management Journal, 17 (S2): 109-122.

[4] HENDERSON R M, CLARK K B. 1990. Architectural innovation: the reconfiguration of existing [J]. Administrative Science Quarterly, 35 (1): 9-30.

[5] LEONARD-BARTON D. 1992. Core capabilities and core rigidities: a paradox in managing new product development [J]. Strategic Management Journal, 13 (S1): 111-125.

[6] NONAKA I, KONNO N. 1998. The concept of "Ba": building a foundation for knowledge creation [J]. California Management Review, 40 (3): 40-54.

[7] NONAKA I. 1994. A dynamic theory of organizational knowledge creation [J]. Organization Science, 5 (1): 14-37.

[8] PRAHALAD C K, HAMEL G. 1990. The core competence of the corporation [J]. Harvard Business Review, 68 (3): 79-91.

[9] SCHARMER C O. 2009. Theory U: learning from the future as it emerges [M]. San Francisco: Berrett-Koehler Publishers.

[10] SCHUMPETER J A. 1934. The theory of economic development: an inquiry into profits, capital, credit, interest, and the business cycle [M]. Cambridge, Mass: Harvard University Press.

[11] SENGE P M. 1995. Learning organizations [M]. Cambridge: Gilmour Drummond Publishing.

[12] SIMON H A. 1947. Administrative behavior: a study of decision-making processes in administrative organization [M]. New York: Free Press.

[13] TEECE D J, PISANO G, SHUEN A. 1997. Dynamic capabilities and strategic management [J]. Strategic Management Journal, 18 (7): 509-533.

[14] ZOLLO M, WINTER S G. 2002. Deliberate learning and the evolution of dynamic capabilities [J]. Organization Science, 13 (3): 339-351.

[15] 陈劲,尹西明,梅亮.2017.整合式创新:基于东方智慧的新兴创新范式 [J].技术经济,(12):1-10.

[16] 明茨伯格.2006.战略手艺化 [J].商业评论,(4):32-45.

[17] 吴春玉,冯玉晶,王艾.2009.管理学大师野中郁次郎与他的知识创造理论 [J].经济研究导刊,(4):149-150.

[18] 野中郁次郎,绀野登.2020.知识创造管理:适应未来组织发展的管理新模式 [M].马奈,刘会祯,译.北京:人民邮电出版社.

[19] 湛正群,李非.2006.企业的知识基础观:动态开放视角 [J].情报杂志,(8):18-21.

第5章
创新基础观与企业战略

> **» 学习目标**
> ➢ 了解企业创新基础观的框架；
> ➢ 了解创新管理思想史的基本脉络；
> ➢ 了解企业创新战略的经典范式；
> ➢ 了解新时代企业创新战略的新格局与中国本土理论探索。

⊙ 开篇案例

康宁的创新基础观发展战略

康宁（Corning）是材料科学领域全球领先的创新者之一，169年来一直致力于改变生活的创新。康宁将其在玻璃科学、陶瓷科学及光学物理领域的精湛专业知识与深厚的生产和工程能力相结合，创造出众多颠覆行业并改善人们生活的产品。康宁不断投入研发和工程，以独特的方式将材料与制程创新相结合，并与全球行业领先客户建立紧密互信关系，从而获得了成功。在资源投入方面，康宁将投资对象锁定为三根支柱：

（1）**三大核心技术**（Core Technologies），包含玻璃科学、陶瓷科学、光学物理。

（2）**四大制造及工艺平台**（Manufacturing & Engineering Platforms），包含精密成型、气相淀积、熔融、挤压。

（3）**五大市场准入平台**（Market-access Platforms），包含生命科学器皿、光通信、移动消费电子产品、显示科技、汽车应用。

康宁的发展战略是创新基础观的集中体现。根据康宁的战略规划，2020—2023年间公司超过80%的资源会投入涉及以上三根支柱中的至少两个的机会，其目的是进一步提升核心能力并提高竞争对手的进入壁垒，获得可持续竞争优势。

从创新基础观企业战略管理的理论视角来看，康宁的"三根支柱"代表了公司从核心技术创新到工艺创新、再到产品与市场创新全流程的创新系统。其中，在核心技术层次，康宁关注基础科技的研发，在其全球领先的玻璃科学、陶瓷科学与光学物理领域继续深耕，不断进行科技创新，作为创新系统的基础，为创新系统的"上层建筑"提供科技要素。进一步地，在工艺层次，康宁不断优化其工艺流程，提升成品率，降低制造成本，将核心技术层探索而来的技术要素进行合理组合，提升产品性能并降低平均成本。最后，在产品与市场层次，康宁关注将产品成功地市场化，业务涵盖移动消费电子产品、生命科学与汽车应用等诸多重要领域。

综上，可以看到康宁以核心技术创新、工艺创新、产品与市场创新为三大维度，构建起以创新基础观为核心的企业战略，服务于其材料科学领域全球领先者的地位。

请思考

你认为的创新基础观企业战略是什么？

资料来源：

康宁公司官方网站。

本章首先从创新基础观入手，讨论动态视角下企业创新战略的新框架；其次从经济视角出发，分析创新战略与竞争优势之间的关系；再次从发展角度，框架性梳理创新管理思想的重要源流与经典范式，帮助建立一个较为系统的学习框架；最后介绍中国本土创新范式的兴起、发展与迭代。

伴随着时代的发展，企业战略的重点在发生着改变，战略管理的理论方向也随之发生变化。从早期的环境论，到后来的竞争论，再到资源观及动态能力观，可以看到一条清晰的从外部到内部、从静态到动态的视角演化。然而，在工业经济向知识经济转型的当今世界，企业生存发展的核心驱动力已由提升"效率"转向促进"创新"。企业所面临的竞争环境是易变的、不确定的、复杂的及模糊的，传统战略思想对于外部、内部、资源及能力的片面强调必将被一种更加整合的视角统一，形成内外兼顾、长短期均衡、资源与能力并重的动态框架。这一框架的关键就是将创新作为企业战略的基石，将创新管理深度融合到企业战略的体系中，形成整体观指导下的创新基础观。在创新基础观的视角下，企业的创新战略是支撑其动态能力发展的关键，是协调其资源配置的重要途径，是兼顾内外部条件的重要过程。

创新可以为企业带来竞争优势。Foster（1986）强调，技术的不连续性将以愈发高的频率到来，伴随着支撑产品与流程改进的科学技术的跳跃式改进，作为进攻者的创新者将有更多机会实现对在位领先者的颠覆，这种机会的不均匀分布为进攻者带来优势。正因如此，基于创新基础观的企业行为可以为其带来可持续竞争优势，从而作为一种重要的企业战略而存在。

5.1 创新基础观：动态视角下企业创新战略的新框架

新时代，在整合的、动态的、面向未来的战略管理新框架下，企业需要以知识观为基础，以创新为导向，完成动态能力的建设、演化乃至重塑，从而在急速变化的动态市场中获得可持续竞争优势。基于这一思路，企业战略的创新基础观得以被提出，作为动态市场下企业战略管理新框架中重要的组成部分。

战略管理的创新基础观是战略观、战略模式、战略能力的统一。它强调企业应秉持持续创新的战略观，将培育双元能力与实施边缘竞争战略相结合，作为构建动态市场下企业获取可持续竞争优势的关键（见图5-1）。

的熊彼特租金，才能在不断变化的市场中获得持续竞争优势。

持续创新的实现要依靠另外两个"维度"：一是企业的双元能力，其既是一种兼顾渐进式创新与激进式创新的战略均衡能力，又是一种"由内向外"的运用能力的过程；二是企业的边缘竞争战略，其既是一种企业处于混沌状态下的战略模式，又是一种"由外向内"的过程。

5.1.2 双元能力：创新基础观的战略能力

双元能力是企业在动态市场下协调内外部创新资源，兼顾渐进式创新与激进式创新，平衡短期收益与长期收益的能力。有关双元能力的研究可以追溯至权变理论中关于组织适应不同环境应采取不同组织形式的论断（Burns and Stalker, 1961），为保证组织在稳定环境与动态环境中均能适应，Duncan（1976）提出应同时建立有机结构与机械结构以兼顾创新和创新实施，并称之为双元组织。Tushman and O'Reilly（1996）提出，组织内存在许多相互冲突的目标与利益，如短期利益与长期利益的冲突，上下级之间、不同部门之间、不同项目之间资源争夺的冲突，个人利益与组织利益的冲突，等等。因此，企业管理与协调这些冲突的能力是其获得持续竞争优势的重要基础。在此基础上，图什曼和奥赖利三世（1998）将双元组织与双元能力的概念进行明确，认为双元能力是同时"领导进化性与革命性的变革"的能力。进一步，Tushman and Smith（2002）指出，双元能力要求企业能够积极、主动地不断创造（进化性与革命性的）"创新流"，实现渐进式创新与激进式创新的协同。

双元能力是创新基础观的战略能力基础，是企业自身战略感知能力、战略领导能力与组织结构适应能力的综合，可以帮助企业在渐进式创新与激进式创新、短期收益与长期收益等目标

图5-1 创新基础观的三大维度

资料来源：陈劲等（2019）。

5.1.1 持续创新：创新基础观的核心内涵

持续创新是创新基础观的核心内涵，也是企业在动态市场下应当建立的资源与竞争观念。具体来说，是从以往静态的、绝对的、墨守成规的资源与竞争观念，向当下及未来动态的、相对的、拼搏向上的资源与竞争观念转型。企业高层管理者应当认识到：在高速动态变化的市场中，任何传统意义上可以提供持续竞争优势的稀缺资源都可能在突如其来的市场冲击下变得不再有价值，过去静态的、依赖初始禀赋的竞争方式变得不再可靠；与之相反，企业只有通过创造性地整合、构建和重构资源及能力，不断地积累创新资源，提高创新能力，获取基于创新

之间实现战略均衡,同时通过不断创造创新流(Tushman et al,2010),实现持续创新的战略目的,帮助企业获得可持续竞争优势。

5.1.3 边缘竞争:创新基础观的战略模式

边缘竞争是创新基础观指导下企业的战略模式。由 Brown and Eisenhardt(1998)提出的边缘竞争战略,是指导企业在高速变化的不可预知环境中持续革新以不断获得领先的理论,其核心在于"利用变革的动态本质来构建一系列竞争优势"。边缘竞争理论强调企业对市场变革的管理能力,认为普通的企业回应变革、优秀的企业预测变革、卓越的企业引领变革。边缘竞争战略是变化市场中企业创新战略的重要模式,依靠在企业固定结构与松散结构之间的最佳平衡,以及制定半固定式的战略方向来获得灵活性,进而把握时机并控制节奏以实现战略均衡。

边缘竞争作为企业战略模式的基础,是一种"由外向内"的过程,是企业为应对外部环境变化而建立的反应结构,是达成企业"无序边缘平衡""时间边缘平衡"与"时间节奏平衡"的关键。

5.2 经济视角:创新战略与竞争优势

在战略制胜的时代里,企业劳动生产率及经济效益的提高在很大程度上取决于企业能否有好的竞争策略、能否取得竞争优势。企业的竞争优势主要表现在两个方面:首先是低成本优势,可以通过提高劳动生产率以降低工耗,或者是节约物耗与能耗来实现。其次是特色经营优势(包括特色产品优势)。创造特色产品离不开各种工艺创新与组织创新。图 5-2 与图 5-3 扼要地表明了竞争优势、效率、效益及技术创新战略之间的相互联系。

从图 5-2 中可以看出,一方面,不论哪一种竞争优势的形成,均离不开**产品创新、工艺创新与组织创新**;另一方面,任何一种竞争优势的形成,都需要相应的战略作为指导。只有预先拟定良好的低成本战略并努力付诸实施,才能使低成本优势的形成落到实处。同样,要创造出产品或服务的经营特色,还要有良好的特色经营战略。而这些竞争战略及其实现,又必须有相应的技术创新战略相匹配。例如,低成本战略一般同跟随战略和并举创新战略相匹配;而特色经营战略又往往同技术领先战略和创造性模仿战略相匹配(见图 5-3)。

图 5-2 竞争优势与技术创新战略之间的相互关系

资料来源:许庆瑞(1993)。

图 5-3 竞争优势与技术创新战略之间的匹配关系

资料来源：许庆瑞（1993）。

从以上分析可见，正确地选择技术创新战略是形成竞争优势，提高市场占有率、企业劳动生产率和经济效益的关键。战略的选择，特别是技术创新战略的选择是一件复杂而又重要的工作，草率地选择了不合适的战略会导致整个企业经营的失败。技术创新战略必须根据国情、区域情况与企业自身所处的环境与条件选择。一般说来，在技术基础较差，技术力量，特别是企业研发力量不强的条件下，宜从跟随战略着手，随着技术力量与条件的成熟，逐步过渡到创造性模仿战略，最终进入技术领先战略。图 5-4 为技术创新战略与竞争优势的矩阵图，它扼要地说明了竞争优势形成与技术创新战略的相互关系，并简要指出了各国采用的技术创新战略。图中，C、J、A 分别代表中国、日本、美国，PF 与 CF 分别表示用跟随战略形成产品竞争优势和低成本优势，CI 为创造性模仿，L 为技术领先。

图 5-4 中也揭示了采用不同技术创新战略形成不同竞争优势的一般发展途径，即 CF→PF→CI→L。

促成战略转移的条件是多方面的，其中主要有以下几种：

（1）研发力量；
（2）研发资金；
（3）管理水平，特别是科技管理水平；
（4）技术基础；
（5）战略管理水平。

为了通过加强战略管理达到提高企业劳动生产率和经济效益的目的，企业应根据自身条件和所处环境，正确选择当前适用的技术创新战略与竞争战略，形成自己的竞争优势；同时要拟定长远的战略规划、创设各种条件，以使企业的战略管理水平不断提高，实现战略转移。只有不断提升层次、水平，才能使企业在竞争的风浪中始终立于不败之地，确保经济效益的持续提高。

5.3 经典创新范式与企业战略目标

创新基础观关注动态市场下企业可持续竞争优势的获得，其本质是将企业创新行为与企业战略管理相连接，建立塑造企业资源及能力的关键路径。从创新基础观出发，可以探究经典创新范式与企业战略目标（可持续竞争优势）的重要联系。

图 5-4 技术创新战略—竞争优势矩阵

资料来源：许庆瑞（1993）。

5.3.1 颠覆性创新与核心能力

颠覆性创新范式为企业赶超在位领先者提供了可借鉴的重要方法论。从战略管理的角度来看，颠覆性创新所颠覆与塑造的是企业的核心能力；从技术能力的角度来看，颠覆性创新往往伴随着技术的更替，而新技术的产生与旧技术的消亡所代表的正是已有核心能力的"失效"与新核心能力的"获得"；从资源的角度来看，颠覆性创新可以被视为一种熊彼得冲击，在这样的冲击下，旧的资源不再具有价值，而新的资源则可以为企业带来持续的租金收益。

颠覆性创新的理论源流可以追溯至 Schumpeter（1934，1942），其率先提出的创造性破坏（Creative Destruction）概念成为颠覆性创新最为直接的理论源流。Foster（1986）与 Foster and Kaplan（2010）沿用这一概念将其转化为进攻者的优势与防守者的困境，进而将创新作为后进入者颠覆在位领先者的重要手段与关键路径。在此基础之上，Christensen and Raynor（2003）通过对硬盘、汽车、钢铁、零售等产业进行系统性的案例分析，解释了小企业"以弱胜强"现象发生的内在机理。他指出，由于环境约束与成本约束的存在，在位领先者很难在全部潜在的颠覆性领域实施创新搜索，而大量且广泛存在的潜在颠覆者则可以依靠偶发的颠覆性技术破坏在位领先者的竞争优势，进而将其替代。

5.3.1.1 颠覆性创新的特征

颠覆性创新最突出的特征就是低价格、低利润、利基市场。低价格是后进入者在市场生存的手段，在主导性领先者看来，低价格的产品对自身不能构成威胁，因而放松了警惕。潜在颠覆者利用这一机会锁定大量低端消费者，实现生存与发展的既定战略目标。低利润既是一种研发战略，又能形成一种战略"欺骗"，对于在位领先者而言，搜索潜在颠覆者是其重要的战略任务，而潜在颠覆者的重要标准之一就是其利润率。潜在颠覆者的低利润特征赋予其一定的保护，使得在位领先者不易察觉其威胁。利基市场客户看重的产品属性不被主流市场客户和在位领先者接受，认为其是低品质的。潜在颠覆者通过不断加大产品、服务和商业模式的投入，提高产品水平，赢得更多的客户；影响并加强主流市场客户对颠覆性产品的感知和认可，得到主流市场客户认可，从而颠覆在位领先者。

> **实践链接**
>
> 在中国，拼多多的成长之路就是一个典型的颠覆性创新的范例。当淘宝、京东等传统电商巨头开始将业务重点向高端市场转移，就自然地在低端市场留出一个竞争的真空区，拼多多便在这个时期进入低端市场，并不断"下沉"，牢牢占据利基市场中的竞争优势地位，实现了在巨头林立的电子商务行业中的"局部颠覆"。
>
> 拼多多的成功是开拓新市场与占领低端市场的结合，一方面，传统行业领袖的业务范围向上移动降低了低端市场的竞争程度，使得拼多多有机会成功进入市场；另一方面，拼多多也在不断地尝试向下开拓新的市场（下沉战略），将三四线城市作为其主攻方向，积极创造需求，塑造利基市场，从而打造自身的竞争优势。

5.3.1.2 维持性技术和颠覆性技术

在颠覆性创新的框架内，克莱顿·M.克里斯滕森（Clayton M. Christensen）提出了维持性技术（Sustaining Technology）与颠覆性技术（Disruptive Technology）的概念。颠覆性技术完全建立在一套不同既有的技术原理或模型之上，这种技术的出现改变了现有技术的主导低位。与之相对的概念是维持性技术，该技术沿着既有技术轨道进行拓展和完善，从而维护或进一步完善现有产品的性能，但是并不对现有技术进行底层颠覆。与之相似的概念还有突破性技术（Radical Technology）和渐进性技术（Incremental Technology）（Damanpour，1991），这一对概念从技术角度区分一个创新组合中新知识的占比，那些包含很多新知识的创新被认为是突破性的，相反则是渐进性的。此外，Tushman and Anderson（1986）对能力加强型不连续创新（Competency-enhancing Discontinuities Breakthrough）和能力破坏型不连续创新（Competency-destroying Discontinuities Breakthrough）的概念进行了辨析与实证。所谓能力加强型不连续创新，是指在维持主流设计（Dominant Design）的基础上进行的改进型创新，而能力破坏型不连续创新则是不同于主流设计并破坏产业中现有企业竞争优势的创新。Henderson and Clark（1990）提出了架构创新（Architectural Innovation）与模块创新（Modular Innovation）的技术创新分类新维度。他们认为，应当依据产品创新是否涉及构成产品的元素（模块）的改变，以及是否涉及元素构成方式（架构）的更迭，将创新范式分为四类（见图5-5）。

图5-5 创新分类的二维框架

资料来源：Henderson and Clark（1990）。

需要认识到，架构创新虽然能够改变现有的产业竞争格局，但其并不必然导致主流设计的更迭。原因在于，主流设计的更迭必然要经历能力破坏不连续，即这种技术创新是具有突破性创新的性质的。架构创新并非突破性创新，其并未发生内部组成元件的变化，而是内部核心元件连接方式及设计理念的转变而产生的一种创新。

5.3.1.3 颠覆性创新的实施方式

颠覆性创新实施的关键是低价格模式。具体而言可以分为两个路径：低端颠覆性创新和新市场颠覆性创新（Christensen and Raynor，2003）。首先，低端颠覆性创新是指以低价格与低主要性能为标志的创新，典型的例子如折扣零售企业沃尔玛、拼多多等。低端颠覆性创新可以被理解为追求"性价比"的路径，即尽管主要性能低于主流市场在位领先者的产品，但是价格下降得更多。低端颠覆性创新价格低廉，由小而大积累实力，由下而上侵入，如温水煮青蛙般完成替代，这是颠覆性创新的基本机理。其次，新市场颠覆性创新是指将低价格、低主要性能与高辅助性能相结合。根据效用理论，主要性能的过度发展会导致边际效用递减、边际成本上升，辅助性能的提升会起到替代作用，引起主流市场客户向颠覆性创新市场异动，或者吸引原本缺乏购买能力的客户前来，从而打造一个更加广阔的新市场，完成对在位领先者的颠覆。而对于在位领先者而言，潜在颠覆者所在的低端或新市场是低利润的，往往容易被忽略，给新进入企业以机会来发展自己，不断提高产品主要性能及辅助性能，逐步向高端侵入。

5.3.1.4 颠覆性创新的意义

颠覆性创新自提出以来毁誉参半。一方面，其先进性在于将技术创新、商业模式与竞争博弈相连接，为新进入企业生存、发展乃至颠覆在位领先者提供了方法论，也为在位领先者敲响了警钟，其兼具理论性与实践价值的论述受到多方关注和追捧。另一方面，对其批评也不胜枚举。一种观点认为，颠覆性创新就是突破性创新（Markides，2006），所谓颠覆性创新，只是突破性创新从原有的技术维度向商业模式维度的一次扩展；另一观点认为，颠覆性创新存在同义反复问题（Cohan，2000），即仅当人们观察到颠覆的结果时，才可以定义技术是否为颠覆性的，因缺乏判断标准（Danneels，2004）而无法体现预测性（Tellis，2006），从而不能发展成为真正的理论。

尽管存在诸多挑战，但不可否认的是，颠覆性创新的提出为大量小企业"以小博大"而颠覆在位领先企业的案例找到了有力的理论支撑，为后发者的追赶与反超战略指明了方向。后发者竞争优势的构建并非必然依赖更多的资源（Barney，1991），也并非依靠突破性的技术，颠覆性的战略与企业商业模式创新也是构成其竞争优势的重要部分。颠覆性创新，特别是新市场颠覆性创新，正是通过小市场、低价格、低性能、新特性、低利润等特点，逐渐地对在位领先者实现颠覆。

5.3.2 开放式创新与动态能力

开放式创新本质上是一种跨组织边界的资源搜索与获取战略，其与企业动态能力的形成有着密切的关系。根据Teece et al.（1997）、Teece（2007）及后续学者的定义，所谓动态能力，是指企业所具备的集聚、组合、调配、使用资源及根据环境变化重新集聚、再次组合、反复调配资源的独特能力。可以说，开放式创新为资源约束条件下企业动态能力的获得提供了支持。

开放式创新的顺利实施需要企业具备较高的动态能力。一方面，跨组织边界的资源搜索与获取涉及资源的集聚、组合、调配和使用，并且相较于组织内部资源而言，对外部资源的搜索与获取需要更强的上述能力；另一方面，外部环境相较于内部而言更加多变，缺乏产权与组织边界的约束，使得外部资源的持续使用变得不稳定。在这种情况下，企业需要主动或被动地对现有资源组合进行调整，这种对资源重新集聚、再次组合、反复调配的独特能力同样也是企业动态能力的重要表现。因此，企业的动态能力是其实现开放式创新的有力保障，是重要的前因变量。

开放式创新的实施将会构建与重塑企业的动态能力。从组织适应性的视角（Hrebiniak and Joyce，1985）来看，组织在与外部环境的交互过程中会重塑自身的结构、能力与组织惯例。在开放式创新的过程中，企业将开放其组织边界，将内外部资源进行充分的整合。在此过程中，企业自身的能力（组织结构与惯例）也必将受到影响，从而实现企业的进化（Mckelvey，1982），进而重塑企业的动态能力。从组织学习的视角来看，开放式创新的过程可以被看作一个探索式学习（March，1991）的过程，动态能力的获得与演化必然会受到其影响。

5.3.2.1 开放式创新的概念及特点

开放式创新由Chesbrough（2006）首次提出，它是指"企业利用外部资源进行创新，提升企业技术创新能力"。开放式创新聚焦企业内外部知识的交互，强调企业要突破原有的封闭式创新，通过获取市场信息资源和技术资源实现"从外部获取知识（内向开放）"和"从内部输出知识（外向开放）"的有机结合，弥补企业内部创新资源的不足，进而提高企业的创新绩效。在开放式创新环境下,企业与环境之间的边界变得模糊,越来越多的企业通过跨边界合作构建开放式创新生态系统,赢得持续竞争优势。

开放式创新与封闭式创新相对应(见表5-1),后者是指以企业内部实验室为载体,实行封闭式、高集权式研发的创新范式,诸如沃森实验室、萨尔诺夫实验室、帕洛阿尔托实验室及日本大型企业的内部研发体系都是其典型代表。封闭式创新的特点是,依靠高投入的形式在局部形成一个技术与智力资本集中的研发闭环,从而突破重要的核心技术领域。在技术创新的整体复杂度处于中等水平时,封闭式创新可以依托其资源与前期投入构成壁垒,并获得可观的技术产出。然而,伴随着技术创新环境的日趋复杂,创新组合需要依靠广泛且跨领域的技术单元,企业愈发不可能依靠自身投入构建足够规模的技术与智力资本,以获得有用性更强的技术产出。封闭式创新范式因面临资源、结构、成本约束而遭遇挑战。开放式创新以开放组织边界的研发模式回应约束并应对挑战,其核心在于整合企业内外部研发资源,以外部资源的利用弥补自身资源的不足。

表5-1 封闭式创新与开放式创新对比

项目	封闭式创新	开放式创新
创新来源	本行业里最聪明的人都为我们工作	并不是所有聪明的人都为我们工作,企业需要和内部、外部所有聪明的人通力合作
	为了从研发中获利,企业必须自己进行发明创造,开发产品并推向市场	外部研发工作创造巨大的价值,内部研发工作需要或有权利分享其中的部分价值
创新的商业化运用	如果企业自己进行研发,那么就能首先把新产品推向市场	企业并非必须自己进行研发才能获利
	最先把新技术转化为产品的企业必将胜利	建立一个好的企业模式要比把产品更先推向市场重要
	如果企业的创意是行业内最多的,那么企业一定能在竞争中获胜	如果企业能够充分利用内部和外部所有好的创意,那么就一定能成功
	企业应当牢牢控制自身的知识产权,从而使竞争对手无法从其发明中获利	企业应当从别人对其知识产权的使用中获利,同时只要是能够提升或改进企业绩效的模式,同样应该购买别人的知识产权

资料来源:高良谋和马文甲(2014)。

开放式创新强调外部资源、外部创意和外部市场化渠道的重要性以及技术合作的重要性。开放式创新把研发和创新过程有目的地向领先用户、供应商、设计公司甚至竞争对手开放,以促进创意与资源的双向流动和碰撞,并从高校和科研机构获取技术资源来弥补内部资源的不足,将内外部知识有机地整合在一起,借助开放的市场力量加快创新速度,提高创新效率,最终实现持续竞争优势。因此,在开放式创新模式下,组织应该在与外部组织(供应商、竞争对手、用户、非相关企业、技术中介、高校、知识产权机构、科研机构、政府、咨询机构与风险投资等)的相互作用中进行创新,如图5-6所示。

图 5-6 开放式创新的框架

资料来源：陈钰芬和陈劲（2008）。

实践链接

海尔集团一直以来是中国企业开放式创新的典范。海尔开放式创新平台（Haier Open Partnership Ecosystem，HOPE）成立于 2009 年 10 月，于 2013 年 10 月正式上线，成为中国最大的开放式创新平台，也是亚洲最大的资源配置平台。目前，海尔通过开放式创新已形成一个围绕用户、资源、创意，集聚技术、知识、人才的生态圈。以 2014 年 11 月 30 日 HOPE 2.0 推出的"社区"板块为例，社区中设置了"新鲜空气""健康养生"等不同模块，对应海尔 U+智慧平台的"洗护生态圈""健康生态圈"等。研发部门会针对不同模块的用户提问进行专题讲解，提供快速、优质的解决方案。通过社区，HOPE 既连接了产品和用户，又为研发人员进行创新创造提供了更多的灵感通道。

资料来源：海尔 HOPE 开放创新平台官网；陈劲和郑刚（2017）。

5.3.2.2 开放式创新的实施方式

开放式创新的实施需要满足两个前提条件：第一，技术创新环境需要具有广泛而相对完善的知识基础，企业内外部研发资源的数量与质量分布相对均匀。这是因为，如果企业内部和外部技术创新环境中的研发资源数量与质量分布不均匀，那么将会导致企业对外部资源的利用存在较为严重的匹配困难，即在一个宏观科技发展相对落后的发展中国家，世界级领先企业很难通过外部环境获取有效资源，因为市场上可利用的资源发展尚不完善，企业内部研发部门所掌握的技术相对于外部可获取的资源而言是过于"艰深"的。然而，在科技发达国家，企业的开放式创新将是可行且高效的。第二，企业需要具备足够的能力对内外部资源进行整合，这种能力不仅包含对外部资源的搜索与识别，还包含对内外部资源的协同与利用。在这种机制下，企业的开放式创新与其自身的动态能力存在联系，可以说动态能力是开放式创新实施能力与质量的重要前因变量。

创新的实施包括五个阶段：创意产生、研发、试验、生产、市场化，而开放式创新可以实施于全部五个阶段之中，囊括参与创新、生产及商业化的所有主体（Lazzarotti and Manzini，2009）。在创意产生阶段及最后的市场化阶段，开放式创新的对象主要是用户，即用户参与产品的初始设计及最后的市场化阶段；在具体的研发、试验、生产阶段，外部的技术主体则可以参与其中，运用其资源、技术、能力为目标公司的创新实施提供助力。

5.4 中国本土创新范式与企业战略

自改革开放以来，中国经济实现了跨越式的飞速发展。与之相伴，中国企业的科技水平与创新能力取得了质的飞跃，成绩的背后体现了国家顶层设计的远见卓识，体现了中国劳动人民的勤劳智慧，体现了企业家的拼搏精神，也体现了无数管理学者对创新规律的辛勤探索。从"自主创新"伊始，历经"全面创新"（许庆瑞等，2003）、"整合式创新"（陈劲等，2017）到"有意义的创新"（陈劲和曲冠楠，2018），创新范式的迭代不仅是管理理论不断发展的最直接体现，更是中国经济实力不断增强、产业结构不断升级、科技水平不断提高、企业创新能力不断提升等因素综合推动下的产物。

2019年发布的彭博创新指数（Bloomberg 2019 Innovation Index）显示，中国国家创新指数排名跃升至全球第16位，不仅是进入世界创新国家20强的唯一发展中国家，更是首次超过英国与澳大利亚两个世界老牌创新强国。当今及未来，创新不仅是中国企业发展的核心，更是被提升为一种国家战略。在建设创新型国家的伟大征程上，创新管理理论范式的继承、发展与突破具有重要的理论意义、现实意义和战略意义。

中国创新理论的发展历程，是一幅波澜壮阔的中国创新学派（陈劲和吴贵生，2018）的发展史，更是一段催人奋进的学术旅程。在这段旅程中，中国的创新学者用心血浇灌出与时俱进的创新管理理论范式，不仅引领与指导了同时代企业创新管理的诸多实践，更为后续理论的发展奠定了坚实的基础。

5.4.1 自主创新与企业核心能力

自主创新的战略意义在于，通过对国外技术的模仿、改进与创新，国内企业可以降低对外部技术的依赖，获得自主可控的技术研发能力，从而塑造自身的核心能力。从这个角度上讲，自主创新是静态视角下企业核心能力建设的重要战略手段，是一种创新观下的企业战略。

陈劲（1994）首次提出了自主创新的概念。在自主创新的范式下，企业以技术引进为手段，以吸收学习为路径，以实现自主技术创新为目标，着力提高企业发展的竞争力与持久力。

中国有着独特的资源禀赋与特殊的国情，发展适合自身条件的创新路径对正处于技术积累与学习中的中国企业至关重要。许庆瑞和陈劲（1997）将这种适合中国等发展中国家实现技术突破的路径称为"3I模式"，即"模仿（Imitation）—改进（Improvement）—创新（Innovation）"系统路径。在3I模式下，经典的"工艺创新跟随产品创新"的A-U模型（Abernathy-Utterback Model）得以在中国情境下被修正。修正后的A-U模型显示在发展中国家存在"产品创新跟随工艺创新"的独特路径，即在发展中国家技术引进的背景下，在早期阶段工艺创新比产品创新对企业的生存和发展更重要。

自主创新的提出为中国协调技术引进、技术吸收与技术创新提供了指引，为中国企业补齐技术短板、实现技术追赶指明了方向，深刻地影响了整整一代企业的创新战略。时至今日，自主创新范式仍然深刻影响着经济社会的诸多领域，成为一种"泛经济"语境下的发展战略，为经济社会改革与政策制定提供了理论依据。

★ 实践链接

在创造中坚持自主创新，让自主创新不断赋能于智能创造，是格力电器发展的鲜明特点。"真正的技术一定是掌握在自己手里"，格力电器董事长董明珠说，这是格力电器近三十年来发展的"经验之谈"。作为中国最早成立的家电企业之一，格力电器早期也经历过向国外同行模仿学习的过程，压缩机等核心部件一度依赖进口，处处受制于人。格力电器走自主创新之路，研发力度不断加大，从2012年到2017年，研发投入不设上限，攻克了一个又一个技术难题。凭着这种实干、苦干精神，格力电器一步步走上技术兴企、科研强企之路。如今，格力电器经过长期沉淀积累，在自主创新方面硕果累累，截至 2018 年已经申请国内专利 51 162 项，其中发明专利 23 838 项、国际专利 1 706 项，拥有 24 项"国际领先"技术。

资料来源：陈新（2018）。

5.4.2 全面创新与战略要素的引入

全面创新作为一种强调各种要素组合与协同的本土创新范式，首次将"战略"作为创新管理的要素纳入整体框架，这是一种从"结果"向"过程"的转型，即企业战略不仅应当作为创新的目的，更应当作为创新过程的重要因素加以考虑。

许庆瑞等（2003）提出了全面创新管理（Total Innovation Management，TIM）的理论范式。全面创新管理以提升核心能力为导向，着力提高企业价值创造的能力。在全面创新管理的理论范式下，技术、组织、市场、战略、文化、制度等各种创新要素的组合与协同成为创新过程的关键，以之为目标的治理结构、组织结构、战略选择、文化建设等构成了"全要素创新、全时空创新、全员创新和全面协同"的创新理论框架。

全面创新管理是在中国企业从"模仿—改进"模式向构建自身核心能力模式转变的背景下提出的一个创新管理理论范式，强调了全管理要素投入及协同的重要性。全面创新管理在传统创新要素的基础上，将战略创新、制度创新、组织与管理创新等要素以及全时、全员、全流程、全价值链、全球化等时空观引入框架，建立全视角的创新管理大局观。全面创新管理的提出，助力中国企业从"模仿学习"逐渐走向"追赶超越"，以海尔集团为代表的中国企业以全面创新管理为依托，实现了从模仿到创新、从弱小到强大的巨大飞跃（许庆瑞等，2003）。

实践链接

中国国际海运集装箱（集团）股份有限公司（以下简称"中集集团"）是世界领先的物流装备和能源装备供应商。从 1980 年的一个面临破产的中外合资企业，到 1995 年世界干货集装箱生产和销售的冠军，直至 2018 年，中集员工共创造了约 934.98 亿元的销售业绩，净利润约 33.8 亿元。中集集团的高速发展，正是得益于集团上下开展了以全要素创新、全员创新、全时空创新和全面协同为主要特征的基于开放式创新的全面创新管理，实现了系统的、全方位的创新管理，提升了企业的核心竞争力，从而确保了中集集团近年来的持续竞争优势。以全员创新为例，从 2005 年开始，中集集团积极推动"3+1"技术创新工程，要求集团中级以上管理人员和全体技术人员结合集团业务发展目标，每年提出 3 项有效的创新提案，完成 1 项有价值的创新成果。"3+1"技术创新工程自在集团全面开展以来，取得了明显的效果。

资料来源：何郁冰和陈劲（2009）。

5.4.3 整合式创新与企业战略视野的引领

在全面创新管理的基础上，研究者进一步发现，企业的创新管理应当将"战略视野"放在更加核心的地位。也就是说，战略视野可以作为一种引领性因素，作用于企业的创新过程，以帮助企业明确创新方向、管理创新过程、评估创新产出，最终实现竞争优势的塑造。

陈劲等（2017）提出了整合式创新（Holistic Innovation，HI）的理论范式。整合式创新将战略视野视为创新管理的核心驱动力,强调在战略创新的引领下,构建"协同创新、全面创新与开放式创新的综合体"。整合式创新的三大核心要素为战略、全面开放与协同,引入东方智慧中的整体观思想,将"自然科学的聚合思维"与"社会科学的发散思维"进行协同整合。

整合式创新的提出,是经济全球化背景下中国企业打造全球竞争力的实践产物,也是助力企业技术创新、支撑科技强国战略的原创性理论探索,体现了东方智慧的独特贡献。以阿里巴巴集团、中集集团、美的集团等为代表的中国企业,以整合式创新为框架,实现了从本土企业到世界级企业、从追赶到超越的巨大转变,为中国企业走向世界提供了现实与理论依据(陈劲等,2017)。

实践链接

浙江吉利控股集团有限公司(以下简称"吉利")是一家以汽车及汽车零部件生产经营为主要产业的大型民营企业集团,始建于1986年,历经33年创业创新,吉利不但"逆袭"跻身汽车行业创新领军者前列,还通过整合式创新发展成为涵盖出行服务、线上科技创新、金融服务、教育、体育等在内的全球性集团,现资产总值超过3 100亿元。吉利的整合式创新能力包含四个紧密相关且进阶演化的能力维度,分别是吸收能力、核心能力、动态能力和整合能力。通过人才整合、管理整合、文化整合、市场整合四个维度的整合式创新,吉利强化并推动了创新能力的进阶式演化,成功完成了跨国并购,将自己对本土市场的熟稔嫁接到沃尔沃上,把沃尔沃在技术、研发和质量管理方面的经验嫁接到吉利上,实现优势互补,最终成就了吉利的全球整合竞争优势。

资料来源:陈劲等(2019)。

5.4.4 有意义的创新与企业长期战略

近年来,中国本土创新管理的理论范式也开始关注动态市场下企业可持续竞争优势的获得。但是,东方管理学者采取了与西方管理学者不同的理论视角,即跳脱环境短期波动的影响,将企业创新战略建立在更宽的场域(社会、国家、人类)及更长的时间轴上(中长期价值与大趋势)。基于这种认识,有意义的创新作为一种关注创新意义引领的范式开始兴起,企业的长期战略开始被关注。

陈劲和曲冠楠(2018)首次提出有意义的创新(Meaningful Innovation,MI),引领哲学与人文精神在企业创新活动中的回归,强调创新管理应当主动关注社会需求、人的自我实现,以及整个人类社会的良性可持续发展。

经历四十年的改革开放,中国企业经历了从模仿、改进到自主创新的历史转型,领军企业实现了"学习—追赶—竞争—超越"的跨越式发展。然而,发展所带来的经济与社会问题逐渐显现,盲目追加投资与追逐热点使得创新资源被大量浪费,整个社会的资源利用效率长期处于低位,资源消耗型的发展模式遭遇瓶颈,环境问题愈加凸显,社会需求难以满足。此外,东西方文化上的冲突使得单纯依赖西方思维的传统范式与依赖东方思维的中国范式之间存在融合困境。这些问题的出现,直接或间接地影响着中国企业在全球的发展。

应当认识到,新时代中国企业的使命已经发生根本改变:从服务本地到服务全球,从回应需求到创造需求,从模仿跟随到行业领袖,从追求经济效益到服务社会发展,从基于本土文化到实现文化双融。在这一视角下,以往理论专注于技术创新的框架需要得到拓展。在有意义的创新框架下，创新资源的重组与协同应当"内生"地关注以社会意义、战略意义与未来意义为核心的创新意义，构建以东西方文化共性基础为内核的决策框架，协调企业中期与长期的创新规划，助力打造引领社会变革与人类发展的伟大世界级企业。

→ 案例阅读

创新战略——跟随还是引领？

2018年4月16日，美国商务部宣布，将禁止美国企业向中国通信设备制造商中兴通讯出售任何电子技术或通信元件，这一禁令为期长达7年，直到2025年3月13日。中兴手机核心器件依赖于美国进口，这一制裁几乎直接导致中兴通讯进入"休克"状态。

2019年5月16日凌晨（美国当地时间5月15日），美国总统特朗普签署了一份总统令，宣布美国进入"国家紧急状态"，以禁止美国通信企业与包括中国华为公司在内的一切被控会"威胁"美国国家安全的公司进行商业交易。面对美国的全面制裁，华为启动所谓"备胎计划"，使用自主生产的华为海思芯片替代进口芯片，在软件方面，华为准备了鸿蒙系统（Harmony OS），以应对随时可能发生的软件封锁。面对突如其来的制裁，华为并没有"休克"，而是逐步稳住阵脚，任正非表示："我们已经做好美国永远不撤销实体清单的心理准备。"通过中兴通讯与华为的对比，人们不禁要问：

（1）中兴通讯与华为，同为全球四大通信设备制造商（另外两家为爱立信与诺基亚），面对美国的制裁，其后果为何会如此迥异？

（2）中兴通讯的"几乎休克"与华为的"泰然自若"，其背后有着怎样的深层原因？

（3）从企业创新战略角度来看，两家企业采取了完全不同的创新路径，是否是这种"不同"导致两家企业面临全球性战略冲击时截然不同的抗打击能力？

中兴通讯的创新跟随战略

2002年前后，全球电信业大滑坡，许多通信设备业巨擘，如北电、朗讯、阿尔卡特都遭遇冲击，华为也出现了负增长。但同在这一年，中兴通讯却逆势上扬，销售收入增长20%，2003年增幅更是高达50%。中兴通讯的逆势上行，源于其选择了一条**创新跟随**的企业战略，即**关注适用技术，而非先进技术**。

中兴通讯采取的是**跟随者的紧贴策略，紧跟先进技术，不超前、不冒进，在市场不明朗的情况下，不会过度投资**。但是在看似温和的表面背后，却是企业对市场机会的深刻洞悉和快速把握。中兴通讯认为，引领技术的先进潮流，并不绝对是一种明智的战略选择。但许多市场领导者往往将其视为构筑进入障碍的法宝，毫无知觉地步入"技术痴迷"的泥沼。当许多人视PHS（俗称"小灵通"）为淘汰的技术时，中兴通讯却毫不犹豫地扛起了中国小灵通市场的大旗。就拿"小灵通"业务来说，中国电信为了与中国移动和中国联通分一杯羹，一定要拥有自己的移动网。与此同时，一方面，电信运营商迫切需要业务增长；另一方面，昂贵的移动通信费用使得市场对廉价的替代品充满火山爆发般的期望。中兴通讯认为，这样的市场机会，如果仅仅以"技术是否先进"为标准来进行评价和选择，那么似乎是"一叶障目"。技术战略的成功除紧贴市场外，还基于"紧紧跟随，普遍撒网"的决策思路。紧紧跟随，保持与市场领先者的距离，保证对市场需求快速变化的适应力，**资源向产品开发而不是向技术开发集中，不断依托产品创新优势抵抗竞争对手的技术创新优势**，这一直是中兴通讯的

"制胜"心得。2004 年，中兴通讯被美国《商业周刊》誉为"全球成长最快的电信设备企业"，在电信业告别高速增长期之后，中兴通讯依然能以 20%—30% 的年平均速度稳步增长。一直以来，创新跟随战略使得中兴通讯成功规避了很多风险，但在技术全面封锁的系统性风险面前，重产品而轻核心技术的创新跟随战略的弊端集中显现，高度的核心组件外部依赖性成为导致中兴通讯"几乎休克"主要原因。

华为的创新引领战略

华为是有着深深的危机感的企业，这和领导人的认知有莫大的关系。任正非早在 2012 年就说过：**"华为现在做终端操作系统是出于战略的考虑**，如果他们突然断了我们的'粮食'，Android 系统不给我用了，Windows Phone 8 系统也不给我用了，我们是不是就傻了？同样地，我们在做高端芯片的时候，我并没有反对买美国的高端芯片，我认为要尽可能地用他们的高端芯片，好好地理解它。当他们的芯片不卖给华为的时候，华为就可以大量用自己的芯片，因为尽管华为的芯片稍微差一点，但能凑合用上去。"任正非说："我们做操作系统和做高端芯片是一样的道理，主要是让别人允许我们用，而不是断了我们的'粮食'。断了我们的'粮食'的时候，备份系统要能用得上"。

与中兴通讯不同，华为历来**关注核心技术的突破与引领，以创新引领战略为企业获得可持续竞争优势的关键**。为了保持技术领先优势，华为近年来一直拿出销售收入的 10%（数百亿元）作为研发投入，并作为制度写入《华为基本法》。华为在全球有 16 个研发中心，截至 2012 年年底拥有 7 万多名研发人员，占员工总人数的 48%，是全球研发人数最多的公司。从 1992 年开始，华为就坚持将每年销售收入的至少 10% 投入研发。大量的投入带来了丰厚的回报。例如，华为在欧洲等发达经济体市场的成功，得益于两大架构式的颠覆性产品创新，一个叫分布式基站，一个叫 SingleRAN。后者的设计原理，是在一个机柜内实现 2G、3G、4G 三种无线通信制式的融合功能，理论上可以为客户节约 50% 的建设成本且很环保。竞争对手也企图对此进行模仿创新，但至今未有实质性突破，因为这种多制式的技术融合背后有着复杂无比的数学运算，并非简单的积木拼装。再如，海思作为华为的芯片公司为自家通信系统开发芯片，其中终端手机的麒麟芯片虽然用的是 ARM 公版方案，但已经实现自主设计，并且与国内的寒武纪合作，开发出世界第一款 AI（人工智能）芯片，已经普遍用于华为高端机型。

对比华为与中兴通讯可以发现，尽管同为全球通信设备制造商前四强（华为排名第一，中兴通讯排名第四），但在核心技术战略中，中兴微电子（中兴通讯自己的芯片公司）在消费电子芯片方面被华为海思（华为自己的芯片公司）远远甩在身后。华为的创新战略志在尖端技术的超越与引领，不为一时的利益失去长久的竞争优势，不为局部的利益失去整体的利益。

从企业创新战略的理论视角来看，中兴通讯与华为的创新路径存在巨大的差异。具体来说，中兴通讯采取的所谓"创新跟随战略"，其核心是为了规避创新所面临的巨大不确定性。尽管成功的技术创新可以为企业带来丰厚的收益及领先的地位，或者颠覆在位领先者（如颠覆式创新），但同时也存在巨大的风险和高额的投入，稍有不慎便会满盘皆输。采用创新跟随战略的企业，可以在技术前景明朗的情况下再进行跟进，依靠更好的产品设计或更低的平均成本获得优势。然而，在高科技领域，核心技术往往具有很高的门槛，创新跟随战略只能学到皮毛，到头来仍然需要依靠购买他人的配件来组织生产，这样一来就会对供货商产生过度的依赖，企业的经营安全便得不到保障。反观华为的创新引领战略，在充分认识创新可能存在的风险基础上，一方面大胆投入研发资金突破核心技术，另一方面广泛与全球领先企业、研发中心合作，运用开放式创新来降低研发的不确定性。尽管短期来看，华为的创新战略可能无法带来稳定的收益，但长期来看对其占据有利竞争地位、获得可持续竞争优势有着重要的战略意义。

资料来源：

作者根据相关资料撰写。

思考题

1. 创新基础观与企业战略的关系是什么？
2. 为什么说创新基础观可以为企业带来动态环境下的可持续竞争优势？
3. 纵观创新管理理论的发展史，可以发现哪些趋势？
4. 新时代的中国本土创新管理理论范式的兴起具有怎样的特征？

每章必读

[1] CHESBROUGH H W. 2006. Open innovation: the new imperative for creating and profiting from technology [M]. Boston, MA: Harvard Business School Press.

[2] CHRISTENSEN C M, RAYNOR M. 2003. The innovator's solution: Creating and sustaining successful growth [M]. Boston, MA: Harvard Business School Press.

[3] SCHUMPETER J A. 1934. The theory of economic development: an inquiry into profits, capital, credit, interest, and the business cycle [M]. Cambridge, Mass: Harvard University Press.

[4] 陈劲, 曲冠楠, 王璐瑶. 2019. 有意义的创新：源起、内涵辨析与启示 [J]. 科学学研究, 37 (11): 261-270.

[5] 陈劲, 吴贵生. 2018. 中国创新学派：30 年回顾与未来展望 [M]. 北京：清华大学出版社,.

[6] 陈劲, 等. 2017. 整合式创新：基于东方智慧的新兴创新范式 [J]. 技术经济, (12): 1-10.

[7] 许庆瑞, 等. 2003. 全面创新管理（TIM）：企业创新管理的新趋势——基于海尔集团的案例研究 [J]. 科研管理, 24 (5): 1-7.

参考文献

[1] BARNEY J. 1991. Firm resources and sustained competitive advantage [J]. Journal of Management, 17 (1): 99-120.

[2] BROWN S L, Eisenhardt K M. 1998. Competing on the edge: strategy as structured chaos [M]. Boston, MA: Harvard Business School Press.

[3] BURNS T, STALKER G M. 1961. The management of innovation [M]. London: Tavistock.

[4] CHESBROUGH H W. 2006. Open innovation: the new imperative for creating and profiting from technology [M]. Cambridge, Mass: Harvard Business Press.

[5] CHRISTENSEN C M, RAYNOR M. 2003. The innovator's solution: creating and sustaining successful growth [M]. Boston, MA: Harvard Business School Press.

[6] COHAN P S. 2000. The dilemma of the "Innovator's Dilemma": Clayton Christensen's management theories are suddenly all the rage, but are they ripe for disruption [J]. Industry Standard, (10): 1-10.

[7] DAMANPOUR F. 1991. Organizational innovation: a meta-analysis of effects of determinants and moderators [J]. Academy of Management Journal, 34 (3): 555-590.

[8] DANNEELS E. 2004. Disruptive technology reconsidered: a critique and research agenda [J]. Journal of Product Innovation Management, 21 (4): 246-258.

［9］DUNCAN R B. 1976. The ambidextrous organization: designing dual structures for innovation［J］. The Management of Organization, 1（1）: 167-188.

［10］EISENHARDT K M, MARTIN J A. 2000. Dynamic capabilities: what are they?［J］. Strategic Management Journal, 21（10-11）: 1105-1121.

［11］FOSTER R, KAPLAN S. 2010. Creative destruction［J］. Harvard Business Review, 80（5）: 61-61.

［12］FOSTER R. 1986. Innovation: the attacker's advantage［M］. London: Macmillan.

［13］HENDERSON R M, CLARK K B. 1990. Architectural innovation: the reconfiguration of existing［J］. Administrative Science Quarterly, 35（1）: 9-30.

［14］HREBINIAK L G, JOYCE W F. 1985. Organizational adaptation: Strategic choice and environmental determinism［J］. Administrative Science Quarterly,（30）: 336-349.

［15］KNIGHT F. 1921. Risk, uncertainty, and profit［M］. Boston: Houghton Mifflin.

［16］LAZZAROTTI V, MANZINI R. 2009. Different modes of open innovation: a theoretical framework and an empirical Study［J］. International Journal of Innovation Management, 13（04）: 615-636.

［17］MARCH J G, OLSEN J P. 1976. Ambiguity and choice in organizations［M］. Bergen, Norway: Universitetsforlaget.

［18］MARCH J G. 1991. Exploration and exploitation in organizational learning［J］. Organization Science, 2（1）: 71-87.

［19］MARKIDES C. 2006. Disruptive innovation: in need of better theory［J］. Journal of Product Innovation Management, 23（1）: 19-25.

［20］MCKELVEY B. 1982. Organizational systematics: taxonomy, evolution, classification［M］. Berkeley, CA: University of California Press.

［21］PETERAF M A. 1993. The cornerstones of competitive advantage: a resource-based view［J］. Strategic Management Journal, 14（3）: 179-191.

［22］RUMELT R P. 1987. Theory, strategy, and entrepreneurship［M］. Cambridge, Mass: Ballinger.

［23］SCHUMPETER J A. 1934. The theory of economic development: an inquiry into profits, capital, credit, interest, and the business cycle［M］. Cambridge, Mass: Harvard University Press.

［24］SCHUMPETER J A. 1942. Capitalism, socialism and democracy［M］. London: Allen and Unwin.

［25］STACEY R. 2009. Complexity and organizational reality: uncertainty and the need to rethink management after the collapse of investment capitalism［M］. London: Routledge.

［26］TEECE D J, PISANO G, SHUEN A. 1997. Dynamic capabilities and strategic management［J］. Strategic Management Journal, 18（7）: 509-533.

［27］TEECE D J. 2007. Explicating dynamic capabilities: the nature and microfoundations of (sustainable) enterprise performance［J］. Strategic Management Journal, 28（13）: 1319-1350.

［28］TELLIS G J. 2006. Disruptive technology or visionary leadership?［J］. Journal of Product Innovation Management, 23（1）: 34-38.

［29］TUSHMAN M L, ANDERSON P. 1986. Technological discontinuities and organizational environments［J］. Administrative Science Quarterly, 31（3）: 439-465.

［30］TUSHMAN M L, SMITH W. 2002. Organizational technology［M］//BAUM J. The blackwell companion to organizations. UK: Blackwell: 368-414.

［31］TUSHMAN M L, O'REILLY III C A. 1996. Ambidextrous organizations: managing evolutionary and revolutionary change［J］. California Management Review, 4（38）: 8-29.

［32］TUSHMAN M, SMITH W K, WOOD R C, et al. 2010. Organizational designs and innovation streams［J］. Industrial and Corporate Change, 5（19）: 1331-1366.

［33］UTTERBACK J M, ABERNATHY W J. 1975. A dynamic model of process and product innovation［J］. Omega, 3（6）: 639-656.

［34］陈劲, 曲冠楠, 王璐瑶. 2919. 基于系统整合观的战

略管理新框架［J］. 经济管理, 41（7）: 5-19.

［35］陈劲, 曲冠楠. 2018. 有意义的创新: 引领新时代哲学与人文精神复兴的创新范式［J］. 技术经济, 37（7）: 4-12.

［36］陈劲, 吴贵生. 2018. 中国创新学派: 30年回顾与未来展望［M］. 北京: 清华大学出版社.

［37］陈劲, 尹西明, 梅亮. 2017. 整合式创新: 基于东方智慧的新兴创新范式［J］. 技术经济,（12）: 1-10.

［38］陈劲, 尹西明, 蒋石梅. 2019. 跨国并购视角下, 吉利整合式创新"逆袭"之路［J］. 清华管理评论,（3）: 102-110.

［39］陈劲. 郑刚. 2017. 创新管理——赢得持续竞争优势（案例集）［M］. 北京: 北京大学出版社.

［40］陈劲. 1994. 从技术引进到自主创新的学习模式［J］. 科研管理, 15（2）: 32-34.

［41］陈明, 蓝海林. 2005. 市场—技术导向战略的成功［J］. 中外管理,（5）: 31-32.

［42］陈新. 2018. 格力电器坚持自主创新推动产业多元布局, 用创新为中国制造赋能［N］. 人民日报, 10-24.

［43］陈钰芬, 陈劲. 2008. 开放式创新——机理与模式［M］. 北京: 科学出版社.

［44］高良谋, 马文甲. 2014. 开放式创新: 内涵、框架与中国情境［J］. 管理世界,（6）: 157-169.

［45］何郁冰, 陈劲. 2009. 开放式全面创新: 理论框架与案例分析［J］. 西安电子科技大学学报（社会科学版）, 19（3）: 59-64.

［46］马浩. 2017. 战略管理学50年: 发展脉络与主导范式［J］. 外国经济与管理, 39（7）: 15-32.

［47］图什曼, 奥赖利三世. 1998. 创新制胜——领导组织的变革与振兴实践指南［M］. 孙连勇, 等, 译. 北京: 清华大学出版社.

［48］许庆瑞, 陈劲. 1997. 中国技术创新与技术管理展望［J］. 管理工程学报,（a06）: 2-9.

［49］许庆瑞, 郑刚, 喻子达, 等. 2013. 全面创新管理（TIM）: 企业创新管理的新趋势——基于海尔集团的案例研究［J］. 科研管理, 24（5）: 1-7.

［50］许庆瑞. 创新战略与劳动生产率［J］. 1993. 管理工程学报, 1993（1）: 1-10.

［51］张枢盛, 陈继祥. 2013. 颠覆性创新演进、机理及路径选择研究［J］. 商业经济与管理, 41（5）: 39-48.

第 3 篇
基于核心能力的战略管理框架制定

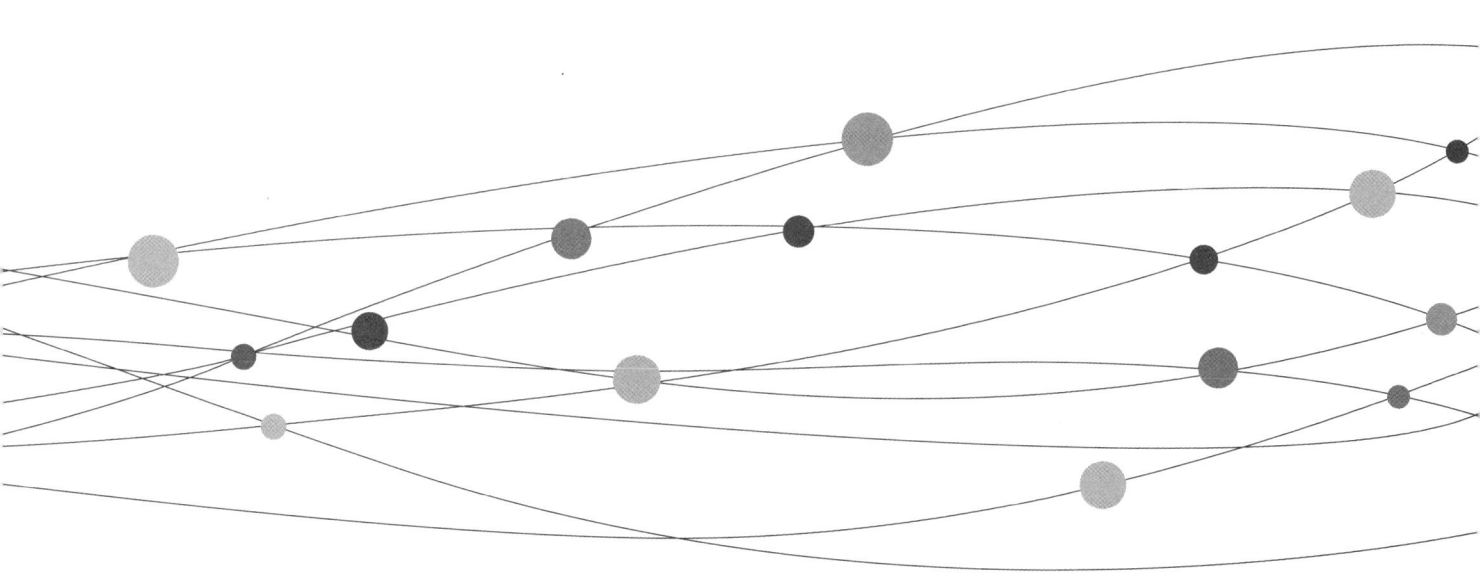

第6章
业务层的静态战略

> **学习目标**
> - 了解业务层战略的重要意义与复杂性；
> - 了解业务层战略的基本类型与发展脉络；
> - 了解各类型业务层战略在市场竞争中的作用机制。

开篇案例

从0到1的阿里钉钉

针对即时通信软件的市场调研显示，人们的时间分为办公时段与非办公时段，后者已被微信垄断，而市场上还没有一款通用的针对工作的即时通信软件。2014年年底，阿里钉钉应运而生。

要在微信巨大的先发优势下争夺市场份额，钉钉团队指出："差异化将是钉钉最大的本色。"针对工作时段的社交软件首先要是一款合格的移动办公产品，让用户能够"在任何时间、任何地点，处理与业务相关的任何事情"。其次，频繁地查看社交软件破坏了员工的专注力，使工作时间变得碎片化。钉钉的使命之一，是让工作与生活彻底分离，重塑一个健康良性的工作环境，帮助员工找回专注力和创造力。最后，钉钉的目光没有局限于办公时段的社交软件。针对微信所不能服务的企业客户群体，钉钉开发出新的产品功能，为企业数字化转型助力，帮助企业进入智能移动办公时代。从提供智能会议场景、灵活高效的线上订货系统和为信息安全保驾护航，到促成企业与合作伙伴的交互协同，以及实现在非常时期的远程办公，钉钉协助蒙牛、雅戈尔、银泰百货、立白集团等众多企业用户构建"业务运营全场景覆盖、全面数字化在线、安全高效的数字化工作方式"，为企业创造更大的价值奠定了基础。

2017年年底，钉钉用户数突破1亿；2019年年底，钉钉用户数突破2亿，组织用户数突破1 000万。自2020年2月中旬起，新型冠状病毒在全国人民的共同努力下基本得到控制。随着复工复产的逐步推进，企业对远程办公软件的需求激增。全国共计超过4亿用户使用远程办公软件。钉钉针对远程办公最常见的需求点，强化了即时通信、文档协作、人员及任务管理功能。此外，经过全员紧急开发，钉钉发布了升级版的员工健康打卡产品。利用智能的数字化报表形成组织的统计信息，帮助企业与政府摸排员工的健康状态，实时预警。超过200万家企业组织、近1亿人每天在钉钉上进行健康打卡。以蒙牛为例，4.5万名员工、80万家门店、56个工厂全部采用钉钉的健康打卡功能。

尽管在非办公时段的社交软件市场中，钉钉无法与微信抗衡，但在远程办公软件市场中，钉钉具有先发优势。与腾讯推出的企业微信、华为推出的WeLink、字节跳动推出的飞书相比，钉钉的市场占有率、活跃用户数均占据榜首。从打造一个企业社交软件到建立起涵盖远程办公、健康、教育、定制化智能管理系统的企业服务平台，钉钉的成功绝不仅靠幸运。

钉钉对"为谁服务、满足用户的哪些需求"有清晰的判断。从开发之初，钉钉的首要原则就是"用户第一"。钉钉CEO陈航提到："绝对不能以我们的想法来做这个产品，一定是去搞清楚目标用户到底想要什么。"即不断地拜访用户，通过询问、观察总结用户的需求，搞清楚用户的痛点和难点，并做出第一时间的反应，提供真正有价值的产品。

请思考

1. 你认为钉钉在选定业务层战略时，对用户群体、所要满足的用户需求、自身和竞争对手的核心竞争力进行了怎样的分析？

2. 差异化战略是本次产品创新能够获得市场成功的关键决策吗？

3. 针对企业数字化与智能化转型浪潮、突如其来的环境变化（新冠疫情），钉钉做出的战略性反应是否适当？

资料来源：

[1] 杨翠兰，张莉. 另辟蹊径，九转丹成：阿里钉钉破茧新生之路[Z]. 中国工商管理案例库。

[2] 陈航. 钉钉创始人无招：从0到1，PK微信的钉钉做对了什么[EB/OL]. (2017-02-03) [2020-09-27]. https://t.qianzhan.com/daka/detail/170203-92ca9060.html。

[3] 王威. 2019. 阿里钉钉企业组织数破1 000万，新零售行业占比超1/5 [N]. 经济观察报，08-28。

本章首先从满足顾客需求、维系顾客关系入手，讨论在制定业务层战略之前必须明确的三个问题；其次全面介绍成本领先、差异化和聚焦三类战略，理解单一静态战略对企业核心竞争力的影响；再次更进一步考察蓝海战略、平台战略的内涵与影响；最后介绍旨在快速响应的大爆炸式创新战略与旨在应对变革的明智转向，特别关注技术与环境将如何影响顾客的需求与行业的发展趋势，帮助读者理解企业战略。

6.1 顾客与业务层战略的关系

核心竞争力体现在企业能够及时追踪顾客需求、不断提升能力以满足顾客需求，以及通过产品或服务的升级创新为顾客创造更高的价值。如此，一方面可以强化企业与顾客的关系；

另一方面可以提高顾客的忠诚度,有利于增强企业的长期盈利能力。比如,亚马逊将自己定义为"最以顾客为中心的公司",其以高质量的服务、顾客信息维护及预测顾客需求的能力而广受好评。通常,企业在可接触性、丰富性和密切关系三个维度管理并强化与顾客之间的关系(希特等,2018)。

6.1.1 可接触性、丰富性和密切关系

可接触性(Reach) 是指与顾客接触并建立联系。许多新兴的互联网企业就是以"连接用户与其他人"为价值创造的核心。可接触性对于经营社交网站、电商购物平台或流媒体娱乐平台等类型的企业来说格外重要。以传统DVD(数字通用光盘)租赁业务起家的Netflix在2007年投入4 000万美元转型流媒体(线上观影)业务,通过互联网技术让更多顾客能够便捷地在线观看电影。2007—2011年,凭借流媒体业务,Netflix的用户量从600万增长到2 300万;截至2019年年底,Netflix已拥有超过1.5亿名付费用户,成为最新的"硅谷第一增长神话"(林蓁蓁,2019)。

丰富性(Richness) 是指企业与顾客之间双向信息传递的深度和详细程度。广泛而深入的信息交换可以使企业更好地了解顾客及其需求,也可以使顾客掌握更多的关于企业及其产品或服务的信息。互联网技术大大降低了信息传递的成本、增加了信息获取的渠道,有助于企业与现有顾客和潜在顾客之间实现更透明、更高效的信息交换。

密切关系(Affiliation) 是指促进企业与顾客之间有意义的互动。企业站在顾客的角度思考问题,寻求为顾客创造价值的新方法,最终实现顾客满意度的提升。如果企业未能体察顾客的特殊需求,无法建立与顾客之间的有效互动,以至于所提供的产品或服务不尽如人意,那么企业将面临顾客流失的风险。在这种情况下,现有顾客一般会转而购买竞争对手所提供的能够满足其需求、为其创造更多价值的产品。

6.1.2 谁:所服务的顾客

企业必须利用其核心竞争力满足目标顾客的需求。首先,企业必须识别"谁"是将要购买产品或接受服务的目标顾客群体。企业可把需求相同的顾客划分成单独的可识别的群体,这一过程被称为**市场细分(Market Segmentation)**。

实践链接

京东商城轮值CEO徐雷对于进行"以客户为中心"的组织改革有以下解读:"随着技术的发展、多种移动互联网场景的出现,大众消费市场正在被细分消费场景取代,零售的边界正在由中心化卖场延伸到任何可以触达客户的地方……如何能够对客户需求进行精细化、分层次的深刻理解,在正确的时间、正确的场景,给对的客户提供最适合的商品及服务,已经成为我们必须面对的问题。作为一个综合性零售平台,我们既要满足企业客户,又要满足家庭客户;我们既要满足男性客户,又要满足女性客户;我们既要追求消费升级、品质品牌,又要追求物美价廉、极致性价比;我们既要有线上的服务能力,又要有线下的拓展能力;我们既要支持品牌商,又要大力扶持中小及个性化卖家;这其中大数据和精准推荐的技术能力很重要,智能化的供应链能力很重要,个性化的触达手段和营销能力也很重要,但所有的前提,都是对客户需求的理解和洞察。"

资料来源:徐雷(2019)。

6.1.3 什么：所满足的顾客需求

在确定了服务对象之后，企业必须识别"什么"是目标顾客的需求，只有这样可能实现"在顾客需要的时候把所需要的产品提供给他们"这一最终目标。在确定了顾客需求之后，企业通常采取以下两种提供产品的基本方式：以低价格为顾客提供可以接受的产品，以可以接受的价格为顾客提供差异化的产品。

与现有顾客和潜在顾客保持频繁、密切的接触，可以帮助企业识别现有的与潜在的需求。一旦顾客需求发生变化，企业就必须快速做出反应。例如，年轻的90后和95后与传统的消费群体对冰箱有着截然不同的需求。年轻人偏爱外卖，通常一周也做不了一次饭。冰箱已经不是一个储存生鲜食材的家电产品。顾客需要在冰箱里放入饮料、零食和面膜，因此，冰箱的体积就不需要很大。同时，顾客对低噪冰箱的要求更高，因为冰箱常常被放在客厅或卧室里。从2018年的数据来看，180升以下迷你冰箱的购买量增长率达到33%（张锐，2019）。

此外，越来越多的顾客不再是简单地购买产品或服务，而是想要得到一种专属用户体验。这种体验为原本的产品或服务增添了附加价值。星巴克就认识到了这一点。考虑到目标顾客更钟爱个性化的产品，星巴克允许顾客定制专属于自己的饮品。这给顾客带来一种掌控感，以凸显其个体身份。据悉，星巴克的官方外卖"专星送"可以提供杯型、冷热、牛奶类型、风味糖浆等800种不同的组合搭配（韩璐和小庞，2018）。

6.1.4 如何做：所必需的核心竞争力

在确定了服务对象及具体需求之后，企业就要决定应"如何做"，以开发出能够满足目标顾客需求的产品或服务。成功的可持续的企业往往有能力长久地满足顾客需求，甚至能够超出顾客期望向顾客提供更优质的产品。这些企业通过不断的创新，提高自己的能力和核心竞争力，建立起远超过竞争对手且难以在短期内被追赶上的竞争优势。

实践链接

以研发能力而闻名全球的制药公司默克（Merck）每年投入数十亿美元用于研制新药。2013年，默克公司的研发投入约75亿美元；2018年，研发投入约97亿美元，大量的研发投入与长周期、高风险的新药研发过程，或许会让短期的关键绩效指标和财务指标显得不尽如人意，但默克公司坚持对研发能力进行提升和整合，关注中长期的业务指标和战略，并以此为保持长远的增长态势和核心竞争力的关键。

6.2 业务层战略的目的

任何一家企业的基本目标都包括获取竞争优势、赚取超额利润与完成愿景使命。为实现以上目标，企业需要设计并实施一套适当的战略。**业务层战略（Business-level Strategy）** 决定了企业如何在所选定的领域内采取策略与行动，与竞争对手展开有效竞争。其最终目的是增加企业与竞争对手之间的差异，建立起企业在特定行业、市场、地理区域内的优势竞争地位，占领更大的市场份额并最终盈利。业务层战略的本质是"选择与竞争对手不同的行动或者以不同于竞争对手的方式采取行动"（希特等，2018）。

一个有效的战略可以统筹、整合并分配企业的资源，协助企业更好地适应外部环境，抵御市场压力，维护自身市场地位。业务层战略的重要性体现在以下几个方面：

（1）业务层战略能够为企业确定有利的地位；

（2）业务层战略的目的是使企业区别于其他企业；

（3）业务层战略的核心就是塑造企业的竞争优势；

（4）业务层战略的深层目标是实现企业能力的最大价值。

实践链接

中国首家低成本航空企业春秋航空采取成本领先战略，以"让人人坐得起飞机"为目标，推出了1元、99元、199元等特价机票，以吸引消费者。同时，春秋航空通过降低运营、监管、销售成本，维持一定的盈利水平，推行可持续经营与发展。比如，春秋航空不提供免费餐饮，只设置单一的经济舱位以摊薄单位成本；全部采用空客A320系列单一机型，通过集中采购降低飞机购买和租赁成本，以及航材日常采购、送修、仓储管理等成本。成本领先战略支持春秋航空在2008—2009年金融危机中保持盈利，其主营业务成本比行业约低35%，管理费用约低60%，全年降低成本1.3亿元。

资料来源：谢佩洪等（2014）。

6.3 竞争战略

Poter（1996）提出了三种基本竞争战略：**成本领先（Cost Leadership）、差异化（Differentiation）和聚焦（Focus）**（见图6-1）。每一种战略都可以帮助企业在一个特殊的竞争范围内建立并开拓一个特殊的竞争优势。企业需要根据产品、市场、竞争力及企业的具体情况，在成本领先、差异化和聚焦三个战略中选择其一，并在经营活动中加以实施。通常，顾客要么选择采取成本领先战略的企业，获取物美价廉的产品或服务；要么选择能够满足自身差异化需求的产品或服务，并愿意为此支付格外的价格。

图 6-1 三种业务层战略

资料来源：希特等（2018）。

目标市场的范围、顾客价值实现的方式是区分成本领先、差异化和聚焦战略的两类指标。通常，具有低成本竞争优势的企业能够以较低的成本开展经营活动，而具有差异化竞争优势的企业能够以不同于竞争对手的方式开展经营活动。前者一般以宽细分市场为目标，后者一般以窄细分市场为目标。选择聚焦战略的企业会选定某个细分市场，以专注于满足该市场内的顾客需求为目标。

在三种战略之间，没有哪一种战略是"最好的"。企业内部因素与外部环境因素决定了战略的有效性。在选择业务层战略时，企业必须识别出内部资源组合及其运用所带来的优势和劣势，以及外部环境中存在的机会和威胁。在规划业务层战略时，企业必须考虑其战略行动能否与内外部因素相匹配。具体问题包括：相较于竞争对手而言，企业能否将成本降得更低；企业能否提升产品或服务的差异化水平，能否控制差异化产品或服务的定价；在实践中，企业能否调动内外部资源成功执行所选战略指导下的一系列活动。

6.3.1 成本领先战略

成本领先战略是指通过采取一整套行动，以低于竞争对手的成本，为顾客提供可接受的、具有某种特性的产品或服务。采取成本领先战略的企业往往针对本行业内的一般顾客，提供比竞争对手价格更低的标准化的产品或服务，从而占据更大的市场份额。因此，成本领先战略又称低成本战略。

成本领先者所提供的产品或服务并不会减少消费者从产品中获得的价值。通过不断开发新的生产和分销方法、研制新的技术、扩大生产规模、提高企业的运营效率，成本领先者在保证产品质量与功能的前提下，进一步降低主要业务和辅助业务的成本。最终，以"薄利多销"的竞争策略将一般性企业挤出市场，赢得更大的市场份额和收入，最终实现盈利。

20世纪的许多大企业通过**大规模生产**（Mass Production）和**大规模分销**（Mass Distribution）来实现规模经济，采取简化产品、改进设计、节约材料、降低人工费用、生产创新及自动化等方法，获得价格优势，逐渐成长为所处行业的巨头。沃尔玛、戴尔和松下电器都是实施成本领先战略获得竞争优势的代表性企业。奉行成本领先战略的企业只有发掘出成本优势的持续性来源，形成防止竞争对手模仿成本优势的壁垒，才能获得可持续竞争优势（希特等，2018）。

实践链接

沃尔玛是一个以成本领先战略为主导的典范。对于连锁商家，成本控制的关键在于物流体系。沃尔玛建立了大型采购中心，形成了一体化的配送体系，成为供应链上最有话语权的环节。成本领先战略要求企业能够以低成本采购生产所需的原材料。沃尔玛的采购人员就秉承一个信念：他们不是在为沃尔玛讨价还价，而是在为顾客讨价还价，为顾客争取到最好的价格。在与供应商议价上极为强势的沃尔玛，依靠其先进的全球化信息网络与高效率的财务结算系统，缩短了对供应商的支付周期，以此维持与供应商的合作互赢关系。在成本领先战略的主导下，沃尔玛真正做到了为广大消费者"提供天天低价"。

资料来源：江积海（2011）。

采取成本领先战略的企业的竞争优势主要来自低成本、规模经济效应、价值链三方面。第一，成本领先者有更大的空间降低价格来争取顾客；同时，较低的成本意味着成本领先者在竞争对手牺牲利润来打价格战时，仍能获得一定的收益，这可以缓冲竞争对手的降价策略所带来的冲击。第二，大规模生产和分销使得成本领先者可以在面对供应商时具有较强的议价能力，在面对消费者时有利用其弹性的利润空间的能力；规模经济还提高了潜在进入者需要克服的壁垒。第三，成本领先者可以通过提高价值链管理效率、跨越高成本的价值链环节等手段降低价值链上的累计成本，巩固其成本优势。

想要实施成本领先战略的企业必须仔细考察每一项可能带来成本和费用的活动，进行战略性供应链管理，塑造注重成本的企业文化，将管理成本控制在最低水平。此外，企业所处的行业应符合以下条件：

（1）市场是完全竞争的；
（2）产品（或服务）能够实现大规模生产；
（3）产品是标准化或同质化的；
（4）产品具有较高的价格弹性；
（5）消费者具有很强的议价能力。

成本领先战略是使用最广泛的一种通用战略。选择该战略的企业需要注意三类风险：过于关注成本，产业内的技术变革，以及竞争对手的模仿。第一，企业不能仅仅依靠低价吸引顾客，忽略了对原有产品或服务的改进，在降低成本之余还应维持其竞争性，关注顾客的需求改变和差异化，确保产品或服务能够不断地为目标顾客群体创造价值。第二，技术变革或颠覆性技术的出现会打破成本领先战略建立起的市场壁垒。在由技术创新所产生的新市场中，成本领先战略可能会彻底失效。第三，同行业的竞争对手与潜在进入者可以通过模仿学习，开发出相近的低价产品或服务，随之引发价格战。因此，一个行业内往往只有个别企业是成本领先者。它们不仅在成本上领先，还能够"劝退"其他企业，以免因激烈的价格战导致整个产业的盈利水平下降。

实践链接

福特汽车在取得成本领先地位之后，未能注意到消费者因收入提升而逐渐从关注价格转向对个性、时尚与舒适性等特征的考虑，仍专注于降低旧车型的生产成本。而通用汽车则抓住这一新需求生产出款式时髦的多种车型。对福特汽车而言，忽视顾客的需求改变带来的不仅是现有资源的浪费，错过市场机遇意味着市场份额和竞争优势地位的下降，福特汽车随后不得不进行代价极大的战略调整。

6.3.2 差异化战略

差异化战略是指采取一系列整合行动，提供符合顾客认知的差异化产品或服务。这类产品或服务通常定价较高。成本领先者服务的是较宽泛的典型顾客群体，而差异化战略瞄准的则是对差异化产品或服务有需求的顾客群体。这类顾客群体往往品牌忠诚度较高且对价格不敏感。要想使得目标顾客情愿为产品或服务支付更高的价格，并最终通过非价格竞争和较高的溢价获得超额利润，企业必须准确定位目标顾客、深入了解目标顾客所需的独特价值及目标顾客的支付能力。

差异化战略并不是简单地提供与众不同的产品或服务，其关键在于为顾客创造出竞争对手所不能提供的独特价值。因此，企业应以了解顾客需求为起点，以满足顾客需求为终点，通过不断识别顾客重视的差异化特性，开发出新的产品或服务。产品与服务的创新建立在对顾客认为重要的特征变量进行不断投资和开发的基础上。企业应在不明显增加成本的情况下，尽可能在更多方面显示出与竞争对手的不同之处，为目标顾客创造新的价值特征。

差异化战略能为顾客创造真实或感知价值，其来源是价值链中的核心活动和辅助活动，体现在产品、服务、人员、形象、渠道、定位等方面。产品与服务是最常见的两种差异化来源。产品差异化通常可以是产品的独特设计、耐用性、可靠性、可维修性等。例如，苹果公司的iPod、iPhone、iPad产品以其创新时尚的设计而得到了顾客的青睐。服务差异化是为顾客提供更方便的购买体验、更快捷安全的支付体验、更周到的售后及维修服务等。再如，海底捞以为顾客提供高质量的就餐体验而获得了极大的声誉和竞争力。常见的差异化变量如表6-1所示。

表6-1 常见的差异化变量

产品差异化	服务差异化	人员差异化	形象差异化
特征、性能	送货	能力	个性
耐用性	安装	可信度	标准
可靠性	顾客培训	敏感度	环境
可维修性	咨询	可交流性	
易使用性	维修		
式样、设计			

资料来源：李沛强（2015）。

成功的差异化战略通过"错位经营"减少与竞争对手的冲突，建立起行业内的进入壁垒，甚至创造垄断。能够成功执行差异化战略并获得相应收益的企业需要具备以下条件：

（1）所在行业的顾客的需求是多元化的、个性化的；

（2）所在行业的技术变革较快；

（3）具备满足差异化需求的能力；

（4）能够识别差异化的最佳来源，并对以何种方式实现差异化做出战略计划。

选择差异化战略的企业需要注意五类风险：过度差异化，不重视差异化特征的有效传播，错误定位顾客的需求，竞争对手推出的仿冒产品或服务，大环境的变化。第一，在差异化特征上的大量投入会增加企业成本，导致企业产品或服务的定价远高于竞争对手，可能超出顾客对差异化特征的支付意愿。第二，忽视差异化产品或服务的市场推广，未能在可接触性、丰富性和密切关系三个维度上建立企业与顾客之间的关系。第三，错误理解目标顾客的差异化需求，新产品开发或服务创新陷入"南辕北辙"。第四，没有对差异化战略的成果实施有效保护，导致目标顾客选择模仿者的产品或服务。第五，在社会环境与经济形势的影响下，顾客的支付意愿和支付能力与差异化产品或服务的定价出现不匹配。比如，在经济衰退时期，顾客对价格和实用性的关注度将超过对时髦款式或新颖设计的追求，高溢价的差异化产品或服务面临失去市场份额的可能。

6.3.3 聚焦战略

聚焦战略是指采取一系列整合行动，针对特定的竞争性细分市场提供产品或服务。采取聚焦战略的企业的目标通常是利用核心竞争力满足某一特定细分市场的需求且暂不考虑其他需求，或者想要把竞争对手排除在该市场之外。尽管企业不一定在整个行业范围内具有竞争优势，但能够在特定的细分市场上比竞争对手更好地满足顾客需求、为顾客创造价值。

实践链接

聚焦战略要求企业对细分市场有着精准的洞察力。医药品牌云南白药于2005年进入牙膏市场。此时，前10名的牙膏品牌均来自各个日化行业巨头，其市场份额合计超过90%。通过市场调查，云南白药发现，"美白防蛀、口气清新"是以上牙膏品牌的产品特性和宣传焦点，而"牙龈牙周健康"是一个尚未被满足的细分需求。此外，云南白药牙膏继承了母品牌产品属性的品牌形象，通过强调云南白药牙膏在"消淤止血"方面的"中药专长"，从而防治"牙龈出血、口腔溃疡"。在市场上，云南白药以高于竞争对手的价格取得了销售业绩的快速增长。

资料来源：于春玲等（2012）。

竞争性细分市场可以是：①某个特定的购买群体，如儿童、老年人、学生、高收入群体等；②某一产品线的特定部分，常见于产品开发和工艺装备成本偏高的行业，如飞机制造业；③某一特定地理区域的市场，如运输成本很高的建材企业往往将经营范围集中在一定的地理区域之内。

聚焦战略的本质在于"从均衡的行业中探索窄细分市场的差别"，并由此开展低成本或差异化的探索。采取聚焦战略的企业能够比采取非聚焦战略的竞争对手更有效地服务于专一市场内的顾客，"以小补大、以专补缺、以精取胜"。

6.3.3.1 聚焦成本领先战略

全球家具零售商宜家采取聚焦成本领先战略，为关注款式时尚、功能实用、价格低廉的年轻顾客群体，提供兼具完美设计和实用功能的产品。宜家在产品设计开发、销售、运输等方面节约成本，具体举措包括：提供自主设计的模块式家具；将家具产品组合摆放在商店中，顾客可以直接体验；由顾客自行提货和安装家具产品。值得一提的是，尽管宜家是这一窄细分市场内的成本领先者，但它也提供能吸引目标顾客群体的差异化特征，包括受年轻人喜爱的简约产品设计、为带小孩的顾客准备的餐厅与游乐场。

6.3.3.2 聚焦差异化战略

采取聚焦差异化战略的企业提供"小而精"的产品或服务，常见于技术实力较高但市场有限的企业。比如，专为高收入人群生产超豪华轿车的劳斯莱斯汽车与生产跑车的保时捷汽车。保时捷是世界上最大的特种汽车制造商。保时捷有意避开生产通用领域的车辆，以跑车为主产品。保时捷实施聚焦差异化战略时掌握了以下要点：一是要有独特的价值诉求，满足特定的顾客群体；二是要有一个与众不同的、为顾客专属定制的价值链；三是要做清晰的取舍，明确哪些活动不要做；四是要保证价值链上的各项活动是相互匹配并彼此促进的；五是企业战略要具有可持续性，以实现利润稳定增长（江积海，2011）。

中小型企业通常采取聚焦战略，并在成本领先与差异化之间进行取舍。因为中小型企业的资源和能力有限，难以在整个产业内实现成本领先或差异化，只能将目标锁定为个别细分市场的成本领先或差异化。能够成功执行聚焦战略的企业需要具备以下条件：

（1）目标市场有一定规模，具有较大的需求空间或增长潜力及完全不同的顾客群体；

（2）目标市场不是主要竞争对手的争夺焦点，竞争对手不采取聚焦战略在该市场能进行专业化经营；

（3）企业具备有效服务目标市场的资源和能力；

（4）企业能够建立起产品或服务声誉及顾客忠诚，来防御竞争对手和后进入者。

采取聚焦战略的企业面临与成本领先战略或差异化战略相同的一般性风险；此外，还需注意以下三种风险：①竞争对手利用核心竞争力服务于一个更窄的细分市场，原聚焦战略变得"不再聚焦"；②目标市场内的利润吸引了整个行业内的竞争对手，目标市场被蚕食；③顾客群体的特殊需求因技术创新、替代品的出现、价值观念转变而发生改变，转向大众化市场或其他窄细分市场。

6.3.4 互联网技术对竞争战略的影响

2018年，全球互联网用户数量已突破40亿大关。信息技术的蓬勃发展与互联网的普及如何影响竞争战略？目前来看，基本竞争战略的有效性并未消减。相反，信息的迅速传播、流通环节的大幅减少与地域限制的逐渐消失使得企业有机会以更低的成本、通过更便捷的途径实施竞争战略。

就成本领先战略而言，互联网能够优化产品的流通和交易环节，降低企业同顾客和供应商之间的沟通成本，减少企业在办公场所、公用设施、仓库等方面的固定投入。此外，网络型结构从构想成为现实，极大地提升了企业内部及企业之间的信息交换效率，大幅降低了企业协调和管理的成本（金占明，2004）。

就差异化战略而言，互联网使得创造差异化特征与识别顾客需求变得相对容易。企业得以将市场分割成更小的顾客群体，甚至为个人消费者量身定制产品。互联网还极大地影响了企业与顾客的深度交融、企业之间的竞合关系、产学研体系的构建，最终促使企业的边界、创新的边界逐渐开放和模糊。亚马逊（电子书）、Spotify（音乐）、Netflix（影视作品）、LinkedIn（职业社交网站）与Intuit（在线税务服务平台），通过将传统业务转移到线上,提供成本与价格均远低于传统产品或服务的替代品,做到更精准的定位与提供更快捷方便的服务体验。

值得一提的是,在传统经济条件下,中小型企业或初创企业即使能够提供在某些方面远胜过大企业的差异化产品或服务,也很难在短时间内占领市场,更难在以规模效益竞争为主的行业中取得长期竞争优势。但是,互联网技术的兴起打破了这种竞争模式。由于差异化的产品与服务创新能够迅速被市场接受,因此一个能对市场需求和变化做出快速响应并创造出质优价廉产品的企业可以迅速占领市场。这意味着,竞争规则从"大鱼吃小鱼"转向"快鱼吃慢鱼":谁先想出好的创意,做出真正的创新,为顾客创造更有意义的价值,谁就能存活下来。如思科前总裁约翰·钱伯斯(John Chambers)所述,"在互联网经济下,大企业不一定打败小企业,但是快的一定会打败慢的"。

6.4 蓝海战略

6.4.1 蓝海战略与红海战略

波特的基本竞争战略要求企业在成本领先、差异化、聚焦战略中选择其一,采取对应行动,以获得现有市场竞争的优势地位。随着竞争的加剧和同类型产品的涌现,单一的竞争战略可能将企业引向"零和博弈"。是否存在一种新的战略,使得企业可以同时进行成本领先与差异化,既能降低成本又能为顾客创造价值,实现企业价值和顾客价值的同步提升?一个能够为企业创造更好的生存与增长机会的战略思想应运而生。

蓝海战略(Blue Ocean Strategy)由金和莫博涅(2016)提出。红海代表着现存的所有产业,也就是已知的、产业边界清晰的、充满竞争且规则既定的市场空间;而蓝海代表着尚不存在的产业,也就是全新的、产业边界模糊的、竞争尚未开始且规则未知的市场空间。在红海中,企业必须超过竞争对手以获得一份较大的市场份额。随着竞争者越来越多,空间利润越来越稀薄,企业将难以维持其卓越表现。与之相对,蓝海代表着亟待开发的市场空间。身处蓝海中的企业必须打破产业边界,创造新的需求,以抓住新的利润增长的契机,同时做到成本领先和差异化,最终在新市场中建立起一个强有力的品牌。在蓝海战略中,竞争只是手段,寻找新的价值创造的"蓝海"才是重中之重。

蓝海战略要求企业应该把视线从市场的供给一方转向需求一方,从应对竞争转向为买方提供价值的飞跃,从单一的战略选择转向同时追求成本领先和差异化,最终跨越现有产业边界,挖掘巨大的潜在需求。比如,滴滴打车通过扩大出租车产业的边界,并增加专车、快车、代驾等服务,形成了一片新的蓝海市场。再如,太阳马戏团(Cirque Du Soleil)通过跨行业要素重构,集马戏和戏剧元素于一体,以马戏的形式来表达戏剧的情节。这种全新的娱乐方式吸引了大量观众,特别是非传统马戏受众的成年顾客。由此,太阳马戏团开辟并占领了一片非竞争性的蓝海市场。红海战略与蓝海战略的比较具体如表6-2所示。

6-2 红海战略与蓝海战略比较	
蓝海战略	红海战略
拓展非竞争性的市场空间	在已经存在的市场中竞争
规避竞争	参与竞争
创造并挖掘新需求	争夺现有需求
打破价值与成本互替定律	遵循价值与成本互替定律
同时追求成本领先和差异化,把企业行为整合为一个体系	根据成本领先或差异化的战略选择,把企业行为整合为一个体系

资料来源:金和莫博涅(2016)。

与传统战略相比，蓝海战略有以下区别：第一，传统战略关注的是既有产业内的成本领先与差异化，而蓝海战略关注的是新生的产业，跳出了纵向一体化与横向多元化的局限性。第二，传统战略关注的是如何分散经营风险和获得利润，而蓝海战略关注的是创造新价值和获得新利润。第三，采取传统战略的企业必须在成本领先与差异化中选择其一，而采取蓝海战略的企业必须同时进行成本领先与差异化，在降低成本的同时为顾客创造价值，获得企业价值和顾客价值的同步提升。第四，传统战略是竞争导向，而蓝海战略要求企业放下一些不必要的竞争因素，将首要任务提升至创造并挖掘新的顾客需求。第五，传统战略侧重于技术突破和产品创新，而蓝海战略强调经营模式创新。

6.4.2 蓝海战略四大核心要点

为了打破成本领先与差异化之间的替代关系并创造新的价值曲线，挑战行业现有的战略逻辑和商业模式，企业需要思考以下四个核心问题（金和莫博涅，2016）：

（1）哪些行业中没有多大价值的因素应该被**剔除**？

（2）哪些因素的含量应该**减少**到行业标准以下？

（3）哪些因素的含量应该**增加**到行业标准以上？

（4）哪些行业中从未提供过的因素应该被**创造**？

第一个问题促使企业考虑剔除在行业长期竞争中的冗余竞争因素。这些因素通常存在于思维定式，但其实已不再具有价值。第二个问题促使企业考虑产品或服务是否过度设计。如果提供给顾客的产品超过了他们实际需要的价值，那么就是徒增成本却没有任何收益。第三个问题促使企业挖掘出顾客所需要的价值。第四个问题帮助企业发现顾客价值的新来源，通过观察、细分和重组顾客需求来创造顾客价值。蓝海战略的目的是价值创新，通过对一些因素进行剔除、减少、增加或创造来创造新的价值需求，以获得全新的、非竞争性的市场空间。

> **实践链接**
>
> 谭木匠已从一个小作坊发展成为年零售额超过3亿元、净利润超过1亿元的上市公司，成为本行业内的隐形冠军。普通木梳的价格都在50元以下，而唯独谭木匠的木梳均价超过100元，与知名设计师合作的定制木梳价格甚至能够达到上万元。谭木匠在以木梳为主打的木制工艺品市场中独占鳌头，几乎没有竞争对手可以与其抗衡。
>
> 有别于低端塑料梳子与普通木梳，谭木匠盯住高端市场，以高品质和独特文化塑造品牌形象，将中低端顾客争取过来。谭木匠的价值创新点有：一是用先进的工艺技术提高了木梳的实用功能；二是依靠传统木梳行业的底蕴，把古典文化和人性情感注入到了产品中，开发了木梳的第二价值。通过将产品的实用性与艺术性、工艺性、观赏性、收藏性相结合，赋予木梳以美感与传统古典文化的增值。顾客找到了与自己品味相投、地位相称的木梳，得到了文化上的价值认同和情感满足。谭木匠通过文化营销创造出了一个巨大的蓝海市场。
>
> **资料来源**：陈明等（2008）。

6.4.3 蓝海战略六大实施原则

选择蓝海战略的企业要在已知的市场边界之外进行冒险，这是一项高风险、高回报的行动。

企业在规划与执行蓝海战略的进程中，如果缺乏对机遇和风险的理解，则极难真正发掘并占领蓝海市场。成功实施蓝海战略必须遵循以下六项原则（金和莫博涅，2016）：

（1）重建市场边界；
（2）注重全局而非数字；
（3）超越现有需求；
（4）遵循合理的战略顺序；
（5）克服关键组织障碍；
（6）将战略执行建成战略的一部分。

蓝海战略的第一原则是重建市场边界。金和莫博涅分别从产业、战略集团、买方群体、产品或服务范围、功能与情感导向和时间维度提供了六种实践路径：①跨越他择产业；②跨越产业内部分层的战略集团；③跨越消费者生态链；④跨越互补性产品和服务；⑤跨越针对卖方的产业功能与情感导向；⑥跨越时间参与塑造外部潮流。蓝海战略的第二原则以战略洞察力为核心，激发并组织各类人员的创造性，把企业各个部门的注意力引向蓝海。蓝海战略的第三原则要求企业不要局限于眼下的市场份额，应顾及非顾客群体的需求。蓝海战略的第四原则确保企业将蓝海创意变为战略执行。蓝海战略的第五原则指向组织障碍，包括沉迷于现状的认知障碍、有限资源障碍、员工缺乏动力参与障碍及遭受既得利益者反对的障碍。蓝海战略的第六原则要求企业创造一种充满信任和忠诚的文化来鼓舞员工，促进战略执行。遵循公平过程原则会帮助企业在探索蓝海的高风险行动中得到全体员工的支持与自愿合作，减少不信任、不参与甚至破坏拆台的现象，降低管理风险。

6.5 平台战略

如果说蓝海战略是对传统竞争战略中单一战略选择的挑战，那么**平台战略（Platform Strategy）**针对的则是三种基本竞争战略没有预见到的巨大市场变化。基本竞争战略的目标市场被划定为宽范围和窄范围，即大众市场和细分市场。然而，在新兴的杂合市场内，顾客需求呈现出高度混杂和细分的特点，以至于企业无法锁定主流的顾客群体，而需要满足高度个性化、自主化的顾客需求，提供定制化的产品和服务。比如，游客们更希望能够定制自己的旅行计划，而不是参加规划好的旅行团。旅游服务网站Expedia（亿客行）使得用户可以任意选择并组合酒店、出行、当地旅游活动等，自己拼凑出一场度假休闲之旅；携程、穷游网提供定制旅行小助手服务，为用户提供路线规划和特色活动的建议，满足用户的自由行需求。

杂合市场内的竞争十分激烈，一是因为产品种类繁多、更新迭代较快，二是因为产品发展成熟、市场渗透率较高。有一类企业得以从多品种、小批量、快节奏、碎片化的市场竞争中脱颖而出，并做到"赢者通吃"，即采取平台战略，高效连接起产业链上下游，将定制化成本做到很低的平台企业。

平台战略是指通过连接两个或更多群体，满足多方需求并进行盈利的一系列整合行动。平台企业能够汇集大量用户，提供专业化的专属产品和服务。比如，阿里巴巴旗下的电子商务平台淘宝网连接了商品零售方与买方，并通过种种方式让双方频繁互动。除阿里巴巴之外，近年来依靠打造平台而获得巨大成功的企业有亚马逊、易趣、优步、爱彼迎等。

斯隆商学院教授皮埃尔·阿祖莱（Pierre Azoulay）提到："从某种意义上说，平台战略是进入市场的最雄心勃勃的方式之一，因为它需要协调多方的行为，这些各方可能不认识对方，甚至可能不想认识对方。"传统的竞争战略假设，顾客可以自主决定购买产品或服务的意愿；但在平台战略下，平台参与者的选择是相互依赖的。平台企业聚焦于如何使得平台参与者因其他参与者的存在而获益。这意味着吸引更多的参与者，优化参与者的互动方式，改进平台的运营效率并施以有效的监管（Gawer and Gusumano，2014）。

对于音乐、小说、电影等感官体验性产品来说，线上复制的成本几乎为零。在这些领域内正确运用平台战略的企业，具有颠覆原有产业价值链的可能性。以专攻小说市场的起点中文网为例，它取代了出版商、经销商、零售商的角色，打碎并重组了整个产业结构，使作家与读者这两个原本处于产业链两端的族群有了接触。源源不绝的创意源头与广大的读者市场直接互动，多样化的供给与多元化的需求匹配了起来。除此之外，作者在创作过程中也可以直接与读者交流；读者可以影响创作内容的走向，也可以彼此分享阅读的体验与感想。平台连接了生产者和消费者，"弯曲"了原本垂直的价值链条（见图6-2）。而平台商业模式恰恰为此提供了契机。

图6-2 传统出版业的线性价值链与平台战略下的价值链

资料来源：陈威如和余卓轩（2013）。

三种基本竞争战略没有预见到的另一个市场变化是，竞争从企业之间走向更深层的商业模式之间与更全面的跨产业之间。竞争对手可能从任何方向出现：相邻产业，有共同替代性的重叠产业，不同维度的交叉产业，甚至是毫不相关的产业。一个好的平台战略可以使企业走出增长困境，为迎战未知的竞争对手做好准备。成功实施平台战略的企业应符合以下几个条件（陈威如和余卓轩，2013）：

第一，摆脱传统思维模式，认识到产业链由单向的、垂直流向的"上游供应商—企业—下游消费者"组成这一假设已不再适用于所有产业。以百度为例，有信息搜索需求的网民看似是下游消费者，却无须付费就能享受到百度提供的便捷服务；而广告商提供了商品信息，却须承担付费者的角色。平台视角认为，网民与广告商都是百度的"使用者"，双方对搜索平台的发展有等量的贡献，因此平台企业必须同时吸引这两方截然不同的用户以维持事业的发展。

第二，从产业需求与供给之间的连接点寻找盈利契机。越来越多的企业变换其商业模式，从硬件销售转而将自己打造成扮演某种媒介角色的平台。以苹果公司为例，其盈利点已从早期硬件产品的贩卖转向以搭建平台生态圈来赚取佣金。

第三，挖掘消费市场中潜在的网络效应。平台企业不仅仅是提供渠道的媒介、提供机会的中间商，其核心利益是建立起一个完善的、成长潜能巨大的平台生态圈，拥有独树一帜的精密规范和机制系统，能有效激励多方群体之间交流互动，最终实现价值飞跃，企业也随之极速成长。

6.6 创新与变革时代的竞争战略

6.6.1 大爆炸式创新战略

波特提出的三种基本竞争战略，要么提供低于竞争对手的价格，要么提供与众不同的产品，要么将重点放在某一细分市场上。为了优化效率、开发差异化特征，或是做到"小而美"，企业要选择单一战略在产品或服务创新上进行自上至下的投入。在蓝海战略中，企业不再考虑传统的产品和竞争对手，而是通过发现尚未得到满足的新需求，兼顾价格与性能，开辟蓝海市场。平台战略则通过重组产业链和构建商业生态系统来满足个性化、定制化的需求。

近年来，大爆炸式创新模式逐渐凸显，进一步拓展了竞争战略的维度。基于颠覆性技术，产品或服务在价格、性能和定制化程度这三个层面上同时完成跨越式进步，突然参与市场竞争并立刻获得成功。大爆炸式创新能够在极短的时间里撼动甚至彻底摧毁成熟行业。传统的竞争战略理论无法向处于大爆炸式创新周期或即将迎接大爆炸式创新的企业提供支持。不论是波特的三种基本竞争战略还是蓝海战略，都无法捕捉到大爆炸式创新中市场被顷刻颠覆的情景，由此采取的改善质量或降低价格的战略行为也很难带来预想的竞争优势。

大爆炸式创新模式下的市场竞争不受现有规则约束，具有以下特点（唐斯和纽恩斯，2014）：

（1）竞争对手可能从任何方向出现，这一点类似于平台战略应对的局面，大爆炸式创新甚至可能没想过与某类产品进行竞争，只是"顺道"颠覆了该类产品的市场。

（2）一旦大爆炸式创新横空出世，竞争对手就基本没有时间做出战略响应，通过精心制订的战略计划而获得的竞争优势会突然变得岌岌可危。

（3）一旦出现质量更优、价格更低且更具针对性的大爆炸式创新产品，其吸引力就不再局限于大众或细分市场，而是面向几乎所有顾客，能够把他们吸引到一个全新的业务上来。

在《大爆炸式创新》（*Strategy in the Age of Devastating Innovation*）一书中，这些特点被拉里·唐斯（Larry Downes）与保罗·纽恩斯（Paul Nunes）归纳为"无章可循的战略"（Undisciplined Strategy）、"无法控制的增长"（Unconstrained Growth）及"无法阻挡的发展"（Unencumbered Development）。

大爆炸式创新有着独特的生命周期（见图6-3），各个阶段都有对应的战略规则。在"奇点"阶段，开发团队进行一系列级别较低且通常毫不相干的试验，对多种技术进行不同的组合，与顾客协同进行设计、试验甚至筹措资金。此时尚没有明确的商业模式、战略规划和盈利方案。一旦人们找到正确的技术组合方法并配以合适的商业模式，就进入了"大爆炸"阶段。在大爆炸阶段，成功就会突然出现，市场渗透几乎是在瞬间完成的，顾客如潮水般涌来。紧随而来的是"大挤压"阶段，颠覆性技术快速饱和，创新产品的用户数和市场份额开始快速下滑，进入最后的"熵"阶段。此时，顾客已经大量转移到新产业中，多数在位企业带着剩余价值进入新产业，另一部分或者消失不见，或者停留在老产业里为残留顾客提供服务。与此同时，下一个大爆炸式创新的奇点已在酝酿之中。大爆炸式创新的每一个生命阶段分别对应着三条战略规则（唐斯和纽恩斯，2014）：

图 6-3　大爆炸式创新的生命周期

资料来源：唐斯和纽恩斯（2014）。

（1）在奇点阶段，企业必须清楚地了解未来的发展趋势，观察行业之外预示着颠覆性变革即将到来的早期迹象，在精确无误的时机推出新产品和已有新服务，并采用新方法来同供应商和顾客等各方进行协作。找到直谏者、准确判断进入市场的最佳时机、快速启动市场试验是适用于该阶段的三条规则。

（2）在大爆炸阶段，企业必须做好准备迎接颠覆性变革在突然之间带来的赢家通吃的市场。当新的竞争对手带着其创新成果到来时，企业就必须利用现有的资源减缓其进程，比如对其进行收购。成功应对灾难性的收购、占领赢家通吃的市场、创造子弹时间是适用于该阶段的三条规则。

（3）大挤压阶段是最危险的时刻，当颠覆性技术取得成功且市场即将达到饱和时，企业必须做到最快：最快意识到市场即将饱和，最快缩减生产规模，最快剥离很快就要变成负债的资产，在必要时最快撤离当前的市场，并处置很快就要失去价值的库存、资产和知识产权。对市场饱和情况进行预测、在资产变成负债之前及时剥离、在领先市场时就率先退场是适用于该阶段的三条规则。

（4）在熵阶段，企业如果仍在为旧产品和已有服务的顾客群体提供服务，就必须承担遗留成本；同时，必须制定路线图，找到更具发展前景的市场及创造这些市场的科技，然后进入下一个奇点阶段。逃离自身的黑洞、成为其他产品的零部件、进入新的奇点阶段是适用于该阶段的三条规则。

实践链接

弹球游戏机（以下简称"弹球机"）曾经是一款受人欢迎的娱乐产品。直到 20 世纪 90 年代，美国人每年向弹球机里投入约 25 亿美元的硬币。然而，家庭视频游戏机这项大爆炸式创新，决然地终结了弹球机近 100 年的发展历史。让弹球机的制造商们没想到的是，这项技术并非来自竞争激烈的游戏厅市场，而是看似停滞的家庭游戏机市场。

1993 年，索尼推出了游戏主机 PlayStation，其芯片处理能力超过了当时多数的商用电脑，其硬件也得到了优化，可以提供实时图像和模拟，支持更大型且更复杂的游戏，还可以播放音乐。PlayStation 让人们可以在家里拥有一个属于自己的游戏厅。两年后，PlayStation 的销量突破 100 万台；5 年后，其销量突破 5 000 万台。PlayStation 的大爆炸已经触发弹球机行业的大挤压。纽约州的游戏厅从 1993 年的数百家减少至 2005 年的 25 家。弹球机面向玩家的唯一销量渠道就是游戏厅，但随着这一渠道的突然消失，弹球机的销量暴跌。PlayStation 上市 5 年后，弹球机的销量从 13 万台骤降至 1.5 万台。

PlayStation 让弹球机行业进入了大挤压阶段，但这个阶段并没有以弹球机市场的瓦解而告终，索尼真正的竞争来自其他游戏机厂商。家庭游戏机的更新换代开始以摩尔定律般的速度出现，带来了更加刺激的游戏和其他新功能，让前几代产品看上去显得相当初级。PlayStation 自身就先后被 PlayStation2 和 PlayStation3 取代，此外，还有来自任天堂和微软这些新老竞争对手的产品。每一代颠覆性创新都快速地超越了自己的前辈们，凭借新功能让后续产品比原有产品质量更优且价格更低。

资料来源：唐斯和纽恩斯（2014）。

6.6.2 明智转向

面对复杂的、极速变化的、高度不确定的市场，竞争战略的发展方向之一是明智转向。来自埃森哲咨询公司的学者们指出，企业需要平衡在业务生命周期三个不同阶段的战略举措，分别针对趋于过时的成熟产品和服务（旧有业务）、当前最赚钱的产品组合（现有业务）及不久的将来的前沿风险项目（新兴业务），释放已然存在但被禁锢的价值，围绕核心资产不断地推进业务转型，不断地从一个阶段跨入下一个阶段，快速应对市场环境的变化及颠覆者的逼近。这种业务价值创造的方法被称为"**明智转向**"（**Pivot to the Future**）（阿布什等，2019）。

与传统竞争战略所关注的如何建立和捍卫竞争优势相比，明智转向讨论的是如何解放禁锢价值，并以此赢得一波又一波的竞争优势。明智转向不再是针对某一项创新产品或服务，而是要在各个业务阶段进行创新。在面对持续的、有可能引起颠覆性后果的环境变化时，唯一的解决方案就是不断地进行价值再创造。领导者应在业务生命周期各阶段及各阶段之间推行相互关联的阶段性战略，不断地进行资产与投资的重新配置，平衡旧有业务、现有业务和新兴业务之间的关系，使三个业务阶段形成一个平衡三角，确保核心资产的有序流动。具体而言，在旧有业务部分，必须确保已接近生命周期终点的核心资产仍能够持续产生收入，产生用于未来投资的利润，为企业及其员工迅速从现有业务过渡并平稳进入新兴业务领域提供支持。在现有业务部分，必须从战略高度持续投资最成功的产品和服务，希望以更快的速度实现收入和利润增长；同时，引入和应用新技术及创新以增加商业机会，这有可能为核心业务带来新的方向。在新兴业务部分，必须审慎规划，准确把握下一次颠覆性变革到来的时机，其关键在于最大限度地减少失败的次数，同时又要规模化地实现新兴业务的盈利。

> **实践链接**
>
> 21世纪初，荷兰消费品巨头皇家飞利浦（Royal Philips）认识到发光二极管（LED）技术将在未来十年内得到进一步发展，基于该项技术所制造的 LED 灯，将会比传统白炽灯的性能更优、价格更低、使用更持久。而传统白炽灯是皇家飞利浦当时的优势业务。利用公司在制造、配送和营销等方面的旧资产，皇家飞利浦加快对 LED 及相关技术的战略性研发和投资。随后，皇家飞利浦将白炽灯业务出售给竞争对手，自己则以服务提供商的身份进军 LED 市场。依靠其专有的 Hue 技术，皇家飞利浦成为最先推出可编程照明系统产品的公司之一。而这也成了该公司新的核心业务。至此，皇家飞利浦基本退出了经营百年的白炽灯照明行业。皇家飞利浦在别处看到了自己的未来，而且基于旧有业务和当前现状的审慎规划，已经具备成功走向未来的创新力、财力和人力。
>
> 资料来源：阿布什等（2019）。

案例阅读

永辉超市的科技转型之路

永辉超市的快速发展期

在2013年之前，永辉超市的战略方向是"把生鲜农产品搬进现代超市"。创始人兼董事长张轩松摒弃了一般超市主营服装、日用品、家电的模式，将"生鲜区"的经营面积扩大到整个超市的50%—70%，主营海鲜、蔬菜水果、农副产品等。在超市的选址上，永辉避开闹市区、商业中心，选择居民区和次干道的城乡接合部。在经营模式上，永辉采取"直采直营"模式，建立了采购团队，常年分布驻守在全国二十余个农产品生产基地。在农产品方面，永辉采取直接向农场下订单、与农户建立长期合作关系的模式。

2000年7月，永辉第一家生鲜超市"屏西店"开业。2009年，北京首家永辉超市开业，完成了由区域连锁向全国连锁的进化。2010年，永辉超市登陆上交所，被誉为"生鲜第一股"。从2010年到2014年的四年间，永辉处于快速发展期，平均每年新开48家店。随着永辉超市逐渐规模化，生鲜经营的内部机制也在不断改进，其营运策略开始由注重初期的成本优势转向注重企业的经营优势。为了打造规范化运营、精细化管理流程，永辉引进了日本管理团队，并与全球最大的人力资源管理咨询机构韬睿惠悦（Towers Waston）、IBM咨询团队展开战略合作，建立起一套完整的管理制度来提升盈利能力，进一步提升管理的精细化、科学化、制度化水平。自此，永辉摸索出了一套独特的、体系化的生鲜经营模式，其竞争对手在短时间内很难复制这种模式。

永辉超市在电子商务浪潮中的转型升级

随着电子商务的不断发展，居民深刻体验到了电商渠道商品的丰富度与送货上门的便利性，对生鲜商品也产生了同样的需求，生鲜电商应运而生。2013年，阿里开辟了天猫超市生鲜频道，资本开始涌入生鲜行业，生鲜电商迎来了高速发展期。很显然，生鲜作为一个刚需、高频、高复购的品类，是电商争夺流量、业绩增长的一个重要来源，对电商平台具有重大的战略意义。因此，巨头争相入场。面对电商抢占生鲜市场的咄咄态势，永辉仍保持着以实体门店为主的传统超市业态，是如何应对的呢？

董事长张轩松重新审视了永辉的核心业务。生鲜，是永辉差异化竞争的最重要优势，也是最近几年电商巨头一直久攻不下的领域。电商攻不下的原因就在于生鲜运营能力不足，而这恰恰是永辉的核心竞争力。张轩松认为，互联网对永辉来说是个工具，而非战略突破口，关键还是要把更多、更好的产品提供给消费者，更好地把商品和服务连接起来。最终，张轩松决定专注于核心业务，一方面要保证有质量的经营发展，另一方面待时机成熟时做好线上线下互动。

2013年，永辉开始尝试转型，转型方向可以用一个中心、四个转型来概括。一个中心是以消费者思维为中心；四个转型是指供应链转型、组织转型、互联网转型和实体店转型，所有的转型都必须服务于消费者。

随着超市行业的发展进入成熟期，超市之间的竞争已经从门店前端延伸到了上游供应链，因此永辉不断改造和优化供应链。永辉的立足点是生鲜，生鲜本质上并非高毛利商品，只有在采购上形成压倒性优势，将规模作用放到最大，这种商业模式才能持续。永辉以股权绑定方式与同行及上下游进行深度合作，强化采购议价能力、控制定价权，深耕供应链，从各方寻求突破空间。

在组织转型领域，张轩松给出的答案是合伙人计划，就是把超市里面每个柜组视为合伙人，让每个员工成为经营者。在永辉的合伙人制度中，门店经营的一部分利润会拿出来按照合伙人制度的相关规定进行分红，从而照顾到每一位基层员工。对于重要的一线员工，如专业买手，在合伙人制定之上还进行股权激励。这样的机制激发了员工的积极性和满意度，促使员工改善效率，也有效地降低了永辉的果蔬损耗率。

在自建电子商务平台的尝试失败后，永辉改变了在互联网转型领域的发展策略。虽然永辉在采购和损耗控制上具备优势，但是线上业务需要涉及网站运营、用户获取、产品配送和售后服务等多方面的经验，这些并不是永辉所擅长的。永辉选择与京东签署战略合作框架协议。2015年，京东以43亿元人民币入股永辉，双方将就"探索线上线下合作模式及O2O（在线离线/线上到线下）业务发展、仓储物流协作、共同挖掘互联网金融资源"等方面展开合作。京东以自营B2C（商对客）业务起家，生鲜供应链上游环节层数多、品控复杂，如果以京东自营方式经营生鲜，则会面临巨大的挑战。而生鲜运营正是永辉的强项，双方合作一拍即合。

永辉的实体店转型则历经了五次进化，分别出现了"红标店""绿标店""精标店"和"会员店"四种业态，直到推出"超级物种"，持续不断地升级着消费场景，为消费者提供更好的购物体验及购物环境。其中，超级物种围绕新时尚、轻奢餐饮的消费场景，以"80后"和"90后"为消费主体，创建了"餐饮+超市+互联网"的创新商业模式，为消费者创造了智能、便捷、惊喜的全新消费体验，还能够提供"到店消费+线上购物+30分钟配送"的线上线下一体化服务。

在电子商务浪潮的冲击下，很多传统企业已经清楚地意识到，转型的方向是线上线下全渠道拓展和企业内部的数字化转型。然而志在转型的企业不在少数，却鲜有成功者。完全依靠自己实现转型代价很大，借助第三方力量或专业技术公司，与成熟的企业合作又担心失去主动权。永辉转型战略部署的成功之处在于，首先，永辉专注于核心业务，通过深耕生鲜领域，整合全球供应链，打造了自己的核心竞争力；其次，永辉主动拥抱互联网，推出永辉生活和超级物种等新业态，围绕核心业务做战略布局，携手京东等企业探索线上线下融合及数字化转型的新模式。

资料来源：

李梦军，荆兵. 2018. 永辉超市：从"生鲜超市"向科技转型 [J]. 清华管理评论，(09)：94-104。

思考题

1. 请列出一些能够影响业务层战略决策的内外部因素。

2. 彼得·德鲁克指出："长期规划要求具有未来性的知识。如果想要在未来达到某种目标，我们目前必须做些什么？如果我们目前没有投入资源，我们将做不成什么？"请举出一个面向未来的业务层战略案例。

3. 在突如其来的环境变化、面临未来市场的不确定性等情况下，请比较本章所介绍的各类战略对保持竞争优势、构建核心竞争力所起到的作用。

每章必读

[1] KIM E, NAM D I, STIMPERT J L. 2004. The applicability of porter's generic strategies in the digital age: assumptions, conjectures, and suggestions [J]. Journal of Management, 30 (5): 569-589.

[2] PORTER, M. 1996. What is strategy? [J]. Harvard Business Review, Nov-Dec: 61-78.

[3] VAN ALSTYNE M, PARKER G, CHOUDARY S. 2016. Pipelines, platforms, and the new rules of strategy [J]. Harvard Business Review, April: 54-63.

［4］阿布什，纽恩斯，唐斯.2019.明智转向［M］.陈召强，等，译.北京：中信出版集团.

［5］德鲁克.2014.竞争战略［M］.陈丽芳，译.北京：中信出版集团.

［6］金，莫博涅.2016.蓝海战略［M］.吉宓，译.北京：商务印书馆.

［7］唐斯，纽恩斯.2018.爆炸式创新时代的公司战略［J］.中国经济报告，（08）：78-82.

［8］朱恒源，杨斌，等.2019.战略节奏［M］.北京：机械工业出版社.

参考文献

［1］GAWER A，CUSUMANO M A.2014.Industry platforms and ecosystem innovation［J］.Journal of Product Innovation Management，31（3）：417-433.

［2］PORTER，M.1996.What is strategy？［J］.Harvard Business Review，Nov-Dec：61-78.

［3］阿布什，纽恩斯，唐斯.2019.明智转向［M］.陈召强，等，译.北京：中信出版集团.

［4］陈明，余来文，黄朝锋.2008.谭木匠公司的成功奥秘：蓝海战略［J］.管理案例研究与评论，（04）：36-44.

［5］陈威如，余卓轩.2013.平台战略［M］.北京：中信出版集团.

［6］德鲁克.2009.管理：使命、责任、实务（实务篇）［M］.王永贵，译.北京：机械工业出版社.

［7］韩璐，小庞.2018.星巴克的快车道［J］.21世纪商业评论，（11）：62-63.

［8］江积海.2011.战略管理：定位与路径［M］.北京：北京大学出版社.

［9］金，莫博涅.2016.蓝海战略［M］.吉宓，译.北京：商务印书馆.

［10］金占明.2004.战略管理：超竞争环境下的选择［M］.北京：清华大学出版社.

［11］李梦军，荆兵.2018.永辉超市：从"生鲜超市"向科技转型［J］.清华管理评论，（09）：94-104.

［12］李沛强.2015.企业战略管理［M］.上海：上海交通大学出版社.

［13］林蓁蓁.从0到1.5亿用户，Netflix的增长杠杆到底是什么［EB/OL］.（2019-08-06）［2020-09-27］.www.woshipm.com/it/2677755.html.

［14］唐斯，纽恩斯.2014.大爆炸式创新［M］.粟之敦，译.杭州：浙江人民出版社.

［15］希特，爱尔兰，霍斯基森.2018.战略管理：竞争与全球化概念（第12版）［M］.焦豪，等，译.北京：机械工业出版社.

［16］谢佩洪，焦豪，甄杰.2014.战略管理［M］.上海：复旦大学出版社.

［17］徐雷.京东商城CEO徐雷：以客户为中心迎接四大变革［EB/OL］.（2019-01-21）［2020-09-27］.www.chinanews.com/business/2019/01-21/8734708.shtml.

［18］于春玲，李飞，薛镭，等.2012.中国情境下成功品牌延伸影响因素的案例研究［J］.管理世界，（06）：147-162.

［19］张锐.2019.单身经济：年轻化与个性化交融［N］.证券时报，11-05（A03）.

第7章
业务层的动态竞争

》》学习目标

- 了解动态企业的概念与研究视角;
- 了解竞争者分析框架与竞争性行为的驱动因子;
- 了解厂商间竞争性行动和竞争性响应的概念、本质及影响因素;
- 了解企业的竞争性对抗模型。

开篇案例

奇虎360 VS. 腾讯QQ

纷争缘起

腾讯于2006年12月正式推出"QQ医生"1.0 Beta版本,此后很长一段时间内,QQ医生只是作为腾讯查杀盗号木马的小工具。随着"360安全卫士"快速发展成为第二大桌面客户端,腾讯感觉到了潜在的危险。2010年1月21日,QQ医生3.2推出,界面及功能酷似360安全卫士,同时腾讯宣布赠送诺顿杀毒软件半年试用。之后QQ医生利用春节期间强行推广,几乎一夜间被安装到国内约1亿台电脑上,市场份额升至40%。

奇虎360很快就意识到了QQ医生的威胁,一些休假中的奇虎360员工被紧急召集回来应对这场突发事件。然而3个月之后,腾讯发布了QQ医生的升级版QQ电脑管家,功能也更加强大,包含云查杀木马、系统漏洞修补、实时防护、清理插件等多项安全防护功能，与360安全卫士展开直接竞争。奇虎360与腾讯之间由此展开一场软件纷争。

彼此交锋

"360隐私保护器"的指责与联盟反击。奇虎360于2010年9月27日发布了一款名为"360隐私保护器"的软件，用于监测国内最大的即时通信软件"腾讯QQ"对用户电脑中文件的查看情况，并指称QQ窥视用户隐私文件。腾讯立刻一纸诉状将奇虎360告上法庭，要求奇虎360及其关联公司停止侵权、公开道歉并做出赔偿。金山、百度、腾讯、傲游、可牛等公司27日联合发布《反对奇虎360不正当竞争及加强行业自律的联合声明》。奇虎360在当晚亦发布声明回击称，这些企业"合伙作恶"，并表示将适时公布"腾讯偷偷扫描用户硬盘的最新证据——'超级黑名单'"。

"扣扣保镖"的发布与召回。10月29日上午，奇虎360宣布推出一款名为"扣扣保镖"的安全工具。奇虎360称该工具全面保护QQ用户的安全，包括阻止QQ查看用户隐私文件、防止木马盗取QQ账号以及给QQ加速等功能。腾讯亦当日发表声明称，该软件通过外挂手段对QQ的多项功能进行破坏，严重影响了QQ软件的安全和完整服务。并称该外挂行为是一种明目张胆的违法行为，将追究其法律责任。奇虎360在官方网站上声明称，腾讯以不能使用QQ为要挟，强迫QQ用户卸载360系列软件，原因是"360隐私保护器"曝光QQ涉嫌偷窥用户隐私的行为，而奇虎360新推出的"扣扣保镖"可以保护QQ用户安全，阻止QQ偷窥用户隐私，因此遭到腾讯恶意报复。但11月4日，奇虎360通过弹窗向用户表示召回扣扣保镖软件，请用户卸载该产品，并在弹窗中直接提供了卸载该软件的链接。

战争的暂停与白热化。随着工业和信息化部等相关部门介入腾讯与奇虎360之间的纷争，11月4日，奇虎360方面发出一份声明称："在国家相关部门的强力干预下，目前QQ和360软件已经实现了完全兼容。"但11月5日上午，金山、搜狗、傲游、可牛、百度联手举行发布会，表示五家厂商的客户端软件将不兼容360系列软件。腾讯更是给出了用户"二选一"的题目。最终腾讯于14日晚宣布，已正式起诉奇虎360不正当竞争，要求奇虎360及其关联公司停止侵权、公开道歉并做出赔偿，法院受理了此案。奇虎360对此做出回应，称将提起反诉。

处理结果

这场战火最终蔓延到了法庭。奇虎360起诉腾讯滥用市场支配地位案、腾讯诉奇虎360"扣扣保镖"不正当竞争案先后在广东省高级人民法院进行一审，奇虎360两次败诉后均选择上诉。最终2014年，法院判决奇虎360需向腾讯赔偿500万元，这也是目前国内互联网反不正当竞争案中判罚金额最大的案件。一场战争就此落下了帷幕。

表面上是奇虎360挑起了这一场争端，而对于奇虎360来讲，其实是业务碰撞的防御战。奇虎360与腾讯之争实为利益之争，但违反了公平竞争的市场经济规律。

请思考

1. 腾讯和奇虎360各自的竞争动机是什么？
2. 腾讯与奇虎360之间的竞争性行为是否合理？为什么？

资料来源：

赵刚. 奇虎360诉腾讯垄断案［EB/OL］.［2020-09-28］. http://tech.hexun.com/2012/360qq/。

本章首先介绍什么是动态竞争，随之提出动态企业的概念及研究动态企业的三个视角。其次分析企业在动态竞争时产生竞争性行为的驱动因子和进行竞争者分析的框架，明晰动态竞争的原因与过程。再次根据厂商间竞争性对抗的特殊性从行动的可能性及响应的可能性两方面由表及里地探讨竞争的动态本质，以及厂商间的相互依赖性。最后通过对动态竞争的流程梳理，提出企业的竞争性对抗模型。

7.1 动态竞争缘起

7.1.1 红桃皇后效应

红桃皇后效应是生物学家利·范·瓦伦（Leigh Van Valen）在1973年提出的假说，内容为：由于对手在不断进步、环境在不断变化，只有保持奔跑与前进，才能确保竞争地位的相对稳定。这一假说来源于文学作品《爱丽丝梦游仙境》（Alice in Wonderland），原文如下：

爱丽丝：为什么会这样？感觉我们一直待在原地！

红桃皇后：理应如此。

爱丽丝：但在我的国家，如果以一定的速度持续奔跑，那么一定会到达不同的地方。

红桃皇后：你以现在的速度奔跑，只能待在原地；如果你想到达另一个地方，就必须用双倍的速度奔跑。

红桃皇后效应的主要观点有：

第一，为了保持团队整体协调一致，每个个体都需要保持相同的速度前进（奔跑），以确保相对地位的稳定（故事中的"待在原地"），否则就会被甩到队伍后面，面临被淘汰、消亡或灭绝的命运。

第二，如果团队中有个体打破平衡，取得了渐进式改革的成就（快速奔跑），从而触犯了团队中其他个体的既得利益，则可能造成两种结果：一是当其他个体能够跟上新的速度时，能够带动团队整体适应新的速度；二是其他个体没有被带动提升速度，导致加速奔跑的个体被拉回"原地"。

第三，如果团队中有个体打破平衡，取得了颠覆式改革的成就（以双倍速度奔跑），从而触犯了团队中其他个体的既得利益，则可能造成两种结果：一是双倍速度奔跑的个体脱离了原先的团队，进入更快速度的新团队；二是双倍速度奔跑的个体以一人之力改变了所处的环境，逼迫团队中的其他个体加速奔跑，共同进入新的层次。

企业在改革的过程中，如果采用渐进式改革，则表现会是缓慢的、容易接受的、操作性强的，但效果可能并不显著；如果采用颠覆式改革，则表现会是迅速的、革命性的、高风险的，但如果能够成功，则会成为重要的拐点从而进入更高层次的发展。

因此，个体如果要谋求生存，就必须能够适应环境变化的速度；个体如果要寻求渐进式改变，则需要保持持续的、更快的速度；个体如果要寻求颠覆性改变，则应首先评估自身能力与变化的影响力，判断能否实现对周边环境的影响以至于促成颠覆性的变革。只有变化和影响力足以颠覆整体环境，才能取得变革的成功，否则必将沦为变革的牺牲品。

7.1.2 动态企业

经济学家从企业差异带来的经济显著性探究企业动态行为；唯意志论者着眼于决策成本，他们把企业看作单个微观主体进行研究；战略管理和组织理论领域也通过确定性因素研究企业动态行为，例如从组织内外部环境的约束理解动态性。这些研究虽然使用的方法与视角不同，但均针对同一个论题——动态企业。

钱德勒等（2005）阐述了关于动态企业的三种研究视角：

第一，技术维度。随着市场竞争环境的变化，技术维度的研究已经从单一维度转变为涵盖各种不同要素的多重维度。知识理论的不断丰富也挑战了将技术看作单纯的信息处理过程的传统观点。如今，技术更多地被理解为硬件、软件、组件及其他无形资产相互作用的结果，并由企业内源性的过程（包括企业发展轨迹、组织常规等）和区域设置（包括产业区、集群、国家发展轨迹等）所驱动。企业层面的技术变更是涵盖寻找与适应新技术、开发与使用技术和模仿技术的一种演变过程。技术所固有的动态能力转变为技术的传播、转换，以及不同技术的合作，这为企业决策提供了惯性和可循轨迹，限制了战略选择的影响。此外，也有研究认为，轨迹在一定程度上受所处环境的影响。

第二，战略和组织结构维度。在企业管理和微观经济学的研究领域中，战略和组织一直被分离开来。由于企业需要在动态过程中管理其作为微观个体的行为，处理产业垄断地位以及在垄断产业中的定位问题，战略和组织于是走上融合之路。一方面，战略选择模型是在技术轨迹和组织常规概念中提出的。在任何时段，企业可获得或潜在可获得资源的知识管理问题，权衡企业常规所带来的限制和创新的需求。企业家精神已经受到越来越多的关注。另一方面，从产业层面看，战略管理的独特性损害了一般性战略和同质化战略的实施。企业组织结构中，标准结构模式的有效性受到质疑；相反，小企业的灵活性和企业间网络结构的动态性受到更多的关注。

第三，区域维度。区域经济学提出了关于企业动态性概念的研究方法，以经验为基础的研究指明了"自然"区域对企业生存与发展的影响。正如对外部贸易和内部贸易的模糊区别，研究者更倾向于以"国家A""区域B"划分企业的地域范围。空间中经济规模的动态变化有利于更好地理解经济活动的分配不均衡现象。传统关于企业的研究重点关注了对区域规划的解释、企业的集聚行为、生产制造单元和对当地情况的适应等，而当前研究的重点转移到了企业作为微观个体如何处理变化的空间问题，并在企业运营方面，更多关注企业如何积极影响所处环境、如何选择并适应环境。

7.2 竞争者分析

竞争者是指在同一市场中经营与运作，并提供相似产品的企业。企业在预测自身与竞争者的竞争性对抗程度时，首先要进行竞争者分析。竞争者分析旨在了解和预测企业在市场中争取竞争地位的过程中与竞争者进行对抗或互动的市场行为（Caves，1984）。不同行业的企业也有可能成为竞争者，市场共同性和资源相似性情况决定了它能在多大程度上成为竞争者。因此，本节拟从市场共同性和资源相似性两个维度建构竞争者分析框架。

市场共同性是指企业与其竞争者在市场中的重叠程度，它关注企业与竞争者共同细分市场的个数，以及每个独立市场相对于其他市场的重要程度。市场共同性的决定因素包括共同市场对企业的战略重要性和共同市场中的竞争者强度。市场共同性代表着市场"相互依赖性"，它通过将企业"专质化"，以焦点企业为衡量标准，这有利于研究企业之间的不对称关系。

资源相似性概念是从资源基础观推导而来的，它是指企业与其竞争者所拥有的资源在类型和数量上的相似程度。资源相似性对企业的竞争优势具有重要影响：若两个企业的资源相似性较高，则企业在市场上可能具有相似的策略性能力而都不具有竞争优势；若企业有着多样化的资源组合，则能够在市场竞争中因具有多样化的资源组合而具有相对竞争优势。

围绕市场共同性和资源相似性这两个竞争概念，研究者构建出了竞争者分析的框架，如图7-1所示。

图7-1 竞争者分析框架

资料来源：陈明哲（2009）。

如图7-1所示，图形形状代表企业与其竞争者的资源相似性（相同图形意味着具有相似的资源禀赋），图形重叠（阴影区域）程度代表企业与其竞争者的市场共同性。象限Ⅰ描述了企业与同时具有高资源相似性和高市场共同性的竞争者的相对关系，象限Ⅱ描述了企业与同时具有低资源相似性和高市场共同性的竞争者的相对关系，象限Ⅲ描述了企业与同时具有低资源相似性和低市场共同性的竞争者的相对关系，象限Ⅳ描述了企业与同时具有高资源相似性和低市场共同性的竞争者的相对关系。

7.3 竞争性行为的驱动因子

企业之间的市场共同性和资源相似性会对企业采取竞争性行为的驱动力（如知晓、动机和能力）产生影响，这些驱动力反过来会进一步影响企业的竞争性行为。

知晓（Awareness）。知晓是指企业以及竞争者在采取任何竞争性行为或响应之前，都需要首先对企业之间的相对依存度进行衡量。相对依存度由企业之间的市场共同性和资源相似性决定。

知晓对企业正确认识竞争性行为及响应所产生结果的重要性程度有着重要影响，缺乏这一驱动力可能造成企业之间过度竞争，导致资源浪费，对企业战略发展产生不利影响。

> **战略聚焦**
>
> 美国卡特彼勒公司始建于1925年，是一家全球领先的主营建筑工程机械、矿用设备、柴油和天然气发动机及工业用燃气轮机的公司。小松公司是日本建筑工程机械制造的龙头企业，主营建筑工程机械和矿用设备等。从资源的类型和数量来看，两家公司具有较高的资源相似性，同时，两家公司都能准确地知晓对方的竞争性行为，令其多年来都在为了获取更大的市场份额而维持着激烈的竞争关系。

动机（Motivation）。动机是指企业打算采取行动和对竞争者的攻击做出响应的意向，这取决于企业所感知到的收益与损失。每家企业都清楚地知道自己的竞争对手，并随时衡量自己与竞争者的相对情况。如果企业采取某种竞争性攻击不能带来市场地位的提升或改善，或者不对竞争者的攻击行为做出响应市场地位也不会受到影响，那么企业则没有足够的动机参与到竞争性对抗中去。从某种意义上讲，企业不卷入一场竞争性对抗有利于保存现有资源与实力，可以更好地应对利害关系更强的其他企业的对抗竞争。市场共同性对企业行为的动机具有重要影响，企业通常会选择低市场共同性的竞争者发起竞争性攻击，这是因为和它们竞争有利于企业获取更大的市场份额与更有优势的市场地位，从而获取较大的利益。相反，在高市场共同性的情况下，竞争性行为涉及纷繁复杂的利益关系，竞争者为保护自身在一个或多个市场中的竞争地位从而采取较强烈的反击行动的可能性大幅增加。

能力（Ability）。能力与企业的资源和资源供给的灵活性密切相关。只有当企业拥有一定的可利用资源（如金融资本、人力资源等）时，才有能力进行竞争性攻击或响应。高资源相似性意味着竞争双方具有趋同的攻击与反击能力：当企业面对高资源相似性的竞争者时，一方发起竞争性攻击，另一方在很大程度上会进行竞争性反击，这就要求竞争者在发起竞争性对抗前充分考虑竞争性行为的后果与影响。在企业知晓自身与竞争者具有高度的资源相似性与大量的共同市场的情况下，倘若竞争者发起攻击，则企业有充足的动机进行反击，但很多时候企业没有与之竞争性对抗的能力。而对于低资源相似性的两家企业来说，资源处于劣势的企业在短期内可能不具备反击的能力，但仍是发起竞争性攻击企业的潜在竞争对手，前者可能在拥有更多的资源和更强的能力后再给予竞争性反击。

7.4 企业间竞争性对抗

近年来，关于企业间竞争性对抗的研究取得了新的进展，包括认识到企业间的竞争性对抗不同于一般性的竞争概念（Caves，1984；Korn and Baum，1994）。对竞争性行动和竞争性响应的研究有助于理解企业在一个产业中的策略及竞争的动态本质，以及企业间的相互依赖性。

竞争性行动（Competitive Action）是指企业主动发起的特定的竞争性行为，也可称为攻击行动。例如，开发一项新产品或者进入一个新的市场，这会对竞争者的市场占有率及预期收益产生影响（Chen and MacMillan，1992；Chen and Hambrick，1995）。先行者优势和竞争主动性都是竞争性行动的重要理论。这些理论表明，在不确定的市场环境中，企业可以通过一些成功的竞争性行动保持竞争优势，获取持续的经济收益。

竞争性响应（Competitive Response）是指为应对竞争者的攻击而采取的反击行为，也可称为报复行动。竞争性响应有助于企业巩固或进一步提高自身的市场占有率或利润水平。在竞争性行动—响应的博弈过程中，由于企业之间的相互依赖程度较高，采取竞争性行动企业与采取竞争性响应企业的决策和竞争水平影响了竞争者直接行动结果的有效性。因此，竞争性对抗过程的关键特征在于互动性与动态性（Weigelt and Macmillan，1988）。

企业在竞争性对抗的过程中，通常采用的行为措施可以分为战略性和战术性两类。二者都以市场为行动基础，战略性行为措施需要对组织资源进行谨慎的评估，执行和调整的难度较高；战术性行为措施则对资源数量的要求较低，执行和调整的难度较低。

7.4.1 竞争性行动的可能性

第一，先行者的动机。**先行者**（First Mover）是指为了在市场上建立或保护竞争优势或提升市场地位而率先采取竞争性行动的企业。先行者通常具备以下特点：乐于在产品升级环节投资，大力进行广告宣传与推广，并进行新产品的研发。与先行者相对的是跟进者（Follower），指对先行者做出响应的企业。

成功的先行者能够获得巨额收益。在快速变化的市场环境中，企业很难持续保持竞争优势，但先行者可以比跟进者获得更多的价值和收入。具体表现为：在竞争者做出竞争性响应前，先行者能获得高于市场平均水平的利润回报；此外，还能够抢占市场份额，如果顾客在第一次体验时感到满意，则会对先行者形成较高的忠诚度。与跟进者相比，先行者能够获得更大的生存概率。但与此同时，先行者也要承担相应的风险，包括：引入新产品后所能获得的收益难以预测；投入较多的资源进行产品研发，从而减少了支持后续创新的可用富余资源；产品创新可能无法得到市场与用户的认可；等等。

先行者的能力通过可获得的资源衡量，企业成为行业先行者，需要具有富余的资源，有能力投入大量资源对研发部门进行重点投资，以较快的速度研发并营销创新性产品。资源富余意味着多于实际可获得资源的储备，并超出组织产出所需资源的最低限度。这些富余资源可以作为流动性资源，被用于竞争性行动，如研发投资、广告等，帮助企业获得先行者优势。对资源富余的考量有利于企业预测可能成为行业先行者的竞争者，基于此企业会迅速推出新产品，占领市场，获得超额收益，直到竞争者对这一竞争者性行动做出有力的反击。

第二，组织规模。组织规模对企业采取竞争性行动的可能性与形式均产生影响。从可能性来看，小企业比大企业更有可能采取竞争性行动与竞争性响应，而且迅速且灵活。在不同规模企业的竞争性对抗过程中，小企业往往依靠速度和多样化的竞争性行动来保护现有的竞争优势；大企业则需要较长的反应时间，所采取的竞争性行动种类也限于比较成熟的那些。从形式来看，大企业比小企业更倾向于采取战略性行为，因为它们拥有比小企业更多的富余资源，有能力发起更具竞争性的行动。由于不同规模的企业所采用的竞争性行动存在差异，企业在进行竞争性对抗时，有必要根据竞争者规模大小制定不同的竞争策略，从而确保在竞争中具有更大的优势。

第三，质量。产品的**质量（Quality）**是指企业的产品或服务满足或超出消费者预期的程度。在全球经济一体化背景下，产品质量是竞争成功的必要不充分条件。产品没有好的质量保证，会使企业缺乏可信性，难以获取市场份额与忠诚的顾客群体。只有当顾客认为产品的质量达到或高于他们所需求的维度的最低期望值时，才会产生购买行为。表 7-1 显示了顾客较为注重的产品及服务质量的维度。

表 7-1 产品及服务质量的维度

产品	服务
性能：操作特点	及时性：是否在允诺的时间内完成服务
特征：重要的特性	礼貌性：服务是否愉悦
灵活性：在一些时期满足特别的操作要求	一致性：所有的顾客是不是得到始终如一的感受
耐用性：产品性能明显下降之前的使用次数	方便性：顾客是不是可以方便地得到这种服务
规范符合性：是否与预先建立的标准相符合	完整性：是不是按照要求全面服务
易维护性：正常的维护保养和修理的难易程度及快慢	准确性：是不是每次都正确地服务
美感：产品的外观及整体感觉	
认知质量：对特征的主观评价（如产品形象）	

资料来源：改编自 Evans（2008）。

质量会对企业的竞争性对抗产生影响。如果一家企业的竞争者的产品或服务质量不佳，则该竞争者的预期销售收入会降低，且竞争性行为不会激进，直到质量问题的解决得到顾客的认可才能改变这种局面。

实践链接

波音公司推出的787客机因存在电池自燃问题，在美国联邦航空管理局的要求下，停飞了123天。期间，波音公司花费了200 000个小时完成解决方案的设计、分析与测试。恢复运营后，客机沿线国家均开始预订改进后的787客机，或者因考虑到乘客对该客机安全性的质疑而转订其他客机。在同一时期，波音公司的主要竞争对手空中客车公司的A330飞机销售额大幅上升。可见，质量问题使波音公司同时遭受了利润及声誉的双重损失。

7.4.2 竞争性响应的可能性

第一，竞争者行动的类型。竞争者行动的类型分为战略性行为和战术性行为，通常意义来看，企业采取哪类行动就会遭到竞争者同类行动的反击。通常情况下，与战术性行为相比，战略性行为会引发更少的竞争性响应，主要原因是：第一，对战略性行为做出反击对资源投入要求较高。对于竞争者来说，进行反击的成本较高且实施难度较大。第二，战略性行为的周期较长。对战略性行为有效性的评估延迟了竞争者面对战略性行为的反击。但如果一项战略性行为对竞争者的影响巨大，则会引发竞争者迅速且有力的反击。

第二，声誉。**声誉**是指竞争者因以往的竞争性行动所获得的正面或负面的形象。好的声誉能够为企业带来高于市场的平均回报，并为企业创造更多的战略价值，从而在竞争性对抗中处于有利地位。声誉的存在有利于企业根据竞争者过去的竞争性行动，预测竞争者面对竞争性攻击时的反应，更好地实施竞争性行动。

实践链接

在个人电脑市场中，IBM、戴尔、惠普等公司不断进行着战略性的竞争行动，争取更有利的市场地位。从全球市场份额来看，戴尔公司落后于IBM与惠普公司，但却在超大规模服务器上享有较高声誉，并成功将服务器销售给微软、亚马逊等多家公司。作为竞争对手，IBM和惠普采取战略性行为与戴尔进行竞争。但事实上，面对拥有较高声誉的企业，竞争对手较少对其采取竞争性攻击，因为这种竞争性行为具有高风险性与高复杂性。

第三，市场依存度。**市场依存度（Market Dependence）** 是指企业从特定市场取得收入或利润的程度。通常情况下，高市场依存度的竞争者面对竞争地位的威胁会采取较强烈的反击。但受到威胁的企业并不总是立即进行反击，而是会在关键的细分市场、针对自身市场定位的竞争性攻击进行有效的反击。

实践链接

随着电商行业的飞速发展，各行各业都渴望进入并分一杯羹，其中包括零售巨头沃尔玛。沃尔玛成立了线上网络通道Walmart.com，提供超100万种商品。沃尔玛的进入使得沃尔玛与电商巨头亚马逊成为竞争对手。两家企业相比，沃尔玛的电商销售额仅占销售总额的约2%，对电商市场的依存度较低；而亚马逊的主要销售额来自电商市场，对电商市场的依存度较高。在竞争性行动上，沃尔玛正在进行实体店和物流技术的不断整合与创新，以提供更加快速、便捷的线上商品送达服务，实现与亚马逊的竞争；而亚马逊作为电商行业的霸主，也会持续对沃尔玛的竞争性行动做出响应。

7.5 竞争性对抗模型

在本章前面的小节中，我们首先分析了竞争者分析的基础——市场共同性和资源相似性。其次，讨论了竞争性行为的三个驱动因子：知晓、动机和能力。然后，探索了影响企业间竞争性行动可能性的因素以及竞争性响应可能性的因素，深入探讨了企业之间的竞争性对抗。本节拟构建一个在企业层面的关于竞争性对抗过程的直观性描述模型（如图7-2所示），阐释特定企业与其竞争者在竞争性对抗过程中的竞争性行为。

从竞争性对抗模型可以看出，市场共同性和资源相似性所构成的竞争者分析板块对竞争性行为的驱动因子（知晓、动机、能力）产生直接影响。这些驱动因子进一步对竞争性行动与竞争性响应的可能性产生影响。进一步地，研究表明，竞争性行动与竞争性响应对企业绩效产生影响。企业的竞争性行动越多，最终的绩效越高；企业响应的积极性越高，最终的绩效越高；企业竞争性行动带来的竞争性响应越多，则发起该竞争性行动的企业的绩效越差。此外，企业间竞争性对抗结果会反馈至最初的竞争者分析环节，形成回馈循环。这表明当竞争性对抗改变现存的市场共同性及资源相似性时，将会建立起新的竞争关系并展开新一轮的竞争性对抗。

图7-2 竞争性对抗模型

资料来源：改编自Chen（1996）。

案例阅读

支付宝与财付通的动态竞争

阿里的业务历程

1999年，阿里巴巴网络技术有限公司（以下简称"阿里"）正式成立，起初主要是为小企业起提供一站式电子商务服务。2003年，阿里推出了我国首个私人电子商务网站——淘宝网，并发布了针对个体消费者的在线支付系统——支付宝。2003—2009年，阿里旗下的淘宝网、支付宝等获得了高速发展，同时，阿里通过收购口碑网、中国雅虎等一系列B2B（企业对企业）、B2C（商对客）重要兼并战略，构建起了一个涵盖B2B、B2C等的综合式电子商务平台。2010—2013年，为了更加精准有效地服务客户，阿里将淘宝网分拆为淘宝网、淘宝商城和一淘三部分，并开始进入移动商务市场。2012年，阿里将淘宝商城更名为天猫，并推出了移动友好互动平台软件——来往。2013年，阿里在原来支付宝的基础上陆续推出了余额宝、快的打车服务，并参股新浪微博、高德地图等。到 2014 年，阿里已基本完成线上市场布局，并将发展重心转向 O2O（在线离线/线上到线下）细分业务市场。

腾讯的业务历程

而深圳市腾讯计算机系统有限公司（以下简称"腾讯"）则于 1998 年在广东深圳成立，当时公司定位于发展无线网络寻呼系统。2005 年，腾讯推出了专业在线支付平台——财付通，致力于为互联网用户和企业提供安全、便捷的在线支付服务。2007—2010 年，腾讯拓展了业务范围，在互联网搜索、互动娱乐、网络应用及电子商务等领域都进行了大规模投资。2010 年，腾讯正式成立独立运营的腾讯电商控股公司，开始布局移动互联网电子商务领域。2011 年，腾讯推出了其移动互联网领域的标志性产品——微信。到 2013 年年底，微信的注册用户突破 6 亿，成为亚洲最大的移动即时通信软件，并结合财付通开放微信支付功能，推出了理财通、滴滴打车服务。2014 年，腾讯入股大众点评网、京东等 11 家企业，标志着腾讯也将 O2O 市场作为企业未来发展的重心。虽然阿里与腾讯发展初期的战略定位不同，但 2011 年以后，阿里与腾讯都将移动电子商务产业作为企业未来发展的主要方向，彼此之间的业务重合度不断提升，推出的产品或服务也日益相似，针对彼此的竞争性行为也十分频繁。

支付宝与财付通的动态竞争

第三方支付业务是电子商务的核心内容之一。目前，我国电子商务市场上主要是银联支付和各类第三方支付平台。根据易观智库的数据，2013 年，我国互联网在线支付业务方面，银联支付、支付宝与财付通分别以 46.3%、20.3% 和 13.0% 的市场份额占据前三位。而仅从非金融支付中的第三方支付业务来看，支付宝以高达 46.3% 的市场份额的绝对优势排名第一，财付通则以 20.3% 的市场份额位居第二。以支付宝为核心的阿里与以财付通为核心的腾讯在布局第三方支付及其相关业务过程中，都将彼此视为最大的竞争对手，两大巨头以支付宝与财付通支付业务为主题展开的竞争性行为在很大程度上都针对彼此展开。

在第三方支付业务发展初始阶段，无论是从用户数量还是从市场份额来看，支付宝一直完胜其他第三方支付平台。腾讯的财付通则一直以追赶者的姿态不断逼近支付宝，2010 年腾讯电商控股公司成立之后，财付通助理总经理吴毅就表示："财付通的开放平台更强调电子商务和生活服务领域，在竞争对手中更关注的会是阿里集团。"其后，财付通各类针对支付宝的竞争性行为也很好地印证了这一点，无论是 2010 年推出水电缴费业务，2011 年推出微信，2012 年推出银行卡转账业务，2013 年推出扫码支付、滴滴打车服务，还是 2014 年推出"抢红包"和理财通业务，都是对支付宝核心业务针对性极强的直接竞争性行为。

从时间上看，财付通推出信用卡业务比支付宝迟了近 3 年，推出生活服务类业务比支付宝迟了近 2 年，推出手机支付业务则比支付宝迟了近 1 年，但是推出理财通业务仅比余额宝迟了 7 个月，推出红包业务也仅仅比支付宝迟了 5 个多月，而推出扫码支付业务却领先支付宝近 3 个月，推出微信则比阿里推出来往领先了 1 年。从竞争效果来看，财付通在 2013 年率先推出扫码支付，一度在线下支付业务拓展速度上领先支付宝，此外，在 2014 年新年抢红包活动中，腾讯还以 800 万用户参与的优势超过了支付宝 500 多万用户的参与数。

支付宝与财付通从诞生到现在，特别是 2010 年以来的具有相互竞争性质的业务按照推出时间大体来看，2011 年以前，财付通几乎所有业务的推出都落后于支付宝至少半年以上。进入 2012

年之后，借助于微信所形成的强大社交平台，财付通以极具针对性并且高效的产品创新策略取得了与支付宝相抗衡的实力甚至具备了一定优势，例如线下支付业务，从而引发了支付宝的强烈反击。这说明，2011年以后，财付通在第三方支付业务领域已经严重威胁到支付宝一直以来的主导地位。阿里与腾讯在这一期间的相互竞争性对抗十分激烈，并且针对性极强。

资料来源

程聪，谢洪明，杨英楠，等．2015．理性还是情感：动态竞争中企业"攻击—回应"竞争行为的身份域效应——基于AMC模型的视角［J］．管理世界，（08）：132-146。

思考题

1. 动态竞争与静态竞争有什么区别？试归纳动态竞争的特征。
2. 动态企业的概念和分析维度是什么？
3. 如何判断企业之间是否构成了竞争关系？
4. 举出同一市场中的两个不同企业，分析其市场共同性和资源相似性。
5. 论述企业采取竞争性行为的动机及其合理性。
6. 企业间的竞争性对抗与一般竞争概念的区别在哪里？
7. 什么是竞争性对抗和竞争性响应，分析各自的行为目的及影响因素。
8. 根据竞争性对抗模型，判断影响企业动态竞争的因素有哪些，企业应当如何构建动态竞争能力。

每章必读

［1］CHEN M J. 1996. Competitor analysis and interfirm rivalry: toward a theoretical integration［J］. Academy of Management Review, 21: 100-134.

［2］陈明哲．2009．动态竞争［M］．北京：北京大学出版社．

参考文献

［1］CAVES E R. 1984. Economic analysis and the quest for competitive advantage［J］. American Economic Review, 74（2）: 127-132.

［2］CHEN M J, HAMBRICK C D. 1995. Speed, stealth, and selective attack: how small firms differ from large firms in competitive behavior［J］. The Academy of Management Journal, 38（2）: 453-482.

［3］CHEN M J, MACMILLAN I. 1992. Nonresponse and delayed response to competitive moves: the roles of competitor dependence and action irreversibility［J］. Academy of Management Journal, 35（3）: 539-570.

［4］CHEN M J. 1996. Competitor analysis and interfirm rivalry: toward a theoretical integration［J］. Academy of Management Review, (21): 100-134.

［5］EVANS J. 2008. Managing for quality and performance［M］. 7th ed. Mason, OH: Thomson Publishing.

［6］KORN H, BAUM J. 1994. Community ecology and employment dynamics: a study of large canadian organizations, 1985-1992［J］. Social Forces, 73（1）: 1-31.

［7］VAN VALEN L. 1973. A new evolutionary law［J］. Evolutionary Theory, (1): 1-30.

［8］WEIGELT K, MACMILLAN I. 1988. An interactive strategic analysis framework［J］. Strategic Management Journal, (9): 27-40.

［9］WERNERFELT B. 1984. A resource-based view of the firm［J］. Strategic Management Journal, 5（2）: 171-180.

［10］陈明哲．2009．动态竞争［M］．北京：北京大学出版社．

［11］程聪，谢洪明，杨英楠，等．2015．理性还是情感：动态竞争中企业"攻击—回应"竞争行为的身份域效应——基于AMC模型的视角［J］．管理世界，（08）：132-146．

［12］钱德勒，哈格斯特龙，瑟尔韦．2005．透视动态企业：技术、战略、组织和区域的作用［M］．吴晓波，耿帅，译．北京：机械工业出版社．

第 8 章
公司层战略

学习目标

- 了解公司层战略与边缘竞争理论的关系；
- 了解多元化战略的相关知识；
- 了解双元战略的相关知识；
- 了解公司层战略与业务层战略的协同机制。

开篇案例

百年柯达的痛苦抉择

"你只要按下按钮，其余的都交给我们！"曾几何时，这句口号享誉全球。作为全球最大的感光材料生产商，柯达在胶卷生产技术方面的领先已无须再用语言来形容，柯达更多地把拍照片和美好生活联系起来，让人们记住生活中那些幸福美好的甜蜜时刻。但如今，我们都快忘记了还有一个柯达胶卷的存在。

柯达的战略失误

从当之无愧的行业龙头，到深陷尴尬困境，可以说是柯达战略失误的必然结果。其实柯达在很早就预见到数码时代的到来，甚至在胶卷时代就已经优先掌握了很多独特的数码技术。那是什么导致了柯达今天举步维艰、痛苦转型的困境呢？

首先，柯达长期依赖相对落后的传统胶卷部

门，而对数码技术带给传统胶卷部门的冲击反应迟钝。柯达一厢情愿地认为数码时代离自己还很遥远，甚至其在北美市场遭遇数码产品的冲击后，还大举投资中国胶卷市场，在其竞争对手数码产品的冲击下，公司辛辛苦苦建立起来的优势马上变成了转型的重大包袱。

其次，管理层作风尤其是高层管理人员偏于保守，满足于传统胶卷产品的市场份额和垄断地位，缺乏对市场的前瞻性分析。2000年年底，胶卷需求开始停滞。柯达出现判断性失误，认为这种状况是整体经济衰退造成的。柯达因此错失可以一举击退其竞争对手的良机，导致了目前几乎没有核心技术的危险境地。

柯达的艰难转型

直到2002年年底，柯达才真正意识到，传统胶卷市场的辉煌已经一去不复返，如果再不及时转型进军数码领域，以后的日子会越来越艰难。2003年9月25日，柯达在纽约市举办了一个投资者会议。在会议上，柯达明确了扩展战略的细节：公司以消费者、医疗及专业胶片影像产品和服务为根基，发展成为一家更平稳和多元化的公司，成为影像数码市场上的领导者。自此，柯达转型正式拉开序幕。柯达已然开始逐渐走出胶卷市场笼罩的光环，开始在数码市场争一杯羹。

虽然自2005年起，柯达开始亏损，但是2005年在柯达的历史上，也是一个具有历史意义的转折点。在2005年的财务报表中，柯达数码业务的销售额首次超过传统业务，数码业务的利润增长也超过传统业务下降的幅度。虽然遭遇了意想不到的困难，但柯达始终坚持转型战略。为了表示选择数码业务作为新的战略方向，柯达甚至炸掉了用于胶卷研发的两所大楼。

2007年12月，柯达决定实施第二次战略重组——一个时间长达4年、耗资34亿美元的庞大计划。重组的目标，是把公司的业务重点从传统的胶卷业务转向数码业务，但这依然没有使公司摆脱亏损的结局。

柯达的未来前景

虽然转型非常艰难，但却十分奏效。2013年9月3日，柯达宣布脱离破产保护。2014年1月8日，柯达在纽交所重新开盘。同年6月，柯达从它的功能印刷业务上获得了第一笔收益，并开始向美国之外扩展。到7月份，柯达的客户增加到了1000位，此时柯达已经引入工业中最快速的全色喷墨印刷体系，即柯达商用印刷系统6000C和6000P，并推出了用于包装的印刷业务。这些新项目依然在引领着行业发展，至此可以说"黄色巨人"绝处逢生、再创奇迹。到今天，柯达的业务已经遍布150多个国家和地区，在全球拥有超过8万员工。

同时，柯达顺应时代潮流，积极创新业务布局。2018年，柯达以数字存储设备制造商的身份再次出现在众人面前，与时俱进地推出SD卡、USB闪存盘、固态硬盘等一系列丰富的存储产品组合，以满足用户日益增长的数字信息存储需求。2020年年初密集推出的柯达无线耳机、蓝牙音箱及无线投屏器等影音领域产品更是彰显了柯达在数码时代大力作为的蓬勃野心。

在数码时代的冲击下，柯达艰难转身，从曾经的霸主变为台下的挑战者，经历了太多的痛苦考验。

请思考

1. 柯达的"转身"在企业战略上有哪些体现？请比较"转身"前后的战略差异。
2. 结合案例，试分析公司层战略的本质以及作用。

资料来源：

作者根据相关资料撰写。

本章首先通过对公司层战略的前提——边缘竞争理论的阐释，奠定了公司层战略的竞争基调。在此基础上，介绍了两类公司层战略——多元化战略和双元战略。具体而言，包括企业施行多元化战略的原因及多元化的类型；双元战略的背景、类型，以及化解管理悖论的双元战略实现路径。最后基于对公司层战略与业务层战略的互动环境及关键因素的分析，构建了公司层战略与业务层战略的协同框架。

8.1 公司层战略的前提：边缘竞争理论

企业所在的行业环境是高速变化的，这种变化具有不确定性和不可预测性。这对企业提出了战略挑战：企业需要对行业环境的改变做出及时、必要的反应，具备在任何条件下都能尽量准确、及时地预测变革的能力，并能把握合适的时机促成和领导变革。

边缘竞争战略理论认为，在高速变革的行业环境中，企业应不断调整组织结构形式，并采取适合当前组织结构的半固定式的战略倾向。边缘竞争理论将如何制定战略目标和如何实现战略目标综合起来考虑，不断寻找新的战略目标并探索实现战略目标的方法（许树沛，2001）。与传统战略相比，边缘竞争战略具有以下几个特点：

第一，不确定性。边缘竞争战略关注当前市场上正在发生的事情，主要针对意外事件的处理，这些事件的发生与发展不可预测，而是需要在事件发生的过程中及时制定措施，并对措施的实施效果进行监控，随时修正战略，确保战略的有效执行。

战略聚焦

微软最初开发自有网络服务，认为由于上网是不需要付费的，因特网业务无法创造利润。后来，微软管理高层的战略布局发生改变，开始向非自行开发的战略倾向转变，收购了一系列的网络公司，并与曾经的竞争对手——美国在线（America Online，AOL）建立了亲密合作关系。

第二，不可控制性。主要包括两方面含义：一是指在企业内部环境动态变化的过程中，企业个体无法实现对其中的不确定性因素进行有效控制；二是指企业内部存在一些个体，他们往往按照自己的理解行事，使得组织对这些行为的控制具有不确定性。

实践链接

在微软，多数关于网络产品的战略思想灵感来源于公司管理高层以外。例如，公司网络业务战略源于微软的一名基层经理发现康奈尔大学的学生们"攻击"网络，从而在微软内部引起了变革，并最终促成了公司第一台网络服务器的诞生。

第三，低效性。首先，边缘竞争战略是试错的过程，通过对某一事件的反复尝试，最终找到正确的解决方案。其次，这一战略希望通过变革，实现企业的颠覆性变革，这就意味着企业不可能一直保持着在市场上的高效率与高利润。

实践链接

微软开发自有网络服务的战略是低效的，公司花费大量的资源与资金去开发这一服务，却最终遭遇了被淘汰的命运。后来转为从其他公司收购网络技术，但带来许可证等问题。

第四，前瞻性。边缘竞争战略是一种主动出

击的、具有侵略性的积极战略，对企业未雨绸缪的能力提出较高要求，企业需要尽可能早地对行业环境的变化做出预测，并及时抓住时机在竞争对手行动之前领导和促成变革。

第五，连续性。边缘竞争战略是持续进行的、不断推进的战略活动，是由许多小的、时间跨度长的行为连接起来的完整战略。

战略聚焦

微软自有网络服务战略的举措：

- 1993年，推出自有网络在线服务系统——Marvel系统；
- 1994年，推出Tiger网络影像服务器，增加网页链接功能及网页浏览器；
- 1995年，兼容太阳微系统公司（Sun）的Java语言；
- 1996年，兼并主营网页文件制作管理的Vermeer公司；
- 1997年，兼并WedTV网络电视公司。

第六，多样性。边缘竞争战略由一系列的战略方法构成，这些多样化的战略方法往往具有不同规模、不同风险等级、不同实施效果，变革行动的合理组合有利于边缘竞争战略的成功。

由于企业所处行业的不确定性，导致企业需要实施特有的公司发展战略，接下来将介绍公司层战略。

8.2 多元化战略

8.2.1 多元化战略的类型

8.2.1.1 相关多元化

相关多元化是指企业30%以上的收入来自非主导业务，且不同业务间通过相关多元化公司层战略联系起来。如果多元化企业的不同业务间联系较为紧密，企业经常在各业务间共享资源和行为，那么这类企业实行的是**相关约束型多元化战略（Related Constrained Diversification Strategy）**。宝洁、柯达和默克等公司均采用相关约束型多元化战略。如果多元化企业的不同业务间联系较少，企业在各业务间共享的资源和行为较少，但非常关注业务间知识与核心竞争力的传递，那么这类企业属于混合相关型企业或非相关型企业，它们实行的是**相关联系型多元化战略（Related Linked Diversification Strategy）**。在相关联系型多元化战略的实施过程中，企业应根据多元化战略的运用及时调整投资者及对相关业务的管理决策。

实践链接

创建于1926年的阳狮集团（Publicis Groupe）是法国最大的广告与传媒集团。相关约束型多元化战略的实施为阳狮集团的顾客和股东创造了价值，该集团在这一战略指导下，从不同的业务部门获取潜在的协同效应，实现了较大的成功。

通用电气实施的是相关联系型多元化战略。该公司的业务由四个相对独立的战略业务单元构成，每一个业务单元包括了一系列相关的具体业务。由于不同业务单元之间的联系较少，实现对这一大型多元化企业的有效管理具有较大的挑战性，这对通用电气的管理层提出了较高的要求。

8.2.1.2 非相关多元化

如果高度多元化企业的不同业务间没有直接的关联性与战略适应性，那么这类企业属于综合型企业，它们实行的是**非相关多元化战略（Unrelated Diversification Strategy）**。当企业所在产业或市场吸引力下降，同时企业自身的竞争能力也较弱，不具备充分的能力和技术转向相关产品或市场时，宜采取非相关多元化战略。联合技术公司（UTC）、德事隆（Textron）、三星等公司均采用非相关多元化战略。

实践链接

和记黄埔有限公司（HWL）是一家全球领先企业，经营多元化业务，包括港口及相关服务、电信、物业及酒店业、零售与制造业、能源和基础设施等。然而，这些核心业务间并没有联系，企业也没有在不同业务间进行行为共享或传递核心竞争力。由于公司规模庞大，业务间差异也较大，公司非相关多元化战略的实施面临巨大挑战。事实证明，和记黄埔通过战略性的收购和适时地舍弃相应的业务成功应对了挑战。

8.2.1.3 经营层面和公司层面相关性

根据以上对相关多元化和非相关多元化的阐述，得到企业采用多元化战略提升企业总体价值的两种经济经营形式：行为共享（经营层面相关性）和传递核心竞争力（公司层面相关性）。两种途径从不同的维度对资源进行分散与整合，达到范围经济的目的。以经营层面相关性和公司层面相关性为纵向指标和横向指标，我们可以将多元化分为四种类型，如图8-1所示。

图8-1 多元化战略：经营层面和公司层面相关性
资料来源：希特等（2016）。

象限Ⅱ表示企业各业务间在经营层面具有较多的行为共享的机会，但在公司层面能够传递核心竞争力的机会较少，该类企业属于相关约束型多元化企业；象限Ⅳ表示企业各业务间在经营层面具有较少的行为共享的机会，但在公司层面能够传递核心竞争力的机会较多，该类企业属于相关联系型多元化企业；象限Ⅲ表示企业各业务间在经营层面具有较少的行为共享的机会，同时在公司层面能够传递核心竞争力的机会也较少，该类企业属于非相关多元化企业；象限Ⅰ表示企业各业务间在经营层面具有较多的行为共享的机会，同时在公司层面能够传递核心竞争力的机会也较多，该类企业既有经营层面相关性，又有公司层面相关性。

8.2.2 创造价值的多元化：相关约束型多元化和相关联系型多元化

8.2.2.1 经营层面的相关性：行为共享

在图8-1中，象限Ⅱ的企业具有较高的经营管理协同能力，这类企业通过纵向一体化实现资源的共享。企业在经营层面相关性的建立有赖于企业行为的共享（如建立物流体系或采购系统），实现有形资源的范围经济，例如厂房设备与其他实物资产的共享。一方面，行为共享的发生有利于企业创造价值，实施兼并策略的企业通过行为共享实现了资源的最优化利用，促进了企业业绩的提升和股东价值的提高。另一方面，行为共享的发生有利于企业降低风险，相关研究表明，企业各业务间相关性的增强有利于降低企业承担的风险，尤其对于管理层而言，大幅降低了管理风险。

然而，由于企业各业务间的联系会对最终成果产生影响，行为共享不可避免地存在一定风险。比如，市场上对某一产品需求的下降会使得生产商难以获得预期收益来覆盖共享设备产生的成本。这种不确定性降低了行为共享的成功率。

此外，行为共享对于不同企业或部门之间的协调与配合提出了较高要求，行为共享的有序开展，需要对各协调变量实行有效的管理。

8.2.2.2 公司层面的相关性：核心竞争力的传递

在图 8-1 中，象限Ⅳ的企业各业务间在经营层面具有较少的行为共享的机会，但在公司层面能够传递核心竞争力的机会较多，属于高度发展的企业。该类企业尝试通过公司层面的相关性实施相关联系型多元化战略，这要求企业在公司层面实现无形资产的共享，属于公司层核心竞争力的转移。

采用相关联系型多元化战略为企业创造价值的来源有两种：第一，在新业务的研发过程中，企业可以使用原有的核心竞争力，因此企业不再需要培养新的核心竞争力的费用投入，只需将固有核心竞争力进行转移，这在一定程度上减少了资源的消耗与低效率。第二，由于资源的无形性较难被竞争对手模仿，无形资源因此成为企业的独特竞争力，帮助企业获得超越竞争对手的竞争优势。

为实现核心竞争力的传递，有效方法之一是将掌握核心竞争力的工作人员安排到新的管理岗位上。但在实践中，管理者通常不愿意将掌握核心竞争力的关键员工调离原有岗位。因此，企业可能存在具有加速核心竞争力传递能力的经理人短缺，有限的富有经验的经理人不愿离开现有岗位，企业高管也不希望核心人员离开核心部门投入新业务部门的开发与探索中的问题。

实践链接

英国维珍集团（Virgin Group Ltd.）将其市场营销技能用于旅游、化妆品、音乐、饮料、移动电话、健康俱乐部等其他业务中的开拓与经营中。本田将改进后的发动机设计和制造技术应用于摩托车、割草机、小型汽车和卡车等相关产品中。

8.2.2.3 市场影响力

市场影响力的提升对企业降低生产成本与经营费用、提高产品质量与知识产权保护能力提出较高要求。如果相关约束型多元化战略或相关联系型多元化战略能够被企业成功实施，则企业的市场影响力可以在相关多元化战略的影响下被增强。企业增强市场影响力有三种方式：

第一，增加市场份额。如果企业能够以高于现有价格出售产品，或者通过降低自身生产成本降低产品销售价格，那么企业可以在市场上获得较大的影响力。

第二，多点竞争，即不同的多元化企业在相同的产品市场或地理市场进行竞争。随着企业占领市场范围的扩大，企业的市场影响力将得到增强。

实践链接

UPS 快递、联邦快递和 DHL 是三家存在竞争关系的快递公司。在产品市场中，UPS 快递增加隔夜送货业务向以该业务为核心的联邦快递发起竞争性行动。同样地，联邦快递也拓展了路面运输业务向以该业务为核心的 UPS 快递发起竞争性行动。在地理市场中，三家快递公司都在抢占更大份额的海外市场。如 UPS 快递和联邦快递垄断了美国市场，导致 DHL 只能退出美国市场。

第三，纵向一体化。**纵向一体化**包括向前一体化（如企业自己供应原材料）与向后一体化（如企业拓展产品分销渠道），通常被应用于企业核心战略的实施。在纵向一体化战略中，企业掌控着经营与生产活动整合、自我消化、外销产品的整个过程，由于能够获取更多互补性的资源与信息，在提升产品质量、改进或开发新技术等环节往往比专业化公司更具优势。同时，可以节约交易成本、降低销售价格，有利于市场竞争力的提升。

需要注意的是，纵向一体化也存在局限性，如内部的交易成本较高；可能产生政治成本；降低了企业的灵活性，不利于适应快速变化的市场环境；可能出现平衡与协调问题。因此，纵向一体化在为企业创造价值的同时，不可避免地也会带来成本与风险。

8.2.2.4 同时运用经营层面与公司层面的相关性

如图8-1所示，一些企业通过同时运用经营层面和公司层面的相关性来寻求范围经济的实现。通过同时进行行为共享（经营层面相关性）和传递核心竞争力（公司层面相关性）的方法来创造范围经济的能力通常很难被竞争对手理解或模仿。但是，因为组织与激励制度的成本非常高，如果实现两种相关性所带来的利润无法弥补开支，那么结果将是不经济的。

战略聚焦

迪士尼同时运用经营层面和公司层面的相关多元化战略，实现了范围经济。在经营层面，迪士尼联合多家电影发行公司进行行为共享，扩大了市场份额，实现了经营层面的范围经济。在公司层面，迪士尼针对目标客户的需求制定相应的广告与市场营销策略，促进了公司层核心竞争力的持续提升；基于独特的竞争优势，迪士尼进一步借助迪士尼主题公园与周边产品的销售对电影产品的价值链进行延伸，最终实现了公司层面的范围经济。在迪士尼的战略规划中，通过同时运用经营层面与公司层面的相关性，实现了相关多元化战略的成功。

8.2.3 非相关多元化战略的实施

根据图8-1，非相关多元化企业各业务间经营层面具有较少的行为共享的机会，同时在公司层面能够传递核心竞争力的机会也较少，这表明企业在实行非相关多元化战略的过程中，对经营层面和公司层面相关性的要求均较低。企业在实施非相关多元化战略时，通常采用**财务经济**的手段创造价值，即借助企业内部投资（内部资本配置）或外部投资（外部资产重组），通过财务资源的优化配置，实现成本节约。

8.2.3.1 内部资本配置

由于通过外部力量进行改革是间接的、高成本的、低效率的，因此企业只有在发生重大变化时才会接受外部力量对资本配置的干涉。由于企业不会过多向外界披露负面信息及核心战略，因此外部投资者很难获得企业的核心信息，这对外部投资者全面、准确地分析与判断企业业务发展形成了阻碍。通常情况下，内部资本配置有利于制定更加具体、科学的行动方案，企业能够根据市场变化，对业务或部门的战略做出及时的调整。尤其对于大型多元化企业，由于总部的管理人员较清楚、准确地掌握着企业内部业务组合与绩效信息，能够有效地将资本分配至各业务部门，因此能够获得高于投资外部市场所获收益，从而促进企业整体价值的提升。

对于高度多元化的大型企业，分析师很难对其复杂的财务报告做出准确、客观的评估，这导致许多企业面临**多元化折让（Conglomerate Discount）**的困境，即整体市值小于个体相加的情况。为了解决这一问题，许多企业采用了非相关多元化战略，尝试为母公司建立属于自己的品牌。非相关多元化战略的实施具有较高的挑战性，尤其对于成熟经济市场环境下的企业来说，其财务经济比通过相关性实现的范围经济更容易被模仿或复制。尽管如此，非相关多元化战略还是受到欧洲市场和新兴市场的青睐。例如，已经实现高度多元化的电气巨头德国西门子公司，就通过进一步提升非相关多元化程度来应对未来可能面临的经济风险。

值得注意的是，在新兴经济体中，非相关多元化战略带来的挑战相对较小，这是因为在新兴经济体中，推动非相关多元化战略实施的市场"软环境"（如高效的金融中介、健全的规章制度与法律等）尚未形成。因此，在韩国、印度、智利等新兴经济体中，多元化战略的实施有利于在较大程度上改善大型多元化企业集团附属企业的经营状况。

8.2.3.2 外部资产重组

非相关多元化企业要想实现财务经济，除了从内部进行有效的资本配置，还可以从外部进行**资产重组**，即企业可以通过在外部市场购买、重组及出售重组后的公司资产来创造财务价值。理想的资产重组的过程表现为：在价格较低时购进，然后在经济膨胀期的末期出售。例如，房地产市场低迷时买进某厂房，重组后高价卖出从而获得更高投资回报的行为，就是资产重组。随着世界经济的发展与经济活动的频繁，重组案例不断增加，比如跨境收购、国企私有化等。对于非相关多元化企业，通过收购、重组实现财务经济需要进行慎重的考虑与权衡，尤其是对于高科技产业和服务型企业来说，通过资产重组获取利润非常困难，很少有企业可以从这一过程中获利，无形资产则更难实现这一过程。

实践链接

北京国泰恒生投资（集团）有限公司（下简称"国泰恒生"）成立于1998年，隶属于成城国际控股集团。为了适应外部环境的快速变化，同时构建多元竞争力，国泰恒生从实施单一业务战略到实施非相关多元化战略不断演变。如今，公司业务范围包括房地产、高速公路、铁路、电力、金融及高科技等八大行业领域，并在多个领域具有一定的领先优势，实现了资源成功整合及资本有效运作。

8.2.4 多元化的原因

企业进行多元化的原因可以分别从企业的内部因素和企业面临的外部环境进行分析（Hoskisson and Hitt, 1990）。内部因素主要包括企业管理者的个人原因和企业现有的资源状况；外部环境主要包括产业环境、市场环境和制度环境等。现有研究对于多元化原因的讨论已相对深入，相关理论较为成熟，综合国内外学者研究，可将多元化的原因归结为以下几点：

（1）**资源富余**。对于任何一家企业而言，其外部环境的竞争局势与内部过剩的潜力构成企业进行多元化经营的前提和动力。当企业面临的外部环境表现出产品同质化加剧、产品生命周期缩短、市场竞争愈发激烈、市场需求难以预测等情况时，如果继续从事单一业务，则企业会面临较大的发展压力和较高的市场风险。此时，如果企业自身拥有较为雄厚的现金流和较强的盈利能力等，则管理层将倾向于采取多元化战略扩展企业规模、扩大市场份额、获取更大的竞争优势，从而实现现有资源的利用与新资源开发之间的平衡

（Wernerfelt，1984）。

（2）防御假说。每一个行业都有自己的生命周期，一般包括培育期、成长期、成熟期和衰退期四个阶段。企业出于对行业生命周期的考虑，往往会以预先防御的心态采取多元化战略。也就是说，当企业原来经营的行业进入成熟或衰退期时，随之而来的是企业销售额和利润率的停滞甚至下降。多数具有长远发展目标的企业为了避免经营的衰退、保持稳定发展，并进一步提高企业价值，会努力探寻不同的行业领域，寻找适合企业未来发展的新的增长点，采取多元化战略，尝试进入新的产业，不断拓宽经营范围，从而应对未来产品市场的不确定性。

（3）CEO过度自信。目前，多数公司通过规范的公司治理实现了所有权与控制权的分离，然而，CEO作为掌握着公司决策权的最高领导者，往往表现出有限理性。对于一些过度自信的CEO，常常会出于自身原因而造成投资决策的扭曲，某些非理性的多元化投资便是过度自信的一种表现。当企业的内部现金流充裕且缺乏对资本市场和公司治理机制的约束时，过度乐观的CEO会高估其投资项目的净现值（NPV），从而盲目实施多元化战略，最终出现过度投资的现象。

（4）风险分散。根据资产组合理论的观点，企业进行多元化经营既有利于稳定收益又有利于平衡风险。如果企业通过多元化战略拓展的各项业务的现金流彼此不完全相关，则该多元化战略有助于从整体上降低企业风险。也有研究表明，企业进行相关多元化所带来的风险小于非相关多元化，也就是说，相关多元化有助于将企业经营风险最小化（Lubatkin and Chatterjee，1994）。企业的多元化经营对于企业所在生命周期阶段的当期利润起到平滑作用，从而稳定企业的偿债能力和盈利能力，提升企业的竞争能力。

8.3 双元战略

双元并序的战略管理思想秉承了辩证统一的思辨模式，对企业不同类型的创新活动做出了兼顾的战略安排，能够帮助企业获得有效运用不同类型创新活动的能力，获取可持续竞争优势。

8.3.1 双元战略的背景

8.3.1.1 两难困境：改良与革新

全球性竞争和新技术革命迫使企业在动态变化的外部环境中不断进行转型与升级，具有先见的创新型企业在此过程中逐步占领上风。然而，现实中企业创新和变革的过程常常会面临两难决策困境：在利用式创新（Exploitative Innovation）和探索式创新（Exploratory Innovation）之间难以抉择。前者是指开发和利用现有资源和能力来提高运营效率，致力于对现有知识资源、技术手段、管理方式的更新升级；后者是指通过探索与发现新机会来创造可持续竞争优势，与复杂搜寻、基础研究、创新、变异、风险承受有关。因此，在复杂的、动态变化的环境压力下，企业如何有效管理可能互相冲突的创新活动，平衡目标矛盾、获取可持续竞争优势便成为关注的焦点。

在此矛盾性目标的压力下，相互耦合的结果就是企业追求平衡利用与探索两种能力、兼顾改良与革新的**双元战略（Ambidexterity Strategy）**（Tushman and O'Reilly，1997）。双元战略用以描述成功企业如果需要在日益复杂、动态变化的环境中突出重围，则需要同时兼具有效运作当前事业和适应未来变革的双重能力，即企业不仅要了解自身在现阶段的角色，还必须清楚自身在以后的角色，在获得当前市场的认可和利润增长的同时，也必须为以后长期的可持续增长做准备和打基础。

8.3.1.2 互促强化：双元战略必然选择

利用能力和探索能力并不是完全对立竞争的，企业在实施双元战略时还需要意识到它们之间互相促进强化的作用。当企业具备较强的利用能力时，其探索新知识和培育新资源从而进行突破创新的效力也将大幅提高，因为高效利用现有知识和资源的前提是组织已经进行清晰的内部管理与规划，而这种组织内部环境的梳理、定位能帮助管理者敏锐识别市场中的新机会，并加强企业对外部新知识和资源的敏锐度。反过来，高探索能力也同时能够增强企业的利用能力，因为新技能和资源的突破能够长远提升企业效益和获取长期可持续竞争优势，为企业内部资源开发与利用提供了基础，有利于实现现有资源的进一步改善。

8.3.2 双元战略的类型

实施双元战略的三种主要机制包括结构型双元、情境型双元和领导型双元（见图8-2）。

图 8-2 双元战略的三种机制

结构型双元是指企业通过内部组织结构的分离，在不同部门有计划地开展互相独立的利用和探索性活动，即通过专门从事利用式创新的机械式结构和专门从事探索式创新的有机式结构来应对环境变化（He and Wong，2004）。结构型双元的实质是将企业面临的矛盾性任务进行区分与整合。首先，这种结构上的任务区分保证了企业在针对矛盾性需求时能够保持多元化的竞争能力，降低了新旧要素间的冲突；其次，任务的整合又能够帮助企业将这些矛盾性的任务进行有机融合以保证其一致性。

实践链接

海底捞作为一家以火锅餐饮服务为核心，以供应链、咨询和科技服务为支持业务的多元化国际创新企业，董事长兼创始人张勇在经营过程中主动寻求变革，意识到贯穿整个服务流程的、以理念塑造和人情整合为主的管理方式很快就会陷入瓶颈，因此聘请了IBM咨询公司帮助海底捞建立起标准化的管理体系，对原有的师徒制与科层制相结合的结构设置展开组织结构扁平化改革，并分化出了专门负责咨询管理工作的教练组，帮助海底捞构建起商业生态系统的雏形，在日新月异的市场中抓住了进一步扩张的机会。海底捞的管理实践正是结构型双元创新的最佳典范。

情境型双元是指企业通过情境因素（如系统、流程等）的设计，建立一种管理绩效和关系支持的组织情境来影响员工，让员工自行在探索与利用这两类活动中做出选择，从而在整个业务单位内部同时实现协同性（Alignment-oriented，即业务单元活动都为着同一个组织目标而存在）和适应性（Adaptation-oriented，即业务单元活动能够在复杂环境中快速地重构）（Gibson and Birkinshaw，2004）。英国管理学教授查尔斯·汉迪（Charles Handy）在《第二曲线》（*The Second Curve*）中也提出，"第二曲线"（新业务）必须在"第一曲线"（旧业务）到达巅峰（失速点B）之前就开始准备（布局点A），并尽快促进破局成长（起速点C）的实现，只有这样才能有足够的资源（人才、资金、时间等）

承受在第二曲线初步投入期间而导致的下降（见图 8-3）。

图 8-3　基于第二曲线的企业选择

资料来源：汉迪（2017）。

诞生于 1984 年的海尔集团，如今在全球各地拥有 29 个制造基地、8 个综合研发中心、19 个海外贸易公司，成为世界白色家电领导品牌。2013 年起，海尔跟随"互联网+"以及"大数据"时代的脚步进入了战略转型阶段，实现了从基础创新能力到先进创新能力再到最高层次的全面创新能力的全方位提升。管理层十分重视企业在战略转型阶段的组织氛围营造、文化建设与机制转换等工作，在企业内部采用员工学习与研讨、企业参访、文化活动、外部专家宣讲、制度建设等多种方式促进整个企业形成有利于双元能力发展的集体共识与组织情境，并积极帮助员工适应转型各阶段所面临的双元挑战。在此基础上，海尔建立了著名的"日清法"，即员工必须做到当日事当日毕，并通过员工职业培养系统、员工学习与研讨等方式增强员工之间的知识共享和互帮互助氛围，这一方面给员工灌输了敬业、负责的工作态度，另一方面直接提升了企业的整体执行力，帮助海尔在商业模式上成功升级换代，达成创新的新型需求。

领导型双元是指企业领导者能够同时处理探索式创新与利用式创新活动，协调不同组织文化和组织结构，兼具开放型策略与保守型策略，并能在其间灵活转换。双元领导者通常具有以下特征：在战略决策上，同时兼顾控制与保持员工的自主性，激发员工的能动性；在战略执行上，强调高标准和灵活性的统一，满足员工的自主选择；在工作氛围营造上，为下属营造公平的工作氛围，同时允许其个性化发展，帮助个体创新和团队创新同时达到高水平。

联想移动由北京联想集团与厦门华侨电子股份有限公司共同出资成立，主要从事手机研发和产品制造。面对激烈竞争的手机市场，联想移动多次进行了战略转型，高管层为了协调利润目标与创新目标，同时兼顾智能手机和功能手机业务，在组织架构上，将手机业务分为智能手机事业部（探索性产品）和通用手机事业部（利用性产品），力求协调发展。这是组织领导者发挥领导型双元能力的体现，即通过统一调配组织资源，实现智能手机与功能手机共建发展，确保新旧企业能力的融合和平稳过渡，从而使得两个矛盾性业务之间能够相互给予支持，并保证结构上分离的两个业务部门能够在一致的企业目标下协调发展。

8.3.3　化解管理悖论的双元战略实现路径

双元战略是企业构建的一种有效的资源整合范式，这种战略范式有效地将利用式创新和探索式创新的资源进行协同管理、匹配与平衡，从而避免"现有能力陈旧过时"和"创新两难困境"

的难题。其中，双元思想将企业解决管理悖论的思路从传统的"非此即彼"转向了"亦此亦彼"，认为企业可以同时追求看似矛盾的目标，利用张力从中获得持续的竞争优势。在稀缺的组织资源面前，平衡机制是双元型组织建构和设计的难点，也是实现双元战略的关键所在。

"万物负阴而抱阳，冲气以为和"讲究的是阴阳互动，互动才能达到和谐。同样，以实现利用和探索能力培养为目标的结构型双元、情境型双元和领导型双元三者之间必然是相互流通、交互存在的。结构型双元通过建立不同组织结构的方式来处理当前企业面临的矛盾性任务，情境型双元通过情境工具来满足组织双元需求，领导型双元则通过领导特质来帮助企业构建双元能力，即三者分别从空间分离、情境设计和双元领导三个层面进行双元战略的实施。

首先，企业可以基于组织结构设计的方式在不同事业部内实施不同类型的创新，如把利用式创新和探索式创新放入不同的内部业务单元中。但需要注意的是，组织结构本身并不具有双元特质，只有当组织结构的设计能实现任务分离和整合的功能时，才能为双元战略的实现提供组织架构上的准备。结构型双元的实现路径通常有两种（见图8-4）：一方面是对组织结构进行严格意义上的分离处理，又被称为结构分离，即在同一组织内部有专门进行利用式创新和探索式创新的部门，它们分别在独立的管理制度下运营。此时，管理成本和人力成本都将有所增加。另一方面是组织结构主观上的灵活处理（又被称为平行处理），即组织仍然由原来的部门构成，但这些部门会完成不同时期下的改良或革新任务。这对员工能力要求较高，需要员工不断在改良或革新任务中切换和移动。

其次，企业可以基于组织情境，在整个组织内部设计同时兼顾业务单元协同性和适应性的情境因素。情境型双元可以从两个层面进行构

图8-4 结构型双元的实现路径

建（见图8-5）：一是从硬环境入手。硬环境主要是指企业绩效系统和工作流程。例如，通过流程改进，引导并激励员工主动承担创新性任务，公平考核员工业绩，构建动态能力以应对环境变化。二是从软环境入手，即构建支持与信任的工作氛围。例如，建立完善的员工职业培养系统，鼓励员工之间的知识共享和互帮互助，实现在企业共同愿景下员工间的高效协同，实现企业可持续竞争力的创新。

硬环境	● 企业绩效系统和工作流程的改进
软环境	● 支持与信任工作氛围的构建

图8-5 情境型双元的实现路径

最后，企业高管团队可以运用对不同文化和结构的协调能力，权衡短期效率和长期适应性之间的冲突，不断调整其领导风格，使不同类型的领导者匹配与其相适应的管理活动。高管团队作为企业战略的制定者，激活组织双元能力的前提是领导者自身是双元型领导。这类领导者不仅仅是变革型领导和交易型领导的简单相加，更是两者的有机结合；不仅能够进行突破式创新，还能够进行改良优化，并且在认知和行为上都有对冲突进行管理的能力。

综上所述，我们可以概括出企业双元战略的实施路径，如图8-6所示。

在管理领域中存在许多悖论，如战略模式的深思熟虑（Deliberate）与即兴（Emergent）、变革型与交易型领导、效率与柔性、渐进与突变、

图 8-6　企业双元战略的实施路径

合作与冲突、利用与探索、协同与适应、老事业与新事业、大规模与小规模、低成本与差异化、全球化与本土化、集权与分权、短期与长期等，企业必须在看似悖论的两难困境中进行最优化选择。由于资源的稀缺性，同时进行利用和探索活动可能导致投入与产出不配比的非经济行为，无形中为企业戴上了一个"镣铐"。双元战略的意义在于，它为企业构建可持续竞争优势和扩大运营规模提供了可以实施的路径。

8.4　复合战略

复合战略是指企业通过对自身所拥有的或外部可购买的资源与能力进行创新、整合，提供具有复合功能特征的产品或服务，用复合竞争的手段获取、创造出独特的竞争优势或发展路径。复合战略与传统战略理论在思维模式上的最大区别在于，它更加强调对已有产品特征、竞争手段和能力的独创性集成、整合，其常见的结果特征是高性价比、快速的市场响应、规模和范围经济效应。

8.4.1　复合战略的背景

尽管以中国企业为代表的新兴市场国家的企业存在明显的不足，如缺乏核心技术、品牌知名度和美誉度、产品创新能力等，但是它们也具有显著的优势，如成本优势、渠道优势等。通过巧妙地运用这些优势，上述国家的企业不仅在中低端市场取得了快速的发展，而且开始逐步克服自身的缺点，向中高端市场和发达国家市场进军。在此过程中，出现了格兰仕的微波炉、振华港机的港口机械、中集集团的集装箱制造等能够与西方跨国公司抗衡的诸多明星企业。按照传统的战略理论，以中集集团、振华港机等为代表的中国本土制造业企业在核心竞争力方面，如核心科技、品牌忠诚、卓越的服务以及组织的全球化运营经验等表现并不突出，但是它们却以惊人的速度超越了那些在核心竞争力方面表现更为突出的西方竞争对手，赢得了以大规模市场为代表的顾客和消费者的认可。它们不断利用已有的优势去撬动、整合新的资源和能力，甚至在低成本的基础上开展"以成本为出发点的企业创新"。复合战略之所以特别适用于新兴市场国家的企业，与这些国家的宏观环境所具有的特征是分不开的，主要包括经济特征、市场特征和技术特征三个方面。

经济特征方面，在新兴市场经济的快速发展中涌现了大量的市场机遇。原本不具有太多资源、能力优势的企业在面临机遇窗口时，大胆抓住机遇，运用自身仅有的优势，通过社会网络资源谋求外部支持，加快发展以弥补自身的不足。因此，它们产生了更加强烈的内外部复合的需求。随着全球化分工的深入，大量发达国家企业将生产转移到新兴市场国家，这一趋势催生了大量本地的合资企业，更重要的，合资企业知识的外溢帮助了那些原本并不具有技术和管理优势的本地企业更快地发展。打破企业原有的边界、充分利用外部机遇发展组织内部的资源与能力变得可行。

市场特征方面，新兴市场庞大的中低端消费群体，为企业采用复合的视角，选择"居中定位"，提供了稳定的市场基础。加上企业本身就具有的低成本特征，在以"模仿式创新"为代表的模式下，快速、低成本地提供既具有成本优势又兼有差异化优势的产品成为切实可行的选择。

技术特征方面，外包与分包、模块化和信息技术的发展，使得企业能够在面向广大中低端市场时取得局部的复合优势。企业原有的价值链可以在这样的趋势下进行重新调整，简单提供一个部件或仅提供组装也可以具有局部的竞争优势。而这样的分工又促进了企业和企业之间的合作与相互学习。复合优势不但体现在单个企业中，而且通过企业网络体现在各企业之间的协同上。

8.4.2 复合战略的特点

首先，复合战略关注的是只有普通资源的普通企业如何生存与发展。以往的战略管理理论一直认为，组织的核心能力是其在竞争中获得竞争优势的来源，而竞争优势直接带来了组织绩效的卓越表现。核心能力必须满足有价值、稀缺、难以模仿及不可替代这四个必要条件。资源基础观强调的是企业的资源或能力是异质的，这些重要的资源或能力是无法流动的。显而易见，无论是短期还是长期，可持续竞争优势的来源都被认为是核心能力。然而，上述核心能力将直接带来竞争优势的观点是值得怀疑的。现代企业组织首先是一系列资源和能力的集合，而上述集合将综合地对企业的经营管理发生作用，简单拥有单一的核心能力并不能弥补其他能力的不足。例如，研发优秀的企业如果缺乏营销能力，则生产的产品很可能不符合顾客的真实需求；而具备卓越的人力资源管理能力也不见得可以在渠道构建上领先于竞争对手。从长期竞争优势来看，外部环境变化的速度越来越快，尤其是技术的发展和溢出效应导致企业保持其核心能力变得愈发困难或是日渐昂贵。前述只关注核心能力而不注重对核心能力如何相互协调、应用及与其他内外部资源整合和集成、促进的观点，在管理实践中变得越来越"力不从心"。为此，复合战略关注的重点不是组织在拥有的资源或能力的表象方面多么与众不同，而是更加强调这些资源和能力通过何种方式对组织竞争优势带来贡献。拥有复合能力的企业，与竞争对手相比会体现出较弱的核心能力但较快的整合速度、更高的生产效率以及市场上更优的产品综合性价比，而后者显然更加有利于组织在市场中的发展。

其次，复合战略是对现有战略管理理论的发展与延伸。复合战略更加注重现有内外部资源甚至普通资源的创造性整合利用，它所揭示的是那些看似普通或只具备一定普通能力的企业怎样通过结合、复合、整合的手段将普通资源产生出不普通的绩效效果。因此它是对主流战略管理理论的重要拓展与延伸。复合战略与资源基础观是不同的。自从 Wernerfelt（1984）提出资源基础观概念以来，企业所拥有的资源能够带来竞争优势成为战略管理研究领域学者的共识。差异化的资源被认为能够成为核心竞争力的重要来源，从而带来企业的卓越绩效。从更加宽泛的资源定义来看，一切资产、能力、组织过程、企业付出的努力以及所拥有的信息、知识等，都能够促使企业改进效率和效力，从而实现既定的战略目标。但是，对于哪些资源可以带来何种竞争优势、资源与竞争优势间作用的过程等，依然是值得研究的"黑箱"。

复合战略并不否认资源尤其是核心能力对企业竞争优势的贡献，但更加重视对资源的特征、构建逻辑以及由此对企业业务战略选择影响的探讨，因而并不是对资源基础观下简单的资源或能力的合并或加总。

在资源的特征方面，资源基础观强调企业拥有的资源必须具备有价值、稀缺、难以模仿、不可替代的特征，并认为上述资源是企业获得持续竞争优势的来源；资源是异质的，也是无法流动的。而复合战略则认为，普通的甚至外部可以购买到的资源，通过创造性地复合，一样能够为企业，尤其是那些缺乏所谓"核心资源"的"普通"企业带来竞争优势。

在资源的构建逻辑方面，资源基础观认为，应通过组织内部的创新、独特的创新型文化、并购、公司治理结构的完善和高层团队的介入，来构建符合前述标准的组织资源。而复合战略则更加强调资源构建的内生性和外生性相结合，即通过模仿式创新、标杆企业定点超越等内生方式获得有机成长，同时注重通过外部购买、企业并购、合作共享等外生途径快速超越，而不必拘泥于企业自身的、缓慢的或渐进的内部积累。复合战略主张以系统的观点剖析内在的逻辑，并有序地、动态地逐步构建能力与资源的集合体。例如，对于那些发展中国家的企业和那些中小型企业而言，它们无论是在规模还是在能力方面都处于相对劣势，然而，在较短的时间内发现最迫切需要构建的能力或资源，并且通过已有的少量资源集中力量进行个别能力的突破，在取得能力突破的基础上再进一步构建其他能够撬动的相关能力，这个过程既是能力的构建过程，更是企业超越对手的成长过程。因此，复合战略为它们提供了一条新的发展思路。它们不必去遵循大型企业和那些实力强劲的跨国公司走过的同样道路，而是可以在厘清内在能力构建逻辑的基础上，通过外生性和内生性的资源结合构建组合能力，从而获得超越竞争对手的发展速度。强调对现有内部资源与可获得的外部资源独创性地整合，使得企业既能更快地应对市场、掌握机会，又能减轻现有内部资源相对缺乏或普通的压力，从而独创性地整合（或集成）而形成了自身独特的、持久的组合能力。

8.4.3 复合战略的实施方式

复合战略的实施方式包括复合式提供、复合式竞争和复合式能力三个方面。其中复合式提供是载体，复合式竞争是手段，而复合式能力是动力。

8.4.3.1 实施载体：复合式提供

复合式提供（Compositional Offering）是指企业为最大化满足目标顾客群体的延伸式、复合式需求而提供的具有更多整合功能、特征的产品或服务价值。这一策略之所以有效，是因为与那些单一的产品或服务相比，复合式的产品与服务组合能够在相对较低的成本的基础上为顾客提供多样化的产品、服务和价值（尤其是方便性、快捷性）。在表现形式上，复合式的产品与服务组合既可以体现为单一产品的更多性能组合，又可以体现为多种产品规格对不同目标市场的全面覆盖，还可以体现为融合多种产品与服务组合的解决方案提供。"一站式购物""一路式体验""全面解决方案"或"无缝式整体解决方案"实质上都是复合式提供的表现形式。

当然，复合式的产品与服务组合并非简单的产品多元化，而是在对顾客综合需求进行充分研究的基础上，通过内部流程再造或产品功能再组合，为目标顾客群体提供更加丰富的产品与服务选择，以及更加便捷的整体体验或一站式全面解决方案，从而提高顾客的满意度和忠诚度，进而获取竞争优势。星巴克在中国用了短短 13 年时间就开设了 900 多家门店，中国成为其仅次于美国的全球第二大市场，这和公司提供的复合式服务组合有着密切的关系。在星巴克的门店里，它们不仅提供咖啡，还根据中国消费者的需求提供茶饮料、小食品、无线上网、舒适的座椅、悠闲的音乐等，从而为顾客提供了一个交流、上网、休息、学习甚至办公的舒适环境，成为继家和办公室以外的"第三空间"。

在以传统生产外包（Original Equipment Manufacturer, OEM）为主要经营方式的企业中，开始出现融合了 OEM、设计外包（Original Design

Manufacturer，ODM）和品牌外包（Original Brand Manufacturer，OBM）多种业务提供形式的企业。这实际上也是一种复合式提供。越来越多的中国制造业企业在帮助外资品牌代工的同时，开始推出自主研发和自主品牌的产品，如运动用品行业的特步、安踏、匹克，家电行业的格兰仕，电子信息行业的联想、华为等。发展中国家的制造业企业长期以来集中于简单加工和生产外包，导致长期位于全球价值链的低端，处于竞争的弱势地位。然而，企业自主品牌的建设需要强大的固定资产、人力资本、社会资本及动态能力作为基础。因此，从OEM出发，循序渐进地采用ODM和OBM复合的方式，构建发展中国家企业品牌的渐进化提升之路是切实可行的。

复合式提供可以帮助企业既能够获得ODM和OBM所带来的高收益，又能够兼具OEM的成本领先优势。更重要的是，在兼具多种生产组织形式的过程中，企业能够通过与外部组织的充分交流，获得自身并不具备的资源和能力，逐步学习，构建长期竞争优势。华硕是一家来自我国台湾地区的主板生产企业。在企业发展过程中，除了作为全球最大的电脑主板OEM生产商，也逐步进入PC市场。与行业领先者惠普或联想相比，华硕显然在技术水平、渠道控制和品牌上都不具有优势。但是，通过聚焦中低端市场、不断降低成本，尤其是不断推出具有华硕特色的个性化产品，公司成为PC行业中的一匹黑马。

综上所述，复合式提供可以有三种不同的表现类型：第一种是单一产品多种性能的提升与整合。如智能手机作为单一产品却复合了以往手机、电脑、MP3、照相机、传真机等多种设备所具有的各类功能。第二种是提供多种产品规格，以满足目标顾客群体的延伸需求。如京东为顾客提供几乎各类能够在线下买到的商品；苹果商店以移动终端为接口，为顾客提供包括软件、音乐、游戏、学习课件等在内的各类服务等。第三种是在业务提供方式上进行复合，OEM、OBM和ODM几种方式相互兼顾，实现资源共享或整合。

8.4.3.2 实施手段：复合式竞争

复合式竞争（Compositional Competition）是指企业采用组合式的竞争手段并将这些手段有效地整合在价值创造中，实现比竞争对手更高的性价比。通常，企业在竞争中会有一定的战略侧重，如低成本、产品创新、个性化的设计与界面、增加售后服务、技术升级、塑造卓越的品牌等。复合式竞争的企业更加关注通过对上述竞争战略的组合提供相较于竞争对手更高综合性价比的产品或服务。对国内许多中小企业而言，将质量、人才、研发、品牌或市场响应等方面分开来看，它们不具备优势，甚至是它们的弱项，而低成本或价格优势又不能持久使用，但复合式地将上述竞争战略有效组合使用，却能够为它们带来独特的竞争优势，至少是暂时性竞争优势，高性价比的产品或服务即是其典型的结果特征。

波特曾经提出过三种经典的竞争战略，即成本领先、差异化和战略聚焦。然而，这种倾向于分类与分析的西方思维在面对中国等发展中国家的具体情境时却又显得过于简单和教条。东方思维更加倾向于整合和平衡。当面对矛盾的选择时，西方思维典型的解决方案是选择一种答案、放弃或逃避其他的可能，而东方思维则更加愿意从整体性的角度采用折中或兼得的方案。近年来，无论是强调二者兼得的双元战略、立足于发展中国家企业战略创新的低成本创新思想，还是悖论整合、竞合超越等思想，都是希望能够将两种或两种以上的战略进行复合，以达到整体竞争优势的提升。

在企业实践中，对于发展中国家而言，尤其是像中国这样的劳动力资源充裕但技术相对落后的国家，选择差异化战略缺乏必要的技术、品牌和组织基础，选择战略聚焦又往往不能与庞大的中低端市场基础相适应，所以，以成本优势为基础、结合其他竞争手段的复合式战略就成为特别适合的选择。当这些企业具有了成本优势、速度优势、战略柔性及将之复合在一起的技能，就有可能在单一的价格、功能设计、产品质量、售后服务等方面进行整体性的设计。可能它们在上述方面都不是最杰出的，但是将上述竞争要素组合在一起，尤其是充分利用外部市场的有效资源，它们往往可以取得比单一战略竞争对手更高的综合性价比、更快的发展速度以及更高的顾客满意度。

华为作为世界级的通信设备企业，其创始人任正非倡导灰度思维（悖论整合的思想）：在产品创新方面，强调兼顾优化（Exploitation）和新产品研发（Exploration），而且要围绕提高核心竞争力的目标；在面对低成本和差异化的选择时，强调有质量的低成本；在面对产权与利益分配时，通过员工股份制来寻找合二为一的利益平衡点；等等。因此，任正非自己认为，华为成功的基因就是在坚持原则和方向的前提下，将矛盾双方创造性地加以平衡和融合，从而形成对立中的统一、动态中的平衡、有原则的妥协，在复合式竞争的战略选择下，形成局部或整体的竞争优势。

8.4.3.3 实施动力：复合式能力

复合式提供和复合式竞争的支撑基础是复合式能力。**复合式能力（Compositional Capability）**是指企业能够整合、协同来自其内部和外部的、现有的有形或无形资源的独特能力。

新兴市场企业的模仿式创新能力就是一种复合式能力。这种能力以模仿为起点，通过对外部资源和能力的模仿，以创新的方式构建企业自身竞争战略，从而取得竞争优势和领先的企业绩效。将模仿、创造与创新复合在一起，发展基于复合战略的竞争优势可以帮助那些单纯依赖低成本的中国企业循序渐进地发展。模仿，不是单纯的抄袭，而是有选择地将行业领先企业先进的技术、设计、产品功能、服务方式、流程、系统等应用于自身的经营管理，通过对上述要素创造性地复合，取得超越对手的竞争优势。例如，中集集团作为在干货集装箱领域全球市场份额第一的企业，在发展初期，规模小、产品质量不高，也缺乏足够的研发能力，但是通过与日本大公司的OEM合作过程，逐步掌握了集装箱的生产技术，在此基础上发展自有品牌，然后通过购买专利等方式发展自身的研发能力，最终成为全球集装箱生产的领导者。

复合式能力的另外一种形式是对企业家能力、商业模式、网络资源和组织适应性的复合。新兴市场企业相对较晚进入市场，同时规模不大，通常具有较高的创业导向，对外部机会具有极强的敏感性，在广泛的外部关系网络基础上，能够取得显著的学习优势，在庞大的中低端市场需求支持下取得快速的发展。

还有一种复合式能力体现在对产品创新、过程创新和管理创新的复合上。这种能力相较于前两种是更加高阶的，并且对发展中国家和发达国家的企业具有同样的重要性。如中国汽车行业的上汽、吉利、奇瑞、比亚迪等企业，它们通过组建合资企业从合作伙伴那里学到了生产管理和产品创新（如上汽分别与大众、通用合资），通过并购从被收购企业那里获得了研发能力和品牌管理能力（如吉利并购沃尔沃），与供应商的合作掌握了设计能力（如奇瑞与意大利几家汽车设计企业的外包合作），还在境外投资者的帮助下从零部件供应商成长为整车生产企业（如比亚迪从电池行业拓展到整车生产）。上述企业在不断的发展实践中，不但善于通过各类外部渠道获得相应能力，而且能够同时结合中国的企业实践积累大量本地化的管理创新经验，掌握了在中国情境下如何去组织、领导、协调和激励的系统化管理方法。

复合式提供、复合式竞争和复合式能力是复合战略的三个重要组成部分，以复合式能力为动力，构建复合式提供，通过复合式竞争超越竞争对手，三者相辅相成、相互促进、缺一不可（见图8-7）。

图8-7 复合战略的实施方式

资料来源：陆亚东和孙金云（2013）。

8.4.4 复合战略的保障机制

复合战略的保障机制包括领导力视野、企业家精神、市场熟悉程度与快速响应、竞合共生网络和结构柔性。

8.4.4.1 领导力视野（Vision of Leaders）

具有东方哲学思维的领导者能够具有更加长远的战略眼光，平和地看待周围的利益相关者以及可供企业发展的外部资源；在面对竞争对手的进攻时，不是一味地选择直接对抗，而是另辟蹊径，不在局部战场消耗力量。例如，海底捞在其他餐饮企业纷纷关注食品本身的质量和价格时，在双元能力的促进下，不断提升企业的服务敏捷性，得到了消费者的好评。领导力视野体现在时间和空间两个维度上。从时间的维度来看，领导者要能更加长远地看待企业战略发展，循序渐进地培养企业资源与能力；从空间的维度来看，领导者要能更大范围地整合、协调内外部资源，不拘泥于局部的竞争格局。因此，领导力视野的提升将能够有效提升组织的复合式能力。

8.4.4.2 企业家精神（Entrepreneurship）

企业家精神对于组织的生存和发展起着至关重要的作用。对于不同规模的企业，都可以通过"创造性破坏"改变现状来适应外部环境的变化。按照渐进到激进的趋势，可以把企业家精神划分为渐进式公司企业家精神和激进式公司企业家精神。

由于新兴市场企业相对进入市场较晚，并且规模也不大，所以利用式学习对于该类企业更加适用，它们可以借助渐进式公司的企业家精神，广泛接触外部关系网络，通过对标标杆、反向工程等技巧，向其他企业学习，而这些学习的内容可能并不系统，但会涉及企业创新发展中的产品创新、过程创新、管理创新、服务创新等各个方面。如腾讯即是通过在各产品线上的对标、学习、赶超，从一家即时通信软件企业成长为中国最大的互联网公司之一。

而激进式公司企业家精神所提升的探索式学习，无论是对于发达国家企业还是对于新兴市场企业，都显得十分有效。那些极富冒险精神、创新性和竞争主动性的激进式企业家，他们通过外部广泛的网络基础，敏锐地觉察到市场中的机遇和空间，领先于竞争对手，提前布局，大胆投入。虽然这样的行动具有较大的风险，但从中产生出一批成功的科技创新型企业。

8.4.4.3 市场熟悉程度与快速响应（Market Acquaintance and Quick-response）

企业对市场的熟悉程度以及对市场变化的快速响应，能够提高决策的准确性，在竞争中抢占先机。判断企业对市场的熟悉程度可以根据以下四个测量标准，包括：①交通信息便利程度，即从企业所处地理环境来分析企业获得市场信息的能力；②企业自身积累性学识，用以判断企业对外部信息和变化的分析处理能力；③利益相关者联系频率，即企业与外部的供应商、顾客、政府机构、中介结构、社区乃至竞争对手联系的频率，联系越密切，企业快速响应的可能性越大；④销售网络健全程度，用以反映企业获取市场信息、了解外部市场并积极参与市场竞争的能力。如果说市场熟悉程度代表了企业获得外部信息的效力，那么快速响应则代表了企业处理信息的效率。大量的信息通过快速响应机制得到有效、及时的反馈，能够提高企业的竞争主动性。快速响应可以通过分散决策、系统预案、外部合作和信息系统集成来实现。新兴市场具有平民化、大规模、分散化和成长速度快等特征。在此背景下，组织对市场的熟悉程度越高，响应速度越快，则越有利于参与竞争。

8.4.4.4 竞合共生网络（Cooperation Relationship in Business Network）

全球性经济衰退加速了中国产能过剩的步伐，无论是国有企业还是私营经济，除极个别具有垄断性质的行业外，都出现了供大于求的窘境。在此背景下，那些规模上占优的国有企业与规模相对较弱的中小企业之间开始出现相互合作、相互学习以及产权上相互渗透的局面。以大型骨干企业为核心，协同一大批周边的中小企业为形态的企业生态网络开始出现。企业和企业之间的关系也从更多的竞争过渡到更加强调合作的"竞合共生"阶段。在这样的竞合共生网络中，不同规模、不同资本来源的企业，开始主动或被动地扮演着网络内的不同角色。网络内资源与信息的分享，网络内成员的学习，网络内竞合规则与秩序的形成，以及网络内争议的解决机制等，开始逐步明晰。显而易见，企业在竞合共生网络内，由于面对更加复杂的竞合格局，能够接触到更丰富的信息，更加容易在某一专业分工的环节形成自己的专有知识乃至核心竞争力。

8.4.4.5 结构柔性（Nimble Structure）

柔性体现为组织的一种潜能或能力，是由组织内在的可支配资源和运用这些资源的能力共同决定的，它包括资源柔性和协调柔性两个方面。开展合作学习有利于同时提高企业的资源柔性和能力柔性，而较强的能力柔性对企业进行激进式创新和渐进式创新都是有利的。结构柔性在具体的表现形式上可以体现为组织结构的扁平化、分散授权以及跨部门的协调或临时组织。这样的组织形式对于企业整合其企业家能力、商业模式、网络资源是十分有帮助的。

8.5 公司层战略与业务层战略的协同

8.5.1 环境构成

根据协同演化理论，企业和环境之间呈现出动态的互动关系。这种互动关系表现为：环境对企业的战略决策产生影响，企业战略的制定要与产业环境和宏观经济环境变化相适应；企业与环境中的其他因素进行互动，从而能动地影响环境。

基于协同演化理论，将公司层战略与业务层战略的互动环境分为外环境和内环境。外环境由企业所处的宏观经济环境以及具体部门所处的中观层面的产业环境构成；内环境则指企业总部与具体业务部门之间的环境。公司层战略对业务层战略产生影响，是影响业务层战略的环境因素之一。业务层战略的制定与实施需统一于企业整体目标与总体战略，基于顾客需求，实施具体经营战略。反过来，由于业务部门有机会接触产品市场，掌握用户需求、竞争者状况、行业标准及技术革新情况，这些信息对公司层战略的制定提供了重要的支撑作用，因此业务层战略又对公司层战略环境产生影响。公司层战略与业务层战略相互依赖、相互反馈，共同构成互动内环境。

8.5.2 互动特征

公司层战略与业务层战略相互依赖和互动，主要表现为以下五个特征：

（1）多向因果。公司层战略与业务层战略之间的互动关系是多向因果的动态关系。业务层战略的演化可能是受与业务直接相关的产业环境的直接影响，也可能是受公司层战略的限制与约束的间接影响。而公司层战略的演化可能是受外部宏观环境的直接影响，也可能是受业务层战略改进革新的间接反馈作用。公司层战略与业务层战略的互动是相互依赖、因果循环、递归反馈的。

（2）多层次性。公司层战略与业务层战略的互动，既包括企业集团内部的微观协同演化，又包括与外部环境的宏观协同演化，并且这些层次的演化是交互嵌套、难以区分的。

（3）非线性。公司层战略与业务层战略的互动过程由一系列连续的回馈路径构成，战略之间复杂的交互影响使其无法简约呈线性关系，因此具有非线性特征。

（4）有机性。公司层战略与业务层战略间的互动是柔性、响应性，而不是计划性、引致性的，不是自上而下的计划与控制，而更多的是自下而上、灵活适应任何一种战略变化的有机调适。

（5）正反馈。任何一种战略对另一种战略的影响必定会回馈导致自身发生变化。公司层战略本身既是战略，又是影响业务层战略环境的一个重要构成。反过来，业务层战略也同样适用这个命题。所以，公司层战略能够系统地影响业务层战略所处的环境，而业务层战略反过来也会作用于公司层战略，两者的演化轨迹是相互缠绕在一起的。

8.5.3 关键因素

外部环境选择与内部主动适应性是公司层战略制定的关键因素。由于企业高层管理部门是制定公司层战略的关键部门，因此该部门的行动直接对公司层战略产生影响。一方面，高管团队需要对外部宏观环境、技术革新、制度要素变化等具有清晰、准确的认知与分析，这是公司层战略形成的重要前提。另一方面，面对外部环境变化，企业高管团队要能够做出及时的反应、制定适当的对策，这是公司层战略制定的关键因素。高层管理部门的组织结构、成员个性特点及决策偏好等要素特征都会对公司层战略决策产生影响。

业务层战略的关键因素包括顾客需求、技术创新需求、资源投入需求、业务发展态势、盈利模式等。这是由业务层战略在企业整体战略体系中的地位决定的，具体来说，业务层战略必须与企业整体战略目标与经营计划保持协同一致，在此基础上结合所处产业环境的市场趋势、技术革新、竞争程度等，以及业务部门的优势资源与竞争地位，最终形成业务层战略。

8.5.4 协同机制

通过对公司层战略与业务层战略的互动环境及关键因素的分析，本节构建公司层战略与业务层战略的协同框架，如图8-8所示。从图中可以看出，公司层战略与业务层战略的协同互动过程表现出复杂性和非线性，包括两条主要互动路径：一是从公司层战略到业务层战略的自上而下的互动路径，这一过程中传递的信息包括企业的战略目标、资源配置、业务增减、区位选择变化、组织变革等战略要素，传递信息的方式包括财务预算、正式与非正式沟通等。二是从业务层战略到公司层战略的自下而上的互动路径，这一过程中传递的信息来自业务部门对外部产业环境的感知和内部资源状况的分析，内容包括顾客需求、技术创新需求、盈利模式、资源投入需求及业务发展态势等战略要素，传递信息的方式包括业绩反馈、经营策略等，最终为企业整体战略决策提供参考，推动企业战略的改革与创新。

图8-8 公司层战略与业务层战略协同机制

资料来源：根据余菲菲和张阳（2008）改编。

案例阅读

海底捞的公司层战略

海底捞创办于1994年，是一家从中国四川简阳发展起来的火锅企业。公司在张勇董事长确立的服务差异化战略的指导下，坚持"服务至上、顾客至上"的理念，以创新为核心，改变传统的标准化、单一化的服务，提倡个性化的特色服务，将用心服务作为基本经营理念，致力于为顾客提供"贴心、温心、舒心"的服务；在管理上，倡导"双手改变命运"的价值观，为员工创建公平、公正的工作环境，实施人性化和亲情化的管理模式，提升员工价值。

服务创造价值

海底捞虽然是一家火锅店，但是它最突出的特色不是餐饮，而是服务。如果是在吃饭时间，几乎每家门店都是一样的情形：等位区里人声鼎沸，等待的人数几乎与就餐的相同。等待，原本是一个痛苦的过程，海底捞却把这变成了一种愉悦：手持号码等待就餐的客人一边观望屏幕上打出的座位信息，一边接过免费的水果、饮料、零食；如果是一大帮朋友在等待，服务员还会主动送上扑克牌、跳棋之类的桌面游戏供大家打发时间；或者趁等位的时间到餐厅上网区浏览网页；还可以来个免费的美甲、擦皮鞋。待客人坐定点餐时，围裙、热毛巾已经一一奉送到眼前了。服务员还会细心地为长发的女士递上皮筋和发夹，以免头发垂落到食物里；戴眼镜的客人则会得到擦镜布，以免热气模糊镜片；服务员看到你把手机放在台面上，会不声不响地拿来小塑料袋装好，以防油污……就餐过程中客人也会享受到细心的服务：如果你点的菜太多，则服务员会善意地提醒你已经够吃；随行的人数较少，则他们还会建议你点半份。餐后，服务员马上送上口香糖，一路上所有服务员都会向你微笑道别……这就是海底捞的粉丝们所享受的"花便宜的钱买到星级服务"的全过程。

信任与平等

作为公司的创始人，张勇在极力推行一种信任、平等的价值观。比如，海底捞一些门店发现酒水的管理不够完善，晚上盘点时发现时多时少。有人提议，应该加大对相关员工的惩罚力度。高管觉得，这事可能是客人要酒而服务员太忙给忘了，后来客人再要时，服务员为了避免客人不满，就来不及在系统里下单，直接从吧台提酒了。如果不问原因，一律加大惩罚力度，那么员工就会简单地为了不被惩罚而照章办事、让客人等着。"不要因为这点小事情把员工的积极性给挫伤了，一个员工的积极性比一瓶五粮液值钱多了！"高管层相信这种事大多是员工偶然疏忽造成的。最后确定的处理办法还是具体事情要具体分析。基于一切以为顾客服务为重和对员工的信任，海底捞给一线服务员的授权很大，包括可以为顾客免单的权力。每个员工都有一张卡，员工在店里的所有服务行为都需要刷卡以记录在案。这种信任，一旦发现被滥用，则不会再有第二次机会。

鼓励每位基层员工参与创新，是海底捞信任、平等的价值观里的重要组成部分。公司总经理办公会为此专门发了文件，员工提出的每项创新建议都会有专门的记录和片区经理的意见及总经理的评价。这项工作中诞生的诸如"鱼滑""虾滑"等专门的制作模具，被公司广泛推广。此外，对于创新，公司还设有专门的经济奖励。

"双手改变命运"

"双手改变命运"是海底捞的一个核心价值观。在创业初期，创始人张勇发现，餐饮是一个完全竞争的行业，消费者体验至关重要，而顾客满意度是由员工来保证和实现的；海底捞的大多数员工来自农村、学历也不高，但他们一样渴望得到一份有前途的工作，希望和城市居民一样舒适且体面地生活，他们愿意为追逐梦想而努力，用双手改变命运。因此，在四川小县城出身、具有平等意识和自认为"比较善"的创始人张勇，在海底捞确立了"双手改变命运"的核心理念。他想传达的是，只要遵循勤奋、敬业、诚信的信条，员工用自己的双手是可以改变一些东西的。在创始人张勇看来，通过海底捞这个平台，是能够帮助他们去实现这个梦想的。只要个人肯努力，学历、背景都不是问题，他们身边榜样的今天，就是他们的未来。因此，只要海底捞的员工接受这个理念，并且有良好的待遇，同时也能体会到信任和平等，就会认可企业，就会发自内心地对顾客付出。

人力资源管理

海底捞的员工基本来自农村，很少有大学毕业生等高学历的人才。公司很少从社会招聘，大部分是现有员工介绍来的亲戚朋友。海底捞为员工租住的房子全部是正式住宅小区的两、三居室，且都会配备空调；规定从小区步行到工作地点不能超过20分钟；还有专人负责保洁、为员工拆洗床单；公寓还配备了可以上网的电脑；如果员工是夫妻，则考虑给单独房间……因此，员工的住宿费用往往比其他餐饮企业高出不少。

为了激励员工的工作积极性，公司每个月会给门店经理、店长以上干部及优秀员工的父母寄几百元钱，这些居住在农村的老人大多没有养老保险，这笔钱就相当于给他们发保险了，他们因此也会一再叮嘱自己的孩子在海底捞好好干。此外，公司出资千万元在四川简阳建了一所寄宿学校，让员工的孩子免费上学。公司还设立了专项基金，每年会拨100万元用于治疗员工和直系亲属的重大疾病。虽然这样的福利和员工激励制度让海底捞的利润缩水，但领导人觉得这些钱花得值当。

加入海底捞的员工，流动率在头三个月以内会比较高，三个月到一年之间有所降低，等过了一年就比较稳定，能做到门店经理就非常稳定了。海底捞员工的薪酬水平在行业内属于中端偏上，但有很完善的晋升机制，层层提拔，这才是最吸引他们的。绝大多数管理人员包括店长、经理都是从内部提拔上来的。从一线员工到管理层，海底捞在内部设立了非常多的岗位层级，其待遇和薪酬也会有所差异。

海底捞员工的入职培训很简单，只有三天，主要讲一些基本的生活常识和火锅服务常识。真正的培训是在进入门店之后的实习中，每个新员工都会有一个师傅传帮带。"新员工要达到海底捞优秀员工的水平，一般需要两到三个月的时间。"高管袁华强解释。体会海底捞的价值观和人性化的服务理念，学会处理不同问题的方法，比起那些固定的服务动作规范困难多了。

在海底捞，与业内通行的以营业额和利润来考核店长不同，顾客满意度与员工满意度两项指标基本决定了海底捞对一个店长的评价。即使这两项指标也没有量化的标准，而主要由上级管理人员判断。另外，公司还经常会请一些神秘顾客去店里实地体验来评估顾客满意度。

资料来源：

金寅镐，路江涌，武亚军．2013．动态企业战略：最佳商业范式的发现和实现［M］．北京：北京大学出版社。

思考题

1. 什么是边缘竞争理论，它具有哪些特征？
2. 试分析多元化战略与双元战略的区别和联系。
3. 企业采取多元化战略的动因是什么？归纳出多元化战略的类型。
4. 相关多元化的"相关"具体体现在哪些方面？
5. 企业如何通过采取非相关多元化战略创造价值？
6. 解释双元战略的概念与类型。企业采取双元战略的必要性体现在哪里？
7. 为什么说双元战略可以化解管理悖论？
8. 公司层战略与业务层战略的协同体现在哪些方面？

9. 影响公司层战略与业务层战略协同的因素有哪些？企业如何做好公司层战略与业务层战略的协同？

10. 举出一个具体例子分析该企业公司层战略与业务层战略的协同机制。

每章必读

[1] HILL C W L, HITT M A, HOSKISSSON R A. 1992. Co-operative versus competitive structures in related and unrelated diversified firms [J]. Organization Science, 3 (4): 501-521.

[2] LUO Y, RUI H. 2009. An ambidexterity perspective toward multinational enterprises from emerging economies [J]. Organization Science, 13: 48-63.

[3] PALICH L E, CARDINAL L B, MILLER C C. 2000. Curvilinearity in the diversification-performance linkage: an examination of over three decades of research [J]. Strategic Management Journal, 21 (2): 155-174.

[4] RUMELT R P. 1982. Diversification strategy and profitability [J]. Strategic Management Journal, 3 (4): 359-369.

[5] 焦豪. 2011. 双元型组织竞争优势的构建路径：基于动态能力理论的实证研究[J]. 管理世界, (11): 76-91.

参考文献

[1] GIBSON C, BIRKINSHAW J. 2004. The antecedents, consequences, and mediating role of organizational ambidexterity [J]. Academy of Management Journal, 47 (2): 209-226.

[2] HE Z-L, WONG P-K. 2004. Exploration vs. exploitation: an empirical test of the ambidexterity hypothesis [J]. Organization Science, 15 (4): 481-494.

[3] HOSKISSON R, HITT M A. 1990. Antecedents and performance outcomes of diversification: a review and critique of theoretical perspectives [J]. Journal of Management, (16): 54-59.

[4] JUSTIN J J, HENK W V. 2006. Exploratory innovation, exploitative innovation, and performance: effects of organizational antecedents and environmental moderators [J]. Management Science, 52 (11): 1661-1674.

[5] LUBATKIN M, CHATTERJEE S. 1984. Extending modern portfolio theory into the domain of corporate diversification: does it apply? [J]. Academy of Management Journal, 37 (1): 109-136.

[6] TUSHMAN M, O'REILLY C. 1997. Winning through innovation: a practical guide to leading organizational change and renewal [M]. Boston, MA: Harvard University Press.

[7] WERNERFELT B. 1984. A resource-based view of the firm [J]. Strategic Management Journal, (5): 171-180.

[8] WERNERFELT B. 1984. A resource-based view of the firm [J]. Strategic Management Journal, 5 (2): 171-180.

[9] 汉迪. 2017. 第二曲线：跨越"S型曲线"的二次增长 [M]. 苗青, 译. 北京：机械工业出版社.

[10] 陆亚东, 孙金云. 2013. 中国企业成长战略新视角：复合基础观的概念、内涵与方法 [J]. 管理世界, (10): 106-117.

[11] 许树沛. 2001. 边缘竞争战略的特征与战略方法 [J]. 经济管理, (18): 27-33.

[12] 余菲菲, 张阳. 2008. 协同演化视角下公司战略与业务战略的互动研究 [J]. 科学学与科学技术管理, (10): 159-163.

第 4 篇
基于开放视野的战略发展

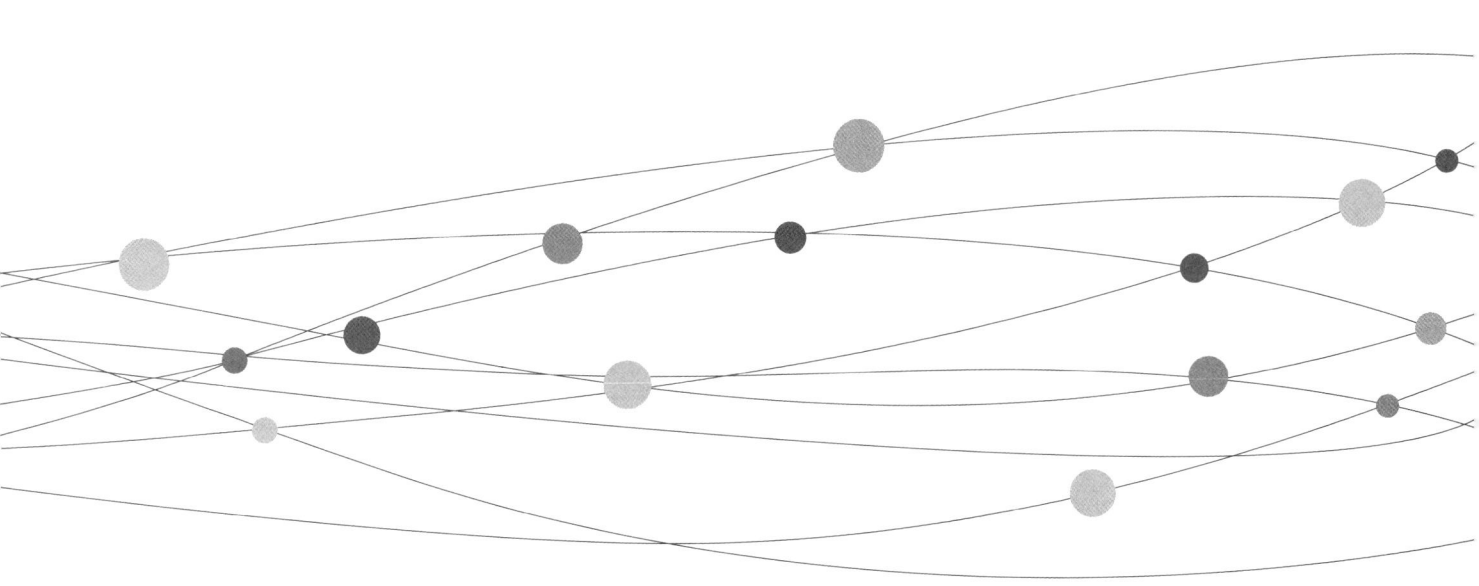

第 9 章
合 作 战 略

》》学习目标
- 了解企业选择合作战略的动机与目标；
- 了解在全球化背景下产生的国际合作战略与网络合作战略；
- 了解合作战略隐含的风险与对应的管理策略。

○ 开篇案例

全球化背景下的国际合作战略

半导体技术是第三次与第四次技术革命不可或缺的基石。与之相伴，全球半导体市场有望从 2018 年的 4 810 亿美元增长到 2021 年的 5 280 亿美元。作为全球领先的半导体公司，韩国的三星电子在 2018 年的年收入达到了 2 180 亿美元，其中与半导体技术市场相关部分约为 750 亿美元。

2019 年，三星电子与美国 AMD 联合宣布基于超低功耗、高性能移动图形知识产权达成战略合作伙伴关系。AMD 将图形知识产权授权给三星电子，以供后者在包括智能手机在内的移动设备上使用，而三星电子则将向 AMD 支付技术许可费和专利使用费。

这种战略合作伙伴关系在经济全球化的浪潮中并不少见。任何一家企业的力量终归有限。在企业之间以适当的途径进行关联和互动，逐渐成为面对市场挑战的一种手段。对于三星电子而言，自主研发的周期长、投入大等因素或许是它选择与 AMD 合作的动机。AMD 的技术架构将大大加快三星电子的研发进程，同时避免未来可能出现的专利侵权纠纷。对 AMD 而言，它在与英伟达的竞争中明显落后，以及缺少在移动市场中的竞争优势，或许是促成这段多年战略合作伙伴关系的诱因。

在这段战略合作伙伴关系中，三星电子与AMD 的合作目标不仅仅是技术授权，还包含完善各自的商业版图、共同拓展业务领域。简言之，合作战略借由双方的深度参与，创造出单凭公司自身实力所无法实现的价值，并在竞争力和超额利润上超越了其他竞争对手。

请思考

1. 三星电子与美国 AMD 的合作能够为彼此带来哪些商业利益和竞争优势？

2. 与外国企业建立合作伙伴关系将带来哪些潜在风险？有哪些对策能够最大化合作收益并降低合作风险？

资料来源：

作者根据相关资料撰写。

本章首先以战略联盟为切入点，讨论促使企业选择合作的动机、合作方式及对应的优势和劣势；其次对全球化背景下产生的国际合作战略与网络合作战略加以介绍；最后从制定和执行层面，考察合作战略背后的成本、风险及管理策略。

9.1 战略联盟

从企业间合作行为出发的合作战略，乃至战略联盟，是企业经营实践的客观结果。**战略联盟（Strategic Alliance）** 最早由美国数字设备公司（DEC）总裁简·霍普兰德（Jane Hopland）和管理学家罗杰·奈格尔（Roger Nigel）提出，是指两个或两个以上的企业为实现某种共同的战略目标，通过资源和能力的组合来创造竞争优势的合作战略。战略联盟多为自发性、全局性、长期性的联合与合作。战略联盟的一个重要特点是要产生"互惠"的结果。在利益分享和决策方面，联盟各方要关注并维持平等性。一旦这种平等性被破坏或者超过了联盟一方能够接受的最低限度，联盟就有可能随之解体。

自 20 世纪 80 年代以来，西方企业迫于强大的竞争压力开始进行战略性调整，从相互对立的竞争走向大规模的合作竞争，以外包、合资等不同形式建立起战略联盟。战略联盟作为现代企业组织制度创新和企业竞争战略的一种方式，已成为现代企业强化其竞争优势的重要手段。

战略联盟的形成有时是为了应对更大范围和更高层次的竞争。如在空中客车公司（Air Bus）于 1970 年正式成立之前，民用航空制造业一直由美国公司占据主导地位，欧洲任何一家航空制造企业都无法与其抗衡。而空中客车所生产的大型民航运输机集中了欧洲各国的研发优势与制造优势：在德国生产机身，在英国生产机翼，在西班牙生产尾翼，在法国总装。因此，空中客车的出现对美国的航空制造业产生了重大挑战，并最终导致了两个竞争对手波音公司与麦道公司（当时的第三大航空制造企业）的合并。当国际竞争使国内市场遭受外商强烈渗透和冲击时，原有的竞争对手可以通过合并组成更大规模的企业，实现技术互补、人力精简和单位成本降低来创造更大的经济效益，以此对抗外来竞争。

资料来源： 崔释健（1997）。

战略联盟广泛地存在于不同的产业之中、不

同规模的企业之间、企业的不同经营阶段之中。建立战略联盟最多的国家（地区）是美国、日本和欧洲。此外，发展中国家（地区）和新兴经济体也越来越多地选择战略联盟。以中国为例，境内企业与境外企业、国有企业与非国有企业、大型企业与中小型企业之间在追逐市场机会和提升竞争力的目标下广泛结盟，并进一步为了生产、研发、营销等加入与国际市场相融合的战略网络体系之中，极大地增强了企业自身的竞争力（严建援等，2003）。

战略联盟的典型案例包括丰田汽车与其零部件供应商之间的联盟（整车制造商—零部件独家供应商）、微软与英特尔之间的"温特尔"联盟（提供操作系统—提供中央处理器）、谷歌与HTC之间的手机研发代工联盟（手机操作系统研发—手机研发与制造）、苹果与AT&T之间的联盟（信息终端iPhone/iPad—通信网络服务）等。

战略联盟是合作战略的主要形式，包括建立合资企业、产权战略联盟和非产权战略联盟。战略联盟的形成往往基于自发和互惠原则，企业在内外因素的影响下通过进入和利用企业间的关系实现长期利益。在战略联盟中，约有70%属于竞争对手之间的联盟，因此，企业间的合作关系表现为一种**竞合关系**。

实践链接

在快速变化的行业中，曾经的竞争对手之间也有可能建立起联盟，以应对新出现的竞争对手。在汽车行业内，朝向自动驾驶、电气化和环境保护的转型升级正在进行，同时出现了来自IT行业的新竞争对手。拥有百年历史的宝马不再局限于传统的汽车制造商身份。2015年，宝马与长期竞争对手之一戴姆勒共同投资10亿欧元，成立合资企业。一方面，双方共同开发城市移动解决方案，以抗衡优步和谷歌等竞争对手；另一方面，战略联盟有助于创造规模经济，以降低成本、共享资源，更好地应对即将到来的市场变化。宝马与戴姆勒还在进一步寻找有意加入合作联盟的竞争对手，以期共同开发潜力巨大的移动出行服务市场。

9.1.1 战略联盟的主要形式

合资企业（Joint Venture）是指两个或两个以上的企业通过建立具有独立法律地位的企业来共享它们的资源和能力，从而获得竞争优势的一种战略联盟。通常，合资双方拥有相同的股份并承担着相同的运营责任。比如，上汽大众就是一家中德合资企业，由中国上汽集团和德国大众汽车集团合资经营。

实践链接

1999年，在合资企业富士通西门子电脑公司（FSC）成立之初，德国西门子公司和日本富士通公司各自持有一半的股权。富士通和西门子将它们各自拥有的以技术为基础的资源和能力相互结合，以面对日益激烈的市场竞争与复杂多变的环境。2009年4月1日，富士通将西门子在该公司的股权全部购买过来。这一结果表明，合资企业不一定会持续存在。当联盟一方或多方对合资企业的成果不满意，或者联盟一方或多方追求的战略方向发生变化时，战略联盟就会随之改变。

产权战略联盟（Equity Strategic Alliance）是指两个或两个以上的企业以不同的所有权比例建立新企业，通过各自的资源和能力的组合来创造竞争优势的一种战略联盟。与合资选择相比，产权战略联盟的实施过程更加复杂，在治理结构的选择上更加灵活,更常见于跨行业的合作关系之中。

非产权战略联盟 (Non-equity Strategic Alliance) 是指两个或两个以上的企业通过发展契约关系来共享资源和能力,从而创造竞争优势的一种战略联盟。在这种联盟中,不需要建立相对独立的企业,也不涉及产权的划分。因此,非产权战略联盟缺少前两种形式所具有的正式性,对成员之间的约束也比较少,更适用于不那么复杂的项目,比如特许经营协议、分销协议、供应合同和外包等。例如,华为选择将一部分客户服务业务外包给英国公司 Teleperformance,后者将通过电话和网络聊天渠道为华为的英国客户提供服务与技术支持。采取外包战略的企业通过从繁杂的日常事务中解脱出来,把资源和能力集中在企业的核心业务与核心竞争力上。

实践链接

2017 年,微软和美国能源公司雪佛龙签订了一份长达七年的合作协议:建立围绕石油勘探数字化转型的非产权战略联盟。微软将成为雪佛龙的主要云服务供应商,帮助雪佛龙提升数据分析能力和物联网技术水平,以提高石油全产业链的生产效率、维护运营的安全性和可靠性,并推动企业业绩增长。雪佛龙将向微软提供全球能源运营数据。基于海量数据,联盟双方将共同探索机器学习和数据科学方面的技术创新,为油气产业的数字化进程制定更好的解决方案。

9.1.2 采取战略联盟的动机

在激烈的市场竞争和全球化背景下,大部分企业都缺少实现目标所必需的全部资源和能力。此外,市场竞争越来越多地体现在大型联盟之间,而不是企业之间。这意味着,与其他企业的合作逐渐成为企业生存和发展的核心。对资源本不充沛的小企业来说,寻找合作伙伴、建立联盟关系显得尤为重要。调查显示,战略联盟带来的收益可以占到企业营业收入的 25% 甚至更多。

技术领域的新趋势加速了战略联盟的发展。统计表明,95% 的联盟与技术研发和应用相关。当技术环境从相对稳定变得动荡多变时,企业只有紧跟技术前进的步伐,不断拓展新的技术领域,提升现有的技术水平,才能不被市场轻易淘汰。即便新技术和新工艺的研发成本在急剧上涨,企业仍须迎难而上,实施技术升级与技术创新。单个企业往往难以独立承担研发的巨大成本和风险,更难以在较短的时间内把新产品推向市场,越来越多的企业选择寻找适当的合作伙伴,通过建立战略联盟来获取互补性资源和技术、降低研发成本、分担研发风险、共同开发和推广新技术(胡振华和张宁辉,2011)。

影响战略联盟建立的内外部因素如图 9-1 所示。

图 9-1 影响战略联盟建立的内外部因素

在不同类型的市场中,建立战略联盟的动机多种多样,但都离不开凭借合作加强竞争优势这一原则。**慢周期市场**是指模仿周期长和模仿成本高的市场,进入壁垒很高,比如铁路、电信、基础设施及金融服务业都具有慢周期市场的特征,市场往往被少数巨头垄断。**快周期市场**是不稳定的、不可预测的,比如娱乐、信息技术与软件业,难以建立起长期竞争优势。**标准周期市场**内的竞争优势在一定程度上免于被模仿,其持续时间介于快周期市场和慢周期市场之间。不同类型的市场中建立战略联盟的动机如表9-1所示。

表 9-1　不同类型的市场中建立战略联盟的动机

慢周期	快周期	标准周期
进入限制性市场	加快研发速度	获得市场影响力
获得新市场的特许经营权	加快进入新市场的速度	获得互补性资源
保持市场稳定性	保持市场领先地位	克服贸易壁垒
	形成行业技术标准	应对竞争对手的挑战
	分担研发风险	增加规模经济
	降低不确定性	学习新的经营技术

资料来源：希特等（2018）。

实践链接

慢周期市场内的战略联盟：嘉年华邮轮集团（Carnival Corporation & PLC）与中国招商局集团成立了两家合资企业，在金融投资、资产发展和交通运输方面展开合作。中国首支旅游航线就是两家企业合作的成果。

快周期市场内的战略联盟：Hulu 由 NBC 环球（NBC Universal）和新闻集团（News Corporation）在 2007 年共同投资建立，是美国最受欢迎的视频网站之一。除了提供 NBC 旗下内容，Hulu 还与迪士尼、索尼、米高梅、华纳兄弟、狮门影业等几十家内容制作商合作,提供经过授权的正版影视作品和电视节目。而在微软和诺基亚的战略联盟中,两家公司整合各自的优势、扩大各自的规模,并建立起新的全球移动生态系统,联盟将为顾客、开发商、移动运营商以及全球的其他业务带来巨大的收益,也为两家公司共同建立行业技术标准与维持各自的中长期竞争优势提供了机会。

标准周期市场内的战略联盟：航空业内目前主要存在三大航空联盟,即星空联盟、天合联盟和寰宇联盟。航空联盟成立之初的目的是为乘客在欧洲和美国的飞行提供便利条件。如今,航空联盟更加全球化,不断吸纳来自亚洲的合作伙伴。航空联盟的主要目的也转变为促进成员间的互通互合资源共享,与机场合作以提高航空联盟的竞争力,降低成本并获得更多的国际航线,等等。联盟成员会共同开发项目和共享设施,如乘客登机口、顾客服务中心及机场乘客休息室,为乘客提供订票、洲际旅行、兑换里程等便利。

9.2　业务层合作战略

业务层合作战略（Business-level Cooperative Strategy）是指为了在一个或多个市场获得竞争优势,而将不同企业的资源和能力结合在一起的战略。企业可以利用四种业务层合作战略来提高其在单个产品市场的经营业绩,包括纵向或横向的互补型战略联盟、竞争性反应战略、降低风险战略和减少竞争战略。

9.2.1　互补型战略联盟

互补型战略联盟（Complementary Strategic Alliance）是最常见的业务层合作战略。联盟各方以横向互补或纵向互补的方式进行资源和能力的共享,创造竞争优势。其基本假设是联盟企业间资源整合后所创造的价值,将大于单个企业资源创造价值的总和。战略联盟往往围绕着如何利用资源而展开,各方通过交换与共享一部分资源和能力，共同进行产品或服务的开发、销售和服务。另外，联盟各方可以一起开发额外的资源和能力，以此作为获得新竞争优势的基础。

在横向互补型战略联盟中，企业通过共享价值链上同一环节的资源和能力来创造竞争优势，其战略目的主要是扩大经济规模和加速技术创新。在医药行业，企业常常通过建立横向互补型战略联盟来加快开发和生产应对顽固性疾病的药物。例如，索伦托医疗公司（Sorrento Therapeutics）与美国医药公司南坦集团（NantWorks，LLC）联合开发针对癌症和自身免疫病的下一代免疫疗法，常山药业与南坦集团联合展开癌症药物的临床试验并将共同组建肿瘤医院。

在纵向互补型战略联盟中，企业从价值链上的不同环节来共享资源和能力，建立起超过一般市场交易的紧密联系。以公私部门之间的纵向合作关系为例，瑞士诺华公司（Novartis AG）和世界卫生组织（WHO）建立了为期十年的战略联盟，由诺华公司提供治疗疟疾的药物，由世界卫生组织对药物用量进行估算，并联系疟疾流行国家的政府代理机构来进行药物的分销，以此共同对抗这些国家的疟疾问题。

9.2.2 竞争性反应战略

在市场竞争中，企业会采取竞争性行动攻击对手或进行防御。业务层战略联盟常见于企业对竞争对手发起的攻击的相似回应。例如，谷歌、英特尔和泰格雅豪（TAG Heuer）建立合作关系，设计并生产一款新型智能手表，以应对苹果公司Apple Watch产品带来的冲击。在这一战略联盟中，谷歌希望证明它们的软件能够使可穿戴设备高效运作；英特尔希望展示它们的芯片能够应用到可穿戴设备中；泰格雅豪希望设计并生产出技术更加先进的手表，以满足当代精通技术消费者的需求。

9.2.3 降低风险战略

企业有时会利用业务层战略联盟来规避风险和不确定性。在快周期市场中以及在进入新的产品市场情景下，建立战略联盟是降低风险的手段之一。以汽车制造业为例，混合动力汽车和电动汽车已成为新的竞争焦点。各大汽车制造商以战略联盟为手段来分担高昂的研发成本和技术不确定性引发的风险。例如，大众与东芝合作开发新型混合动力车型，东芝与本田通过成立合资企业研发并销售新能源汽车。

9.2.4 减少竞争战略

选择战略联盟以减少行业竞争，是指同一行业中的若干企业在非直接协商的情况下，基于对彼此竞争性行动的观察，对产品的产量和价格加以控制，以维持较高的行业平均利润。这一现象也被称为隐形共谋（Tacit Collusion）。例如，美国的谷类早餐食品市场曾是一个市场需求稳定且品牌忠诚度高的市场，主要由家乐氏（Kellogg）、通用磨坊（General Mills）、康尼格拉（Ralcorp Holdings）和桂格食品（Quaker Foods）四大公司占据。市场的高度集中和缺乏竞争使得各家公司都将产品价格设定在远超出生产和销售成本的水平上。然而，当沃尔玛等大型连锁超市作为新入场的竞争对手开始销售自制品牌的谷类早餐食品时，价格战爆发了。由四家公司掌控的稳定且高利润的共谋局面就此瓦解。

9.2.5 合作战略的发展趋势

对比以上几类合作战略，纵向互补型战略联盟往往更有可能为企业创造可持续竞争优势，而横向互补型战略联盟因联盟各方的相互竞争关系通常难以维持。由于缺少对价值创造的关注，为降低风险和减少竞争的战略联盟所创造的竞争优势往往比互补型战略联盟所创造的竞争优势更难以持续。此外，合作战略呈现以下三种发展趋势（负晓哲，2006）：

（1）从生产联盟向以技术合作为主的技术联盟方向发展。初期的战略联盟主要围绕产品及其生产进行，建立战略联盟的目的是降低投资费用和投资风险，或者减少竞争对手的威胁。自21世纪以来，战略联盟则更多的是为了保持领先地位，掌握科技领导权，特别是新材料、信息技术、生物工程技术等领域的尖端技术联盟。

（2）从互补型战略联盟向强强联手的竞合式战略联盟方向发展。作为减少资本投入和开拓新市场时降低风险的手段，初期的战略联盟更多地体现为强弱联合的互补型联盟，比如大型跨国企业与当地中小型企业的强弱互补。随着技术创新与全球市场竞争的加速，联盟双方的实力对比关系发生改变。新的战略联盟主要在实力较强的大企业中进行。各参与方在联盟领域内是合作关系，但在合作协议之外的领域及企业活动的整体态势上仍保持着竞争对手的关系。

（3）从实体联盟向虚拟联盟方向发展。虚拟联盟是指不涉及所有权、没有法律约束力、相互依存的新型联盟形式，依靠对行业法规的塑造、知识产权的控制及对行业标准的掌握来实现。当市场出现新的机会时，企业为了能够及时响应市场机会，将自身与其他组织的知识和技术迅速整合，以最快的速度推出新产品或新服务，共同参与市场竞争；在市场机会终结后，各方即解散该虚拟联盟。虚拟联盟要求企业的组织结构具备柔性，产品开发流程具有敏捷性和响应性。

9.3 公司层合作战略

公司层合作战略（Corporate-level Cooperative Strategy）是指企业为了扩大经营规模而与一家或多家企业进行合作的战略。最常见的三种公司层合作战略是多元化战略联盟、协同战略联盟和特许经营。同样，为达到多元化或协同经营的目标，公司层战略联盟相较于企业并购只要求较少的资源承诺，使得企业在多元化过程中保有一定的灵活性。更重要的区别是，在企业并购中，合作各方失去了各自的独立性，必须形成统一的目标体系，以实现在统一指挥下成为一家企业。而在战略联盟中，合作各方始终保持着独立性，并在此前提条件下开展有限度的合作。战略联盟还可以是企业对未来并购方进行初步试探的手段，既可以提前引入对方的资源和能力，又有利于对未来并购的收益与风险进行有效预测（金占明，2004）。

9.3.1 多元化战略联盟

多元化战略联盟（Diversifying Strategic Alliance）是指企业通过共享资源和能力来实现产品与市场多元化的战略。韩国三星电子公司以实施多元化战略联盟进行企业扩张而闻名，比如和日本汽车公司联盟进入轿车市场，和中国航天公司联盟进入喷气式商用飞机市场，和微软联盟进入多媒体市场。

9.3.2 协同战略联盟

协同战略联盟（Synergistic Strategic Alliance）是指企业通过共享资源和能力来创造范围经济的战略。与业务层横向互补型战略联盟类似，协同战略联盟可以在合作伙伴的多种功能或业务间创造协同效应。

★ **实践链接**

20世纪末，日产汽车连续7年亏损50亿美元以上，被法国雷诺汽车公司购得36.8%的股份，组建为"雷诺-日产汽车联盟"。这将日产汽车从破产的悬崖边拉了回来。两家公司通过资源和能力的共享来发展生产平台。这些生产平台同时为两家公司生产汽车，从而能够产生范围经济效益。汽车制造商菲亚特和克莱斯勒之间的合作也是类似的协同战略联盟——克莱斯勒位于美国的工厂内生产着由菲亚特设计和开发的紧凑型汽车。

9.3.3 特许经营

特许经营（Franchising）被视为一种契约关系，是指法律上独立的两家企业凭借这种契约，一家企业授权另一家企业在一定时期、一定区域内销售授权方的产品，或者以授权方的商标进行商业活动。

★ **实践链接**

特许经营公司的产品销售总额约占美国零售总额的1/3，麦当劳、赛百味和希尔顿酒店均采取了特许经营的方式来扩大经营规模。最典型的莫过于迪士尼公司通过特许经营极大地扩宽了盈利渠道。1929年，华特·迪士尼（Walt Disney）收取了一个家具商300美元，允许其把米老鼠的形象印在写字桌上，由此开创了动漫形象的特许经营模式。经过多年的发展，迪士尼动漫形象的特许经营范围已经扩及家具、玩具、手表、服装等诸多领域。据2007年的报道统计，迪士尼在全球拥有4 000余个特许经营的商家，每年的特许经营额超过10亿美元。迪士尼品牌的产品种类现达到2 400多种，产品范围从铅笔、水杯、饮料、手机到价值数千美元的时髦服饰、数万美元的手表和汽车，一应俱全。为了使其授权的形象产品更具竞争力，迪士尼通过自己的市场部门帮助被授权商把握消费市场动向、研发衍生品和设计专柜。2013年，迪士尼出品的动画电影《冰雪奇缘》获取空前成功后，让特许经营衍生品的无限潜力得以展露。电影主角艾莎（Elsa）的玩具娃娃在美国的零售收入高达2 600万美元，艾莎的公主裙在美国卖出300万条，收入达到4.5亿美元。

资料来源：殷俊和杨金秀（2009）。

特许经营是一种协作互利的契约关系。在常见的特许经营中，授权方往往拥有较为成熟的经营模式或是市场认可度较高的产品，通常已经实现标准化运营，并能指导被授权方的经营活动。通过吸收新成员进入特许经营系统，授权方不仅可获得特许权出让的收入，还能迅速扩大经营规模。被授权方往往对区域市场的需求较为熟悉，但欠缺某些方面的经营知识、管理技巧和运作经验等，需要授权方的指导和帮助。

实践链接

中国连锁酒店品牌锦江之星在进军海外市场时采取了特许经营战略。2011年，锦江之星与菲律宾的上好佳（国际）正式签约，通过品牌授权经营正式落户菲律宾，成为中国经济型酒店品牌正式走向海外的第一例；同年，锦江之星与法国卢浮酒店集团在上海举行签约仪式，以品牌联盟的方式正式亮相法国；2012年，锦江之星与韩国一家本地公司签订特许经营合同，采取单店特许经营的方式；2014年，锦江之星将品牌在印度尼西亚的特许经营总代理权授予当地的金锋集团，品牌授权期限为 15 年。

资料来源：乐琰（2014）。

与业务层合作战略相比，公司层合作战略涉及的范围更广，也更复杂，在实施过程中面临更大的挑战和更高的成本。在规划公司层合作战略之前，企业需要回答两个问题：企业应参与哪些业务和产品市场的竞争？企业应如何运作和管理这些业务？在执行公司层合作战略之前，高层管理者必须根据企业愿景、使命和长短期目标，按照如下步骤详细制订合作战略的实施计划（陈迪，2013）：

（1）战略合作：明确企业在未来一段时间内的发展目标。

（2）战略分析：明确企业内外部环境、角色和位置，分析企业现实情况与目标的差距及造成这些差距的原因，并确定这些问题对实现目标的影响次序。

（3）界定合作需求：确定需要与其他企业合作或者是合作解决比自行解决更好的问题。

（4）选择合作伙伴：根据合作需求寻找潜在的合作伙伴，通过交易往来、沟通和协商等方式增进了解，再从中确定合作伙伴，并与其初步达成共识。

（5）开展合作：通过合同等方式建立合作关系，按约定投入各自的资源、承担各自的义务，创造协同效应，按照各自的投入、贡献和承担风险等情况分享合作成果。

（6）评价合作效果：一方面要评价合作绩效，即某项合作是否达到了预期目标；另一方面要评价合作关系，即合作各方在合作中的关系是否融洽、沟通是否顺畅，相互信任程度如何。然后，根据评价结果，确定该项合作是需要维持、深化还是终止。

9.4 国际合作战略——跨国战略联盟

跨国战略联盟（Cross-border Strategic Alliance）是指总部位于不同国家的企业，决定整合各自的资源和能力来创造竞争优势的战略，这是近年来出现的企业间合作形式。经济全球化与竞争环境的变化导致了跨国战略联盟的形成。在产品、技术与生产工艺趋于标准化，消费者偏好趋同的新的市场环境中，跨国经营的企业与只在单一国家经营的企业相比，更具有规模经济和范围经济的优势。一般来说，跨国战略联盟比国内战略联盟更加复杂，风险也更高。

本国市场的激烈竞争和机会减少促使跨国企业外出寻找新市场，以扩大市场规模，拓展规模经济的边界。在跨国战略联盟中，跨国企业积累经验知识，补充对当地文化及制度规范认识上的欠缺，凭借从当地合作伙伴处获得的本地信息和资源建立起竞争优势。同时，国外政府的经济政策（如税收优惠），也是促成跨国战略联盟建立的重要因素（张小兰，2003）。

通常，跨国战略联盟的目标包含以下几种：①实现规模经济。战略联盟可以更有效地利用和组织各种资源，提高生产效率，降低成本。②技术的共享与互补。由于各跨国企业所拥有的相关技术不一样，战略联盟内部可通过重新分配技术力量来进行研发活动。③协同效应。

在信息技术与生物医药这类技术密集型产业中，跨国战略联盟是实现技术互补与合作研发的有效手段。比如，西门子公司就在众多行业与多家外国公司结成了以研发为主体的战略联盟：在电子通信方面与瑞典的爱立信、日本的东芝、荷兰的飞利浦建立了研发合作联盟；在半导体方面与美国的西方数据、日本的富士、法国的汤姆森建立了技术联盟；在新材料方面与美国的康宁公司建立了合作关系。

通过广泛的战略联盟，跨国企业可以迅速实现经营范围和经营地区的多样化。在日本公司与美国公司的战略联盟中，合作领域大都与美国公司的核心经营领域一致，而与日本公司的核心经营领域相异（郭焱，2004）。这是因为日本公司的目标是以建立与美国高新技术企业的战略联盟为手段，进入这些产业并获取技术。当然，也存在经营领域相似的美国公司与日本公司的战略联盟。比如，美国福特汽车公司看好亚洲汽车市场的发展潜力，与日本马自达汽车公司建立了战略联盟，并以此为进入亚洲汽车市场的桥梁。反之，在美国通用汽车公司与日本丰田汽车公司的战略联盟中，丰田汽车公司通过新建的合资企业成功地打入了美国市场，打破了美国汽车行业的贸易壁垒；通用汽车公司则获得了小型车生产技术、改善车间管理的经验及稳定的供销关系等，提高了自己在中小型汽车领域的竞争力。

9.5 网络合作战略

网络合作战略（Network Cooperative Strategy）是指企业通过建立多重关系来实现共同目标，通过在数量众多的市场（国内和国际）上提供产品和服务来为顾客创造价值的战略。这意味着，合作战略并不局限于传统的双边关系。在网络合作联盟中，几乎所有的企业都通过直接或间接的方式相互关联。联盟成员在企业规模和经营目标上可能各不相同，成员间的相互关系也未必相同，但网络合作联盟中的各个成员都在为着一个共同的目标而发挥自己的作用。

实践链接

思科（Cisco）公司通过它的全球合作网络与大量公司建立了联盟，包括IBM、微软、埃森哲、爱立信、富士通、英特尔和诺基亚。网络合作使联盟各方的能力得到拓展，促进了公司的成长和业务的多样化。据统计，网络合作战略为思科带来超过50亿美元的年收入，并使思科有机会参与到产品、技术水平的行业标准制定中。网络合作联盟中的多家公司处于竞合关系，比如思科与IBM在服务器业务上存在竞争。

挑选适当的联盟成员引入网络合作联盟是至关重要的（张晖和蓝海林，2004）。一般来说，网络合作联盟的中心企业会选择资源和战略匹配的新成员，确保新成员的资源能够被有效整合，且新成员的战略目标与现有网络合作联盟兼容。对新成员的评估判断包含以下几点：①是否与现有联盟成员的业务内容有一定的重叠，且对相关业务领域有深刻的理解；②是否与现有联盟成员采用相似的企业逻辑；③是否与现有联盟成员有过合作历史。

不同的行业条件会产生不同的联盟类型。在成熟行业中，顾客的需求相对固定，因而形成的是稳定网络合作联盟。企业借由网络合作联盟不断延伸竞争优势，同时持续从核心的、相对成熟的业务中获取利润。在产品创新频繁和短产品生命周期的行业中，任何企业都不可能单凭自己的力量来保持长时间的成功，因而往往形成的是动态网络合作联盟。

当企业都聚集在同一区域时（如加州硅谷），网络合作战略的效率会更高。网络合作联盟中的企业通过多种途径获取信息和知识，并利用这些信息和知识来生产更多、更好的创新产品。在共享资源和能力的过程中会产生有效的社会关系网络。借此，企业可以接近合作伙伴的合作伙伴，大大提高获得额外资源或能力的可能性（翁君奕，2002；段姗，2018）。

实践链接

在平台商业模式兴起后，市场竞争通常呈现"赢家通吃"的局面，由一个或少数几个平台垄断市场。通过网络合作战略在企业的核心产业内及跨行业内建立各种不同的联盟，有助于企业抓住新的商业机会，成为最终赢家。自2016年起，宝马陆续与英特尔、自动驾驶技术公司Mobileye、汽车零部件公司德尔福、运输行业制造商大陆集团、菲亚特·克莱斯勒汽车公司等签署合作协议，共建一个自动驾驶联盟，充分利用并发挥各公司的优势、能力和资源来开发自动驾驶平台，并计划到2021年将一个全新的自动驾驶平台推向市场。

9.6 合作战略的竞争风险及管理对策

9.6.1 合作战略的风险

理想的合作战略能够使各方在资源、技术、价值链位置、产品与技术的生命周期上达成匹配，最终实现整体的合作目标以及各自的绩效提升。然而，合作战略并非十全十美。合同不完善、资源和能力共享未能落实、对竞争力的理解有误以及管理失当，都可能导致企业利益受损，甚至是合作破裂。研究表明，2/3的合作战略在最初的两年中都存在严重的问题，1/2最终走向失败。当然，合作中止或战略联盟解体并不等同于失败，而是合作各方已完成既定目标，或是到达了约定的合作终止期限（希特等，2018；郭焱，2004）。

合作战略的第一个风险是合作伙伴的机会主义行为。当正式的合同无法约束合作伙伴，或者在成立联盟时错误地估计了合作伙伴的信任度时，就会发生机会主义行为。在实施合作战略时，全面了解合作伙伴的需求可以降低企业遭受机会主义行为的可能。

第二个风险是合作的一方没有按照合同约定将互补的资源和能力与另一方共享。这在国际合作战略中尤为常见。不同国家在语言和文化上的差异会导致各方对合同内容与合作期望产生错误的理解。

第三个风险是联盟中的一方错误地理解了另一方的竞争力。例如，对本土市场条件的知识就是一种典型的无形资产，企业经常忽略这种知识而对合作伙伴的能力产生误解。

第四个风险是管理风险。当合作伙伴之间在管理风格上存在巨大差异且管理方法不够有效时，联盟将走向解体。

此外，合作战略可能带给企业一些不好的变化，如影响企业的控制权，影响企业的独立性，企业重要知识泄露，产生额外的成本，影响与未合作企业的关系，对合作伙伴产生过分依赖等。这些都可能威胁联盟的稳定性和持久性，降低联盟效率，不利于联盟的发展。

实践链接

波导公司和西门子公司曾于2004年签订战略合作协议，合作涵盖：波导可以全面采用西门子的手机技术、波导在全国的三万多家手机专卖店同时销售西门子品牌的手机、双方共同开拓其他电子市场和国际手机市场。在联盟运作的一年中，真正落实的只有第二条（波导在国内渠道中销售西门子手机），双方并未就其他两项约定内容展开实质性的合作。及至2005年下旬，波导手机专卖店中已经很难见到西门子手机的身影。同年，在明基集团收购西门子的手机业务后，波导与西门子的联盟走向名存实亡。

9.6.2 合作战略的稳定性

稳定的合作关系通常具有以下特性：①动态性。成员间关系处于动态的稳定之中，在矛盾与冲突的协调解决过程中得到改善和优化。②适应性与协调性。适应性是指随着外部环境的变化，任何合作关系都需要不断地更新、改进和调整；协调性是指各方以整体最优为出发点，减少内耗。③互补性与整合性。互补性是指一方的核心优势与其他成员形成优势互补；整合性是指精简业务或组织，投入协同竞争。④一致性。在战略目标、经营任务等方面的一致性可以确保各方在遇到问题时能够很快达成共识。⑤共赢性。合作必定建立在各方共赢的基础上，成员们各得所需，在最大限度内实现协同效应。⑥文化融合性。各方能够尊重其他成员的平等性，求同存异。

9.6.3 合作战略的成本

合作会带来额外的成本。以战略联盟为例，其运行过程是有成本的，联盟收益未必总是大于成本。原因有三：其一，联盟本身是一个动态的、开放的体系。联盟各方"以利相交，利尽则散"，这就给联盟的协调和控制带来了很大的不确定性。其二，联盟各方分属不同的企业文化，在合作中难免发生管理方式甚至价值观的碰撞。联盟成员越多、联盟形式越复杂，协调成本就会越高。其三，联盟各方的目标和利益往往不完全一致，各方在对待技术的转移、收益的分配、联盟的自主性等问题上容易产生矛盾与不和。

9.6.4 合作战略的管理

合作战略中各方既有合作又有竞争的本质为其管理带来了独特的压力。合作战略中的冲突被划分为利益冲突和运作冲突。当各方有不同的利益时，其合作的激励和意愿都会降低；运作冲突可能来自不统一且难以协调的企业文化与运作实践。因此，合作各方必须通过制定规则（合同）和建立信任两种途径，对各自的行为进行规范，保护其他成员的利益，从而保证合作战略的存在与发展。要想成功地执行合作战略，成员们需要积极地解决问题、相互信任、不断地改进资源和能力交换与整合的方式，持续不断地推进价值创造和实现的过程（徐二明和徐凯，2012）。能够获得预期合作收益的企业，往往具备有效管理合作过程的能力，这也是企业的竞争优势之一。

成本最小化（Cost Minimization）与**机会最大化（Opportunity Maximization）**是企业管理合作战略的两种主要方法（希特等，2018）。成本最小化方法的主要目的是使合作战略的成本降至最低，防止合作伙伴的机会主义行为，一般采取与合作伙伴签订正式合同的手段。合同中应明确规定如何监督合作战略，以及如何控制合作伙伴的行为。微软和诺基亚之间的联盟就采用了篇幅长达几百页的合同来规定合作双方的责任与义务。而机会最大化的重点在于使合作伙伴创造价值的机会最大化。在这种情况下，联盟各方深入展开相互学习，共同开发更大的市场空间。联盟各方受到的行为约束较少，可以探索不同的资源和能力的共享方式，从而以不同的方法创造价值。在使用机会最大化方法管理合作战略时，合作伙伴间的信任可以增加联盟成功的可能性（Dsa and Teng，1998）。

尽管成本最小化方法的初衷是降低成本，但该方法对合作战略的监督成本很高，因为形成详细的合同和监督机制都相当昂贵。正式的合同和广泛的监督系统不仅需要投入与使用大量的资源，还会扼杀合作伙伴最大限度地开发合作战略价值的积极性。而机会最大化方法由于合同中缺少详细和正式的条款，对联盟各方之间的信任要求较高。这意味着联盟各方相信彼此都会本着联盟利益最大化的原则来采取行动，相信彼此即使有机会也不会利用合作伙伴的弱点来做任何事情（马华维等，2011）。

案例阅读

阿里巴巴于2019年1月推出一项"A100"战略合作计划，旨在为企业提供全面的一站式解决方案。A100计划参与者能够与阿里巴巴在多个业务职能和平台上建立合作关系，基于阿里巴巴操作系统进行数字化转型发展，提高业务运营水平。A100计划将从阿里巴巴生态系统中的合作伙伴展开实施，并逐步扩展到其他品牌。阿里巴巴首席执行官张勇表示："由阿里巴巴操作系统推动的A100计划，将是企业在数字时代获得全面企业服务的一站式商店。许多合作伙伴通过与阿里巴巴的深度合作，获得了更高的运营效率和业务增长。我们生态系统所产生的协同效应正在创造新的销售和分销渠道，并促进产品创新。"

2019年7月，立白集团与阿里巴巴正式签署A100战略合作备忘录，通过A100计划进一步夯实数字化经营的基础，实现数字化转型。对于快速消费品企业而言，线下销售与线上消费者数据割裂，无法最大化利用数据为营销赋能，是企业经营的一大痛点。而A100计划使立白集团得以借助阿里巴巴的数字运营能力，提升全链数字化能力，通过全域营销等数字化手段帮助立白品牌实现品牌升级。对阿里巴巴而言，立白集团无论是数字化转型、线下渠道的应用场景，还是下沉市场的用户覆盖，都具有丰富的私域流量与业务形态，可推动阿里巴巴拓宽A100边界。

另一位A100成员雀巢，通过天猫旗舰店、天猫超市和农村淘宝加强其核心B2C业务，并将合作范围扩展至阿里巴巴旗下的新渠道，例如零售通、盒马鲜生及大润发等。此外，雀巢亦根据阿里巴巴生态系统中众多平台生成的市场和品类分析及消费洞察，与阿里巴巴就多个项目展开聚焦数字化的有力合作。2018年，雀巢与阿里巴巴旗下物流业务菜鸟网络达成战略合作，从而将服务阿里巴巴相关业务的四家分销商合并为一家，并将所有线上订单通过统一库存系统处理。通过战略合作，雀巢可充分利用菜鸟网络的专业能力，根据不同地区消费者的喜好对产品进行分类和存库管理，降低跨区域包裹的比例并提高配送效率。

资料来源：
阿里巴巴官网。

思考题

1. 在研发、制造、营销等环节中，合作战略能够给企业带来哪些潜在优势？

2. 哪些内外部因素可能影响企业合作的参与程度，进而决定合作战略的类型？

3. 请找出一个合作关系提前结束的案例，并分析其原因。

每章必读

[1] DAS T K, TENG B S. 1998. Between trust and control: developing confidence in partner cooperation in alliances [J]. Academy of Management Review, 23 (3): 491–512.

[2] DAS T K, TENG B S. 1998. Resource and risk management in the strategic alliance making process [J]. Jour-

nal of Management, 24（1）：21-42.

［3］HAMEL G，DOZ Y，PRAHALAD C K. 1998. Collaborate with your competitors and win［J］. Harvard Business Review,（67）：133-139.

［4］PRASHANTHAM S，YIP G S. 2017. Engaging with startups in emerging markets［J］. MIT Sloan Management Review，58（2）：51-56.

［5］ROIJAKKERS N，HAGEDOORN J. 2006. Inter-firm R&D partnering in pharmaceutical biotechnology since 1975：trends，patterns，and networks［J］. Research Policy，35（3）：431-446.

［6］吉野，朗甘. 2017. 战略联盟：企业通向全球化的捷径［M］. 雷涯邻，译. 北京：商务印书馆.

［7］严建援，颜承捷，秦凡. 2003. 企业战略联盟的动机、形态及其绩效的研究综述［J］. 南开学报，（06）：83-91.

［8］杨震宁，李东红，王以华. 2010. 中国企业研发国际化：动因、结构和趋势［J］. 南开管理评论，13（04）：44-55.

［9］周佳，陈劲，梅亮. 2017. 联盟组合：源起、研究前沿和理论框架［J］. 外国经济与管理，39（06）：83-97.

参考文献

［1］DAS T K，TENG B S. 1998. Resource and risk management in the strategic alliance making process［J］. Journal of Management, 24（1）：21-42.

［2］KHANNA T，GULATI R，NOHRIA N. 1998. The dynamics of learning alliances：competition，cooperation，and relative scope［J］. Strategic Management Journal，19（3）：193-210.

［3］ROIJAKKERS N，HAGEDOORN J. 2006. Inter-firm R&D partnering in pharmaceutical biotechnology since 1975：trends，patterns，and networks［J］. Research Policy，35（3）：431-446.

［4］蔡黛莎，高胜寒，傅兰. 2018. 企业战略管理：理论与实践［M］. 北京：国家行政学院出版社.

［5］陈迪. 2013. 企业战略联盟存续发展与协同演化［M］. 北京：中国社会科学出版社.

［6］崔新健. 1997. 波音-麦道合并案六大成因［J］. 国际经济评论，（Z2）：55-57.

［7］段姗. 2018. 企业资源整合能力、联盟网络与知识共享关联机制研究［D］. 浙江大学.

［8］郭焱. 2004. 战略联盟形式选择与风险控制［D］. 天津大学.

［9］胡振华，张宁辉. 2011. 研发型战略联盟风险预警机制研究［J］. 管理工程学报，25（04）：197-202.

［10］金占明. 2004. 战略管理：超竞争环境下的选择［M］. 北京：清华大学出版社.

［11］乐琰. 锦江之星特许经营进军印尼市场［EB/OL］.（2014-01-15）（2020-10-22）. https：//www.yicai.com/news/3365108.html.

［12］马华维，杨柳，姚琦. 2001. 组织间信任研究述评［J］. 心理学探新，31（02）：186-191.

［13］翁君奕. 2002. 竞争、不确定性与企业间技术创新合作［J］. 经济研究，（03）：53-60+95.

［14］希特，爱尔兰，霍斯基森. 2018. 战略管理：竞争与全球化（概念）（第12版）［M］. 焦豪，等，译. 北京：机械工业出版社.

［15］徐二明，徐凯. 2012. 资源互补对机会主义和战略联盟绩效的影响研究［J］. 管理世界，（01）：93-103.

［16］严建援，颜承捷，秦凡. 2003. 企业战略联盟的动机、形态及其绩效的研究综述［J］. 南开学报，（06）：83-91.

［17］殷俊，杨金秀. 2009. 迪士尼动漫发行销售环节策略分析［J］. 西南民族大学学报（人文社科版），30（03）：126-129.

［18］贠晓哲. 2006. 战略联盟理论与实践［M］. 北京：经济科学出版社.

［19］张晖，蓝海林. 2004. 围绕中心企业构建战略联盟网络［J］. 科技管理研究，（02）：40-42.

［20］张小兰. 2003. 论企业战略联盟［D］. 西南财经大学.

第 10 章
并 购 战 略

> **学习目标**
> - 了解企业并购的概念、特征与类型；
> - 了解企业实施并购的具体原因；
> - 了解什么是基于能力的企业并购模式；
> - 了解基于能力的企业并购后整合管理方法；
> - 了解阻碍并购成功的各类因素。

开篇案例

吉利收购沃尔沃

2020 年 3 月 28 日，对吉利和沃尔沃来说都是一个值得纪念的日子。十年前的今天，吉利正式并购沃尔沃，在之后的每一天，吉利和沃尔沃如"兄弟"般相处。平凡的日子中，吉利发展成为中国品牌销量第一的汽车企业，沃尔沃也成为年销量突破 70 万辆的全球豪华车企。

吉利的诞生

吉利诞生于 1986 年，创始人李书福从制造冰箱配件开始创业，先后尝试了装潢建材、摩托车制造等行业。1997 年，吉利进入汽车行业，经过早期的摸索，在 2001 年年底正式成为中国首家获得汽车生产资格的民营企业。2005 年，吉利汽车年产量达到 15 万辆，首次进入全国汽车销量十强，并于同年在香港上市。

2007年，吉利开始积极转型，将战略重点转向建立先进的技术体系和提高产品质量。2008年全球金融危机期间，吉利加快了技术引进和扩张的步伐，2008年年初，吉利全球独创的BMCS（爆胎监测及控制系统）技术获得北美国际车展"发明创造实践特别贡献大奖"。在品牌战略上，吉利将旗下汽车分拆为多个不同品牌，包括"帝豪""全球鹰"和"上海英伦"，以打造吉利在中高端汽车市场的全新形象。

沃尔沃的困局

20世纪80年代，稳定的全球经济环境给沃尔沃带来了高速发展的机遇。而到了90年代，随着全球汽车行业竞争加剧，沃尔沃的销售额出现下滑。1999年，处于全盛时期的福特汽车看中了沃尔沃的巨大潜力和在汽车安全领域的商业价值。在这样的背景下，双方一拍即合，福特斥资64.5亿美元并购了沃尔沃，将这一来自瑞典的全球豪华乘用车品牌变为其全资子公司。

并购后，沃尔沃开始寻求新的产品定位，希望吸引更多的年轻消费者。然而，在整合后的福特新生产平台上，沃尔沃2006年重点推出的转型之作——以C30等为代表的时尚型入门级车型，在美国、中国等市场上却反响平平，6年后即宣布停产，年均销量仅为4 500辆。福特整体竞争力的下滑，使得沃尔沃在福特的后续增长乏力。随后全球金融危机的爆发，更将沃尔沃拖入内忧外患的境地。

并购交易过程

自2007年9月首次向福特提出并购沃尔沃的意向后，吉利开始全面搭建并购团队，先后聘请了汽车产业界的顶级投行洛希尔集团、富尔德律师事务所和德勤律师事务所分别负责并购项目的沟通协调和资产估值、法务、财务咨询与尽职调查等工作。

当李书福携团队与福特高层第二次接触时，吉利的充分准备让福特改变了此前的固有印象，表示若正式出售沃尔沃，将第一时间与吉利联系。2009年3月，吉利率先获得国家发展和改革委员会批准并购沃尔沃的交易，与国内其他竞争对手相比占得先机。2009年年底，吉利与福特在并购的重要条款上达成一致协议。

超过100亿元的巨资，对于当时年收入仅为43亿元的吉利而言，是一个不小的数目。如何有效地进行快速融资，成为吉利首要解决的问题。在反复磋商下，大庆国资和上海市嘉定区成为吉利的合作伙伴，分别注资与吉利共同成立特殊目的载体，为并购提供资金支持。在最终的融资框架中，吉利、大庆国资、上海市嘉定区出资额分别为人民币41亿元、30亿元、10亿元。其日后9亿美元的运营资金，则从国内银行和境外融资获得。

2010年3月28日，李书福与福特CFO（首席财务官）在瑞典哥德堡签署了最终股权收购协议，吉利以18亿美元获得沃尔100%的股权和相关资产，包括知识产权、沃尔沃轿车品牌资产及全球经销商网络。8月2日，吉利与沃尔沃在伦敦完成了资产交割，调整后的最终收购价为15亿美元。

请思考

1. 收购沃尔沃会为吉利带来什么样的利益？
2. 分别从吉利和沃尔沃双方的角度分析该并购成功的原因。

资料来源：

欧阳辉，杨燕. 吉利收购沃尔沃：跨国老少恋如何修成正果？[EB/OL].[2020-10-12]. https：//mp.weixin.qq.com/s/vsjcbKHmmyQFbzr4V_VbcA。

本章首先解释并购的概念与特征。其次通过分析国内外多次并购浪潮，介绍并购战略的发生背景及其适用范围。再次阐释企业并购的类型，并详细论述企业实施并购的原因。本章特别基于能力视角，剖析并购为企业带来的能力提升，并且在理论性叙述之外聚焦于并购后的企业行为，具体给出企业实施并购后的整合管理模式。最后通过分析阻碍并购成功的多方面因素，明确潜在危险因子，为进一步降低企业并购风险提供可能。

10.1 企业并购的概念与特征

10.1.1 企业并购的概念

企业并购是企业通过并购竞争对手实现扩张的统称（Stigler，1950）。企业并购既是企业进行资本集中从而实现扩张的重要活动形式，又是在市场经济条件下调整产业结构、优化资源配置的重要途径。企业并购的具体内涵包括以下四个方面的内容：

（1）**兼并**。兼并是指两家或两家以上的独立企业合并组成一家企业，通常表现为由一家占优势地位的企业吸收一家或多家企业。兼并的含义可以从广义和狭义两个层面来看：狭义的兼并强调重组后只有一家企业继续保留其法人资格，而其他企业的法人资格消失；广义的兼并则包括狭义的兼并、收购、合并及接管等几种形式的企业产权变更行为，就法人地位而言，目标公司的法人资格可能消失，也可能继续保留。

（2）**收购**。收购是指企业通过以现金、债券或股票等购买另一家企业的资产或股份的方式，获取对另一家企业的控制权。这一行为使得目标公司的经营权易手但保留了目标公司的法人资格。收购包括资产收购和股权收购，表现为收购标的公司部分或全部的资产或股份，股权收购后发起方成为被收购公司的股东，也相应地承担被收购公司的债务。

（3）**合并**。根据西方的公司法，企业合并分为两种形式：吸收合并（存续合并）和新设合并（创立合并）。吸收合并等同于狭义的兼并；新设合并表现为"联合"，即两家或两家以上的企业以法定方式重组为一家新企业，原有企业不再保留各自的法人资格。

（4）**接管**。接管一般是指取得对目标公司的控制权或经营权，但并不要求绝对财产权利（股权或资产所有权）的转移。企业在接管另一家企业后，通常会对其管理层进行改组。因此接管常被称作敌意并购，即目标公司在管理层尚不知晓收购发起方收购意图或对收购行为持反对态度的情况下，被发起方强行收购的行为。

10.1.2 企业并购的特征

市场经济条件下的、真正意义上的企业并购行为通常会表现出以下基本特征：

（1）**产权交易活动**。市场经济条件下的企业并购的主体与客体或是以现代公司制度为组织形式的、具有公司法人资格的有限责任公司或股份有限公司，或是在证券交易所挂牌上市的公司。企业并购是一种进行产权（所有权或股权）交易的经济活动，交易形式包括购买资产或股份，交易手段包括现金、债券、股票或其他形式的回报，它是一种有偿的交换，而不是无偿的划拨。

（2）**控制权转移**。控制权转移是企业并购的最核心特征。并购活动通常伴随着物权或资产所有权的转移，更本质的是，并购必然导致目标公司控制权不同程度的转移，即目标公司控（参）股股东和决策集团构成人员较大比例地更换，这是企业进行并购活动最直接的目的，也体现出企业并购的实质是并购发起方对具有自我生存、自我发展能力的目标公司的控制权的占有。

(3) **战略扩张**。企业的并购行为与企业战略密不可分，并购行为的发生对企业的战略发展起到了较大的推动作用，表现为战略扩张的一种形式，是企业根据自身发展需要和适应市场变化需要，经过科学决策而内生的、自发的一种战略实施方案，从而推动企业进一步扩大市场份额，打造竞争优势。

10.2 并购战略的背景

10.2.1 美国的并购浪潮

并购行为是企业重要的经营战略举措。纵观西方国家的金融实践活动，以美国为代表的西方国家自19世纪末以来共经历了五次"并购浪潮"。从学术界普遍认可的观点来看，第一次并购浪潮可追溯至1895—1904年，第五次并购浪潮发生于1992—2000年。进入21世纪以后，企业并购从初期大量的"横向并购"逐步转型为"战略并购"。根据国际货币基金组织（IMF）的统计数据，2010年全球共实现11 719笔并购交易，交易金额高达20 900亿美元。随后至今，全世界的并购交易量不断增大。

- **第一次并购浪潮（1895—1904）**

美国的第一次并购浪潮发生于1893年美国第一次经济危机后的复苏阶段。这次并购浪潮以横向并购为主，并购浪潮几乎覆盖了美国的所有行业，主要目标公司集中于基础设施领域。第一次并购浪潮以扩大企业规模、提高市场占有率、实现规模效益、改善企业业绩为主要目的，呈现出企业数量的急剧减少和单个企业规模的迅速膨胀，并逐渐在钢铁、石油、烟草、冶炼等领域形成大批垄断企业，美国工业集中化水平明显提高。

- **第二次并购浪潮（1916—1930）**

美国的第二次并购浪潮发生于美国反托拉斯法逐步严厉的背景下，并最终被美国史上最严重的1929年经济大危机打断。这次并购浪潮以纵向并购为主，产生了占据更大市场份额的寡头企业，如至今仍活跃的福特汽车、IBM等。第二次并购浪潮使得美国主要经济部门的市场被一家或几家企业垄断，进一步加强了重工业部门在经济中的地位与作用。

实践链接

通用汽车公司由美国企业家威廉·杜兰特（William Durant）于1908年9月在别克汽车公司的基础上组建而成（朱宝宪，2006）。继1918年成为美国最大的汽车企业后，公司连续进行了多次并购活动，不断整合多项与公司相关的业务内容。后来，自阿尔弗雷德·斯隆（Alfred Sloan）接管公司直至1929年，又发起了多项并购活动，不断收购为其提供零部件的公司。最终，通用汽车公司成为一家实力超群的汽车企业。

- **第三次并购浪潮（20世纪五六十年代）**

美国的第三次并购浪潮发生于第二次世界大战后经济快速发展的黄金时期。这次并购浪潮以混合并购为主，且主要表现为大垄断企业间的并购，跨国并购异军突起。随着全球经济一体化萌芽的出现，大企业开始出现多样化经营趋势，促进了企业保持平稳运行，合理抵御各类风险冲击，以及获取相对可持续的竞争优势。

- **第四次并购浪潮（1975—1992）**

美国的第四次并购浪潮发生于美国两次石油危机对美国经济造成巨大冲击的背景下，经历了经济从低潮到逐渐回暖的发展历程。这次并购浪潮以杠杆收购为主，表现为垄断巨头间激烈的吞并行为，并出现了特大并购案和小企业并购大企业的现象。第四次并购浪潮覆盖行业范围广泛，并购目标公司涵盖上市公司、子公司甚至公司的营业部门；跨国并购比重进一步上升，企业并购的国际市场被打开。

实践链接

说到杠杆收购，就不能不提及20世纪80年代的一桩杠杆收购案——美国雷诺兹-纳贝斯克（RJR Nabisco）公司收购案。这笔被称为"世纪大收购"的交易以250亿美元资产的收购价震动世界，它的收购方KKR集团通过发行大量垃圾债券进行融资，并承诺在未来用出售目标公司资产的方式偿还债务，最终仅以不到20亿美元的价格完成了对雷诺兹-纳贝斯克公司超过250亿美元资产的收购，成为历史上规模最大的一笔杠杆收购交易，也成为美国20世纪最著名的恶意收购案。KKR集团从此成为拥有顶级财经法律专家、专业进行杠杆收购的世界顶级公司。

- **第五次并购浪潮（1992—2000）**

美国的第五次并购浪潮发生于经济全球化与一体化以及国内经济日益复苏的背景下。这次并购浪潮以跨国并购为主，相当一部分企业并购发生在巨型跨国公司之间，表现出明显的强强联合的趋势；金融业并购数量激增，第三产业成为新的并购热点。在这次并购浪潮中，更多企业放弃了高风险的杠杆收购，转而以投资银行为主进行操作，不仅在整体规模上创造了历史纪录，而且对全球竞争格局产生了深远影响。

10.2.2 中国的并购浪潮

中国自改革开放至今，已经拥有近40年的企业并购实践经验。企业间的并购活动随着中国资本市场的不断发展和完善以及中国经济转型的深化而日益增加。1998—2003年，中国共发生2 642起企业并购事件，累计并购交易金额达到1 897亿元人民币。2004年以后，中国企业的并购活动更是出现了爆发式增长。

根据干春晖（2004）、阎大颖等（2009）、张秋生（2010）的观点，中国企业的并购历程可以划分为以下四个阶段：

- **探索阶段（1984—1991）**

实践链接

1984年7月5日，保定纺织机械厂兼并了保定针织器材厂，这是中国改革开放以来的第一件企业并购。当时河北保定的企业改革任务异常艰巨，超过半数企业处于亏损状态，而那些不亏损的优势企业又由于资金缺乏，难以实现自身优势的维持与进一步发展。在改革开放以前，保定政府一直坚持"抑富济贫"的传统做法，导致企业缺失谋求自身发展的脱困的动力。而在此次兼并初见成效后，保定政府开始转向以"绩优企业合并绩差企业、大型企业并购和带动小型企业"的思路，开展了一系列企业改革。

资料来源：干春晖（2004）。

1984年，保定纺织机械厂兼并保定针织器材厂开创了中国改革开放以来的企业并购先河。随着改革的不断深化，中国在1988年出现了探索阶段的并购高潮，变现为：并购活动呈现从少数地区、少数城市逐渐向全国扩展的趋势；并购的形式从最初的单一并购逐渐转为复合并购，出现了跨地区和跨行业的多维并购形式；并购的动机也由最初的消火亏损企业逐渐转为通过企业并购扭转经济困境，调整企业发展方向。1989年年底，中国宏观经济开始进入全国治理整顿阶段，企业并购活动的活性转而逐步降低（任淮秀，2004）。

- 第一次并购浪潮（1992—1996）

实践链接

1990年11月26日，经中国人民银行总行批准，上海证券交易所正式成立，并于同年12月19日正式开业。1989年11月15日，深圳证券交易所开始筹建，并于次年12月1日开始集中交易（试营业），1991年4月11日经中国人民银行总行批准后，于同年7月3日正式成立。上海证券交易所与深圳证券交易所的设立，标志着中国资本市场的诞生和发展。中国资本市场的快速发展催化形成了上市公司并购非上市企业、外资企业并购国有企业，以及中国企业跨国并购的新局面。

资料来源：方芳（2013）。

1992年邓小平南方谈话以后，中国正式确立了社会主义市场经济体制的改革方向。深化产权改革成为企业改革的第一要务。《中国企业并购统计年鉴》的统计资料显示，仅1993年，北京、上海、武汉、西安、成都等16个大型城市就有共计2987家企业被并购，并购资产转移金额达68亿元人民币。

战略聚焦

与西方国家相比，中国的资本市场表现出以下特点：一是中国的资本市场中，上市公司的资产主要来源是国有企业并主要分布于制造业，通过行业内的并购行为谋求企业发展是这些企业的重要战略性问题。二是并购行为往往受到政府的干预，这就使得中国企业的并购行为具有较强的非市场化特点。三是中国的资本市场虽然发展速度很快，但是市场容量仍相对有限。四是中国企业上市的制度目前仍以行政审批为主，在创业板和中小板推出前，民营企业和中小企业直接上市的难度很大，导致非上市企业面临资金约束企业发展的问题。这样就导致中国的资本市场上出现了上市公司收购非上市企业一边倒的现象。

- 第二次并购浪潮（1997—2003）

中国的第二次并购浪潮发生于1997年年底，当时的家电行业价格竞争激烈，家电企业希望通过并购获取在整个行业中的竞争优势，实现产业升级。受家电行业并购浪潮的影响，冶金、石化、民航等与国计民生相关的重要行业也相继发生了大量的企业并购活动。与此同时，政府提出了三年内实现亏损国有企业脱困的目标，并于1999年逐步推行了重组与兼并、企业联合等措施，旨在进一步强化国有企业优势，帮助国有企业完成脱困目标。

战略聚焦

在中国的第二次并购浪潮中并购形式主要分为两种：一是借壳（或买壳）上市。这主要是因为各大集团公司原来下属的投资公司大量上市，一些集团公司的控股公司如中国石油天然气集团有限公司、中国船舶工业集团有限公司等通过上市实现并购与扩张（王新驰和刘新华，2006）。二是政府通过无偿划拨的方式推动大型企业合并。政府通过利用资本市场提高国有企业要素资源的配置效率，完成国有企业的战略性重组计划，实现原属于地方国有资产监督管理局管理的国有企业向地方国有控股公司转型。

- 第三次并购浪潮（2004至今）

从2004年开始，中国企业经历了第三次并购浪潮，导致这一现象出现的主要诱因是中国资本市场的股权分置改革，该政策的实施导致大量企业整体上市，如鞍钢、武钢、本钢等大型钢铁集团公司。

> **战略聚焦**

- 2008年，企业并购浪潮并未受到金融危机的影响，中国企业的跨国并购数量显著增多，跨国并购交易全年金额总和高达842.46亿元。当年影响较大的跨国并购案是中国工商银行收购南非标准银行20%的股权和中海油收购挪威Awilco Offshore ASA公司100%的股权。
- 2009年，中国企业的跨国并购交易全年金额总和达到1 833.54亿元。其中一个典型案例是中石化集团下属全资子公司中国石化国际石油勘探开发有限公司（SIPC）收购总部位于瑞士的石油公司Addax Petroleum Corporation全部发行在外的普通股。中国企业并购对象从发展中国家企业逐步向西方发达国家企业转变。
- 2010年，中国企业的跨国并购交易全年金额总和为590.52亿元。当年最大的跨国并购案是中海油收购阿根廷Bridas Corporation 50%的股权，间接获得阿根廷第二大油气生产商、第一大原油出口商Pan American Energy的部分权益。
- 2018年，中国企业并购全年金额总和为6 783亿美元，同比增长0.2%；企业并购交易数量为10 887笔，同比增长10.7%。

10.3 企业并购的类型

10.3.1 按照行业相互关系划分

以并购双方经营的产品与市场的关系为标准，美国联邦贸易委员会将并购分为横向并购、纵向并购与混合并购。

横向并购（Horizontal M&A）。也称水平兼并，是指发生在两个以上生产或销售相同、相似产品的企业间的并购。横向并购旨在消除竞争、扩大市场份额、增强兼并企业的垄断实力或形成规模效应。企业通过横向并购可以迅速扩大生产规模，在更大的经营范围内提高经营水平，实现专业化分工协作，降低产品成本，增强企业盈利能力与市场竞争能力，在一定范围内实现规模经济。

纵向并购（Vertical M&A）。也称垂直兼并，是指企业与其供应商或客户的合并，是指生产同一产品而处于不同生产阶段的企业间的并购。纵向并购在实现规模经济、降低成本方面发挥作用，具体表现在：能够扩大企业生产规模，节约通用的设备、费用；加强生产过程和各环节的配合与协作，加速生产流程，缩短生产周期，节省运输、仓储费用及资源和能源。

混合并购（Conglomerate M&A）。也称复合兼并，是指发生在既非竞争对手又非现实中或潜在供应商或客户的企业间的并购，并购双方在经营的产品或服务上没有关联或交集，也可以理解为跨门类、跨行业的并购。

10.3.2 按照并购的支付方式划分

现金购买式并购（Cash M&A）。现金购买式并购是指并购发起方向目标公司支付一定数量的现金或其他资产的活动过程。在这一并购过程中，发起方取得了目标公司的所有权，目标公司的股东获取了现金，但相应丧失了所有权。

换股式并购（Stock-for-Stock M&A）。换股式并购是指并购发起方通过增发本公司股票并以新发行的股票替换目标公司股票的活动过程。在这一并购过程中，发起方无须支付现金，采用股票替换的方式获得了目标公司的股份，目标公司所持股份则转移到了并购公司。

增发式并购（Directional Add-Issuance

M&A）。增发式并购在近年来的上市公司并购重组案例中应用较为广泛。目标公司通过向并购发起方定向增发本公司股票，发起方以货币或非货币资产对价购买完成整个并购过程。该并购过程可以与并购双方的资产重组同时进行，操作灵活方便，高效便捷。

杠杆收购（Leveraged Buyout，LBO）。杠杆收购是一种较为特殊的现金购买式并购，由一家或几家企业在金融信贷的支持下进行。这种并购方式以目标公司的资本和收益为信贷抵押，因此只需要发起方拥有较为少量的自有资本即可发起对外并购。

10.3.3 按照并购过程中的气氛划分

善意并购（Friendly M&A）。在企业并购过程中，如果目标公司的管理者对于并购发起方提出的并购条件较为满意，并购活动在双方支持的前提下进行，那么这一并购活动被称为善意并购，会得到目标公司管理者的积极配合，整个并购过程也会在较为融洽的氛围中进行。善意并购的主要特点表现为：并购双方易于合作；目标明确，便于了解情况；并购成本较低，成功率较高。

敌意并购（Hostile M&A）。在企业并购过程中，如果目标公司的管理者对于并购发起方提出的并购条件不满意，并购活动没有基于双方的一致意见而展开，那么这一并购行为被认为是一种不受欢迎或者敌意的行为。在敌意并购过程中，并购发起方为了谋求自身发展，改善生存环境，获取有利的竞争地位，往往直接跳过目标公司的管理者，直接向目标公司的股东发出并购要约。作为反击，目标公司的管理者会采取针锋相对的手段抵制并购者的并购行为，保护自身企业。由此造成并购双方围绕收购与反收购、兼并与反兼并展开博弈。

10.3.4 按照并购的目的划分

协同性并购（Synergistic M&A）。如果并购发起方发起本次并购活动旨在获得企业之间经营业务或财务结构上的协同性收益，则称这种并购行为为协同性并购。这种并购行为采用的方式为业务或财务整合，优势在于能够获得规模经济，降低纵向一体化交易成本，获得融资便利与税收优惠等。

惩戒性并购（Disciplinary M&A）。如果并购发起方发起本次并购活动旨在驱逐目标公司无能的管理者或不符合股东要求的管理者，则称这种并购行为为惩戒性并购。

10.3.5 按照股份性质和购买方式划分

非流通股协议收购。中国证券市场上曾经存在流通股和非流通股相互分割的特点。目前虽然已进行股权分置改革，但多数公司原非流通股中的大部分目前限售期未满而不得转让。对于这类公司的并购活动多是并购发起方同目标公司的大股东协商一致的结果。

二级市场举牌。二级市场举牌是指并购者在股票流通市场上，通过直接购买上市公司的流通股股票，进而实现对上市公司的股权控制的并购方式。随着中国上市公司股权分置改革的不断深入，二级市场举牌的方式逐渐在上市公司并购活动中占据主导地位。

10.4 企业并购的动因

10.4.1 企业并购的财务动因

获取低价资产。企业的价值由两部分组成，即所知情况下的市场价值和企业本身具有的隐藏价值。企业的价值在以下情况下可能被低估：一是由于企业自身的经营状况导致其行业潜质无法体现；二是由于信息渠道的不通畅导致涉及企业价值的市场信息不完全；三是受经济环境的影响造成对企业价值的预判与真实情况偏离。市场上有意向在该行业开展合作的其他企业会以此类价值被低估的企业为目标，展开相关的合作接触。

税务规避。在企业的经营过程中，财税是企业在进行决策时考虑的一个重要因素。在并购过程中，企业如果能够合理避税，则可以有效地降低企业的并购成本，减少并购损失。例如，在一些特殊的经济区域（如自由贸易区等），企业在实施并购活动的过程中，通过税收方面的优惠政策减少所需支付的税收费用。

股价调整。企业并购行为的完成会引起企业股价的较大波动，一旦并购成功，并购接收方股价中的每股税后利润就会被平均到发起方，从而提升发起方的每股税后利润。无论是双强合作，还是优质企业扩张市场份额，都会对所在行业形成一股带动力量，会吸引更多资本追逐投入，从而提升并购后企业的价值。

10.4.2 企业并购的结构动因

企业经营结构的稳固有利于保持企业经营利润稳定和增长，促进企业稳步发展。企业的股权结构决定了其经营结构、企业在经营过程中的主导权归属，以及相关部门的权力划分。股权过度集中或分散，都会对企业经营造成较大的影响。

并购活动能够对股权结构进行有效的调整。如果并购采用股票交易的形式，则该并购行为会增加企业股票总量，进而对企业并购前各股东所持股份进行一定程度的稀释。对于股权过度集中的企业，这一过程有助于企业有效地降低股权集中者的持股比例，同时帮助并购接收方获得企业一定份额的股权，从而有效地遏制因股权集中而带来的可能影响企业稳定发展的不良因素；对于股权过度分散的企业，通过股票置换等方式有助于增强原股权分散结构中相对持股比例较高者的持股份额，从而稳固企业的经营结构，促进企业稳定发展。

10.4.3 企业并购的管理动因

企业并购之所以发生，在于并购活动带给企业的连锁反应，尤其是并购能够为发起方与接收方带来经营和管理上新的增长点。这些促进因素主要包括完善管理体制、提高经营效率和更优质的财务数据。

完善管理体制。并购发生前，如果并购双方在管理效率上存在较为明显的差异，那么通过并购活动，管理能力优秀的一方能够帮助较弱的一方优化管理体制，使得改善后的企业综合管理效率大幅提升，直至高于并购前双方的管理效率。

提高经营效率。并购发生前，企业分布较为分散，力量也相对薄弱，通过并购活动，企业能够形成新的市场覆盖领域和新的管理体制，并在行业内形成一定的规模经济效应。这将有利于降低企业经营成本，同时大幅提升企业生产效率，从而提高企业整体经营效率。

更优质的财务数据。如果参与并购的企业在综合实力方面能够形成有效的优势互补，则并购行为能够为并购后的企业带来更优质的财务数据。短期内主要表现为企业的股价有明显的提升，长期内则表现为实现并购前预期的各项财务数据目标。

> **战略聚焦**
>
> 在实际的并购活动中，如果以上三点表述均

未得到明显的改善，则可能是由于该起并购的发起不是由企业内部因素决定的。这时，应从外部因素（如企业所处的经济环境和实际经营情况）进行分析和研究（邹研，2018）。

10.4.4 企业并购的平台动因

在中国，证券交易起步较晚，市场发展还不够成熟，制度建设还不够完善，对于企业上市、退市等也缺乏有力的管控。随着经济的发展，一方面，上市公司的前期审核越来越严格。另一方面，上市公司存在良莠不齐的情况：一些上市公司虽然经营亏损，但通过粉饰报表等手段依然享有上市公司资质；而另一些具有发展潜力的公司却因高审核门槛而难以获得新的上市公司资质，无法进入资本市场，遭遇企业发展瓶颈。

在这种情况下，**借壳上市**应运而生。借壳上市是指并购发起方通过把资产注入市值较低的已上市公司（并购接收方），间接得到该公司一定程度的控股权，借由并购接收方的上市公司资质，使并购发起方的资产得以上市。在并购完成后，对于并购发起方，可以借用上市公司资质进入资本市场，从而实现企业经营的拓展；对于并购接收方，则可以为公司带来新的有生力量（如人才、技术、行业资源等），从而有效缓解和解决企业在并购前面临的经营等诸多难题。

10.5 基于能力的企业并购模式

10.5.1 基于管理能力培育的并购模式

管理能力是一个系统概念，它渗透到企业全部行为中。管理包括决策和实施两个方面，因此，企业的管理能力包括决策能力和决策实施能力。决策能力关键体现在企业家和管理者的战略眼光、洞察力及风险决策能力等方面，而决策实施能力关键体现在科学、系统、合理的企业制度和规则确立方面。基于管理能力构筑企业的能力，就是不断地提升企业独特的战略决策能力，并通过设计企业独特的制度和规制体系，按照制度和规制实现企业有序管理与持续发展的能力。基于管理能力培育的并购模式从决策能力和决策实施能力两方面分析企业如何通过并购实现管理能力的培育。

首先，从决策能力来看，资源观强调资源和能力对于企业获取超额利润与持续竞争优势的作用，企业在获取与配置资源和能力方面的异质性决定了其获得超额利润的可能性。这些长期的、能获得高于正常利润的特性是企业在有缺陷的和不完全的要素市场中获取并开发战略性资源的能力所决定的。由于企业在选择和积累资源上的决策，是以在有限的信息、认知偏见、因果关系模糊等条件制约下最经济性地合理配置这些资源为特征的，因此不同企业之间在获取这些战略性资源时在决策能力上的异质性构成了企业的能力。从资源决策能力方面来看，企业的决策是由其经济上的理性和效益、效率与盈利性等动机决定的，但由于外部环境不确定性和要素市场不完全性的存在，阻止了竞争对手对关键性资源的获得、复制。基于这样的观点，企业在获取资源方面的决策能力成为保证企业持续获得超额利润的最基本条件。企业为获取独特的决策能力，前提是要实现具有自身特性的资源和能力的持续积累。企业决策过程中所需要的资源条件，一方面存在于组织内部，另一方面存在于组织外部。内部资源和能力的积累是一个较长时期的学习过程，为了实现企业的快速发展，通过并购获取外部资源和能力，实现与企业自身资源和能力的互补整合成为有效的选择途径。

其次，从决策实施能力来看，决策实施的关

键在于整个企业的组织与系统整合。组织与系统观认为，能力是提供企业在特定经营中的竞争能力和竞争优势基础的多方面技能、互补性资产和运行机制的有机融合，它构筑于企业战略和结构之上，以具备特殊技能的人为载体，涉及众多层次的人员和组织的全部职能。因而，对于能力的开发和提高而言，作为能力载体的人才是企业最宝贵的资源。无论是管理制度和实施系统的完善，还是人才的引进和培养，通过并购完善这些要素也是企业提升和强化能力的有效途径。

具体通过并购提高管理能力的途径可以分为四种类型：①管理能力的重组整合，指通过自身原有管理能力与被并购方的管理能力之间的相互整合，把管理能力提升到一个新的层次；②管理能力的转移，指并购方由于管理能力的剩余，通过将管理能力扩散到被并购方，进一步显化管理能力带来的竞争优势；③管理能力的强化，指通过获取被并购方的管理能力，使得原有管理能力的外层得以固化，提高对侵蚀的抵抗能力；④管理能力的获取，指并购方通过并购目标公司，获取被并购方独特的管理能力，使外部管理能力内部化，成为本企业自身的独特能力。

10.5.2 基于市场营销能力培育的并购模式

市场营销能力培育是现阶段企业并购行为的最主要动机之一。基于市场营销能力培育的并购模式下，从现阶段并购实践来看，企业较关注的是获取品牌和商誉、市场营销渠道、顾客管理水平等方面的能力，因为这些都是构筑企业市场营销能力的稀缺资源。正如创立一个品牌需要大量的、长期持续的投入一样，企业单纯地依赖自身积累去构筑这些稀缺资源，其过程相当漫长，投入也将非常巨大，这也是为什么现在企业在并购过程中特别注重市场营销能力培育的原因。企业通过并购培育市场营销能力，其关键要考虑双方资源和能力优势的互补性。

为了快速、有效地构筑企业的市场营销能力，必须从市场营销组合、大市场营销理论的角度勾画出相应的对策。从主导能力来看，市场营销能力可以来自品牌和商标、市场营销网络体系、企业的促销策略，但这些主导能力必须依赖于非主导的其他市场营销要素。如企业要建立品牌和商标优势，就要通过不断地提高生产能力，以向社会提供大规模、大批量的产品为基础；要通过不断地提高市场占有率作为保证。因此，如果企业想要通过并购提升品牌和商标方面的能力，那么可以通过并购其他具有良好品牌和商标基础的企业树立商标、品牌优势；也可以通过并购其他企业，通过获取生产能力、有形资产强化品牌和商标能力的保护层，从而加强对能力的提升和保护。以下从品牌和商誉的角度分析基于市场营销能力培育的并购模式。

品牌是企业在长期的经营活动中建立起来的一种无形资产，它一旦形成就不再依赖于企业的有形资产，而是通过与品牌相对应的产品定位在顾客心目中形成企业的行业形象，可以为企业带来高于同行业平均利润水平的回报。但在品牌树立起来之前，有形资产对无形资产的建立和提升具有重要意义，离开了有形资产去勾画在无形资产上的竞争优势，便成为"无米之炊"。

10.5.3 基于技术创新能力培育的并购模式

企业技术创新能力的培育可以通过内部学习、技术合作等方式实现，也可以通过并购获取外部技术创新能力，实现外部资源内部化。通过自主积累方式培育技术创新能力，由于投入大、周期长，在市场竞争日趋超激烈和产品生命周期不断缩短的环境下，其局限性越来越明显。在这样的背景下，通过并购培育技术创新能力成为有效的途径选择。通过并购培育企业的技术创新能力，其实质是获取外部组织的知识，实现与内部知识的融合的过程。

知识是构筑企业能力的根本，企业要提高其能力，一方面必须通过不断的组织和个人学习获取"天生"具有自身特性的知识；另一方面必须通过与外部交流，发掘和利用外部知识，提高和强化自身能力。因此，企业要想通过并购实现技术创新能力的培育，必须分析自身的知识特征，以及知识载体——组织和个体的特征，并进一步分析被并购企业的知识及其载体特征，保证并购后所获取的外部知识与内部知识能尽可能快地实现低成本融合。为此，该模式的选择应具备以下两个基本条件：其一，外部知识完全内部化，即为了获取某项技术，把整个技术的原拥有者并购过来，如 A 企业为了获取 B 企业的某项技术，使之发展成为 A 企业未来的核心技术，就把整个 B 企业都收购过来；其二，外部知识与内部知识整合，即通过独特的联结方式，给原属于外部的知识赋予本企业的特性，从而使得其他企业难以模仿。

在具备以上两个基本条件的情况下，企业还应具备以下几个辅助条件：其一，要具有消化外部技术和知识资源附着载体的能力，被并购企业中除具有能为并购企业带来能力提升与强化的关键技术和知识资源外，还具有辅助性资源，有的辅助性资源对并购企业来说是没有价值的，企业对这样的资源要能较好地处理；其二，要实现组织、文化、管理、财务等方面的有效整合；其三，要有较强的资金支撑能力，能满足企业扩张的需要。

10.5.4 基于企业文化能力培育的并购模式

从企业文化的含义和结构来看，一旦企业形成了独特的文化，就很难为其他企业所模仿。对照企业能力的特征，可以发现企业文化天然地具有企业自身特性、难以模仿性、途径依赖性、缄默性等特性，所以，一旦企业形成其自身优秀的企业文化后，就可以"变精神为物质"，获取竞争优势。根据企业文化的特殊性，当企业采用基于企业文化能力培育的并购行为时，要注意以下几个方面的特性，这些特性也决定了基于企业文化能力培育的并购模式与前述其他模式之间的差异性：

（1）由于企业文化具有历史积累性、组织间文化差异性、民族地域性、途径依赖性等特性，决定了任何企业文化在没有经过加工的背景下都不可能被成功移植。

（2）当并购过程中被并购方的企业文化很强时，并购方要并购这样的企业很容易失败，因为并购双方的企业文化都很强会导致并购后的融合成本上升。

（3）由于企业文化是潜在的、不易识别的，这给并购方选择并购对象带来困难。一旦并购方不能识别双方文化间差异所可能带来的矛盾与冲突，就可能导致整个并购活动完全失败。

（4）任何企业都不应寄希望于引进另一种文化，或通过并购构筑一种全新的文化。因此通过并购培育企业文化能力，只能是对原有文化的升华（强化）、优化或渗透。

由于该模式的上述特性，因此企业在选择并购对象时，要客观地分析并购双方在文化上的差异性和互补性。为此，本节引入企业文化"强弱度"和"优劣度"两维指标。企业文化的强弱度主要表现为企业文化的一致程度，即有关企业的价值观念和行为准则在多大程度上成为组织成员的个人价值观念和行为准则，同时全体组织成员发展与接受的有关企业的价值观念和行为准则的类似程度。企业文化的优劣度主要表现为企业文化的优势和劣势。企业文化的优势是指企业在建立和发展过程中创造的特有的优良的企业传统、作风、习惯等。企业文化劣势是指企业在建立和发展过程中创造的不良的或不利于企业进步的企业传统、作风、习惯等。而企业文化的优劣度是指企业文化的优势、劣势在整个企业文化中所占的比重大小。根据企业文化强弱度和优劣度分析，可以得出四种典型的企业文化类型：强优文化、强劣文化、弱优文化、弱劣文化。

从基于企业文化能力培育的角度来考察并购模式，较好的选择是以下几类：第一类，基于企业文化能力优化的并购模式——强优文化（并购方）—弱优文化（被并购方）；第二类，基于企业文化能力强化的并购模式——弱优文化（并购方）—弱优文化（被并购方）；第三类，基于企业文化能力渗透的并购模式——强优文化（并购方）—弱劣文化（被并购方）。对于强优文化（并购方）—强劣文化（被并购方）、弱优文化（并购方）—强劣文化（被并购方）的并购模式，结果很可能是失败的，或者因两种文化的激烈冲突而导致并购后的整合过程延长，降低并购绩效，或者优质文化被劣质文化同化。

从前面的分析中可以发现，企业要把无形的企业文化资产转化为有形的竞争优势，必须把群体意识、组织伦理、思维方式、企业形象和行为规范等通过有形的经营管理活动表现出来。所以，基于企业文化能力培育的并购模式在实施过程中，要结合企业内部员工的行为、为顾客服务的准则、对本职工作潜心的程度、组织结构的优化和完善、内部激励制度的建立和完善等有形的行为来进行。

10.6 基于能力的企业并购后整合管理

10.6.1 基于能力的企业并购后整合管理模式

基于能力的企业并购后整合管理模式，强调战略性和系统性的结合（魏江，2002b）。由于能力是企业内部不同技能和知识及其组合共同作用所形成的，是组织内部的群体学习能力，尤其是如何协调不同产品技能、整合不同技术流的能力，它反映了跨组织边界实现组织间沟通、交互的认同感，因此，能力本来就是一个系统范畴的概念。基于能力来考察企业并购后的整合管理，目的在于培育企业持续竞争优势，属于战略范畴。该模式试图对并购的有效整合提供新的视角。但需要说明的是，整合管理不是在并购过程中的某一个阶段、某一个时间点所要从事的工作，而是贯穿并购活动全过程，只不过本节更多地关注并购后的整合管理。

基于能力的企业并购后整合管理模式有这样几个假设：第一，无论是资产（包括资源和能力）剥离还是资产重组，都应为能力培育服务，不是仅仅为整合而整合。第二，整合管理是基于能力并购战略的延续和战略意图的实现，如果把整合管理和战略视角割裂开来分析会陷入"两点论"误区。第三，能力是渗透在企业研究开发、生产制造、人力资源、市场营销、企业文化和管理系统全部子系统内容中的，单独从某一个子系统来考察能力培育是不可能的，必须从系统视角全方位构筑企业并购后整合管理思路。第四，包含在企业各个子系统中的资源和能力，有其战略地位的差异性，有的资源和能力构成了企业的战略性资产，有的是辅助性资产。因此，在整合管理过程中，对这些资产进行整合有战略优先度的不同，在整合管理过程中，首要问题是解决战略性资产的整合。在基于能力的企业并购后整合管理过程中，指导思想是围绕能力构筑和培育企业的战略性资产，所以整合管理活动都要围绕这个核心展开。由于企业的战略性资产是以独特的资源、技能和知识为根本要素的，因此在整合管理过程中，应识别出并购双方在资源、技能和知识之间的互补性。对于具有战略性资产特征的要素，在整合管理过程中要进行重组整合；对于不具有战略性资产特征的要素，则可以剥离，但剥离过程要以不影响战略性资产发挥作用为原则。由于这些要素是嵌入在企业研究开发、生产制造、人力资源、市场营销、企业文化和组织管理系统等各项职能活动之中的，因此企业基于能力的并购后整合管理还是要从这些职能活动入手。这些职能活动具有两重性：一方面，它们是企业战略性资产的载体，战略性资产是存在于这些职能活动之中的；另一方面，它们是企业能力转化为竞争优势的辅助性资产，离开了这些辅助性资产，能力就失去了生存和发展的土壤。

总结起来，基于能力的企业并购后整合管理模式分为三个层次：核心层次的整合管理围绕企业战略性资产的构筑和培育展开；要素层次的整合管理是核心层次整合管理的内在基础；而职能活动层次的整合管理是并购后整合管理的切入点。并购后的整合管理具体还反映在这些职能活动的整合管理过程中。

10.6.2 战略性资产要素层次整合管理

基于能力培育的并购行为，其最终目标是通过并购后的整合管理，实现能力从优势企业向劣势企业的转移和延伸，或者通过双方资源的互补和渗透，构筑或强化企业的能力，企业并购后的整合管理活动要以培育战略性资产为导向。

培育战略性资产导向的整合管理活动，按照第二个假设，是基于能力并购战略的延续和战略意图的实现，它应该是第一层次的整合管理，是建立在对自身独特资源、技能和知识的识别以及对并购方独特资源、技能和知识的识别的基础上的，通过对双方资源、技能和知识的识别，界定相互之间的互补性和兼容性，然后通过具体的职能管理活动得以落实。

从实际并购活动来看，对市场、技术等相对具体资源的识别是比较容易的，因为这些资源外显性比较强，而困难的是对组织资本的识别。通过并购培育能力与简单的购买资产和招聘新员工完全不同，其根本特征之一就是并购涉及组织资本的收购和保存。具体来说，企业中存在三种具有不同转移性的组织资本，即一般管理能力、企业专属管理能力和企业专属人力资源，并购整合中能力的转移主要体现在后两种组织资本中。针对组织资本特殊性的考虑，在战略性资产要素层次的整合管理过程中，根据并购双方的战略依赖性和组织独立性程度的高低，可以采取不同的整合方式：吸收式，保全式和共生式，其中共生式整合具有重要意义，因为该方式下两企业之间建立的相互依存关系可以最大限度地促使双方的能力在彼此之间进行有效传播，这也是组织资本的特殊性所决定的。

在组织资本中，最具有战略性资产特征的是企业专属管理能力和企业专属人力资源，而这些能力及资源是附着在以个体与组织为载体的技能和知识系统、管理系统、价值观系统中的。因此，在战略性资产要素的整合管理过程中，要把这些要素作为基于能力的并购后整合管理的基础，通过建立合理的组织机制，以保证这些资源要素的顺利整合，其中核心是技能和知识系统的整合。由于企业能力的本质是具有自身特性的技能和知识集群，能力战略也经常被人们描绘成围绕企业的中心技能而发展的战略，因而在基于能力的企业并购后整合管理中，技能和知识的转移是非常关键的活动。

技能和知识本质上是以人为载体的，因而并购过程中技能和知识的整合也是双方相互学习的过程。并购过程中的相互学习一般要经历三个阶段，即认知学习、经验学习和行为学习。因此，在整合管理过程中，首先应加强对认知学习的管理，即重视对"为什么"知识的学习，通过组织间差异的评估促进人们认知和思想上的变化。其次应重视对经验学习的管理，即关注企业员工的认知变化，以及认知与行为交互作用的学习过程，实现从感性学习到理性学习的过渡，在该阶段对员工的正式培训、员工行为表现的考核及管理团队决策的检验非常重要，通过这些活动，可以推动管理团队和成员之间的交流以适应新的环境。最后应关注更为直接的行为学习，即指导员工学习"如何做"，在该阶段，团队工作是一种常见的方式。

10.6.3 职能活动层次整合管理

战略性资产要素的有效整合，其落脚点还是在企业各项具体的职能活动中。

10.6.3.1 企业文化整合管理

能力是不同技术系统和管理系统的有机组合，具有很强的路径依赖性，其生成和渊源往往可以追溯到企业初创时第一笔主要业务的特征或创始人的性格特征上，而所有这些都深深根植于企业的价值观中。并购双方企业文化整合是影响企业并购战略与长期经营业绩的关键因素，它经常被看成企业并购成功的最终标志。在很多并购案例中，尽管技术、市场、生产、财务等方面的整合非常成功，但因双方在价值观、行为规范和思维方式上的冲突而可能耽误整个项目进程，甚至导致项目的彻底失败。企业文化整合涉及双方价值观、经营哲学、行为规范、工作风格等方面的个性特征，因此，在实现优质文化向劣质文化灌输和移植，提高企业间亲和力和默契的过程中，要根据不同企业文化的特点，因地制宜地采取有针对性的整合模式。一般来说，并购双方企业文化整合可以从文化亲和力识别、文化融合重建和具体行动落实三阶段实施。

（1）文化亲和力识别。 为了降低或消除并购双方之间的文化冲突，事先对双方文化之间的亲和力进行分析非常有必要。文化亲和力内在地需要从理念、价值观和行为三个方面来识别。理念层面的文化亲和力分析重点在于研究不同企业之间全部行为的最高指导原则；价值观层面的文化亲和力关注的是不同企业内部员工的价值观、思维方式、文化习俗等的相容性；行为层面的文化亲和力可以通过不同企业内部员工的日常行为方式来观察。由于文化的潜在性和隐性特征，在亲和力识别的过程中，有效的方式是关注双方的显性表象，因为显性表象是隐性文化内涵的具体化，对显性表象的观察可以把隐性文化内涵识别出来。有研究认为，对组织协同性等显性表象的分析是挖掘隐性文化内涵和文化之间亲和力的有效途径。

（2）文化融合重建。 文化融合重建的根本是解决文化冲突，它主要有三种形式：第一种是文化吸收和同化。当被并购企业失去法人资格，并被完全收入并购企业时，并购企业就会采取这种形式。大量案例研究发现，并购企业为实现文化吸收和同化，倾向于更换对方高层领导，这对被并购企业员工的工作积极性打击很大。因此，当今许多大企业倾向于制订周密的并购整合计划，将被并购企业的高层领导吸收入新的母体，并用更好的机会和更高的薪水留住他们，此外，还通过各种培训使其适应新的环境和系统，这些都是文化整合的必要条件。第二种是文化混合。文化混合是最复杂的文化融合形式，当双方文化各具特色，且均可以为企业带来丰厚的利润回报时，该形式被采用得比较多。但由于该形式中，企业文化非一家主导，需要实现双方强势文化间的合二为一，同时，原来各方员工对自身文化的优势认可度极高，具有长期意识的沉积与惯性作用，使得文化融合起来难度很大。这时，需要通过双方共同工作来认清对方的文化特色，并通过相互学习，共同对文化融合的具体安排做出计划。第三种是文化共生。文化共生是指建立一种多元文化格局，即母公司的企业文化和具有独立经营自主权的被并购企业文化同时存在，形成并行文化体系格局。这种形式更多地体现在并购企业通过纯粹混合兼并实现的跨行业经营中，如由传统行业通过兼并向高科技领域迈进，传统行业企业和高科技领域企业之间的企业文化自成体系，形成多元。

（3）具体行动落实。 文化整合管理具体落实到行动上，关键在于有效地组织业务活动，积极发挥领袖人物的作用。前者是自下而上的自发性整合，而后者是自上而下的自主性整合，通过两个方面的同时作用，以形成和谐的工作关系和强烈的组织认同感。在日常交流中，要注意善意的沟通，因为哪怕简单的善意问候也有助于双方人员消除陌生感、危机感、孤立感和敌对情绪。在工作中，要运用团队工作的力量，它是培育能力的有效手段，而且这种融合形成的组织能力和文化是他人难以模仿的。在人员安排上，最大限度地保留原有经理，派高层管理人员与关键部门负责人展开合作，是实现文化整合的主要方式之一。

10.6.3.2 管理系统整合管理

管理系统整合首先体现为管理制度的整合，即双方在管理制度上实现统一规范、优势互补，由此带来管理协同效应。制度是用来指导实践的，对它的整合可以通过共同的组织活动来逐步进行。企业从事的组织活动可以分为三类：构建和运营各种生产经营设施的基础活动，寻找和建立客户关系的客户关系活动，发明新产品或服务并将其市场化的创新活动。在并购初期有意识地共同从事第一类活动是管理制度整合的有效途径；经过逐步摸索和学习，当面临外部环境压力时共同有效地从事第二类活动，可以说是管理制度整合的巩固过程；只有当双方的管理制度达成高度融合后，从事创新活动才可能取得显著成果。

管理系统整合还体现为管理能力的整合，因为管理能力和才能是创造价值最重要的工具。管理者的才能是一种很稀缺的资源，它包括决策能力和实施能力。决策能力表现为捕捉市场机会、应对市场变化并迅速地制定相应对策的战略响应能力，而实施能力则表现为如何将企业决策贯彻下去以取得预期效果的能力。管理能力的核心载体是那些具有创新精神和冒险精神的企业家，对并购来说，管理者选择至关重要，因为他们是最有动力进行并购，并学会如何与新的母公司成功合作的人。获取管理者的途径可以是对现行管理者的重新评估，也可以是内部晋升，还可以是聘请外部专家，但绝大多数并购企业倾向于继续聘用原目标公司的经理，这既有利于稳定被并购企业的人心，更重要的是他们熟悉业务，可以降低人员转换成本和风险。

10.6.3.3 组织机制整合管理

与在公开市场上进行能力交易相比，使用组织的内部机制实现能力在各业务单元之间的转移通常更有效率，因而并购后整合管理的首要目标是将并购双方的关系变成统一企业内业务单元之间的关系，然后再进行内部能力整合。这些可以通过重新设计新公司的组织结构，以改变原有的经营管理模式与战略决策程序来实现。为了进一步促进并购企业各业务单元的整合，必须建立积极的组织机制以鼓励它们进行关联，并克服内在的协调和交流困难，这种组织机制的建立应考虑组织结构、人力资源政策和冲突解决程序，整合后的组织机制应该有利于并购双方之间的相互适应、相互交流和相互学习。

组织机制整合过程不应该是一个"打补丁"式的过程，而应该是一个与组织资源重组紧密相关的组织再造过程，而组织资源重组则是组织再造中各种组织资源联结方式的再造。企业并购后的整合过程本身也是一种如熊彼特所说的"创造性破坏"的过程，因而可以把组织机制整合看作对企业能力进行更新的一种手段。能力的刚性特征阻碍了企业的创新，而组织在长期发展中积累的惰性、不合时宜的惯例和规范以及其他消极因素也降低了企业的效率，因而可以把并购后的整合过程看成企业资源重组的时机，而企业资源重组是构筑和培育能力的一种重要途径。当并购双方的经营业务领域在生产、技术和市场等方面存在相关性时，通过重新配置、组合双方不同的资源，往往能够弥补双方内部能力的不足，加速企业成长，这就是组织机制整合的重要功能。

组织机制整合要做好三方面工作：一是重构组织愿景。由于组织机制整合牵涉到组织内外部各利益相关者的利益，因此重构组织愿景是组织机制整合的重要内容，并且要使组织愿景为内外部股东、管理者与员工所理解和接受，以最大限度地发挥每一个部分的能力。二是有效的组织安排。有效的组织安排是整合成功的重要保证，包括组织运作方式、过程和目标的重构。三是实现组织资源的快速转移。否则，随着时间的推移，负面影响会增加，而正面影响会减退。另外，为保证组织机制的快速整合，以获取在市场进入、技术进步、员工认同、人力资源优化和顾客价值满足等方面的战略性资产，或者防止这些资源被破坏，建立过渡期的管理组织对实现组织机制整合非常重要。这个过渡期管理组织能有效地充当并购双方之间的联系人，对并购后企业的发展起着承上启下的作用。因此，过渡期管理组织的成员最好是那些曾参与前期调查工作的人员，他们拥有很强的技能水平和强烈的个人魅力，对文化的差异也十分敏感。此外，过渡期管理组织的成员要由并购双方的人员共同组成，其工作责任主要是确定战略性资产并制订整合计划，其中前者是根本性任务。

10.6.3.4 人力资源整合管理

并购后的人力资源整合由于受到个体内在的心理、激励、政治关系、价值观和行为方式等无形因素的影响，对其整合会更加困难。接下来，基于能力构筑和培育就人力资源整合提出两个方面的思路。

基于能力构筑和培育的人力资源整合，首先要保持人力资源的相对稳定性，因为这关系到以个体为载体的知识和技能的积累以及以组织为载体的个体知识和技能的有效联结。如果不能保持人力资源队伍的稳定而导致人员大量流失，则可能带走具有战略性资产特征的关键人才。

并购交易完成后，被并购企业员工会产生明显的压力感和忧虑感，这种压力感和忧虑感如果不能得到释放，就会出现人力资源流失，最直接的后果就是企业短期经营业绩下滑，长期会导致具有战略性资产特征的人力资源遭到破坏。所以，在整合人力资源时，企业高层、人力资源部、参谋人员、直线管理人员要共同关注员工的心理反应，采取有效的沟通策略来缓解其心理压力。其中，企业董事长或总经理应做的工作包括：①及时向员工传递企业发展愿景的战略规划以及人力资源规划和政策等信息，指引员工形成新的愿景体系，快速形成组织凝聚力。②定期或不定期与关键性高层管理人员进行会晤，不仅包括被并购企业的经理人员，还包括并购企业的经理人员，以加深对双方高层管理人员心理状态的了解，缓解双方高层管理人员权力之争所造成的压力，并赢得他们对工作的支持。人力资源部、参谋人员和直线管理人员应做的工作包括：①及时与员工沟通，获取员工的理解和支持，这是人力资源部、参谋人员和直线管理人员自始至终应担负的使命。②针对不同的员工采取不同的缓解压力的对策，协助员工对自身目标进行重新定位。③聚集一批有高业绩水平的人，并立刻赋予他们相应的工作安排和激励。④向被并购企业员工保证他们的贡献是被认可的，并购的目的不是谁吃掉谁，而是为了共同实现新的目标，并在措施上得到真正贯彻。

基于能力构筑和培育的人力资源整合要特别注重对关键技术人才与管理人才的留用和整合。中国企业并购后的人员剥离有两种典型方式：一是主动剥离，二是被动剥离。主动剥离是并购企业将富余的人员剥离出去，被动剥离是有一定技能和知识的人员另谋高就，即所谓的"想要的留不住，不想要的走不了"现象。强调对关键人才的留用和整合，是因为那些被动剥离的人员往往是最具有战略性资产特征的宝贵资源，能否留住他们在相当大程度上决定了并购整合的成败。

企业为了留住这些关键人才，首先，在并购后的人力资源整合中，对关键人才要采取怀柔政策，要与他们建立信息沟通机制，对他们要善于包容并诚实相待。当并购双方关键人才之间建立起信息畅通、相互包容和诚实的人际关系基础后，关键人才能更大程度地把握机会去控制他们的未来。其次，要尽快与关键人才建立新的心理契约。关键人才最关心的是他们同组织之间隐含的心理契约，因为这种契约为员工与企业之间的关系安排提供了制度约束，所以，在新的心理契约中，应使关键人才切身体会到并购后双方人员是平等的，而且双方人员投入所得到的回报是公平的。为此，在建立新的心理契约时要注意以下四项原则：一是相互理解。让每一位员工都清楚地认识到投入和回报是平等的。二是内心接受。让绝大多数员工同意契约的内容，并相信其公正性。三是强化信心。让员工意识到，随着企业整合和企业战略的展开，新的组织将提供给他们更新知识和发展相关技能的机会。四是目标导向。让员工认识到，新的契约不是对他们的迁就，而是清晰地与企业经营战略联系在一起的，支持企业经营战略的心理契约有助于员工与企业在未来共同发展和受益。在坚持四项原则的基础上，把新的心理契约再进一步通过各种报酬激励策略体现出来，因为报酬激励策略是对心理契约最直接、最有效的表征。报酬策略除金钱和物质外，更主要的是发展机会、休假、工作地和生活环境的适宜性等，这些报酬激励策略的价值不仅仅是报酬本身，更是新组织文化的标志。

10.7 阻碍并购成功的因素

企业并购活动非常复杂，涉及复杂的并购过程、广泛的参与者和专业性较强的操作技术，以及企业运行的各个方面。并购活动中的准备、谈判和整合等各个阶段都可能影响并购活动的最终成败。本节首先从并购的全过程来分析并购失败的原因，然后提出降低并购失败风险的几个要点。

10.7.1 战略决策不准确

并购战略制定是开展整个并购活动的第一步，也是并购活动能否成功的关键一步。许多企业正是由于在最初的并购战略制定环节出现失误，最终导致整个并购活动的失败。造成并购战略制定失误的原因包括以下几点：

(1) 并购目标不明确。 企业并购作为一种经济行为，理应在一定科学、可行的目标指导下进行。但现实中，并非所有的并购从一开始就有明确的目标。一些并购者采取并购行为的动机，或是出于冲动，或是为了声势，或是出于盲从，或是出于机会主义心理。因此，并购活动的失败有其客观必然性。例如，发生在中国的企业并购案例中，有相当一部分企业并不十分清楚市场竞争的游戏规则，出于赌徒心理进行的并购，势必最终走向失败。

(2) 并购定位失误。 并购帮助企业在行业中进行扩张，在市场上赢得竞争优势。目前，一些企业已经充分认识到并购的作用，并制定了明确的战略，然而还是无法摆脱并购失败的厄运，根源在于没有清晰的领域定位。例如，一些企业通过混合并购盲目进入与企业主营业务无关的新的经营领域，导致主业不突出，削弱了企业的竞争力，最终企业经营陷入困境。

（3）战略上不匹配。 并购活动必须在企业的整体战略下进行。许多并购活动之所以失败，一些是由于没有将并购行为很好地与企业战略相匹配，导致并购活动在一开始时便注定要失败；还有一些是由于在并购实施及后续整合的过程中，扭曲了最初的战略出发点从而偏离了企业的战略方向。对企业环境、企业资源和应对环境能力的客观评估与分析是制定科学的战略规划的前提，企业应在并购过程中不断地明确企业战略，不断地在动态的市场环境中探索适合企业发展的长期战略规划。

实践链接

中国宝安集团股份有限公司于1991年经历了企业改制，之后，先后在湖北、上海和北京等十几个省市收购、兼并和参股当地企业，业务范围涉及制造、房地产和金融证券等多个领域。此外，通过中国香港恒丰国际投资有限公司和美国宝安国际投资有限公司实施海外扩张战略，扩张速度非常迅速。但与此同时，也暴露出较为致命的问题，如过度的业务扩张导致企业缺乏拥有核心竞争能力的主营业务支撑，管理水平提升滞后，企业效益下滑，最终导致企业经营陷入困境。

著名的可口可乐公司也曾有过盲目扩张的经历。20世纪70年代，可口可乐公司在水净化、葡萄酒酿造、养虾、水果生产及影视制造等行业进行大幅并购和扩张，投入了大量的资金，但造成了严重的入不敷出，最终只为公司带来了1%的资本收益率。直到20世纪80年代中期，公司才逐渐从多元化经营中撤出，转而专注于主营业务的经营策略，公司利润直线上升。

10.7.2　并购操作不当

并购决策的准确性构成了并购能否顺利开展直至成功的前提条件，并购过程中的操作是否科学、有效同样直接影响着并购活动的成败。操作不当主要体现在对目标公司估值发生偏差，具体表现在以下几方面：

（1）并购目标的确定。 由于市场信息的不完全性和不对称性，并购发起方难以充分掌握目标公司的信息，甚至可能遭遇目标公司利用信息优势恶意欺诈，这将造成并购发起方对目标公司的估值发生偏差，从而导致并购发起方选择了并不适宜的企业作为并购目标。

（2）目标公司的抵制。 并购过程中可能遭到目标公司（管理层和员工）的反对，目标公司可能会采取各种各样的反对措施（如故意散布谣言、造假账、操纵市场或哄抬价格等），从而阻碍并购进程，蒙骗并购发起方和投资者，使并购发起方付出高于其实际价值的高额价格。

（3）并购团队是否专业。 由于并购过程纷繁复杂，具有较大的不确定性，因此参与并购工作团队的专业性会对并购结果产生直接影响。团队的领导者应具备较强的协调能力及应变能力以及过硬的业务能力和领导能力，确保带领团队开展创造性工作，推进项目整合顺利进行。

（4）中介组织的作用。 企业并购是一项专业化水平要求较高的工作，需要专业的投资银行、会计师事务所和资产评估机构等中介组织的辅助。因此对于中介组织的筛选也至关重要。许多参与并购的机构或人员由于没有经验或目标不明确，或者专业不过硬，导致并购过程中出现一些重大会计问题和法律问题的纰漏，最终使并购失败。

（5）**尽职调查是否充分**。充分的尽职调查是解决并购双方信息不对称的有效方法。一方面，尽职调查要求做好对并购双方的匹配性分析，从而判断目标公司是否适合并购。匹配性分析包括战略匹配性分析、文化匹配性分析、业务匹配性分析、财务匹配性分析等；此外，匹配性分析的关键在于匹配标准的确定。另一方面，尽职调查要求做好对目标公司战略、文化、业务、财务、法律等各方面的潜在风险的分析，包括目标公司的潜在亏损因素、未来发展前景、潜在协同效应、行业管制、整合难易程度等。

（6）**估值的溢价水平是否合理**。在并购谈判过程中，企业价值和交易条件是并购双方最关切的问题，合理的交易价格有利于并购活动的成功。虽然企业评估价值与实际交易价格往往存在一定程度的偏差，但评估价值依然具备相对的参考价值。因此，一项严谨的价值评估对于整个并购过程而言发挥着至关重要的作用。常用于企业并购的估值方法有现金流量折现法、可比公司分析法、可比交易分析法、账面价值法、清算价值法等。

（7）**自大假说和竞标现象**。自大假说假定管理者出于雄心、自大或过于骄傲，导致在评估并购机会时容易犯过分乐观的错误（Roll，1986）。在理性情况下，并购发生在目标公司的市场价值小于评估价值时。然而在现实中，并购往往表现为经营效率较高的企业认为自身具备改善经营效率较低的企业的能力，从而选择吸纳经营效率较低的企业，导致对目标公司的估值高于市场价值。竞标现象也会使得并购方被迫提高并购价格。当某家企业具有并购价值并被多家企业同时竞标时，往往造成并购价格超过预期未来收益的现值，由此带来过高的并购成本。

战略聚焦

麦肯锡咨询公司 1988 年的一项调查显示，在企业并购过程中，最大的受益者是被并购方的股东，他们在善意并购中平均可得到 20% 的股票溢价，在敌意并购中平均可得到 30% 以上的股票溢价，相比之下并购方的股东收益近乎为零（邱明，2002）。

10.7.3 并购后整合不力

企业在并购活动结束后没有按照预先确定的战略构想和规划进行有效的整合，也是导致并购失败的一个重要原因。并购后整合不力的表现包括以下几个方面：

（1）**并购后整合缺乏有效性**。根据波士顿咨询公司的数据，只有 20% 的企业在并购目标公司前考虑过并购后企业间的整合问题。由于并购项目本身具有高风险性和高不确定性的特点，因此并购方应在整合过程中投入更多的时间、精力和资金。这就要求企业在并购前就制订周密的并购计划，以应对并购后可能出现的各种问题。因此，许多并购活动在实施过程中投入了大量的人力和物力，并取得了预期的效果，但在并购后由于缺乏良好的规划和管理，最终依旧走向了失败。并购后的整合涉及多方面内容，包括战略整合、组织机制整合、人力资源整合、业务活动整合、企业文化整合等，做好各方面、各环节科学、合理、有效的规划与管理将直接影响并购的实施效果。

战略聚焦

著名管理大师彼得·德鲁克就并购中可能出现的风险表示：在并购发生后的 1 年以内，买家必须要为被并购公司高管的流失做足准备,并且必须有能力为它所并购的公司配备最高管理人员(Peter,1981)。

(2)管理水平滞后。企业并购的直接结果是企业规模的扩大,企业的管理难度也将随之加大,包括组织层次的增加、各环节沟通渠道的增多、人员关系的协调、目标和责任关系的变化,以及冲突的解决等。企业如果不能在并购后迅速提高管理水平,妥善处理各项冲突与矛盾,那么并购后的失败就在所难免。

20世纪80年代末,日本索尼公司和松下电器公司在跨国并购浪潮的背景下,利用其技术优势进军娱乐行业,跨国对好莱坞实施大规模资产购入,分别收购了哥伦比亚三星电子集团公司和MCA公司。但由于两国企业文化间存在较大的差异,最终以并购失败而告终。

(3)缺乏核心竞争能力的培育。现有观点普遍认为,通过将外部扩张获取的知识和资源与企业自身的知识和资源进行融合,能够帮助企业有效培育核心竞争力。但在现实的并购过程中,一些并购方过分追求多元化经营和低成本扩张,没有充分考虑并购双方的优势资源组合与互补,导致企业并购后规模迅速膨胀,而企业业务范围和规模的扩张与企业核心能力不匹配,最终导致并购失败。

案例阅读

联想并购IBM ThinkPad事业部

IBM出售全球PC业务的背景

2005年,全球计算机行业需求量下滑,经济萧条导致IBM开支缩减,企业增长率下降。2004年年底,高德纳咨询公司发布了警示,从2005年开始,全球PC产业将进入为时3年的低迷时期,PC产业已经度过它的黄金时期。

从IBM所经营的业务来看,服务业务收入金额和占比在1994—2004年间呈上升趋势;软件业务收入占企业总收入的比例维持在15%—18%,且利润贡献率达33%;而PC业务从2001年到2004年上半年累计亏损9.65亿美元。PC业务严重拖累IBM的整体业绩。此外,戴尔、惠普在商用台式机和笔记本电脑上积极的价格策略已经严重影响到IBM个人电脑的销售。更多的企业加入PC产业加剧了行业的竞争,企业利润率进一步下降。

而实际上,IBM多年来一直在收缩其全球PC业务。1999年,IBM进行了战略转移,它要全力争夺的是IT服务及服务器等高技术含量、高利润、高附加值的领域,为集团客户提供IT服务成为IBM新的利润增长点。出售全球PC业务对IBM来说是一个明智的举动。

联想并购IBM全球PC业务的需要

与此同时,联想面临内忧外患的尴尬境地——在国外市场发展缓慢,在国内市场又面临激烈的竞争——这是联想以及很多中国企业面临的困境。低端产品有国内厂商价格战,高端产品有欧美日各大品牌的巨大阵势。随着竞争的加剧和PC产业的成熟,产品售价逐渐降低,并且下降幅度很大,利润空间大幅降低。在中国市场逐渐开发之后,联想没有控制成本的能力,也没有国外品牌的研发实力，面临的市场会越来越窄，国外市场更是无法触及。2005年，联想在中国是最大的PC厂商，占据着中国PC市场1/4以上的份额，但是在全球PC市场中只占据2%的份额，远远落后于当时占据16.8%、15%份额的戴尔和惠普。

早在20世纪90年代，联想就有品牌国际化的发展思路，但是靠一己之力树立品牌、打通渠道难度很大。联想在当时只有3%的营收来自中国以外的地区，其中主要是东南亚地区，在国际化道路上很难有突破。

联想缺乏的是核心技术和自主知识产权，在全球市场上品牌认知度不高，缺乏销售渠道。而IBM拥有覆盖全球的强大品牌知名度、世界领先的研发能力及庞大的分销和销售网络。并购IBM全球PC业务是联想国际化发展的需要。

此外，当时的中国政府为进一步提升国家的竞争优势，将企业"走出去"提上了议事日程，将企业海外扩展摆到了重要的战略高度并多次出台鼓励政策，这也为联想并购IBM的全球PC业务扫清了一定的障碍。

联想的并购全景

从2003年12月起，联想开始着手对该项并购进行尽职调查，聘请麦肯锡为顾问全面评估并购的可行性。2004年春节过后，联想聘请高盛作为财务顾问，开始了与IBM长达13个月的艰苦谈判。

联想和IBM双方为了使并购顺利通过美国政府的审查做了充分的准备。联想方面积极配合美国政府部门的调查，并做出让步，如可不获得IBM美国政府客户的名单等；IBM则邀请包括前国家安全顾问在内的政要出面游说政府部门。审查最终于2005年3月9日通过。2004年12月8日，联想在北京正式宣布，以总价12.5亿美元收购IBM的全球PC业务。实际交易价格为17.5亿美元，其中包含6.5亿美元现金、6亿美元股票及5亿美元债务。收购的PC业务包括台式机业务和笔记本电脑业务，收购的资产包括客户、分销、经销和直销渠道，"Think"品牌及相关专利，IBM深圳合资公司及日本研发中心。

此次交易完成后，从这两家公司2003年的销售数据来看，并购重组可以让联想的年PC销量达到1190万台，这将让联想的PC业务量扩大3倍，成为全球第三大PC厂商，进入世界500强企业之列。

资料来源：

联想收购IBM的PC部门［EB/OL］.（2019-08-02）［2020-10-12］. https：//mp.weixin.qq.com/s/fZ32fXq4cXW13eFEanDaFw。

思考题

1. 试举出国内外并购与反并购的经典案例。

2. "没有一家美国大公司不是通过某种程度、某种形式的并购成长起来的，没有一家大公司是完全依靠内部扩张成长起来的。"结合诺贝尔经济学奖获得者乔治·斯蒂格勒的观点，比较并购与内部扩张式成长的利弊。

3. 企业的并购行为具有哪些特征？

4. 企业并购有哪些类型？举出实例加以佐证。

5. 企业实施并购的原因是什么？并购会为企业自身能力带来哪些改变？

6. 企业并购过程中应当注意哪些风险？

7. 企业并购后如何进行整合管理？

8. 论述企业并购后进行战略性资产要素整合的意义和难点。

9. 论述企业进行并购后的整合管理时内部具体的职能活动。

每章必读

[1] HAAPANEN L, HURMELINNA-LAUKKANEN P, NIKKILA S, PAAKKOLANVAARA P. 2019. The function-specific microfoundations of dynamic capabilities in cross-border mergers and acquisitions[J]. International Business Review, 28 (4): 766-784.

[2] HUMPHERY-JENNER M, SAUTNER Z, SUCHARD J A. 2017, Cross-border mergers and acquisitions: the role of private equity firms[J]. Strategic Management Journal, 38 (8): 1688-1700.

参考文献

[1] STIGLER G J. 1950. Monopoly and oligopoly by merger[J]. The American Economic Review, 40 (2): 23-34.

[2] PETER F D. 1981. The five rules of successful acquisition[J]. The Wall Street Journal, (15): 28.

[3] ROLL R. 1986. The hubris hypothesis of corporate takeovers[J]. Journal of Business, 59 (2): 74-91.

[4] 方芳. 2003. 中国上市公司并购绩效的经济学分析[M]. 北京：中国金融出版社.

[5] 干春晖. 2004. 并购经济学[M]. 北京：清华大学出版社.

[6] 邱明. 2002. 关于提高并购成功率的思考[J]. 管理世界，(09)：146-147.

[7] 任淮秀. 2004. 兼并与并购[M]. 北京：中国人民大学出版社.

[8] 王新驰，刘新华. 2006. 企业并购与重组[M]. 北京：中国商业出版社.

[9] 魏江. 2002a. 基于核心能力的企业购并模式框架研究[J]. 管理科学学报，(02)：41-48.

[10] 魏江. 2002b. 基于核心能力的企业购并后整合管理[J]. 科学管理研究，(01)：31-36.

[11] 阎大颖，洪俊杰，任兵. 2009. 中国企业对外直接投资的决定因素：基于制度视角的经验分析[J]. 南开管理评论，12（06）：135-142.

[12] 张秋生. 2010. 并购学：一个基本理论框架[M]. 北京：经济科学出版社.

[13] 朱宝宪. 2006. 公司并购与重组[M]. 北京：清华大学出版社.

[14] 邹研. 2018. 消费升级趋势下零售类上市公司并购动因及效应分析——以好想你收购百草味为例[D]. 浙江大学.

第11章

国际化战略

>> **学习目标**
- 了解企业实行国际化战略的动机、意义与挑战；
- 了解国际化经营环境；
- 了解基本的国际化战略类型；
- 了解常见的国际市场进入模式；
- 了解研发国际化的相关知识。

开篇案例

万向集团的国际化战略

万向集团是中国跨国企业在美国合法化的典型代表。作为最早一批出海的民营企业，万向集团自1984年通过OEM进入美国市场至今已有30多年。期间，在成功进入美国传统汽车零部件领域的主流市场后，又逐步打入美国新能源汽车领域，多次陪同国家领导人出访的万向集团董事长鲁冠球是唯一来自汽车行业的企业家，并且被两国领导人视作中美合作的典范。

第一阶段：进入美国传统汽车零部件主流市场之前

在万向美国于1994年成立前，美国的汽车零部件产业还没有中国企业，万向美国在注册时就被当地同行奚落"你们还不如养马有前途"。

万向美国初次试图收购当地企业并调整员工假期，遭到了工会的强烈反对，工会声称"即使倒闭也不会让你们中国企业兼并"。歧视和挫败让万向美国逐渐意识到自己没有能力凭借原先的优势获得认可，要想在美国活下去必须去适应美国规则并彻底地融入成熟体系。

万向美国将全面本地化改造作为首要任务。万向美国聘请美国专家盖瑞·威斯尔为首席运营官和首席财务官，在内部建立起一套符合美国金融资本需要的运营体系，重新设计了一整套规范的工作程序。在用人方面，万向美国打破中资企业从国内大量派人的传统做法，在当地招聘人才，按当地标准付薪，并请美国前总统小布什的叔叔担任顾问。这一系列本地化举措让万向美国满足了美国市场对一家普通汽车零部件企业的基本期望。

美国的传统汽车产业格局业已成熟，万向作为一个新生品牌，抢占市场的步伐迈得很慢，开始是收购一些品牌价值高但经营不善的公司。在收购轮毂制造商LT公司时，万向美国不仅没有解雇富余员工还扩建厂房并招收新员工，帮助LT公司渡过了难关。这一阶段，万向美国通过遵循行业惯例、与客户和当地子公司双向的互动和熟悉，逐渐消除了东道国市场与政府对其怀有的疑虑和歧视。

第二阶段：进入美国传统汽车零部件主流市场之后

2003年，万向美国正式成为主机厂的一级供应商。2007年年初金融危机爆发后，汽车产业是受影响最大的产业之一，美国三大汽车公司无一例外陷入困境。原本现金流耐受力就较差的美国企业经受不住冲击纷纷倒下，众多零部件供应商破产，而谨慎的资金管控战略却让万向美国在金融危机中保持坚挺。危机中，万向美国看到了更多机会，此阶段万向美国用自己与总部独有的资源和优势帮助很多危机中的美国企业渡过了难关。

危机中，万向美国收购的企业多是一级供应商，通过帮助它们，万向美国巩固了其在美国的合法性，也让美国市场见识并接受了万向集团的实力。同时，由于在危机中为3 500名美国人保住了工作，万向美国被贴上了"拯救者"的标签，康涅狄格州州长专门寄来感谢信。危机过后，美国1/3的汽车上有万向美国生产的零部件。这一阶段，万向美国将自身与本地企业进行了"区分"，通过有条件地输出自身的流程与产出向评价者展现了自己的组织能力和公信力。

第三阶段：进入美国新能源汽车市场之前

在传统汽车零部件领域站稳脚跟后，万向集团开始向美国新能源汽车领域挺进。在"美国制造"的呼声下，万向美国在2010年建造的太阳能板厂受到了反倾销调查。万向美国在新能源汽车市场上举步维艰，面临来自美国"国家安全"的重重压力。

2012年年底，万向美国协助总部参与竞购美国A123公司。A123公司是美国一家研制和生产锂离子能量存储设备的厂商，曾被美国政府和市场寄予厚望。万向集团承诺全部收购，保留所有岗位。万向集团的收购方案得到了A123首席执行官的高度认可，最终妥善处理了来自外界的危机和质疑压力。这一阶段，万向集团初步建立了在美国新能源汽车领域的合法性。

第四阶段：进入美国新能源汽车市场之后

2013年，万向集团正式进入美国新能源汽车领域。2014年年初，经过多轮角逐，美国批准了万向美国对Fisker电动汽车公司的收购，标志着万向集团全面进入新能源汽车产业。在收购Fisker期间，万向美国同样遭遇了非议，被指责"偷窃美国技术"。然而，Fisker所在的特拉华州州长和议员发表了新闻公告，对万向美国表示支持。美国交通运输部副部长表示，"非常高兴看到 A123 能起死回生，万向成功收购 Fisker 同样非常精彩"。这一阶段，万向集团通过两次成功的海外并购牵动了两个国家的合作，并证实了其组织能力和集团实力，加强了在美国新能源汽车市场的合法性。万向美国高效的整合工作在集团和国家层次都建立了公信力，得到了美国政府和市场对其发展新能源项目的高度认可。

请思考

1. 万向集团采取了什么样的国际市场进入模式？
2. 万向集团在国际化过程中都遇到了哪些困难，是如何应对的？

资料来源：

魏江，王诗翔. 2017. 从"反应"到"前摄"：万向在美国的合法性战略演化（1994—2015）[J]. 管理世界，(08)：136-153。

本章首先讲述国际化战略的意义与挑战，帮助读者全面理解国际化战略的优势、复杂性与局限性。其次指出企业应当在明确自身采用国际化战略的动机、根本利益及国际化经营的内外部条件的情况下识别国际化机遇，并阐明国际化经营中的各类环境因素，具体包括政治与法律环境、经济和技术环境、文化环境及自然地理环境。再次在完成国际化战略的内外部总体分析后，结合实例介绍三种基本的国际化战略，以及进入国际市场的常见模式。最后提出新型的研发国际化的动因及结构类型。

11.1 国际化战略的意义与挑战

11.1.1 国际化战略的意义

国际化战略（International Strategy） 是指企业在本国市场以外销售有价值的产品或服务的策略。随着企业实力的不断增强以及国内市场的逐渐饱和，有远见的企业家们开始把目光投向海外市场。但其内涵不仅包括向国际市场出售产品或服务，更重要的是经营范围和管理经验突破了国界限制，与国际市场接轨，进行经营理念的传递和学习。

目前，大家普遍认同的国际化战略的意义主要有：

（1）参与全球产业链分工，优化产业结构。当今技术水平相近的工业化国家之间的分工飞速发展，企业从而要求国家之间的商品贸易与国际经济合作也能随之尽快发展。

（2）突破贸易壁垒，进入国际市场。中国作为"世界工厂"，产品已经在国际市场上占据相当多的份额。但如果一味地以贸易方式扩大出口，进入国际市场，则必然会受到各种限制。实施战略联盟和跨国并购等其他国际化战略，可以帮助中国企业顺利绕开贸易壁垒，在海外建立营销网络，更好地贴近市场，从而发挥各种优势，增强企业的核心竞争力，使产品进入国际市场。

（3）获取国际资源，降低生产成本。中国资源相对贫乏，且成为世界工厂之后又加大了资源需求与供给之间的缺口。作为世界生产大国，中国的优势在于相对低廉的劳动力成本，但近年来由于印度等新兴国家对世界生产制造环节的介入，导致中国劳动力优势逐步丧失，从而推动中国企业转型升级，降低整体生产制造成本，提高中国企业产品的国际竞争力。

（4）形成国际化企业集团，提高核心竞争力。一个国家的竞争力、产业竞争力最终体现在企业竞争力上。目前，中国企业对外直接投资的目的主要是取得国外技术或获取进入国外市场的权利。中国企业要实现持续发展就必须加速自身改革，不仅要着眼于国内市场竞争，而且要主动出击，走国际化经营的道路。

11.1.2 国际化战略的挑战

11.1.2.1 管理国际化战略的复杂性

虽然国际化战略有如上述所说的诸多好处，但是也伴随着复杂性和更大程度上的不确定性。例如，当企业在几个不同的国家运作时会产生很高的风险，企业会变得很难协调一致并且过于多元化，造成管理成本奇高，甚至超过收益。其他复杂性包括：因跨国公司多为巨头而造成国际市场的高度竞争性；在跨文化环境下，产品是否仍然有魅力；产品价格受到外汇波动的影响，甚至外汇管制政策也能影响国际化战略的成败。

11.1.2.2 国际化战略的局限性

学习如何有效地管理国际化战略，可以提高企业获得正回报的可能性，如提高效益。然而，在一些情况下，国际化战略所带来的全球化和产品多元化会导致回报逐渐减少并趋平，甚至变成负回报。

国际化战略局限性产生的原因包括：首先，地理上不同国家的分散性增加了不同部门之间协调的成本和产品分销的成本；其次，贸易壁垒、物流成本、文化差异和不同国家的其他差异增加了实施国际化战略的复杂性。

制度和文化因素是企业将核心竞争力从一个市场转到另外一个市场的最大障碍。当进入一个新的市场时，企业常常不得不重新设计市场营销方案，建立新的分销渠道。另外，企业还可能遇到不同程度的经济风险，例如不同的劳动力成本和资本性支出，或者不同货币汇率的差异和波动。总体来说，有效地实施、管理和控制企业国际化运作是非常困难的。

每个企业需要管理的国际化运作复杂程度各有不同，并且也会受到管理者应对不确定性和复杂性能力的影响。如果企业在更多友好国家进行多元化，则可以减少中央协调和整合等问题，这些友好国家通常具有的特点是地域相邻，并且文化与母国相似。这样可能会有较少的贸易障碍，东道国法律和风俗习惯可以得到更好的了解，产品能够较容易地适应当地市场。例如，美国企业将业务扩展到墨西哥、加拿大、西欧国家就比扩展到亚洲国家容易得多。

实施国际化战略的企业与东道国政府之间的关系也存在障碍。其原因在于不同国家政府的政策和法律法规存在巨大的差异，因此跨国公司必须学习如何在政策和法律法规存在巨大差异的情况下管理企业。有时，差异导致了过多的问题，从而妨碍企业获得成功。建立战略联盟可以帮助企业应对这一限制因素。与不同国家的企业进行合作，依靠当地的合作伙伴可以帮助跨国公司处理当地的政策、法律法规和风俗等问题。但是与合作伙伴合作经营也不是无风险的，管理与合作伙伴的关系也存在很大的困难。

11.2 识别国际化机遇

11.2.1 采用国际化战略的动机

从亚当·斯密到大卫·李嘉图，经济学先驱们关于国际贸易的叙述为企业的国际化战略打下了理论基础。

企业采用国际化战略有四个基本动机（杨震宁等，2010）：

一是扩大销售范围。本国市场中的竞争基本处于动态中保持平衡的状态，企业如果要扩大自身规模，前提就得是其他企业规模变小；而转向国际市场，特别是处于市场空缺的国际市场，往往可以占据先发优势、享受红利。该国的市场规模、文化、政治、风俗、习惯等因素决定了企业是否进入该市场以及进入的程度。

二是实现更高的资本/生产投资回报率。由于市场的不完善和不成熟，一些发展中国家对基础设施投资较少，同时已有的基础设施投资规模也较小，这就使得对其进行投资的回报率将比较高。但值得注意的是，高收益往往伴随着高风险，市场不成熟的地方政策和产权保护同样不够，企业需要提前做好相应的准备和预案。

三是获取规模经济和学习效应。如之前所述，在不过度多元化的情况下，经营范围的扩大可以带来不同的企业经营经验和规模经济，特别是在产品的设计和制造环节，根据产品在不同国家的相似性和差异性来调整关键资源，可以取得最佳的规模经济效应。

四是获得与地域相关的竞争优势。发展中国家的劳动力成本相对较低，把工厂搬到这样的地区显然是降低成本的好举措。另外，在全球化浪潮的今天，很多国家开始采用对外开放的战略，这就导致很多原来没有开放的新兴市场打开了大门，这样巨大的成长机遇，为国际化战略提供了动机。

五是分散风险和应对不确定性。企业通过在国内外市场建立广泛的经营架构，可以分散风险、应对市场不确定性。当国内市场需求发生改变时，如果只依靠国内市场，那么企业往往会承受较大的损失，但通过对国外市场的开发，可以形成广泛的市场基础，规避集中经营的风险。

六是巩固自身的竞争优势。企业不仅需要在本国市场建立竞争优势，在国际市场也希望通过自身的能力和资源优势确立竞争优势地位。二者是相互影响的，企业在国内市场上确立竞争优势地位之后，其竞争力更强，更能提高企业的综合竞争力，从而为企业在国际市场上的竞争做好准备。

11.2.2　国际化经营的内外部条件

企业国际化经营应具备一定的条件，且这些条件是相互依赖、共同存在的。按照企业内外部的逻辑，企业国际化经营的条件可以归结为以下几点（赵曙明等，2010）：

首先，企业要成功实施国际化战略，其内部条件包括：

（1）具有开放意识、冒险意识、竞争意识兼备的拥有国际化视野和水平的企业家。他们有能力帮助企业拥有国际化视野、国际教育或跨国经营经历，在竞争更为激烈的国际市场中做出正确决策（Madsen and Servais，1997）。

（2）竞争和战略特性的动态能力。当今激烈的外部竞争环境要求企业能够针对全球竞争对手的行动、全球顾客的需求做出快速反应，具有较强的动态能力，在全球竞争中抢得先机，避免国内市场惯性等（Mathew，2003）。

（3）清晰的国际化战略运营逻辑。企业应当依据当前发展诉求、自身条件和能力，将成为跨国公司、超越竞争对手作为目标。在国内资源限制促使企业寻求其他国家资源的情况下，企业可以通过采取网络营销战略、分销战略或品牌战略等对抗其他竞争对手以获取竞争优势。

（4）具备研发、创新和技术变革的规模经济性。原因在于：较高的研发成本要求有较大的国际市场；承担从头到尾的研发要求较快的回报；国际市场上技术较快过时时，持续的创新要求有较大的国际市场（Coviello and McAuley，1999）。

除上述内部条件之外，以下外部条件也能够帮助企业实施国际化战略：

（1）国际市场规模、市场竞争结构及自由化程度。具体是指促进出口和进入国际市场、实现劳动力的专业化分工、实现规模经济、避免直接的和激烈的竞争、国际化经营。

（2）国际市场的生产要素条件。这些生产要素条件具体包括信息、通信与交通技术进展等，它们能够帮助企业减轻资源的约束、消除时间和距离对企业的影响、促进网络化运营、降低成本（McNaughtonr，2001）。

（3）合作伙伴的资源与吸引力。包括解决规模带来的局限性、缩短国际化进程、提高国际化速度、实现在竞争性市场上生存。

（4）满足国际市场当前供应商与采购商需求的能力，维持与其已经建立的关系等。

上述分析基本涵盖了企业成功实施国际化战略的条件，这些条件相互作用，共同影响着企业的国际化进程。因此，企业的国际化战略应该在宏观经济背景下，从企业内部的资源与能力出发，努力提升有利于国际化的竞争优势。

11.2.3　国际化战略的三个根本利益

通过有效地实施一个或多个国际化战略，企业能够从中获得三个根本利益。这些利益能够在企业采用国际化战略时，帮助其获得战略竞争力。

11.2.3.1　扩大市场规模

通过采用国际化战略在本国市场以外的市场建立强大的地位，企业能够有效地扩大潜在市场的规模。一般来说，较大的销量意味着较高的利润，这是因为当单个产品的利润较为固定时，其利润总量与销量存在直接的关系，更深层次地讲，销量的增长还会因产量的增加而导致产品的固定成本降低，从而使企业在扩大销量的同时获得更丰厚的利润。

除星巴克外，家乐福和沃尔玛均是采用国际化战略扩大中国市场的公司。星巴克、家乐福和沃尔玛等公司都发现，有效管理不同消费者的喜好和在不同的市场中与当地传统文化相结合非常具有挑战性。但是，公司还是接受了这样的挑战，因为这可以帮助公司提高潜在的效益。其他公司接受成功实施国际化战略的挑战是因为其在本国市场的成长机会有限，需要进入其他市场尤其是新兴市场。

战略聚焦

可口可乐公司与百事公司之间的竞争就是这样的一个例子，它们在美国当地市场（包括北美）很难得到任何成长机会。大部分企业的成长都发生在国际市场中。国际市场的规模也会影响企业采用国际化战略时所能获得的收益程度。通常较大的市场规模意味着较高的潜在投资回报和较低的投资风险。大多数企业都倾向于在科技知识和人才较多的国家进行投资，其目的是生产出高附加价值的产品。

11.2.3.2　规模经济和学习效应

企业实施国际化战略之后，会使企业规模进一步扩大并取得规模经济，尤其是在生产经营中。从更大的范围来讲，企业通过将其产品的生产、销售、配送和服务过程标准化，在国际市场学习如何将成本降至最低，从而为消费者创造更多的价值。国际市场也为企业转移核心竞争力提供了机会，它为跨越国界的资源和知识共享创造了条件。

 实践链接

空中客车公司和波音公司作为竞争对手，都

拥有众多的生产工厂并将一些业务外包给全球各个公司，其部分原因就是为了发展规模经济，为消费者创造更多的价值。

规模经济（Economies of Scale）是指企业在某一特定区位通过生产和经营规模的扩大而形成的内部规模经济，以及由众多企业在局部空间呈一定规模的聚集而带来的外部规模经济。规模经济在很多行业，尤其是航空、汽车制造业中相当重要。福特公司拥有166 000名员工，遍布全球多个地区（北美、欧洲、中东、非洲、亚太地区）。福特公司在全球参与竞争，计划提高销量，尤其注重亚洲市场的迅速扩大。福特公司致力于提高北美以外市场的年销售额。例如，2013年，它在欧洲的市场份额提高了。根据这一战略，福特公司现在是一体化的国际企业，生产车辆并在全球范围内出售。

靠着不同国家企业之间的资源和知识共享，企业可以在国际市场中发掘其核心竞争力。通过共享资源和知识，企业可以学习如何产生协同效应以达到干中学的效果，将有助于企业以低成本生产出更高质量的产品和服务。

在多样化的国际市场中运行，也为企业提供了学习的机会，甚至在研发方面。企业的能力决定了其创新能力，对于企业长期或短期的成功非常重要。然而，有调查显示，要想在国际化的研发方面占据一定优势，企业必须具备较强的研发体制，通过研发活动获取相关知识。

11.2.3.3 地域优势

实施国际化战略的企业一般在劳动力、原材料或技术费用比较低的国家建立生产工厂，这样可以降低成本。其他地域优势包括获得重要的供应商和消费者。企业一旦获得地域优势，就应该有效地管理其设备，以获得地域优势的最大利益。

地域优势的利益会受到生产成本和运输成本以及国际化顾客需求的影响。另外，文化之间的差异也会影响地域优势和劣势。当进行国际化经营的多国间文化比较交融时，国际交易会比较容易进行。距离会影响企业地域的选择，也会影响设备的管理。

11.3　国际化经营中的环境

11.3.1　政治与法律环境

世界上不同国家有着不同的政治制度与法律制度，这些制度涉及投资行为的难易程度及其安全性，从而直接或间接地影响跨国公司的经营活动，因而是跨国公司管理者决定投资选址的重要评价因素。

政治环境中应考虑以下几方面的因素：东道国对外国企业的态度、政治的稳定性、政府的官僚制度等。

法律环境是指与国际化经营有关的法律，如涉及海外子公司设立的公司法、劳工法、商标法、专利法、所得税法，与竞争有关的法律，与进口有关的法律，投资保护法等；此外，还包括国际法律规范形式的国际公约，如《保护工业产权巴黎公约》《商标国际注册马德里协定》《关税与贸易总协定》等。

11.3.2　经济环境

跨国公司对外直接投资的动机虽然有着很大的差异，但基本上都是以追求经济利益为前提进行的。因此，经济因素是影响跨国公司对外直接投资的直接因素。一个国家和地区的经济是否发达、市场是否成熟、基础设施是否完善对企业进行国际化经营起着决定性的作用。

社会基础设施包括交通运输条件、能源供应、通信设施和商业设施。其中，商业设施包括广告、销售渠道、银行和信贷机构。社会基础设施越发达，跨国公司就越能顺利地在目标国开展投资、生产和销售活动。

11.3.3　文化环境

文化环境是指企业所在的国家或地区中人口状况、人们的处世态度、价值取向、道德行为准则、风俗习惯等构成的环境因素。其中，人口状况包括人口总量、人口增长趋势、人口密度，以及按年龄、性别、受教育程度、职业、城乡和地理位置划分的人口分布状况及变化趋势。

文化环境与政治环境不同，政治环境一般带有强制性，而文化环境则带有习惯性。例如，不同的宗教信仰有不同的文化倾向与戒律，影响着人们认识事物的方式、行为准则、价值观念以及对商品的需求，包括商品的结构、外形、颜色等。

11.3.4　自然地理环境

自然地理环境一般是指非人为因素形成的环境条件，主要包括自然资源、地理位置、地形、气候等因素。

一个国家的地形与气候条件不仅影响着产品的生产和适应能力，还关系到市场的建立与发展。此外，海拔、温度、温差都会给产品的功能和使用条件带来影响。自然资源更是国际化经营必不可少的重要条件。自然资源的位置、质量及可供应量影响着投资规模和技术选择。

11.4　三种基本的国际化战略

国际化战略主要包括跨国战略、多国战略和全球战略三种形式。

11.4.1　跨国战略

跨国战略是指企业将其具有价值的产品与技能转移到国外市场，以创造价值的举措。在大多数跨国公司中，企业总部一般严格地控制着产品与市场战略的决策权。

跨国战略的显著特点是业务经营的多样化和国际市场的多元性。此战略的核心原则是按照最佳区位开展每一项特定的活动，企业的资产和能力是分散的。

跨国战略的优势包括：可以实现规模经济，适应当地市场，共建全球学习的利益。当然，跨国战略的劣势也非常明显，主要体现在跨国战略的可行程度上——由于追求全球协调和满足当地弹性需求这两个目标之间存在本质上的冲突，因此难以实现真正的跨国战略。

11.4.2　多国战略

为了满足东道国的市场需求，企业可以采用多国战略。多国战略是指根据不同国家的不同市场，提供更能满足当地市场需要的产品和服务，即在统一的经营原则和目标的指导下，按照各东道国当地的实际情况组织生产和经营。通常企业以国家为单位进行战略决策，由各业务单元向本地市场提供本土化的产品。多国战略最适合多国竞争占统治地位而具有高度本土化反应的行业。

多国战略的优势包括：可以将企业战略与各

个国家的环境相匹配，从而实现经济价值；可以扩大本地市场份额，因为企业的关注点在于当地顾客的需求。当然，多国战略也存在不可避免的劣势，主要体现为在不同的国家市场上采取不同的战略，会增加不稳定性。除此之外，多国战略是将本国开发出的产品和服务转移到国外市场，但战略本身难以跨越国家边境。因此，采用这种战略的成本较高，无法获得经验曲线效益和区位效益，同时很难促进建立统一的竞争优势。

11.4.3 全球战略

全球战略是将全球视为一个统一的大市场，在全球范围内获取最佳的资源并在全球销售标准化的产品和服务，同时在较为有利的国家里集中地进行生产经营活动，由此形成经验曲线效益和规模经济效益，以获得高额利润。全球战略下，决策者不受民族、国家的限制，考虑在全球范围内实行资源的最优配置，以取得最佳的长期总体效益。企业采用这种战略主要是为了实行成本领先战略。

全球战略的优势在于加强了在各国间的统一协调性，能够集中资源进而获取相对于竞争对手的持久的低成本优势。全球战略注重规模效应，有利于在其他国家发展创新。相应的，全球战略虽然降低了风险，但也可能带来一些负面影响，如放弃本地市场的一些发展机遇，或是因为这些市场难以辨识，或是因为机遇要求产品进行本土化。此外，全球战略对本地市场反应迟钝。全球战略的核心目标是在新的领域最大限度地与竞争对手竞争并取得进展，即使这些领域是不熟悉的。

三种国际化战略的比较及其选择如图 11-1 所示。

图 11-1　国际化战略选择

11.5　国际市场进入模式的选择

企业进入国际市场有五种模式，如图 11-2 所示。每种模式都有其优缺点。进入模式的选择会影响企业国际化战略的成功与否。在多国市场竞争的大型企业通常采用多个或者全部的进入模式。

图 11-2　国际市场进入模式及其特征

资料来源：Hitt et al.（2011）。

11.5.1 出口

出口是指产品或服务的输出，在国内生产，在国外销售。很多企业以出口产品或服务到其他国家为扩张的起点。出口产品或服务并不需要在进口国拥有业务部门，但需要专门的市场营销体系来分销产品。这是较为低级的国际市场进入模式，也是许多企业进入国际市场的第一步。小企业在国际化扩张时最可能采用出口战略。不同于大企业有专人管理汇率，小企业缺少这方面的专业知识。欧盟统一货币有助于欧洲本土的小企业在欧洲市场开拓业务。

出口分为间接出口和直接出口两种模式。间接出口是指企业通过设在本国的各种外贸机构或国外企业设在本国的分支机构出口自己的产品和服务。间接出口的特点是经营国家化与国际化相分离。直接出口是指企业不通过中间机构把生产的产品直接销售给国外的客户或最终客户。

出口的缺点包括高运输成本和进口关税；此外，出口商对其产品在进口国市场营销的控制力度不高，分销渠道的控制更少，不得不支付费用给分销商作为补偿或者允许分销商自我定价。因此，出口商很难通过自身去出口并营销有竞争力的产品或向不同的国际市场提供定制化的产品。但实践证明，成本领先战略可以提高向发达国家出口的比重，而差别战略在新兴市场更加受欢迎。

地理位置相邻可以带来相对较低的运输成本和更多的相似性，企业通常向相邻的国家出口，如欧洲国家形成了联盟，相互之间免除关税等。

总体来说，进入国际市场的小企业要成功降低总成本以保持竞争力，就需要充分了解外汇政策。

11.5.2 特许经营

特许经营是指由特许人准许受许人使用其商号、注册商标、经营管理制度与营销方法等从事生产经营活动的经营方式，即外国企业通过购买许可以达到其在国内或其他国家生产和销售特许产品的权利。通常特许人需要对售出的每件特许产品进行收费，类似于收税。受许人不仅需要承担自身的风险，还要承担投资设备生产等的风险。由此可见，特许经营可能是国际化扩张中成本最低的，特别是在小企业中。

特许经营作为一种进入模式，其另外一种潜在的利益是企业可以在国际市场或当地市场出售企业的创新产品，可以为企业带来更大的回报。通过创新产品，企业能够获得更大的市场份额，这能够抵消产品的研发费用，帮助企业发展。这种创新产品的盈利速度很快，超过了仅仅在国内市场销售的盈利速度。而且，在此过程中，企业的风险很小，并不需要额外的投资费用。

特许经营一般具有以下特征：特许经营是特许人与受许人之间的契约关系；特许人将允许受许人使用其商号、注册商标、经营管理制度和营销方法；受许人自己对其业务进行投资并拥有其业务；受许人需要向特许人支付费用；特许经营是一种持续性的关系。

战略聚焦

肯德基、麦当劳、必胜客等快餐企业都是通过采取特许经营的形式进入中国的。

特许经营也存在缺点：首先，一旦企业将其产品的经营权特许给其他企业，就很难控制其市场营销和产品分销。签订可以保护双方利益的合约，并在合约中明确双方的关系，可以消除这一缺点。其次，特许经营所得的回报最少，因为特许人和受许人要共享所得的回报。最后，当特许经营结束之后，受许人可能学会特许人的关键技术并进行模仿创新，生产和销售具有相似竞争力的产品。

 实践链接

日本小松公司先是通过特许使用了国际收割机公司、比塞洛斯国际公司和卡明斯发动机公司的许多技术，以在土方工程设备方面与卡特彼勒公司竞争。之后，由于存在种种缺点，小松公司放弃了特许经营权，使用从美国公司那里得到的技术开发了自己的产品。由此可见，当公司采取特许经营时应签订全面的合约来保护双方的权益。

11.5.3 战略联盟

近年来，战略联盟成为主流的国际化扩张的方式，"战略合作伙伴"一词耳熟能详。从经济组织形式来看，战略联盟是介于企业和市场之间的一种中间组织，罗纳德·科斯（Ronald Coase）和约翰·威廉姆森（John Williamson）从交易费用理论出发，认为战略联盟的存在是对市场交易费用的节约，企业和市场是两种可以相互替代的资源配置组织。战略联盟的存在模糊了企业和市场之间的界限。战略联盟让同盟企业之间分担了风险，共享了资源，以进入国际市场。这样的联盟能促进企业发展，对企业未来的核心竞争力有正向作用。另外，和本土企业联合形成战略联盟可以使本土企业更加了解合作企业所在国的风土人情及消费者的需求，有助于另一方利用新技术和创新产品在他国打开市场。

从企业关系来看，组建战略联盟的各方企业之间应该是在资源共享、优势互补、相互信任、互相独立的基础上通过事前达成的协议而结成的一种平等的合作伙伴关系。这既不同于附属关系，也不同于交易关系。它们之间来往有平等性，合作有长期性，整体的利益是互补的，组织形式是开放的。

企业在不同的市场环境下发展战略联盟的原因如表 11-1 所示。

表 11-1　企业在不同的市场环境下发展战略联盟的原因

市场环境	发展战略联盟的原因
慢速周期	获得限制性市场的准入、在新市场建立特许经营、保持市场稳定（例如，建立标准）
快速周期	加快新产品和服务的发展速度、加速新的市场准入、保持市场领导力、形成产业科技标准、共担研发风险、克服不确定性
标准周期	获得市场支配权（缓解产业生产能力过剩）、资源互补、建立更大的经济规模、克服贸易壁垒、接受来自其他竞争对手的挑战、为主要项目提供资源库、学到新的业务技术

 战略聚焦

今天我们使用的很多产品都是战略联盟的产品，例如一汽-大众，上海-大众，戴姆勒-梅赛德斯-奔驰。但也不是所有的战略联盟都很稳定，例如索尼与爱立信的战略联盟在很早以前就瓦解了。

 实践链接

**三星利用多元化联盟来减少对
谷歌安卓操作系统的依赖程度**

2013 年，三星表示将出售配载英特尔公司支持的泰泽（Tizen）新系统的移动手机，这是一项减少对谷歌安卓操作系统依赖程度的一项战略，尤其是在网络搜索公司收购摩托罗拉手机制造商之后，摩托罗拉有潜力成为三星的竞争对手。泰泽公司于2012年成立，英特尔、三星、日本电报电话公司和沃达丰集团的高管给予支持，提供了一个开放性资源软件组织，这使得泰泽操作系统可以为移动设备提供服务。由于面对与苹果公司竞争加剧的情形，谷歌更加致力于生产移动硬件设备，这使三星、英特尔和其他公司做出反应，确保它不会过于依赖任何一种操作系统。

三星和摩斯拉也建立了战略联盟，发展新型移动网络浏览器。这将基于安卓和ARM软件体系结构，被称作Servo。有趣的是，摩斯拉在发展移动操作系统上遇到了很多困难。而且，三星似乎担心过于依赖谷歌的安卓操作系统，尽管2012年公司用这款操作系统出货了215 800 000部手机。此外，三星获取了40%的智能手机的全球市场份额，那么它为什么受到开发替代谷歌浏览器的产品及追求发展一种新的移动操作系统的困扰呢？其他多样化证据显示，三星倾向于生产微软Windows手机系统操纵的移动设备。另外，一名分析家认为，这对公司过分依赖安卓操作系统来说是一种阻碍，"三星仍存在战略弱点，因为它依赖的并不是公司自身持有的系统"。

三星还利用联盟发展全球产品产业标准化，降低行业成本。举例来说，2012年，三星建立了无线充电联盟（A4WP），起初在高通和三星中发起，以提高全球无线充电技术的标准，在手机、电器、交通工具和其他设备中得以应用。这更像是一次战略联盟，联盟开始之初，谁也不清楚这项科技会被如何利用。合伙人希望科技的商业化能够产生行业标准。共同发展科技的现状暗示着很有可能该标准会在行业内施行，而不是仅由一个操纵者创建这么简单。

此外，三星通过建立合作关系，销售硬件设施。例如，三星与哈考特出版公司（Harcourt Education）通过三星电子美国分公司建立战略合作关系。三星将与出版社合作发展"关于三星安卓平板电脑设备的教育内容和解决方法"。这次合作将帮助学校学习技术在教育资源方面的应用。同样地，这次合作将促进学校内三星安卓平板电脑设备的使用，而且为学校提供"特殊价格和支持"，帮助其实现移动教育的目的。三星设备将利用教育内容丰富的"学习园地"平台，在全世界推广使用。

从这些例子中可以看出，三星正在利用联盟使其对安卓操作系统的依赖变得多元化，并且在销售基于新操作系统的新设备方面占有优势。同样地，它不仅利用联盟开发新资源，例如无线充电联盟；还分销新资源，如与出版社的合作。因此，三星将联盟作为一种合作战略形式，在众多操作系统中寻求多元化来销售设备，并且与部件供应商、软件（摩斯拉）和销售商（出版社）建立关系。

11.5.4　收购

收购是指一家企业通过产权交易取得其他企业一定程度的控制权，以实现一定经济目标的经济行为。随着全球化浪潮的兴起，跨国并购的数量也在猛增，近年来，就国内来说，万达、阿里巴巴、长江集团、腾讯都在并购外国公司，它们往往通过收购来扩大自身的业务范围与获得进入该国市场的可能性。

战略聚焦

吉利收购沃尔沃，阿里巴巴收购肯德基中国业务……如前所言，收购是国际化扩张最快也是最便利的方式。尽管收购有这么多的好处，但是跨国收购仍有与国内收购同样的缺点，有些缺点甚至会被放大，如与本国企业的文化差异等。

收购的优点是企业可以迅速地进入目标市场。但是它也存在一些不可避免的缺点，例如整合困难、成本高、需要协商；应付目标企业国家的法律法规要求以及获取适当的谈判所需的准确情报，往往是很大的难题；此外，将新企业完全吸收也很复杂。就收购本身而言，跨国收购也不容易，这体现在评估、谈判等过程的拉长，手续也比国内收购复杂。有研究显示，只有20%的跨国收购取得成功，远低于国内收购。

11.5.5 新建全资子公司

新建全资子公司是指建立一个全新的企业。全资子公司是完全由唯一一家母公司拥有或控制的子公司。这是一个复杂、冗长且需要付出很大代价的过程。新建全资子公司的优点在于，母公司对该子公司拥有绝对的控制权。如果子公司在新的国家扎根，那么将可能为母公司带来超额收益，尤其是在子公司拥有大量无形资产的情况下。但是，由于成立全资子公司的成本偏高，相应的风险也变得很高。首先，这种模式可能耗费大量资金，企业必须在内部集资或者在金融市场上融资以获得资金。其次，由于成立全资子公司需要占用企业的大量资源，因此企业面临的风险可能会很高。风险来源之一是目标市场上政治或社会方面的不确定性或者说不稳定性。为了成立全资子公司，母公司需要获取当地市场的PEST（Political，Economic，Social，Technology）相关知识，或者雇用当地人作为管理人员，抑或通过咨询公司（可能咨询费用相当高）了解相关情况。另外，还可以模仿当地成功的企业建立正确的分销渠道，形成属于自己的营销网络。

在一些情况下，企业可能依次采用几种不同的进入模式，从出口到最终成立全资子公司；或者，企业可能在不同的市场采用几种不同的进入模式，但不是全部。总之，进入模式的选择是行业竞争状况、当地社会环境、政府法律法规及企业资源、能力与核心竞争力等多种因素相互作用的结果。

11.6 研发国际化

跨国公司的研发国际化战略要达到三个目标：获取竞争前期研究项目的最佳绩效；迅速将新产品推向国际市场；最大限度地利用并保持竞争优势，满足全球范围内不同顾客的特殊要求。跨国公司因此在全球各地建立海外分支机构，承担不同的职能，并由母国的中心实验室进行统一协调。基于跨国公司研发国际化战略的目标，跨国公司海外分支机构的主要潜在职能则是对不同国家的研发分支机构加以协调，同时获得东道国的创新技术，这特别强调为了企业的整体利益，在全球范围内获取技术资源的重要性。这一过程体现的就是企业的研发国际化。本节主要探讨企业研发国际化的动因和结构类型问题。

11.6.1 研发国际化的动因

11.6.1.1 市场驱动

根据美国学者Serapio and Dalton（1999）对美国跨国公司进行的调查，美国企业对外投资的市场驱动因素可以归纳为：开发适合当地市场的产品，支持母公司在东道国的生产、销售或服务性机构。跨国公司对外投资是对其生产与市场开发的一种支持性投资，其主要目的是通过开发适合当地市场的产品来扩大市场份额。跨国公司对外投资的主要目的是充分利用跨国公司现有的技术和知识存量，开拓国际市场，其主要影响因素是东道国的市场规模和成长潜力。跨国公司对外投资设立的支持实验室的职责是使母公司产品和生产技术适应东道国市场，跨国公司为开发适应海外市场的产品或服务而设立的海外研发机构，比母公司的研发机构更能有效地掌握当地的消费需求与趋势。

11.6.1.2 资源获取

跨国公司实施研发国际化战略是对公司内部关键性资产采取的安全措施，是辅助关键性资产充分发挥作用的行为。跨国公司的本质决定了其海外研发的必然性，而海外研发机构的设立有利于跨国公司获得全球性资源。比如，跨国公司对研发人员日趋增长的需求是20世纪90年代研发国际化最为关键的动因。由于国内研发人员的缺乏或成本偏高，利用海外的人力资源、设施可以降低研发成本，分散研发风险，因此一些跨国公司在印度设立研发机构，使用印度的优势作为母公司的研发平台。由于各国的研发环境和研发资源供给不同，因此研发活动的成本也有所不同，重新选择研发活动的地区可以提高跨国公司的长远竞争地位。

11.6.1.3 信息与政策获得

利用在东道国设立的研发机构来追踪最新的科学技术进展和获得政策性支持也日益成为跨国公司从事海外研发活动的重要动机。法国、爱尔兰和英国都通过提高研发税收政策的优惠幅度来吸引国外研发机构；美国的研发税收优惠政策是其国内税收优惠幅度最大的；印度为那些仅仅涉及商业应用科学的国际化研发企业提供十年的免税期。还有一些国家把设立研发机构作为允许外资进入的条件。当然，除强制性政策外，也有一些国家和地区制定了吸引跨国公司设立研发机构的其他优惠政策。此外，由于各个国家的法律制度不同，有些跨国公司为了逃避国家禁止的科学研究（比如某些生物、化学方面的项目），也会选择政策更加宽松的海外研发地域。

11.6.2 研发国际化的结构类型

基于企业在海外研发区位的自治性和独立性、与总部和当地研发机构的合作、资源配置以及投资资金流向等多方面因素，企业研发国际化的结构可以分成民族中心型、地域中心型、多中心分散型、研发中心型和研发网络型五种类型。

（1）民族中心型。这种结构的主要特点是：跨国公司母国比其海外子公司东道国在相关技术上更具优势，因而企业将其全部研发活动都集中在母国，以确保企业的核心技术作为一种国家财富保留在国内。同时，将其产品生产逐渐扩展到全球其他区位，并实施面向全球的营销战略。

（2）地域中心型。这种结构的特点是：研发活动仍主要集中在母国内，但由于企业对海外市场和当地研发能力的依赖性加大，一方面需要在母国招聘具有研发工作经验的外国技术人员，以增强企业研发的全球意识；另一方面需要派遣研发人员到海外参与研发合作，与当地生产商、供应商和用户加强交流。

（3）多中心分散型。这种结构的特点是：分散在海外的研发机构与当地市场联系紧密，独立性强，有助于充分利用当地的各种资源。但是，由于海外研发机构之间、海外研发机构与总部研发机构之间的信息共享度低，缺乏必要的协调，因此容易导致研发活动重复。

（4）研发中心型，即由位于母国的总部研发机构统筹海外分支机构的研发活动。这种结构的特点是：位于母国的研发机构为各种研发活动的主要实验室，通过长期研发项目和各种资源的配置，对分布在全球的研发机构进行控制和协调。

（5）研发网络型。这种结构最突出的特点是，母国研发机构不再对所有研发活动进行控制，与海外研发机构享有同等的权利和义务。具体表现为：一方面，海外研发机构已转变成一种战略性组织，不仅要跟踪和监测东道国的各种变化，而且要制定相应的研发战略；另一方面，各研发机构之间始终保持灵活的联系，避免了各机构间的重复劳动。

案例阅读

传音手机的国际化战略

据外媒《商业日报》报道，2019年第四季度，中国智能手机品牌在东非市场上持续保持主导地位，其中传音Tecno手机拿下了该地区市场份额的47%，远超其他品牌。

该报道称，国际数据研究机构IDC此前发布的研究显示，中国智能手机品牌在东非市场上广受消费者欢迎。传音Tecno、OPPO、小米、华为及传音功能手机品牌Itel、智能手机品牌Infinix等主导了包括肯尼亚、乌干达和坦桑尼亚在内的庞大东非市场，其手机出货量占该地区手机总出货量的85%之多。

就品牌而言，传音Tecno成为最受东非消费者青睐的手机品牌，而韩国手机制造商三星凭借13%的出货量位居第二。紧随其后的是Infinix，占市场份额的10%，Itel占9%，而中国高端手机品牌华为也在东非市场拿下6%的市场份额。

说到传音手机，似乎境内的消费者对其都很陌生。但事实上，传音手机是总部位于深圳的手机制造商，其主要经营项目几乎全部立足于境外市场，在中国香港地区、中东、非洲等地拥有着广泛的用户群体，常年来雄霸非洲手机市场，揽下了"非洲手机市场占有率第一、全球手机市场占有率第四"的傲人成绩。

目前，传音手机已在非洲市场深耕了七八年，超响亮的公放铃声、四卡四待、拍照不再"只有牙齿"等产品特性，都成为传音手机一大标签，广受当地消费者认同。

最初进入非洲市场，传音面临两大问题：一是前面有着已经在非洲根深蒂固的两大手机品牌，诺基亚与三星；二是那时的国产山寨手机横行，非洲市场不愿意相信山寨手机的品质。为此，传音手机选择了分布走的策略，也就是"农村包围城市"，成功避开了这些手机巨头，从中低端手机入手，从相对贫穷的地方做起。此外，传音在非洲投入了极大的广告营销费用，几乎遍地都能见到传音的楼体广告与品牌专营店，从而在非洲市场树立起品牌可信度。

而其中最为重要的还是手机本身，传音针对当地做了非常深入的调查，产品研发高度重视本地化特色，包括应用本地语言、本地声音、本地审美观等一系列贴合当地市场的措施，洞察非洲消费者的特点与需求。力求本地化和差异化，成为传音在非洲大地站得越来越稳的关键。比如非洲人均收入水平比较低，传音就主打中低端产品，可以让多数人以较低的价格购买到一款智能手机；有些地方用电不方便，传音就发布了超长续航的手机。此外，传音手机多为双卡双待甚至四卡四待手机，传音智能手机可以根据肤色不同有着不同的美颜效果，传音功能手机多数都有手电筒，等等，这些都是根据非洲消费者的使用习惯所做出的改变。

恰恰是传音根据不同目标群体创立的不同手机子品牌，以及优秀的品质和良好的口碑，十多年来传音在非洲市场打下了良好的口碑，而在智能手机领域目前取得了优异的成绩，虽然在国产智能手机领域远没有华为、小米那么有知名度，但其高达1.25亿台的出货量也让很多手机厂商望其项背。另外，传音目前也在积极地开拓其他海外市场，追求未来创造更多奇迹。

资料来源：

[1] 从传音手机成"非洲之王"看国产手机的另类出口[EB/OL]. (2017-06-26) [2020-10-15]. https://m.sohu.com/a/151990436-119778。

[2] 范旦机. 非洲最受欢迎的国产手机：一年卖出2.5亿台[EB/OL]. (2018-12-10) [2020-10-15]. https://baijiahao.baidu.com/s?id=1619448047529331585&wfr=spider&for=pc&isFailFlag=1。

思考题

1. 举出一个具体企业，分析国际化对其带来的意义与挑战，并思考企业应当如何应对挑战。

2. 企业实行国际化经营应当具备怎样的内外部条件？结合实例论述战略选择时机的重要性。

3. 相较于本土经营，国际化经营应当考虑哪些环境因素？

4. 基本的国际化战略都有哪些？结合实例加以说明。

5. 国际市场进入模式都有哪些？结合实例加以说明。

6. 分析不同的国际市场进入模式各自的优缺点。企业应当如何选择？

7. 以一个成功的国际战略联盟为例，分析联盟建立的动机及成功的原因。

8. 结合实例论述企业实行研发国际化的主要动因及方式。

9. 分析比较研发国际化不同的结构类型的优缺点。

每章必读

[1] HITT M A, HOSKISSON R E, KIM H. 1997. International diversification: effects on innovation and firm performance in product-diversified firms [J]. Academy of Management Journal, 40 (4): 767-798.

[2] LUO Y D. 2000. Dynamic capabilities in international expansion [J]. Journal of World Business, 35 (4): 355-378.

参考文献

[1] COVIELLO N B, MCAULEY A. 1999. Internationalization and the smaller firm: a renew review of contemporary empirical research [J]. Management International, 39 (3): 223-244.

[2] HITT M A, IRELAND R D, HOSKISSON R E. 2011. Strategic management competitiveness & globalization concepts [M]. 12th ed. Stanford: Cengage Learning.

[3] MADSEN T K, SERVAIS P. 1997. The internationalization of born globals: an evolutionary process? [J]. International Business Review, 6 (6): 561-583.

[4] MATHEW J. 2003. Competitive dynamic and economic learning: an extended resource-based view [J]. Industrial and Corporate Change, 2 (1): 115-145.

[5] MCNAUGHTONR B. 2001. The export mode decision-making process in small knowledge-intensive firms [J]. Marketing Intelligence & Planning, 19 (1): 12-20.

[6] SERAPIO M G, DALTON D H. 1999. Globalization of industrial R&D: an examination of foreign direct investments in R&D in the United States [J]. Research Policy, 28 (2-3): 303-316.

[7] 杨震宁, 李东红, 王以华. 2010. 中国企业研发国际化：动因、结构和趋势[J]. 南开管理评论, 13 (04): 44-55.

[8] 赵曙明, 高素英, 周建, 等. 2010. 企业国际化的条件、路径、模式及其启示[J]. 科学学与科学技术管理, 31 (01): 116-122.

第 5 篇
战略实施、结构建设与战略评估

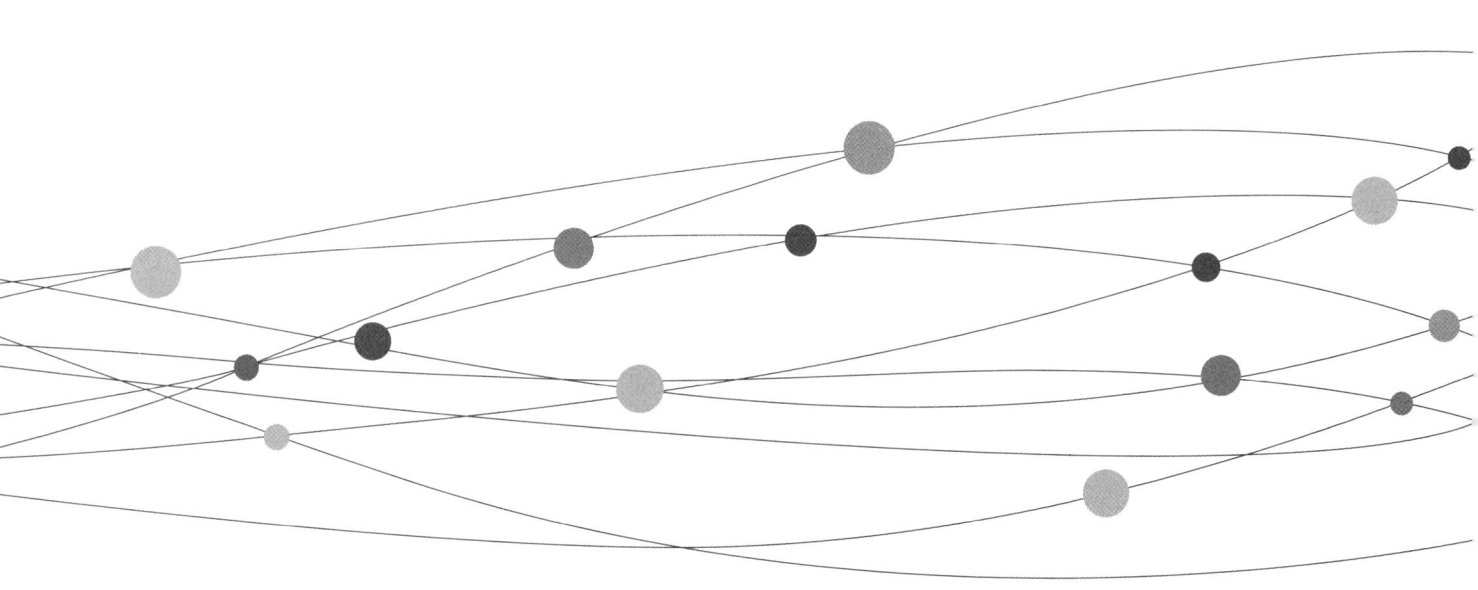

第12章
组织结构、平台与生态系统

>> 学习目标

- ➢ 明确战略和组织结构的关系；
- ➢ 了解组织结构和组织控制的基本概念；
- ➢ 熟悉简单结构、职能型结构、多部门结构、网络结构等组织结构的发展模式；
- ➢ 了解平台和商业生态系统等组织结构发展的新趋势。

➲ 开篇案例

谷歌——互联网时代的组织新标杆

互联网时代下，企业纷纷推进组织结构变革，步入"网络化战略"的新阶段。企业边界模糊化、组织结构扁平化成为企业发展的新趋势。谷歌创新型组织的构建，是谷歌保持持续创新动力的重要原因。从以下几个方面，我们可以初探这个"创新永动机"的一角。

轻松愉快的创新环境

在谷歌像游乐园一样的办公室里，巧克力、懒人球、巨型积木、电动滑板车或GreenMachine车（一种儿童的玩具车），甚至宠物狗随处可见，根本不像是一个高速运转的科技公司。在谷歌，工作就是生活，轻松愉快的工作环境成为创新意识的孵化器，造就了无穷的创造力。

灵活高效的工作方式

将有智慧、有激情的员工针对关键问题，分

成3至5人的小团队，形成扁平化的组织，以海量的计算资源和数据为支持，同时允许工程师抽出20%的时间根据兴趣自己确定研究方向。这是谷歌组织结构的基本原则。这种小团队蕴涵着深刻的道理：在庞大的组织中，总有很多"聪明人"可以轻松"混"下去，即便是复杂的绩效考核也对这类人束手无策。但是小团队容不得"聪明人"浑水摸鱼，必须全力以赴才能被大家认可。小团队在激发全体成员创造力的同时，也使小范围的绩效考核结论更加客观。小团队的工作方式成就了谷歌著名的"自下而上"的创新，给谷歌带来了新鲜的创意和活力，而这些特质正是一家快速发展的科技公司最宝贵的创造力所在。

新颖实用的战略工具

谷歌有个内部交流的网络平台，这个平台不仅能够实现信息交流的功能，还鼓励工程师们将自己的创新点子放在这里，由其他人对这些点子做出评价和建议，使这些在20%的时间内自由发挥的结晶有可能落实为具体的产品。当由这些好点子发展而来的产品足够完善时，就会被放在Google Greatiwe Lab里，征集用户体验和反馈。

平等，授权，自下而上的组织结构

谷歌的组织结构非常扁平化，只有总裁、总监、经理、员工四个层级。当然，除去结构上的扁平化，更难得的是文化上的扁平化。据谷歌中国工程师郑欣的回忆，他参加的第一次技术讨论是在李开复的办公室里进行的。办公室很小，只有四把椅子，参加的人有六七个，于是他与另外一个老同事就一起坐在了总裁的办公桌上。

人性化的工作环境、小团队的工作方式、新颖实用的战略工具、扁平化的组织结构，在这些政策的激励下，谷歌团队不断创新，产品已经从当初单纯的搜索服务扩展到新闻、地图、图书等多个领域，并且开始全球化运营，诞生了一系列如Gmail邮箱、Orkut这些对谷歌未来发展有重大意义的产品和项目。

请思考

1. 谷歌的组织结构有哪些特点？

2. 谷歌的创新型组织结构对于其他企业、行业有哪些启示？有哪些组织结构的形式值得其他企业借鉴？

资料来源：

CLAIRE LIU. 2008. 向谷歌学习持续创新[J]. 化工管理，(1)：93-94。

本章首先明确战略和组织结构之间的双向互动关系，并对组织结构、组织控制的基本概念进行解析；其次梳理战略和组织结构的发展模式，包括简单结构、职能型结构、多部门结构和网络结构等，并分析战略与组织结构之间的匹配。最后面对从"赋权"到"赋能"的组织管理方式转变，对平台、商业生态系统等组织结构发展的新趋势进行简单介绍。

12.1 战略和组织结构的关系

组织结构（Organizational Structure）指明了企业的正式报告关系、程序、控制和权威以及决策制定过程。组织结构是管理者设计的用以分配任务、配置资源和协调部门关系的框架，包含了一家企业的职权层级体系、组织单元和部门及其内部活动的协调机制。

战略与组织结构的协调一致对于企业战略的实施和绩效的提高具有重要的作用。战略与组织结构存在互利关系，且互相影响。战略被定义为企业长期基本目标的决定，以及为贯彻这些目标所必须采纳的行动方针和资源分配。组织结构则被定义为为管理一家企业所采用的组织设计。

Chandler（1962）指出，战略与组织结构之间的关系是以"结构跟随战略"为基本出发点，战略决策导致组织结构变化。对杜邦、通用等四家创造多部门结构的先驱企业的分析表明，扩张战略必须有相应的结构变化跟随。一家企业面对新的机会（进入相关的产品市场和地理扩张）可能采取扩张战略，但这个战略的目标越是远大，发展一个能够协调投入流量和产出分配的管理结构就越是关键，因为只有与新战略相适应的组织结构才能协调多样化和复杂化的企业生产过程，从而证明大规模投资的合理性。

战略具有先导性，企业战略的变化要快于组织结构的变化，而组织结构因为组织惯性和管理人员的抵制，往往慢于企业战略的变化。"结构跟随战略"的原则表明，企业不能从现有的组织结构的角度去考虑战略，而是应该根据外部环境的变化制定相应的战略，并根据制定的战略调整企业的组织结构。战略—组织结构关系的本质就是企业战略的变化要求企业改变其完成工作的方式。企业组织结构一定要适应企业实施战略的需要，它是企业战略贯彻实施的组织保证。当企业战略与组织结构协调一致时，组织结构将有助于企业战略的有效实施。

然而，组织结构并不是单方面被动地受制于战略，组织结构也会影响战略，组织结构能够导致新战略的产生或战略调整。一旦战略既定，组织结构会影响现有的战略行动和有关未来战略的选择。在"结构影响战略"原则的指引下，企业必须积极主动地纠正与既定战略实施要求不符的组织结构。Hall and Saias（1980）指出，组织结构不仅影响组织对其环境和自身能力的认知，而且决定了组织将采取的反应方式。组织结构不仅提供了当前业务运作的框架，而且规定了战略信息传递的渠道，并对经营领域调整、资本调拨等决策产生潜在的重要影响。这些研究揭示出战略与组织结构之间存在双向的乃至更加复杂的相互作用关系。

因此，正确地认识战略与组织结构之间的关系非常重要。一方面，当外部环境变化时，企业应当及时调整战略，不能过多地考虑现有组织结构的特点并将其作为制定战略的基础；另一方面，要充分考虑组织结构对战略的适应性和组织结构的滞后性，不要急于求成。总之，企业应当保持战略与组织结构之间的动态适应关系。

12.2 组织的结构和控制

12.2.1 组织结构

"组织"一词源于希腊语"Organon"，意指工具或手段。组织是通过设计组织内部的结构和维持个体之间的关系，使组织成员能为实现组织的目标而有效、协调地工作的过程。组织职能的本质就是如何合理而有效地进行分工与合作。

组织结构是描述组织的框架体系，是组织内部工作要求的正式安排。组织都具有一定的结构，以保证组织成员可以有序、系统地开展工作。组织结构可以是传统的、封闭的、固定的，要求每个员工都必须严格遵守其行为准则；也可以是开放的、灵活可变的，给员工以更多可自由支配的时间和空间。前者更有利于组织运作效率的提升，而后者更有利于促进创新性想法的产生。组织的绩效在很大程度上取决于能否设计出合适的组织结构。组织结构的设计就是为实现其目标而对各种活动和职责进行划分，将它落实到组织中的每一个人，并确定对组织中各种活动进行协调与控制的手段和方法。理想的组织结构必须发挥三大作用：①使各级管理者能适时获得信息，以减少决策时的不确定性因素；②让每一个组织成员都拥有足够的职权，能顺利、有效地完成工作；③能规范成员间的关系，以确保所有任务在井然有序的情况下得以分派、督导与完成。

组织结构需要根据组织自身的特点、发展的目标及所处外部环境的特点等情况来设计。在进行组织结构设计的过程中，需要考虑的议题主要有五个方面：专业化分工与整合、命令链、授权、正式化及管理跨度与组织层次，如图 12-1 所示。

图 12-1　组织结构设计需要考虑的议题

12.2.1.1　专业化分工与整合

在设计组织结构时，首先需要考虑如何进行工作流程的分工，以及采取多大程度的分工。1776 年，亚当·斯密在著名的《国富论》中提出，通过专业化的劳动分工将工作流程分解为更细小的任务，可以提升组织的效率、获得更大的经济优势。专业化分工的本质就是将某一整体活动或流程分割成许多不同的单一任务和步骤，分别由不同的员工来完成。

组织在进行结构设计时，要根据内外部条件来实现分化与整合的平衡。高度分工和专业化的组织结构要比简单分工的组织结构复杂得多。随着分化程度的加剧，管理者将会面对越来越多的协调和沟通方面的问题，组织就需要进行整合。

信息化在组织的整合过程中发挥了重要的作用。通过构建信息化的基础设施，组织可以实现部门间的信息整合与即时沟通。整合的信息系统可以帮助管理者更好地进行部门间的协调工作，使沟通协调工作更加快速、便捷与准确。除技术条件外，要想实现良好的组织整合，组织还要构建有效的水平关系（Lateral Relationship）。这就可以使个人或团队进行跨部门的沟通与决策，更加迅速地解决不同部门间的冲突和问题。而且有的组织已经设立专门的整合管理者（Integrating Roles）来进行组织内部的整合工作，协调具有相互依赖关系的各部门（企划、研发、生产、销售）间的关系，消除部门间可能产生的冲突，凝聚各部门的力量以完成较大型且复杂的任务。常见的整合管理者角色有产品经理、品牌经理、项目经理等。

12.2.1.2　命令链

命令链（Chain of Command）是指组织内自上而下的职位和权力关系，使每位组织成员都清楚自己应向谁报告，同时也知道有谁向自己报告。命令链代表着组织内部正式的沟通渠道，形成壁垒分明的部门与层级。清晰的命令链有助于组织成员明确自己的权责。在传统的、官僚的组织中，往往存在非常明确的命令链，并要求组织成员严格按照命令链进行相关的活动，不提倡跨级报告。但是，这可能导致组织高层难以了解来自最基层的实际情况，打击员工参与的积极性，并扼杀组织成员的创造力。

12.2.1.3　授权

授权（Authority）是组织结构设计中另一个重要议题。授权就是上级将自己的职权通过命令链分派给下属，使下属在执行相关任务时无须事事请示，以便能迅速完成任务。在管理学的最初阶段，授权的幅度往往比较小，权力基本全部集中在少数几个高层管理者手中。随着管理学理论的发展、组织规模的扩大，人们逐渐意识到向下级授权的重要性。更多的授权可以给予下级员工更多的自由发挥的空间，更多地激发他们的责任心和创造力。权力与责任是相伴的，对下属授权的同时也必须要求他们承担一定的责任。授权若不要求承担责任，则容易造成滥用权力的后果。

12.2.1.4 正式化

组织结构设计还需要考虑其正式化的程度。正式组织（Formal Organization）是指具有一定的结构、共同的目标和特定功能的行为系统。正式组织也有灵活性，也应给员工更多的自由与民主，以更好地利用创新型人才。组织结构越正式就意味着组织行为的指导规则越清晰，员工间的关系越规范。组织管理学家已经开发出多种科学管理的模式或体系来协助管理者在复杂的组织系统中进行理性的组织结构设计，例如目标管理（Management by Objective, MBO）、计划及预算系统（Plan Programming and Budget System, PPBS）、项目计划评审技术（Project Evaluation and Review Technique, PERT）等。这些正式化的管理技术都旨在将组织的抽象行为可视化，增进管理者对关键性工作流程的了解和掌握。

非正式组织则是指由人们互相联系而自发形成的个人和社会网络。对非正式组织存在的原因、方式的研究属于社会心理学的范畴。尽管非正式，但其对整个组织的稳定、创新等多方面都有重要的作用。管理者必须注意正式组织中的非正式组织，避免与之发生矛盾，并尽力利用好非正式组织。

12.2.1.5 管理跨度与组织层次

组织结构设计的最后一个重要议题是管理跨度与组织层次问题。管理者能够有效地监督和指挥的直接下属人数是有限的。那么，管理者就应该慎重地确定自己的管理跨度（Span of Management）。适当的管理跨度取决于多方面的因素，例如工作类型、管理者的能力、下属的能力等。不同的管理跨度各有优缺点（见表12-1），管理跨度并没有恒值，不同的组织应该根据具体的情景和内部条件来确定适合自己的管理跨度。

表12-1 管理跨度的优缺点

跨度	优点	缺点
窄跨度	严密的监督	过多地参与下级工作
	严密的控制	管理的多层次
	上下级之间联络迅速	最底层与最高层之间距离过长，多层次引起的高费用
宽跨度	必要的授权	上级负担过重，容易成为决策的瓶颈
	明确的政策	上级有失控的危险
	管理人员具备特殊的素质	下级人员素质参差不齐

与管理跨度直接关联的就是组织层次。一般来说，管理跨度越小，组织层次就越多；反之则相反。很多组织把部门与部门层次的明确性和完整性作为组织结构效率的衡量标准，但等级和多层次本身并非完全有利于组织绩效的。组织层次的增加将导致管理者和协助管理者的工作人员的增加、协调各部门活动的增加及相应费用的增加，也会使沟通更加复杂，使组织的计划与控制复杂化。多层次的组织通过自上向下传达目标、计划和政策要比最高管理者直接与员工联系的组织困难得多，还可能发生信息的扰乱和失真。

12.2.2 组织控制

企业战略实施的结果并不一定与预定的战略目标相一致，要使企业战略能不断适应变化的环境，还必须加强组织控制，以使工作按原定的计划进行，或适当调整计划以达到预定的战略目标。一般来说，管理中的控制职能主要是指在企业战略实施过程中，检查企业为实现战略目标所进行的各项活动的进展情况，对下级的工作进行衡量、测量和评价，把它与预定的战略目标和绩效标准相比较，分析产生偏差的原因，并通过反馈机制对战略实施、战略方案或目标等进行修正。组织控制的合理设计可以帮助企业识别有助于提高经营绩效的行为。

12.2.2.1　确定控制标准

控制标准用来确定战略实施结果是否达到预定的战略目标。组织应当确立控制对象、明确控制重点，并制定控制标准。控制标准进一步可分为定量标准和定性标准，前者是控制标准的主要形式，后者主要是有关服务质量、组织形象等难以量化的标准。

12.2.2.2　衡量实际绩效

通过一定的测量方式、手段和方法，监测企业的实际绩效，并将企业的实际绩效与控制标准对比，进行偏差分析和评估。在衡量实际绩效的过程中，应注意通过衡量绩效标准的客观性和有效性，确定适宜的衡量标准，并建立信息反馈系统。在偏差分析中，首先要了解偏差是否在标准允许的范围之内，在分析偏差原因的基础上进行改进；若偏差在标准允许的范围之外，则应深入分析产生偏差的原因。

12.2.2.3　采取纠偏措施

针对产生偏差的主要原因，在纠偏工作中采取的方法主要有：第一，对于由工作失误造成的问题，控制工作主要是加强管理、监督，确保工作与目标接近或吻合；第二，对于计划或目标不切合实际，控制工作主要是按实际情况修改计划或目标；第三，若组织的运行环境发生重大变化，使计划失去客观的依据，则控制工作主要是启动备用计划或重新制订新的计划。

管理人员可以运用组织职能重新分派任务来纠正偏差，也可以采用增加人员、更好地选拔和培训下属人员或是解雇不合格员工、重新配备人员等办法来纠正偏差。此外，管理人员还可以对工作做出更全面的说明和采用更为有效的领导方法来纠正偏差。

12.3　战略和组织结构的发展模式

根据结构形式的不同，组织结构主要可分为简单结构、职能型结构、多部门结构和网络结构等。随着信息时代的到来，企业组织环境和条件因信息技术的加速发展与普及运用而发生巨大变化，面向信息时代创新组织形态或组织结构已成为"潮流"。依据雇佣关系确定的以"赋权"为特征的组织管理方式和机械式（Mechanistic）的组织结构逐渐向平台与自组织结合的以"赋能"为特征的组织管理方式及组织机制转变。

12.3.1　简单结构

简单结构（Simple Structure）也称为直线制组织结构，它是低复杂性、低正规化的，职权集中在一个人手中，也是最早使用、最简单的一种组织结构。在简单结构下，所有者制定所有的决策并监督所有的活动，而参谋人员仅仅是经理人员监督授权的延伸而已。它是一种"扁平"的组织结构，组织中通常只有两三个纵向层次，有一个松散的员工队伍，企业的决策权集中在某一个人手中。

简单结构设置简单、权责分明，优点是便于统一指挥、集中管理、反应快速、灵活、运营成本低。简单结构的主要缺点是它只适用于小型企业。随着企业的成长和规模的扩大，管理工作日益复杂，这种低正规化和高集权度的结构会导致信息全部集中于高层，决策制定变得日益缓慢。此时，仍然采取简单结构就不再合适，领导者因经验、精力不及而顾此失彼，会导致企业停滞不前。简单结构的另一个缺点是所有的事情都依靠领导者的判断，因此企业管理具有较大的风险。

12.3.2 职能型结构

职能型结构（Functional Structure）中包括首席执行官和生产、营销、财务、研发、工程与人力资源等组织关键领域的职能经理人员，职能型组织结构也被称为 U 型结构。生产、营销、财务、人力资源等是组织典型的专业化职能活动。如果组织依照专业化的职能来划分部门，将性质类似的工作设置在同一个部门内，即形成按照职能划分的部门（见图 12-2）。职能型结构考虑到了职能的专业化，因此有助于每一职能领域内部积极地共享资源。按照职能划分部门是组织活动中使用最广泛的方法，几乎所有企业组织结构都存在或曾经利用过这种形式。

按照职能划分部门最大的优点在于合乎一般逻辑。按照职能划分部门，相同业务属于同一部门，可以进一步提高管理的专业化程度，通过专业化实现工作的高效率。这也可以帮助组织实现规模经济效应，减少人员和设备的重复配置，从而更有效地利用资源。职能部门内的知识共享有助于职能专业人才形成清晰的职业发展路径，并促进他们所拥有的技能的发展。此外，这还可以帮助高层管理者保持组织内部的权力和威望。

图 12-2 职能型结构举例

虽然按照职能划分部门的模式对组织发展做出过很大的贡献，但目前来看，它有很大的局限性。在全球化的进程中，单纯按照职能划分部门就难以有效地发挥作用，必须有地区性的组织活动来予以支持。此外，职能部门的划分可能降低组织活动的整体性。不同职能部门的成员常常关注于自己职能部门的目标，而不能把组织看成一个整体。职能导向会对代表组织不同职能部门的人员之间的沟通和协调产生不利影响，不同职能间利益的不同导致了各职能间不断地发生冲突，只有高层管理者才具有全局视野。另外，这种部门化方式使得组织难以适应环境的变化。最重要的是，由于不同职能部门内的成员只关注于某一个职能方面，因此会限制管理者和组织成员的全面成长，对培养高层管理者十分不利。职能经理们只专注于其职能部门的狭窄局部，与其他职能部门的接触非常有限，这种结构难以为企业有效输送有全局观的高层管理者。

12.3.3 多部门结构

随着企业进一步成长和成功，企业经常会考

虑更大规模的多元化战略，试图利用职能型结构管理实行高度多元化战略的组织将带来严重的协调和控制问题。多部门结构（Multidivisional Structure，也称为 M 型结构）根据企业经营业务的不同将组织分成若干个自治单位，企业所经营的每项业务都通过一个事业部来完成，每一个事业部代表了一个独立的业务，而且事业部内部拥有自己的职能层级，企业高层管理者将日常运营和业务单元战略的责任与权力授予事业部经理（见图 12-3）。多部门结构是美国企业管理专家阿尔弗雷德·斯隆在 20 世纪 20 年代初担任美国通用汽车公司副总经理时设计的，因此也被称为"斯隆模型"。多部门的管理原则是"集中政策，分散经营"，事业部经理拥有充分的战略和运营决策权力，同时对全面绩效负责。这些事业部是组织结构中真正的盈亏中心，企业的利润和亏损都在事业部层面核算。

图 12-3　多部门结构举例

资料来源：霍斯克森等（2019）。

不同的企业在定义事业部时有不同的标准。例如，通用电气根据生产和销售的产品类型来定义事业部（如电子消费品、核能产品、医疗影像等）；雀巢根据业务的经营区域来定义事业部（如北美、南美等）；通用汽车根据产品的品名来定义事业部（如凯迪拉克、雪佛兰、别克等）。无论采用什么标准界定，每个事业部都应该大到可以代表某项业务，同时也小到可以让事业部经理能够有效地管理。总部保留预算、人事任免和重大问题决策等权力，作为外部监管者协调和控制事业部的活动。各个事业部在经营管理上拥有很大的自主权，对总部负有完成利润计划的责任，内部经营管理具有较大的独立性。多部门结构的内部往往包含着职能型结构。

多部门结构的优点在于：第一，各事业部拥有自主权，有利于调动各事业部的积极性和主动性。事业部经理对其分属部门的产品和服务负完全责任，这使得多部门结构更关注各事业部经营的结果。第二，多部门结构是培养高层管理者的有力手段。与职能型结构不同，事业部经理在经营过程中可以获得广泛的经验和技能、培养全局视野，为管理人才的成长创造良好的机会。第三，多部门结构提高了管理的灵活性和适应性，同时也使总部人员从日常运营事务中解放出来，从而专注于长期的战略规划。

多部门结构的缺点在于活动和资源可能出现重复配置。例如，每一个事业部都设有一个销售部门，这种职能的重复配置导致了成本的上升和效率的下降。此外，各事业部利益的独立性也增加了高层管理者对各事业部管理的难度，容易产生以各自为中心、不顾全局的本位主义，忽视长远的整体利益。多部门结构还对集权与分权的关系比较敏感。

12.3.4　网络结构

20 世纪末、21 世纪初，信息技术得到极大发展，经济的全球化和一体化趋势加强，组织面对的是一个更加动荡的环境，需要灵活和快速的反应来应对不断变化的业务需求。组织结构设计面临更高的要求，如顾客导向、敏捷性、弹性、社会响应、创新和效率的平衡、环境敏感性等。为响应这些要求，组织结构形式呈现两个特征：

一是组织间合作的频率大大增加，横跨地区、行业、价值链的合作伙伴关系不断涌现；二是战略性外包增加。随着互联网时代的到来和进一步发展，快速响应市场、更加贴近顾客需求、迅速创新、改善产品和服务等，成为企业新环境下追求的目标。网络结构（Network Structure）的组织结构设计突破了传统组织结构的层级特征，只保持很小的中心组织，通过与其他企业和供应商订立合同，由它们从事制造、分销、营销或其他关键的业务经营活动。在网络结构中，有很大一部分职能都是组织从外部"购买"来的，这给组织管理者提供了高度的灵活性，并使组织可以集中精力做它们最擅长的事。这种结构的灵活性在于，管理者可以快速利用新技术、开发新市场，因为这种组织往往根据自己的需要"租用"人员、制造设施及服务，而非自己"拥有"它们。因此，网络结构的组织管理者具有更强的适应性和应变能力。

网络结构的优点主要有三个：第一，灵活性强，网络结构中的人员、决策权限、角色和领导关系可以根据需要随时改变；第二，网络结构减少了行政层次，增加了上下级间的直接联系，可以减少信息失真；第三，网络结构能够充分发挥员工的合作和自主意识，激发员工的积极性。

面对互联网时代的变化对组织提出的新要求，传统层级式的组织结构难以符合时代需求，因此平台结构、分布式组织、区块链结构等多样化的网络结构逐渐兴起，往往由小型、半自治、为某一特殊目标组合起来的小组组成。网络结构使经营、协作、协调、合作变得更加容易，有利于发挥每位管理人员的积极性，提高组织效率和灵活性。

12.4 战略和组织结构的发展新趋势

20世纪80年代以来，世界经济呈现全球化、网络化、知识化和信息化的发展趋势。信息时代平台、商业生态系统等创新的组织结构成为"潮流"。随着平台战略的不断发展，平台公司建设起了新的商业生态系统，其作为资源的统筹分配方，不断优化生产者与消费者之间的连接模式和效率，最大化整个生态系统的价值。随着产业边界不断融合与变动，市场、制度、顾客需求的多样化成为当今世界的主要特征，企业经营环境表现出极强的动态性和复杂性，并由此衍生出一种不同于工业经济的新的经济形态。企业组织本质上是一个复杂开放系统，具有有机性、整体性、系统性及其边界的开放性、动态性、渗透性等特征，这些特征要求我们摆脱静止的、线性的和孤立的研究方法，代之以生态视角、进化的方法来研究企业组织问题。因此，组织生态学、进化经济学思想在企业组织结构设计和变革的研究中也发挥了重要的作用，企业和环境共同进化的视角成为新的重要趋势。

12.4.1 平台结构

平台是一种通过连接两个或更多群体、满足多方需求并实现盈利的第三方链入系统。伴随着大众创业、万众创新的蓬勃发展，"互联网+"、平台经济、分享经济已成为引领创新创业和组织转型升级的"风向标"，平台的作用及其产生的网络效应备受学术界和产业界的关注。百度、腾讯、阿里巴巴、脸书等互联网公司逐步进入了以零售、石油、银行等传统行业为主导的资本市场前列，同时以这些互联网公司为代表的平台模式亦成为传统产业组织在互联网时代转型的参照模式。组织平台化有利于促进企业敏捷应对市场环境的动态变化，在低成本条件下进行试错和快速创新，以及易于实现规模扩大和业务迅速增长等新竞争优势。成功的平台战略的精髓在于，基于价值共创理念，打造一个完善的、成长潜能强大的"平台生态圈",拥有独树一帜的精密规范和机制系统,能有效激励多方群体之间互动。比如,阿里巴巴旗下的电子商务平台淘宝网连接了商品零售方与买方,并通过种种方式让双方频繁互动。除阿里巴巴之外,依靠打造平台而获得巨大成功的公司还有亚马逊、易趣、优步、爱彼迎,等等。

平台公司建设的新的商业生态系统包含平台**所有者(Owner)、提供者(Provider)、生产者(Producer)、消费者(Consumer)**四类角色(见图12-4)。平台战略的制胜之道可以概括为有能力为各方提供最多利益,最能满足各方需求。提供者是指支持平台界面运行的服务商,比如手机制造者;生产者是指创造内容和服务的一方,比如软件开发方;消费者是指购买平台上的内容和服务的群体。生产者、消费者在平台上进行价值交换与数据交换。作为平台所有者,阿里巴巴等公司不再是资源的控制方,而成为资源的统筹分配方。其业务核心从优化自身的生产和供应链条转为优化生产者与消费者之间的连接模式及效率,进而将满足顾客价值提升为最大化整个生态系统的价值。

图12-4 平台商业生态系统中的四个角色

美创平台:变革时代美的集团的开放式创新探索

2015年9月12日,经过长达半年多的酝酿,作为美的集团创新战略下首个重磅项目的美创平台1.0终于落地。作为综合性的公共创新平台,美创平台1.0既可以提供线上需求发布、线上解决方案、线下资源交易等基础服务,又可以让大众参与创新、研发及测评全过程。更关键的是,这一平台可以作为创新、创业的孵化器,整合内外部资源,培育新的项目和产品。

美创平台主体分为众创、需求解决方案、孵化器三大板块。众创是指利用大众的智慧促进创意的转化,大众发布创意,由大众来评议完善,创意发布者还有机会参与创意转化产品的成果分享;需求解决方案是指充分利用全球的资源解决问题,线上发布需求,线上提供解决方案,精准匹配后在线下进行资源交易;孵化器是指在全球范围内征求孵化项目,线上申请项目,美创平台提供资源,线下进行项目对接,实现资源共享、互利双赢。

美创平台上线后,积极推进跨界合作,实现优势互补,寻找新的创新点。截至2016年年初,累计征集到230个需求、750个创意、120个技术方案,并与300多家企业建立了合作伙伴关系。目前,已有多家国内外知名高校和科研机构、几十家优质孵化器成为平台的合作伙伴。例如,美的集团与麻省理工学院、加州大学伯克利分校、浙江大学、清华大学、中国科学院等国内外著名高校和科研机构合作,大力推进创新战略,让研究成果走出了实验室,转化成实实在在的产品和服务。同时,美的集团也通过与通用电气、联合利华、华大基因研究院、科大讯飞、中科奥森等国内外一流科技企业进行合作,在传感器、人工智能、健康管理、环境保护等领域开拓了一批创新产品和创新体系。

资料来源:内部资料(美的集团提供)。

12.4.2 分布式组织

分布式组织是一种动态的、去中心化、高度授权、高度自治、基于任务而产生的组织，能适应瞬息万变、多元复杂的新环境。分布式组织主要具有以下几个特点：多中心、分散控制；高授权、高自治；灵活机动、快速应变；团队基于任务构建；可能存在自组织、自适应机制，具有高免疫力；组织内部、外部无边界。分布式组织的特点也对分布式组织的构建提出了相应的要求：首先，分布式组织的高度自治对组织成员提出了一定的要求；其次，因为分布式组织中团队基于任务构建，建设分布式组织的组织关联和协同显得尤为重要。所以，分布式组织需要通过打造独立个体、构建团队、协调团队间合作三步来构建。分布式组织下的组织关联和协调往往基于统一的价值观基础平台、共享的信息平台及组织赋能平台，从而实现组织内分散与聚合之间的平衡，更好地应对组织所面临的不确定环境。传统组织结构与分布式组织结构如图12-5所示。

（a）传统组织结构　　（b）分布式组织结构

图 12-5　传统组织结构与分布式组织结构

12.4.3 区块链结构

区块链是一个分布式的共享数据库，具有去中心化、不可篡改、全程留痕、可以追溯、集体维护、公开透明等特点。这些特点保证了区块链的"诚实"与"透明"，为区块链创造信任奠定了基础。区块链思维在组织中的应用对于组织结构的发展具有重要意义。区块链是分布式数据存储、点对点传输、共识机制、加密算法等计算机技术的新型应用模式。区块链结构与传统组织结构相比，是一个没有单一领导者的分布式自治组织，从而简化组织结构、节约成本、提升效率。在区块链结构中，分布式自治组织成员共同建设价值发现、价值创造、价值转移和共享体系。同时，所有成员对算法和规则形成共识。区块链结构构建了一个智能化、自动化的合约机制，所有成员的行为信息在信息系统上公开记录，不得篡改和隐瞒，这在组织内有效解决了信任问题。这一机制有利于区块链结构下分布式自治组织的关联和协调。而对于组织内的个体（不仅仅是个人，可能指一个小微组织），其权利要得到保护。区块链通过密码来解决这一问题，组织内可以采用知识产权等机制来促进个体、小微组织之间价值、能量、信息、知识的交换。

12.4.4 商业生态系统

1993年，源自对企业之间过度竞争的反思，Moore（1993）提出了商业生态系统（Business Ecosystem）这一战略思想。商业生态系统进一步突破了组织结构中边界的概念，是由利益相关的企业组织组成的动态复杂系统，强调多样性、动态性和集群性，为我们重新认识企业与环境的关系，尤其是企业与企业之间的竞争合作关系提供了新的视角。

12.4.4.1 商业生态系统的定义

1993年，美国著名经济学家詹姆斯·穆尔（James Moore）在《哈佛商业评论》上发表文章《掠食者与猎物：新的竞争生态》（Predators and prey: a new ecology of competition），基于企业生态观视角正式提出了"商业生态系统"的概念（Moore，1993）。为了进一步明确商业生态系统的内在结构特征和演化机制，Moore（1996a，1996b）系统地阐述了商业生态系统的概念及商业生态系统的进化规律。商业生态系统是以组织和个人的交互作用为基础的经济联合体，这些组织和个人包括供应商、生产商、销售商、市场中介、投资机构、政府、顾客等群体。此外，Moore（1998）阐述了商业生态系统的动态性和集群性，即商业生态系统是由商贸伙伴、供应商群体、消费者群体等通过利益共享汇合而成的一个开放动态系统。商业生态系统这种战略思想借喻于自然生态系统，认为企业应当"与生物有机体参与生物生态系统一样""把自己看成商业生态系统有机体的一部分"；同时，商业生态系统是一个复杂巨系统，它要求企业应当把自己看成一个更广泛的经济生态系统（Economic Ecosystem）和不断进化的环境中的一部分。这意味着战略制定不再是一个企业内部的事情，必要时它应当与其相关的企业网络成员共同完成。

12.4.4.2 商业生态系统的构成与特征

商业生态系统的微观组成结构可以分成生产者单元、消费者单元、分解者单元和市场单元（见图12-6），各组成单元都发挥着各自的职能。生产者单元是指企业，因为企业是产品和服务的直接产出者，其功能是将生产要素转化为成型的产品和服务。根据企业投入要素和产出产品，生产者又可以划分为三类，即基础企业、中间企业和最终企业。基础企业以自然资源为主要物质投入要素；中间企业以企业产品为主要物质投入要素，产出品又是其他企业的生产要素；最终企业的产出品能够直接被消费者使用。消费者单元是指使用与消费产出品的个人和群体，其功能是将企业的产品转换成劳动力、知识等生产要素和发展能力。消费者根据个体特征差异又可以分为家庭（或个人）消费者和政府（或部门）。分解者单元是指是回收企业和消费者产生的废品物资的活动部门，他们将废物进行回收处理并归还大自然，维持环境稳定和生态和谐，保证可持续发展。分解者可以是专门从事回收行业的企业，也可以是其他企业辅助带有分解功能。市场单元是指企业与消费者之间、企业与分解者之间进行物质交换的场所。其功能是促进财富合理流动，并维持商业生态系统的价值平衡。

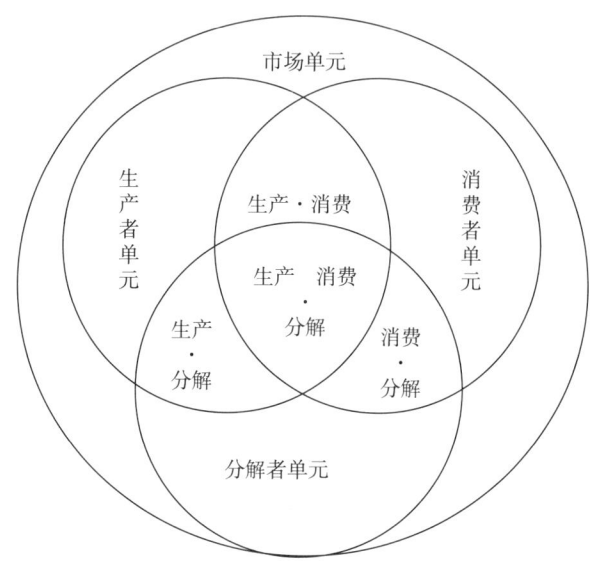

图12-6 商业生态系统的构成

商业生态系统作为一个动态系统，其特征也十分明显：

（1）商业系统强调内部成员的多样性。同生物生态系统一样，商业生态系统也很重视内部组成的多样性，这种多样性可以在企业面对不确定的环境时扮演缓冲作用，有利于商业生态系统的良性循环和价值创造。

（2）商业生态系统呈现网状结构，且边界模糊。每个商业生态系统都包括许多小的商业生态系统，同时它又是更大的商业生态系统的组成单元，边界不具有确定性。并且，一个企业可以包含在多个商业生态系统内。

（3）商业生态系统能够自行进化，具有动态性。对于商业生态系统来说，只要商业环境条件满足，就会进行自组织，不断进化演变。且商业生态系统的演化动力来自系统内力的协同作用。系统内部各个子系统通过竞争而协同，帮助系统从无序走向有序，推动着系统向高层次有序进化。

12.4.4.3 商业生态系统带来的新视角

Moore（1993）提出的商业生态系统理论为我们重新认识企业与环境的关系，尤其是企业与企业之间的竞争合作关系提供了新的视角。在商业生态系统中，企业的竞争合作行为选择首先受到企业自身目标、组织结构等因素的影响，但同时也受到其所处商业环境的影响。Iansiti and Levien（2004a）提出，企业必须清楚地认识自己所处的系统和自身在这个系统中扮演的角色，并选择相应的行为和战略。商业生态系统的概念恰恰应对了21世纪以来经济的动态性、系统性特征，为研究新经济条件下的企业发展战略提供了较为恰当的思路。

商业生态系统理论认为，所有企业与组织都应将自己看作商业生态系统的组成部分，其中的每一个成员都与整个系统同呼吸共命运，系统中的成员是联系在一起的（Moore，1996a）。传统竞争战略的基本目的是建立可持续的竞争优势，商业生态系统理论则强调系统内企业的合作、竞争及"协同进化"，从商业生态系统的角度来应对动态、复杂的环境，为企业制定和执行竞争战略提供了一个新思路。相较于过去对市场竞争的关注，商业生态系统理论则更多地强调加强与客户和供应商的关系以及对社会责任的关注，甚至在很多情况下直接与竞争对手形成战略联盟，共同研制大型复杂产品、共同开发新市场、互相利用对方核心资源等。

在商业生态系统下，创新的游戏规则正在改变。在各个产业中，取得领导地位的企业都能最好地协调供应商和合作伙伴的生态系统。在过去，以产品为中心的成功取决于企业在品牌、制造、分销等领域的开发能力（Exploiting Capabilities），以提供最佳的产品；相比之下，今天的冠军专注于搭建关系——同时与消费者和合作伙伴的关系，培养以发展为导向的协作性经济群体。

实践链接

小米：构建商业系统生态链战略

小米生态链谷仓学院创始人洪华博士诠释：我们经常将互联网企业比喻成竹子，一夜春雨过后，就会生长成一片竹林。虽然单棵竹子的生命周期很短暂，但是一片竹林根系相互交错，内部之间能够实现新陈代谢，整片竹林会更加稳定和健壮。这正是小米生态链的"竹林哲学"。小米生态链计划就是为了寻找竹笋。

小米生态链的结构是一种"竹林形态"，小米的资源如同竹林强大的根系，在小米生态链上，一个个爆品不断生成，同时产品也能完成新陈代谢。当用户的需求发生变化时，硬件产品的形态也要不断更迭，只要生态能力一直存在，爆品就会如春笋般不断地产生，生生不息。

"建立小米生态链企业，就是要通过投资的方式，实现5年内投资100家企业。"洪华表示。当形成可行的生态链创新方法后，小米就会将其产品价值观、方法论及各种资源，包括小米电商、营销、资本等，输出给小米生态链企业，形成以硬件生态圈为主，核心产品为手机、电视、路由器三大产品，外层则是小米投资的100家生态链企业的生态形态。

在打磨小米生态链系统两年多以后，生态链上的企业已经发布20多款产品，覆盖个人、家庭、旅行、办公等不同场景。然而，这产生了一个新问题：过多的产品类型让粉丝越来越不知道小米在做什么。2016年3月29日，小米宣布使用全新的MIJIA（米家）品牌，而手机业务和电视、路由器等继续使用小米品牌，因此智能硬件产品都将成为"米家"成员。这种双品牌战略便于让消费者辨别和选择：小米品牌更专注于手机、电视、路由器等，米家品牌则专注于小米生态链产品，其定位是"做生活中的艺术品！串起每个人生活的点点滴滴"。小米产品不仅外观简约，而且结合家庭中各种应用场景，其中许多产品拿到了世界设计大奖。不仅如此，米家品牌的产品都架构在智能物联网平台上，彼此可以相互链接。

进入"米家"时代后，米粉和小米的互动不仅可以通过网站等互联网方式实现，还可以通过"小米之家"线下旗舰店体验小米的产品。小米之家既是粉丝体验店，也是大众逛街购物的地方，在增加用户流量的同时，也可以得到消费者第一手的反馈。小米认为，线上线下相融合，追求最高效率的新零售业态一定是未来的趋势。小米高管林斌曾表示：如果小米之家只卖手机、电视和路由器，那么用户平均可能要一年以上才会进店一次。所以小米之家的产品线也在不断拓宽，其中至为关键的一环正是小米生态链。正是这样的产品组合，让消费者访问小米之家的频次大幅提升，无论是线上还是线下。小米生态链掌门人刘德称："小米卖的东西都是低频次消费品，传统企业的人就很难理解，谁每天都买净化器？谁每天都买扫地机器人？但是这些低频次消费品有一个很好的产品组合，形成了一个高频次购物体验。"

米家品牌的推出无疑是小米生态链升级的重要标志。雷军希望小米生态链能专注于智能硬件领域，未来甚至可以赶超手机业务。在两个业务一起奔跑的阶段，小米和生态链企业不仅是兄弟关系，还是彼此的价值放大器。刘德说："如果运气好的话，小米非常希望看见米家和小米共同成长，因为米家的边界足够宽，有太多的机会与可能。"

资料来源：郑刚和刘剑（2018）。

12.4.5　组织结构的创新观

持续创新是企业在动态市场下应当建立的资源与竞争优势观。在高速动态变化的市场中，任何传统意义上可以提供持续竞争优势的稀缺资源都可能在突如其来的市场冲击下变得不再有价值，过去静态的、依赖初始禀赋的竞争方式变得不再可靠；知识经济时代的企业应秉持持续创新的战略观，将培育组织的双元能力与实施边缘竞争战略相结合，作为动态市场下企业获取可持续竞争优势的关键。

12.4.5.1　二元性组织模式

二元性组织是一种兼顾渐进式创新与激进式创新的组织结构，组织只有同时进行有效的运营和突破式的创新，才能够获得持续竞争优势。运营和创新是相互矛盾的，而二元性组织是一种可以兼容二者的组织模式（见图12-7）。

图12-7　创新的二元性组织模式

资料来源：陈劲（2007）。

与二元性组织相对应的一元组织，在组织结构、组织文化、资源获取、激励机制、评价指标等各方面只有一元的特征。例如，在同样的组织结构形式下进行运营与创新，形成统一的主流组织文化，侧重于传统的物质激励，注重传统财务指标和市场指标，忽视了创新的潜在效应，等等。运营和创新对组织的要求有很大的不同：运营要求组织尽可能正式、严谨，对员工严格控制；而创新则希望组织给予员工更多的自由、民主和宽容。因此，传统组织模式的一元性特征显然难以同时满足运营和创新的要求。知识经济时代的组织必须平衡组织运营和组织创新之间的关系，在保证运营效率的基础上实现创新，并以创新推动运营的发展。创新要求有宽松的组织环境、宽容失败的氛围、强烈的进取心和异质性的队伍，与一般的效率导向组织是完全不同的。因此，要想推动创新，组织就需要对其结构采取措施：在组织内部成立"特区"，即组织结构的二元化。因此，组织的双元能力显得尤为重要，而二元性组织模式也成为组织未来的重要发展趋势。

双元能力是企业在动态市场下协调内外部创新资源，兼顾渐进性变革与革命性变革，平衡短期收益与长期收益的能力。Duncan（1976）提出，应同时建立有机结构（Organic Structure）和机械结构（Mechanistic Structure）以兼顾创新与创新实施，并称之为二元性组织（Ambidextrous Organization）。Tushman and O'Reilly Ⅲ（1996）提出，组织内存在许多相互冲突的目标与利益，企业管理与协调这些冲突的能力是其获得持续竞争优势的重要基础。在此基础上，二者将二元性组织与双元能力的概念进行明确，认为双元能力是同时"领导渐进性的与革命性的变革"的能力（图什曼和奥赖利三世，1998）。进一步地，Tushman and Smith（2002）指出，双元能力要求企业能够积极地、主动地不断塑造（进化性与革命性的）创新流，实现渐进式创新与激进式创新的协同。

二元性组织模式下由主流的运营组织来维持稳定的发展，而由独立的创新组织来推进企业抢占市场先机所需要的创新活动，二元性的组织结构既可以使企业在原有业务上保持领先地位，又可以使企业在新技术出现时抢占先机。组织结构的独立性可以使企业在同一时间内分别进行有效的运营和创新活动，避免带来长期利益的创新让位于带来短期利润的运营。从事创新的组织是高度独立的内部组织，最常见的形式有内部创业、新事业发展部、创新小组、新产品开发委员会及虚拟创新组织等。

12.4.5.2 边缘竞争

边缘竞争是创新基础观指导下企业的战略模式。由Brown and Eisenhardt（1998）提出的边缘竞争（Competing on the Edge）战略，核心在于"利用变革的动态本质来构建一系列竞争优势"。边缘竞争战略是变化市场中企业创新战略的重要模式，依靠在企业固定结构与松散结构之间的最佳平衡，以及制定半固定的战略方向来获得灵活性，进而把握时机并控制节奏以实现战略平衡。根据不同企业对市场变革管理能力的差异，边缘竞争理论提出，普通的企业回应变革、优秀的企业预测变革、卓越的企业引领变革。

边缘竞争战略包含以下三种平衡状态：

（1）无序边缘平衡。无序边缘平衡是指无序和有序之间的一种自然平衡状态，它是有序的组织结构和变化频繁的组织结构折中的结果。处于无序边缘平衡状态的系统能够有效地实施变革。无序边缘平衡具有以下特征：①它是一种复杂性行为。无序边缘平衡是复杂性理论中的概念，是连续稳定和适应性创新的有机结合。②它是一种存在各种意外的行为。无序边缘平衡系统的控制是松散的，因此，发生意外的可能性很大。实施边缘竞争战略要求企业必须不断地调整组织结构，使组织结构能够适应连续不断的变化。无序边缘平衡的组织结构处于有序和无序的中间地带。这种组织结构既不是一成不变的稳定结构，也不是漫无规则的无序结构。无序边缘平衡要求企业既要有较为稳定的有序组织，以协调变化的完成；同时，又要有无序组织，以保持组织的灵活性。即兴发挥和互适应行为是解决无序边缘平衡的有效方法，即兴发挥包含两方面的平衡：一是组织的有序性，直接影响企业是否能够完成计划；二是组织的灵活性，直接决定企业是否能够提供创新性服务和产品以满足不断变化的需求。实施即兴发挥的企业必须具备三个共同特征：适应性的企业文化，半固定式的组织结构，以及实时的沟通。互适应行为是指能够使组织中的各个业务部门之间有效地利用自身的优势，更好、更有效地进行变革；同时，又能够适应企业所面临的独特环境。实施互适应行为的企业必须具备三个共同特征：战略与战术的协调运用，开展有重点的协作，以及各业务部门保持自身的特点。

（2）时间边缘平衡。边缘竞争战略把时间划分为过去、现在和将来。时间边缘平衡是指专注于今天，兼顾过去和未来，有效地防止陷入时间边缘的两种极端情况的时间平衡状态。这种平衡状态要求企业的员工立足于今天，能够向后获取过去的经验和优势，向前展望和预测未来，在今天为明天的胜利做好准备。再造工程和探索实践是解决时间边缘平衡的有效方法。再造工程的目的是更快速地发展企业业务，更有效地创新新业务，不断地获取新的竞争优势。实施再造工程的企业必须具备四个共同特征：长期坚持新旧业务融合，善于启用核心员工，人为加速新旧业务融合，以及模块化。探索实践是指通过尝试多种小规模、快速灵活、低成本的战略来获取一个综合、动态的未来发展战略。通过实践，企业不断探索响应市场变革与进行未来规划之间的平衡边缘。实施探索实践的企业必须具备两个共同特征：对未来长远发展具有清晰的概念，以及长期开展低成本的探索实践。

（3）时间节奏平衡。在高速变革的行业中，时间节奏是最难把握的一种平衡状态。时间节奏平衡包含两层意思：一是组织变革的节奏要与环境变化的节奏相适应；二是组织的变革一定要平稳地运行。在时间节奏平衡中，一定要确定合适的变革节拍及具体的变革步骤。

边缘竞争战略是一种半固定的战略，它提出的企业固定结构与松散结构之间的最佳平衡，是企业战略模式的基础，也是一种"由外向内"的过程，是企业为应对外部市场变化而建立的反应结构，是达成企业无序边缘平衡、时间边缘平衡与时间节奏平衡的关键。

12.5 战略和组织结构的匹配

组织结构要服从组织所选择的战略需要。战略是组织要实现的核心目标，而组织结构是组织为了实现战略目标的应对方式。适应战略要求的组织结构为战略的实施和组织目标的实现提供了必要的前提。Chandler（1962）提出了著名的"战略决定结构，结构紧随战略"的观点，主张组织结构的设计应视组织的战略而定。

如前所述，战略包括业务层战略和公司层战略。业务层战略是指企业在单一市场或产业为获得竞争优势所采取的行动；公司层战略是指企业在多个市场或行业同时经营时，为获得竞争优势所采取的行动。通常来说，业务层战略和集权的职能型组织结构相匹配，而公司层战略和分权的多部门结构相匹配。

12.5.1 业务层战略和职能型结构的匹配

本节重点讨论的两个业务层战略是成本领先和产品差异化，这两种业务层战略的重要性在理论界与实践界得到了广泛认可，因此常被称为一般性业务战略。相应地，组织需要制定与之相匹配的组织结构来帮助战略的落实。业务层战略的实施往往需要集权的职能型结构与之匹配，但在实施不同类型的战略时，组织结构会进行相应的调整。

12.5.1.1 成本领先战略下的组织结构

成本领先战略是指以低于竞争对手的成本，为顾客提供标准化的产品或服务。实施成本领先战略的企业一般会选择职能型结构。

成本领先战略强调组织效率，以比竞争对手更低的价格提供产品或服务。如果组织采取成本领先战略，即重视对运营成本的控制和效率的提升，就要构建强调标准化的结构来支持战略的落实。实施成本领先战略适合构建简单的职能型结构，在组织中保持较少的层级、较为简单的报告关系、较少的管理人员，以及聚焦范围较窄的业务职能。这种结构中企业的管理人员一般较少，以避免过高的管理费用与过多的工作推诿行为。这些企业的经营范围并不广，通常会选择那些拥有有价值、稀缺且难以模仿的资源和能力的少数业务范围开展经营活动。成本领先战略下职能部门的工作是高度专业化的，工作专业化能够提高员工的工作效率，从而降低企业成本。

成本领先战略的实施需要各个职能部门与成本领先战略之间的匹配。如果部分部门出现了与成本领先战略不匹配的情况，那么往往会影响整体战略的实施效果。职能部门与成本领先战略之间是否匹配的表现如表12-2所示。

表12-2　职能部门与成本领先战略之间是否匹配的表现

职能部门	匹配	不匹配
生产	节约、低成本、高质量	低效率、高成本、低质量
营销	注重价值、可靠性和价格	注重风格和性能

（续表）

职能部门	匹配	不匹配
研发	关注产品的延伸和过程改进	关注激进的新技术和新产品
财务	关注低成本和稳定的财务结构	关注非传统的财务工具
销售	关注价值、可靠性和低价格	关注风格、性能和高价格

资料来源：霍斯克森（2009）。

12.5.1.2 产品差异化战略下的组织结构

实施成本领先战略的企业主要关注降低成本、提高效率，而实施产品差异化的企业则必须关注变革、创新和产品性能，能够以独特的方式为顾客提供独特价值。无论是成本领先战略，还是产品差异化战略，都是通过职能型结构实施的。当使用职能型结构去实施成本领先战略时，它只有较少的层级、较为简单的报告关系、较少的管理人员，只关注仅有的几个业务职能；而当使用职能型结构去实施产品差异化战略时，情况会有点复杂。产品差异化战略下的职能部门往往需要相对复杂并具有弹性的报告关系，经常组建临时的跨部门或跨职能的团队来管理革新性产品的开发过程，并且更注重营销和产品研发。跨部门/职能团队中的人员来自不同的职能部门和不同的职能区域，为某个新产品或服务的开发共同合作，为顾客开发全新的、高度差异化的产品。跨部门/职能团队的组建常常意味着企业实施了矩阵结构。矩阵结构是指既有按管理职能设置的纵向组织系统，又有按产品、项目、任务等划分的横向组织系统，常常由不同部门的人员组成（见图12-8）。对于部分重要创意的开发过程，企业还会进行隔离保护，形成"臭鼬小组"，以凝聚创造力，实现对高度差异化产品的开发。

图 12-8 矩阵结构

Miller（1986）提出，针对不同的产品差异化战略，企业应选择适合的组织结构。例如，利基型差异化（Niche Differentiation）战略的目的是重点开发比较小的、新颖的目标市场，更适合按照产品划分部门（比如，提供礼品定制服务的卡当网就是发现了顾客在个性化礼品定制方面的需求，着力开发这个小而新的市场空间，取得了成功）。创新型差异化（Innovative Differentiation）战略强调在产品和服务上进行创新，以实现与竞争对手的差异化（比如，苹果公司推出的 Mac、iTunes、iPod、iPhone 等产品都是极力执行创新型差异化战略的成果），更适合采用矩阵式组织。

12.5.2 公司层战略和多部门结构的匹配

配合企业多元化战略实施的最常用组织结构是多部门结构，或称为多事业部制结构。Chandler（1962）通过对 20 世纪 20 年代杜邦、摩托罗拉等大型企业对其职能部门进行协调和控制时出现问题而进行创新性回应的研究，发现多部门结构与多元化战略是相适应的。拥有多个产品线、分散在多个区域的大企业面临协调和控制问题，多部门结构被认为能够适应大企业的这种复杂性。多部门结构通过分权解决了管理负荷和信息超载的问题，能够使企业管理层更准确地监控每个业务单元的绩效。在多部门结构中，企业所经营的每项业务都通过一个事业部来完成，每个事业部是真正的利润中心，企业的盈利和亏损都在事业部层面进行核算。多部门结构也能够激励绩效差的事业部经理改进绩效。

多部门结构还巩固了内部资本市场的有效性，从而降低了交易成本。根据交易成本经济学理论，多部门结构能够比外部资本市场更有效地在产品部门之间配置财务资源。许多研究将在商业领域的扩张过程本身视为对 Chandler（1962）理论的支持。

多部门结构还可以被视为旨在实现对多元化企业管理层进行制衡的一种组织设计，以保证他们的管理行为与股东利益保持一致。多部门结构中，每个事业部通常都采用职能型结构，每个事业部经理的角色类似于职能型结构中的 CEO。

实施相关约束型多元化战略的企业可以采用合作形式的多部门结构（见图 12-9）。实施相关约束型多元化战略企业的所有部门共享一种或更多的企业竞争力，如产品竞争力、营销竞争力或渠道竞争力。部门间对竞争力的共享依赖于合作，部分组织职能（人力资源、研发、营销或财务）需要集中于企业层面，形成合作形式的多部门结构。信息在各部门间传递的效率是影响合作形式的多部门结构取得成功的重要因素。

当企业业务单元间没有那么多关联或者约束更少时，企业会采用相关联系型多元化战略。实施相关联系型多元化战略的企业可以采用战略业务单元形式的多部门结构，这种结构由三个层次构成：企业总部，战略业务单元（SBU）和战略业务单元内的各个部门（见图 12-10）。每个战略业务单元内的各个部门可以共享产品或市场竞争力，但处于不同战略业务单元内的各个部门共性较少。每个战略业务单元内的各个部门通过共享产品或市场竞争力来发展范围经济和可能的规模经济。在合作形式的多部门结构中所采用的整合机制同样可以应用于每个战略业务单元内部，每个战略业务单元是战略业务单元形式的多部门结构的一部分，其中每个战略业务单元都是一个利润中心，并受到企业总部的评估和控制。

图 12-9 相关约束型多元化战略下合作形式的多部门结构

资料来源：霍斯克森等（2009）。

图 12-10 相关联系型多元化战略下战略业务单元形式的多部门结构

资料来源：霍斯克森等（2009）。

实施非相关多元化战略的企业可以采用竞争形式（Competitive Form）的多部门结构。竞争形式的特点在于企业各部门之间完全是独立的，竞争形式的多部门结构中的各部门并不共享企业的竞争力（见图 12-11）。竞争形式的多部门结构促进了内部竞争，打破了现状和惯性，并且为企业创造了灵活性——企业总部可以使各部门专注于不同的技术，有助于识别出哪些技术具有最大的潜能。资源会被分配到那些应用最先进技术的部门，并且该技术可以推动整个企业的发展。

图 12-11 非相关多元化战略下竞争形式的多部门结构

资料来源：霍斯克森等（2009）。

12.5.3 企业战略调整和网络结构的匹配

随着企业战略的不断调整，组织结构的发展演进产生了新的趋势。随着信息时代的到来，企业组织环境和条件因信息技术的加速发展与普及运用而发生巨大变化，过去环境的稳定性、确定性和可预测性让位于现在环境的动态性、不确定性及不可预期性。伴随着内外部环境的激烈变革，企业战略对灵活性、适应性的需求逐步增加，推动组织结构趋于扁平化和柔性化，外部边界趋于模糊化和开放化，管理组织结构呈现网络化、团队化、开放化和虚拟化的特征，推动敏捷组织结构的发展。组织管理方式也从"赋权"向"赋能"逐渐转变（罗仲伟等，2017）：

（1）组织内部关系变化，从雇佣关系向合作关系递进。

（2）组织设计起点变化，组织本位让位于组织中人的本位。

（3）组织激励方式变化，从组织激励转向自我激励。

（4）组织功能变化，从"要素集聚+组织赋权"转变为"资源整合+组织赋能"。

（5）组织结构变化，从赋权的岗位层级结构转向赋能的自驱动、自成长结构。

实践链接

海尔的"人单合一"和"小微公司制"

在"网络化战略"和"用户导向战略"的引导下，海尔实行"人单合一"和"小微公司制"管理模式，对企业进行平台化的管理，将大公司发展成为相互交错的多个小公司。海尔将传统的金字塔结构变成一个倒金字塔，员工在最上面，直接面对市场和用户，了解用户痛点和需求；领导在最下面，为员工提供资源和平台支持。为了使倒金字塔更加稳固，海尔又去掉中间层，由此实现企业组织的扁平化，形成网络组织。海尔正在将一个"大公司"做成多个"小公司"，让无数个基于平台的小微形成闭环网络组织，不断地与用户进行交互，灵敏地感受外界市场环境，创造出更多颠覆性的产品。通过把员工和他应该为用户创造的价值、面对的用户资源"合"在一起，海尔的员工在为用户创造价值的同时体现出自身的价值，在交互和沟通中形成"利益共同体"。

资料来源：内部资料（海尔集团提供）。

案例阅读

海尔HOPE平台与创新生态系统

从2012年开始，海尔进一步推进变革以应对互联网对传统经济的颠覆，步入"网络化战略"阶段，并提出了"企业无边界，管理无领导，供应链无尺度"的管理目标。2013年10月，海尔开放式创新平台（Haier Open Partnership Ecosystem，HOPE）正式上线，由海尔开放式创新中心开发并运营。平台遵循开放、合作、创新、分享的理念，通过整合各类优秀的解决方案、智慧及创意，与全球研发机构和个人合作，为平台用户提供前沿科技资讯及技术解决方案。

海尔HOPE平台旨在为设计师、用户、极客、发烧友、供应商等各利益相关方创建一个全新的创新生态圈。HOPE平台通过掌握最新的行业技术动态、建立专业的交互圈子、持续产出各类颠覆性创意、快速精准地匹配全流程资源、创意转化全流程支持这五大核心能力，支撑平台快速发展、快速创新和颠覆。HOPE平台征集最新、最热的技术需求，聚集全球一流的技术解决方案，实现需求方与资源方无缝隙、快速的对接，加速颠覆性创新的转化；同时也提供最前沿的家电科技咨讯、业界专家最新观点、开放式创新发展现状等，让每一位注册用户成为家电行业的"创新雷达"；特别的，HOPE平台聚集最终用户、极客、设计师、工程师等利益相关方，通过相关热门话题，让他们彼此之间进行无障碍的交互和沟通，以此"碰撞"出更多的"火花"，为利益相关方创造价值。平台通过社区、技术、创意这三个模块，在内部能够链接创意交互、创意验证、生产制造等各节点资源，为事业部的创新和产品转化提供驱动力；在外部能够快速接收用户需求，吸纳全球一流资源，加快产品转化速度。

通过对开放式创新与创新生态系统构建和发展的多年实践，海尔逐步积累了以协同为核心目的的企业创新生态系统，并基于HOPE平台构建了企业与用户交互的创新生态圈。

创意来源：以用户为核心

用户扮演"种子"的角色，用户的需求和抱怨是海尔产品创新的主要创意来源，也是海尔进行创新活动的主要驱动力，满足用户的需求是海尔进行创新活动的最终目标。用户代表市场，是技术创新最终实现商业化的归宿和目的，如何满足用户日益多样化、复杂化、个性化的需求是企业搭建创新生态系统的根本原因和落脚点。同时，国家的政策方向和集团的创新战略也是创意来源的重要依据。

技术、资源来源：搭建创新平台

创新平台扮演"蜜蜂"的角色，HOPE平台是海尔各个事业部寻找与吸引各种类型合作方的有效途径和方法，线下展会和海外接口人等线下途径也是技术、资源获取的重要途径。基于美国、欧洲、日本、中国、澳新五大区域的五个研发中心，海尔建立了全球研发体系，以保障创新生态系统的技术支持。五个研发中心的核心是整合全球一流技术资源，目前这一全球研发体系的延伸网络已经覆盖美国、欧洲、亚洲等主要地区的科研机构、知名院校、顶尖技术公司等多个渠道的2 000多个组织和单位，与超过200家顶级供应商、科研机构、知名院校、创新公司建立战略合作关系，形成了以虚实网为媒介的200多万名科学家和工程师组成的创新生态圈，为产品的研发与创新提供了良好的基础。

不同种类的合作方与合作模式

合作方扮演"物种"的角色，与核心企业相互促进、共同进化，包括技术合作方和分销商等不同类型的合作伙伴。海尔与科研机构、知名院校、企业、技术转移中心等合作，通过资源互补与优势互补为用户提供更好的创新产品和服务。同时，海尔与分销商（海尔自身强大的销售店面和海尔商城）之间进行的创新成果交接和传递，也让创新成果得以实现商业化，分销商对用户使用创新产品意见的反馈也会推动下一轮的产品/技术创新。

资料来源：

内部资料（海尔集团提供）。

思考题

1. 战略和结构的关系是什么？
2. 简述简单结构、职能型结构、多部门结构、网络结构的特征和差异。
3. 请结合本章内容和身边的例子，举出一个战略和组织结构匹配的例子。这带给了你什么启示？
4. 请举出一个平台战略或商业生态系统的例子，并说明其战略思想的重要意义。

每章必读

[1] BARNEY J B, HESTERLY W S. 2010. Strategic management and competitive advantage: concepts and cases [M]. Upper Saddle River, NJ: Prentice Hall.

[2] CHANDLER A D, HANGSTRÖM P, SÖLVELL Ö. 1999. The dynamic firm: the role of technology, strategy, organization and regions [M]. Oxford: OUP Oxford.

[3] CHANDLER A D. 1962. Strategy and structure: chapters in the history of the industrial enterprise [M]. Cambridge, MA: MIT Press.

[4] MILES R E, SNOW C C, MEYER A D, et al. 1978. Organizational strategy, structure, and process [J]. Academy of Management Review, 3 (3): 546-562.

[5] MOORE J F. 1993. Predators and prey: a new ecology of competition [J]. Harvard Business Review, 71 (3): 75-86.

[6] MOORE J F. 1996a. The death of competition: leadership and strategy in the age of business ecosystem [M]. New York: John Wiley & Sons, Ltd.

[7] 布朗, 艾森哈特. 2001. 边缘竞争 [M]. 吴溪, 译. 北京: 机械工业出版社.

[8] 陈劲, 曲冠楠, 王璐瑶. 2019. 基于系统整合观的战略管理新框架 [J]. 经济管理, (7): 2.

[9] 霍斯克森, 希特, 爱尔兰, 等. 2009. 战略管理: 赢得竞争优势 [M]. 张世云, 译. 北京: 机械工业出版社.

[10] 卡彭特, 桑德斯. 2006. 战略管理: 动态观点 [M]. 王迎军, 译. 北京: 机械工业出版社.

[11] 拉尔森. 2004. 管理圣经 [M]. 北京: 企业管理出版社.

[12] 路风. 2001. 从结构到组织能力: 钱德勒的历史性贡献 [J]. 世界经济, (07): 61-76.

[13] 图什曼, 奥赖利三世. 1998. 创新制胜——领导组织的变革与振兴实践指南 [M]. 孙连勇, 等, 译. 北京: 清华大学出版社.

参考文献

[1] BROWN S L, EISENHARDT K M. 1998. Competing on the edge: strategy as structured chaos [M]. Cambridge, MA: Harvard Business Press.

[2] CHANDLER A D. 1962. Strategy and structure: chapters in the history of the industrial enterprise [M]. Cambridge, MA: MIT Press.

[3] DUNCAN R B. 1976. The ambidextrous organization: designing dual structures for innovation [J]. The Management of Organization, 1 (1): 167-188.

[4] HALL D J, SAIAS M A. 1980. Strategy follows structure [J]. Strategic Management Journal, 1 (2): 149-163.

[5] IANSITI M, LEVIEN R. 2004a. Strategy as ecology [J]. Harvard Business Review, 82 (3): 68-78.

[6] MILLER D. 1986. Configurations of strategy and structure: towards a synthesis [J]. Strategic Management Journal, 7 (3): 233-249.

[7] MOORE J F. 1996a. The death of competition: leadership and strategy in the age of business ecosystem [M]. New York: John Wiley & Sons, Ltd.

[8] MOORE J F. 1996b. The death of competition [J]. Fortune, 133 (7): 142.

[9] MOORE J F. 1998. The rise of a new corporate form [J]. Washington Quarterly, 21 (1): 167-181.

[10] MOORE J F. 1993. Predators and prey: a new ecology of competition [J]. Harvard Business Review, 71 (3): 75-86.

[11] TUSHMAN M L, O'REILLY Ⅲ C A. 1996. Ambidextrous organizations: managing evolutionary and revolutionary change [J]. California Management Review, 38 (4): 8-29.

[12] TUSHMAN M L, SMITH W K. 2002. Organizational technology [M]. Malden, MA: Blackwell.

[13] 布朗, 艾森哈特. 2001. 边缘竞争 [M]. 吴溪, 译. 北京: 机械工业出版社.

[14] 陈劲, 曲冠楠, 王璐瑶. 2019. 基于系统整合观的战略管理新框架 [J]. 经济管理, (7): 2.

[15] 陈劲. 2007. 复杂产品系统创新管理 [M]. 北京: 科学出版社.

[16] 霍斯克森, 希特, 爱尔兰, 等. 2009. 战略管理: 赢

得竞争优势［M］.张世云，译.北京：机械工业出版社.

［17］罗仲伟，李先军，宋翔，等.2017.从"赋权"到"赋能"的企业组织结构演进——基于韩都衣舍案例的研究［J］.中国工业经济，（09）：174-192.

［18］斯密.2016.国富论（上）［M］.贾拥民，译.北京：中国人民大学出版社.

［19］图什曼，奥赖利三世.1998.创新制胜——领导组织的变革与振兴实践指南［M］.孙连勇，等，译.北京：清华大学出版社.

［20］郑刚，刘剑.2018.小米：构建商业系统生态链［J］.清华管理评论，（12）：126-132.

第 13 章
战略协同

>> **学习目标**
> 了解协同的概念与意义；
> 了解战略性人力资源管理、财务管理、营销管理、供应链管理的基本理念与管理流程；
> 了解战略性管理与传统管理的内涵和管理方式差异；
> 了解战略协同所带来的管理变革。

开篇案例

战略转向下的人力资源管理

作为美国最大的电信运营商，AT&T 要应对的挑战是：传统电话服务的需求下降，无线语音、视频和数据服务的需求大幅提升。从 2007 年 iPhone 推出至 2015 年，AT&T 的数据流量增长超过 150 000%。为此，AT&T 收购了卫星电视服务提供商 DirectTV、与时代华纳完成合并，以提供更稳定的移动通信服务与更丰富的流媒体内容。同时，企业通信业务的蓬勃发展促使 AT&T 在以光纤为中心的网络服务上加大投入，并进一步升级基础设施以迎接 5G 时代。

AT&T 的转型与重组为人力资源管理带来了新的挑战：员工是否具备在"新 AT&T"工作所需的技能？新的商业环境需要云计算、软件开发、数据科学等技能，而在 2013 年，员工中仅有五成具备相应的技能，这一比例还将随着时间逐步降低。AT&T 若想进入新兴市场并站稳脚跟，就需要更多的技术人才。

面对人才短缺的困境，AT&T选择对现有员工进行再培训，投资10亿美元实施"为未来做准备"计划，通过对人力资本杠杆的调整来提升员工整体素质。一方面，这避免了更换员工的更为高昂的经济成本；另一方面，这延续了AT&T员工长任期的公司文化，减少了对员工生活和职业生涯带来的创伤。该计划包括为员工提供在线课程，与Coursera和Udacity等数字教育公司及一流大学合作，以及帮助员工了解AT&T在不同生命周期所需的技能，以使员工能够据此安排自己的培训。

截至2017年，超过一半的员工完成了数据科学、网络安全、敏捷项目管理等近300万门在线课程，另有约500名员工参加了佐治亚理工学院的在线计算机科学课程。

请思考

1. 人力资源管理与企业战略的关系是什么？
2. 处于战略变革中的企业，如何平衡人力资源管理中的绩效要素与学习要素？

资料来源：

阿布什等，纽恩斯，唐斯．2009．明智转向［M］．陈召强，等，译．北京：中信出版集团。

本章首先从纵向与横向对战略协同的基本定义和类型进行介绍；其次讨论战略平衡的重要意义；最后讨论在人力资源、财务、营销、供应链四个方面，各个部门如何平衡战略的一致性与自身的灵活性、适应性，以及如何兼顾公司层目标和部门目标。

战略学者伊戈尔·安索夫于20世纪60年代首次将"协同"（Synergy）概念引入战略管理领域。安索夫的研究从销售、投资、运营和管理的协同，扩展到部门之间的协同，战略目标和组织结构的协同，技术、制度和文化的协同。随着市场环境和管理理念的变化，企业战略协同受到业界和学界的更多关注，研究主题不断增加，包括企业内部的战略协同、企业间的战略联盟协同、供应链的战略协同、集群企业间的战略协同、企业市场战略与非市场战略间的协同，等等。

各种各样的研究主题均发源于"通过战略运作以追求1+1>2或整体大于部分之和"的协同效应。协同效应是指要素之间的优势互补与整合放大，而实现这一目标则要求各个要素按照一定的方式相互作用、协调并同步，以产生协同效应。正因如此，与协同效应相关的问题往往具有目的性高、复杂性、非线性、互动性、同步性等特征（徐大佑等，2008）。

本章将战略协同分为两个部分：一是纵向协同，是指在过去、现在与未来之间的战略平衡；二是横向协同，是指在人力资源、财务、营销、供应链部门进行战略性管理，帮助企业实现整体的战略目标，建立起可持续竞争优势。

13.1　战略平衡

阿布什等（2019）指出，领导者必须平衡旧业务、现有业务和新兴业务之间的关系，使三个业务阶段形成一个"平衡三角"，确保核心资产的有序流动，不断进行价值再创造。这体现出具有时间观的"过去、现在与未来"的战略思想。维杰伊·戈文达拉扬（Vijay Govindarajan）是该领域的资深学者，他提出的"三盒解决方案"将管理现在、忘记过去与创造未来列为领导者的重要职责（戈文达拉扬，2020）。

三盒解决方案将"过去、现在与未来"看作一种连续且循环的时间流，企业必须找到"跳出历史陷阱""把握当下机遇"与"创造未来"之间的最佳战略平衡点，在发展过程中不断深化当前业务、忘却旧知识并探索未来及创造新知识。通过这种方式，领导者可以更好地把握环境变化的大趋势，朝着持续创新与增长的关键目标努力。具体而言，三盒解决方案是帮助领导者在"过去、现在与未来"三项竞争性挑战中寻找平衡点、决策企业关键活动的指导框架。三个"盒子"分别是：

（1）以最高效率和利润率管理现有核心业务。

（2）跳出历史陷阱，识别并放弃在已改变的环境中不合时宜的业务、做法、想法和态度。

（3）迸发突破性想法，并将其运用至新产品和新业务中。

三盒解决方案的基本思想如图13-1所示。

图 13-1　三盒解决方案的基本思想

资料来源：戈文达拉扬（2020）。

在企业实践中，实现三个盒子之间的战略平衡并不容易。大多数企业重点关注第一个盒子。这个阶段的很多活动和想法都已经过验证，也早已深深地贯彻于企业业务中。基于过去的成功案例搭建起来的组织架构足以支持企业现有核心业务，企业能够在相对稳定和可预测的情况下以最高效率运营现有核心业务。相比之下，第二个盒子需要扭转管理层的决定，让企业放弃一些存在已久的产品线或摒弃一些根深蒂固的习惯和态度，对已过时的成功经验和业务说"不"。第三个盒子需要大量头脑风暴和试验，企业需要承担高风险与不确定性的成本，并制定和实施与现有核心业务完全不同的管理策略及绩效考量。因此，不少企业陷入了第一个盒子的舒适区，而抗拒或忽视第二个和第三个盒子。

实践链接

塔塔咨询服务公司（以下简称"塔塔咨询"）是印度著名的企业集团——塔塔集团的控股子公司，它已经从印度的信息技术外包供应商转变成全球信息技术服务领域的龙头企业。塔塔咨询的转型是通过大胆地在第二个盒子中采取行动实现的。在21世纪初，塔塔咨询是海外呼叫中心业务中的佼佼者，而且业务流程外包是一个快速发展的行业。然而，仅仅几年后，塔塔咨询决定叫停其呼叫中心业务。当时的首席执行官指出，尽管这项业务仍在增长，但它并不是一个适宜的战略选择。运营呼叫中心意味着每年有50万名员工在公司内部循环，这就导致了大量的劳动力流失和管理资源消耗。呼叫中心业务虽然能够盈利，但附加值非常低，对客户并不具有战略意义。这与塔塔咨询"为客户提供更大战略价值"的使命相背离。领导层确定，呼叫中心业务并不是公司想要开发的能力和努力的方向，其运营工作将会消耗公司大量的精力、注意力、资本和创造力，这会导致公司在发展更具战略价值的业务时，走到错误的轨道上。

事实上，三个盒子是相互关联的。如果无法在第一个盒子中以最高的效率运营并且在核心业务中开展线性创新，就很难有足够的资源和能力进行第三个盒子中的非线性创新。如果第二个盒子中没有一套运行良好的机制来分析业务状况、识别出应放弃的业务以及与现有环境不相符的惯例和想法，那么第三个盒子中的创新空间就会受到限制。而第三个盒子中开发的商业模式、产品

与服务将进入下一轮三盒战略平衡，成为下一项核心业务的基础，以满足迅速变化的市场需求。领导者必须在三个盒子之间不停切换，掌握不同的技能、习惯和管理策略，并根据所处盒子的核心目标采取行动。

三盒解决方案的基本要求如表 13-1。

表 13-1 三盒解决方案的基本要求

	战略	挑战	领导行为
第一个盒子 管理现在	以最高效率运营核心业务；在现有商业模式内利用线性创新拓展品牌、增加产品供应	持续关注近期客户需求；优化运营，提高效率，最小化合理成本；减少计划外变化；配套与战略对应的激励机制	设定最高绩效的挑战目标、快速定位并解决异常问题和低效问题；创造一种以更明智、更快捷和成本更低的方式做事的企业文化
第二个盒子 忘记过去	从现在开始点滴积累创造未来的能力；为新的非线性想法创造空间，并给予支持；放下过去的业务、做法、想法和态度	历史总是会重演，所以要时刻准备做出艰难抉择，判断第三个盒子中哪些价值观是不需要的，第一个盒子中哪些价值观仍需保留	建立计划性机会主义的正式制度（收集和分析反应弱的信号）；维护员工特立独行的想法；决不容忍故意拖延；预测在试验过程中可能产生的需求
第三个盒子 创造未来	非线性未来建立在头脑风暴和试验之上，不断测试设想，解决不确定性和对冲风险；学习新知识，优化新想法，识别新问题	需要一个衡量相关价值和优势的方法，来准确判断初期应跟进哪个想法；第三个盒子的成功率很低，所以要扩大差异；即便在低迷时期，也不要削减流程、轻视第三个盒子	以头脑风暴和试验中的学习质量与效果为衡量指标；重视测试设想，将产品、商业模式和发展中的市场纳入设想范围

资料来源：戈文达拉扬（2020）。

13.2 战略性人力资源管理

战略性人力资源管理（Strategic Human Resources Management）产生于20世纪80年代中后期，被欧、美、日企业的管理实践证明为是获得长期可持续竞争优势的战略途径。战略性人力资源管理的定义为：为使企业能够实现目标所进行和所采取的一系列有计划、具有战略性意义的人力资源部署与管理行为。相较于传统的人力资源管理，战略性人力资源管理定位于在支持企业的战略中人力资源管理的作用和职能。

战略性人力资源管理是企业提升竞争优势的途径之一。战略性人力资源管理需探讨下面三件事情：企业需要何种人力资源才能达到战略目标，企业需具有何种独特的资源或机会才能吸引员工为战略目标努力，如何提升员工未来的竞争力（陈劲，2017）。

13.2.1 战略性人力资源管理与企业战略

比尔·盖茨曾经说过，如果把我们最优秀的20名员工拿走，微软将变成一个无足轻重的公司。在现代社会，人力资源是企业中最具能动性的资源。如何吸引优秀人才，使企业现有人力资源发挥更大的效用，支持企业战略目标的实现，是每一个领导者都必须认真考虑的问题。

战略性人力资源管理认为，人力资源是企业

战略不可或缺的有机组成部分，包括企业通过人力资源达到企业目标的各个方面。一方面，企业战略的关键在于确定并经营好自己的客户，实现客户满意和忠诚，从而实现企业的可持续发展。客户感到满意是因为企业能够提供优良的产品与服务，为客户创造价值，带来利益。而高质量的产品和服务，需要企业员工的努力。所以，人力资源是企业获取竞争优势的首要资源，而竞争优势正是企业战略得以实现的保证。另一方面，企业获取战略成功的各种要素，如研发能力、营销能力、生产能力、财务管理能力等，最终都要落实到人力资源上。因此，在整个战略的实现过程中，人力资源的位置是最重要的（Clardy，2008）。

战略性人力资源管理把人力资源管理提升到战略的地位，就是系统地将人与组织联系起来，建立统一性与适应性相结合的人力资源管理。战略性人力资源管理特别关注（陈劲，2017）：

（1）通过人力资源的规划、政策及管理实践实现更好的人力资源配置；

（2）人力资源与企业战略的匹配；

（3）通过人力资源管理活动实现企业战略的灵活性；

（4）人力资源管理活动的目的是实现企业目标。

13.2.2　战略性人力资源管理的特点

传统的人事管理是指为完成组织任务，对组织中涉及人与事的关系进行专门化管理，使人与事达到良好的匹配。而战略性人力资源管理是指企业为达到战略目标，系统地对人力资源各种部署与活动进行计划和管理的模式，是企业战略不可或缺的有机组成部分。

（1）战略性人力资源管理以"人"为核心，视人为资本，强调一种动态的、心理的调节和开发，管理出发点是"着眼于人"，目的是达到人与事的系统优化、使企业取得最佳的经济和社会效益。传统的人事管理以"事"为中心，将人视为一种成本，把人当作一种工具，强调"事"的单一方面的静态的控制和管理，其管理的形式和目的是"控制人"。

（2）战略性人力资源管理作为企业的核心部分，是企业经营战略的重要组成部分，主要通过促进企业长期可持续发展来实现对经营战略的贡献；它涵盖组织建设、文化建设与系统建设各个方面，通过企业文化整合战略、组织和系统，保证企业战略的执行和目标的实现，推动企业长期稳定地成长。传统的人事管理属企业的辅助部分，对企业经营业绩没有直接贡献，主要的工作是负责员工的考勤、档案及合同管理等事务性工作。

（3）战略性人力资源管理要求人力资源管理者从企业战略的高度，主动分析和诊断人力资源现状，为决策者准确、及时地提供各种有价值的人力资源相关数据，协助决策者制订具体的人力资源行动计划，支持企业战略的执行和目标的实现。传统的人事管理则只能站在部门的角度，考虑人事事务等相关工作的规范性，充其量只能传达决策者所制定的战略目标等信息。

（4）战略性人力资源管理体现企业全员参与人力资源管理的特色，因为人力资源工作要想切实有效，没有各职能部门的执行、配合是不可能实现的。具体来说：

● 对于决策层：所有的管理最终都会落实到人，只有管理好"人"的资源，才能抓住管理的精髓。

● 对于人力资源管理工作者：只有企业全员参与人力资源管理工作，才能真正体现自己的价值、才能上升到战略伙伴。

● 对于直线经理：参与企业人力资源管理

工作，不仅能确保本部门任务的顺利完成，而且可以使部门内的员工及自己得到调动与晋升的机会和空间。

- 对于员工：参与企业的人力资源管理工作可以更好地理解企业战略，根据部门目标并结合自己的发展计划，科学、合理地安排自己的工作与学习，实现自己理想的职业生涯规划。

相比之下，传统的人事管理基本上是单兵作战，似乎与其他职能部门的关系不大；关系比较紧密的部门是财务部门，因为工资的计算与发放、社会保险的缴纳大多是由财务部门负责的。

战略性人力资源管理并不是泛泛而谈，它有清晰的传导路径：制定企业整体战略→确立相应的人力资源战略→制定合适的人力资源政策→员工需求得到满足→员工满意度提高→生产率/服务提高→客户满意和忠诚→企业可持续发展。

13.3 战略性财务管理

财务管理是集财务预测、财务决策、财务计划、财务控制和财务分析于一身，以筹资管理、投资管理和收益分配管理为主要内容的管理活动，在企业管理中始终扮演着重要角色。在环境复杂多变并实行战略管理的条件下，传统的财务管理理论不注重对企业内外部环境变化的分析，不足够注重与企业现行战略相联系，已不能适应当今战略管理的需要。自20世纪80年代开始，人们开始尝试顺应战略管理的发展动态，对企业财务管理的理论与方法加以完善和提高，使其上升到战略性财务管理的新阶段（黎精明等，2017）。

战略性财务管理（Strategic Finance Management）又称财务战略管理，是指采用战略思维和战略视角来开展财务管理工作。它既是企业战略管理的一个不可或缺的组成部分，也是企业执行战略的保障。正如威廉姆斯·O.克里费雷（Williams O. Cleverley）所述：如果一项战略计划在财务上不可行，那么它就是无效的；如果一项财务计划不能反映管理层和董事会制定的战略决策，那么它就没有任何价值（波特，2014）。

战略性财务管理是以价值管理为核心的管理体系。它以提升企业价值为切入点，贯穿于企业的财务活动和各种财务关系中，以企业价值的最大化为目标导向来加强财务管理。战略性财务管理的起点是确立企业经营目标和财务目标。每一家企业客观上都应该有一个明确的经营目标以及相应的财务目标，以此为企业的财务管理提供具体的行为准则，界定财务战略方案选择的边界，将战略性财务管理限定在一个合理的框架之内。

13.3.1 战略性财务管理的目标

战略性财务管理的目标是指按照企业总体战略的要求，综合运用各种理财手段及财务资源降低筹资成本，改善投资决策，合理赚取与管理利润，确保企业管理者目标与投资者目标的最佳平衡，实现企业整体价值最大化。

战略性财务管理的目标可以分为许多具体目标，具体目标是战略性财务管理目标的具体化。作为制定理财策略的依据，具体目标与企业的财务状况和经营状况息息相关。比如，投资战略的具体目标是满意的投资报酬率和现金流量；筹资战略的具体目标是为投资需要而源源不断地提供资金，并使资金成本最低。只要具体目标选择得当、实施有方，就能使企业取得投资、筹资的成功，增强盈利能力，促进企业发展；反之则使企业投资、筹资项目失败，财务状况恶化，盈利能力丧失，造成企业经营危机。

13.3.2 战略性财务管理的领域

筹集资金是企业财务活动的起点，投资使用资金是财务活动的关键，回收和分配资金是财务活动的归宿。基于此，战略性财务管理涵盖筹资战略管理、投资战略管理及收益分配战略管理。

（1）筹资战略管理主要是制定筹资战略目标，确立筹资规模、渠道和方式，安排优化资本结构的战略方案，并制定为实现筹资战略目标所采取的相应对策，对筹资进行风险控制。与传统的筹资管理相比，筹资战略管理具有两个特点：一是除筹集日常经营业务所需资源以外，重点寻找提升企业核心竞争力所需的资源，因此，战略性筹资行为更具针对性、实效性和长远性。二是筹资对象从以传统筹资为主转向以资本筹资和无形资产筹资为主，筹资方向和渠道从以国内市场为主过渡到国内市场与国际市场并重，这有利于筹集并运用多样化资源来提升企业的核心竞争力。

（2）投资战略管理主要明确战略投资的总规模、总方向、结构搭配、战略投资效益评价标准以及实现战略投资目标的主要途径。投资战略管理决定了企业能否把有限的资金和资源合理配置并有效利用。常见的选择有：用于老产品改造还是用于新产品开发投资，自主经营还是引进外资联合投资，使用自有资金投资还是贷款负债投资，在有风险的条件下如何投资，等等。与传统的投资管理相比，投资战略管理具有两个特点：一是投资方向明确，主要投向有利于提升企业核心竞争力的项目。二是将人力资源投资、无形资产投资、风险投资作为投资重点，而不像传统投资那样以固定资产投资、金融投资为重点。在知识经济时代，更需加大对知识产权和人力资源的投入力度。

（3）收益分配战略管理主要研究企业收益如何分配，包括是否发放股利、发放多少股利以及何时发放股利等。与传统的收益分配管理相比，收益分配战略管理具有两个特点：一是以投资战略和筹资战略为依据，首要满足提升核心竞争力所需的权益资本。二是积极探索知识、技术、专利、管理等要素参与收益分配的有效办法，制定有利于引进人才和人尽其才的收益分配政策。

13.3.3 战略性财务管理的过程

一般而言，战略管理包含四个基本模块：环境分析、战略制定、战略实施、绩效评估与控制。战略性财务管理作为企业战略管理的一个组成部分，在其实施过程中必须考虑企业战略的总体要求，故而采用类似的程序（见图13-2）。

图 13-2 战略性财务管理的过程
资料来源：黎精明等（2017）。

其中，财务环境分析是战略性财务管理的重心和难点。财务环境分析是指从外部与内部环境中监测、评估和提取信息。外部环境包括机会与威胁的变量，比如政治法律环境、社会技术环境、经济生态环境等；内部环境包括优势和劣势的变量，比如财务资源、产业及价值链、组织结构及企业文化等（见图13-3）。

与传统的财务管理相比，战略性财务管理的环境分析包含以下挑战：

第一，面向未来，考虑短、中、长期的企业内外部环境。

第二，兼顾环境的多变性与财务战略的相对

稳定性，因为企业战略及企业财务战略需要保持相对稳定，然而环境的多变性会迫使企业动态地调整财务战略。

第三，形成包含多种因素的综合环境分析，比如政治、经济、法律、社会文化等宏观环境因素，以及产业、供应商、客户、竞争对手等微观环境因素。

第四，强调动态分析，既要考察某一特定"时点"的环境因素，又要关心环境因素的动态变化趋势。简言之，企业财务环境是由若干要素构成的一个有机系统，因此，分析过程中应该综合考察该系统的各个构成要素，从而做出全面的、科学的判断。

图 13-3　企业的财务环境

13.3.4　战略性财务管理的特点

一般来说，传统财务管理的工作重心在企业的会计核算及趋势分析，较少地从企业长远发展的角度来对企业的财务管理工作进行准确的定位，难以解决在复杂的市场环境下企业发展中出现的各种财务方面的问题。战略性财务管理的本质是用战略思维和战略视角来开展财务管理工作，强调战略决策，充分考虑未来的不确定因素，以企业的投资、筹资、收益分配等为对象，对财务活动分别做出短、中、长期的规划，明确未来目标与发展方向，并将这些目标、方向作为企业日常行为的指南（鲁川，2013）。

第一，战略性财务管理以实现长期获利和获得竞争优势为目标，而传统的财务管理以实现成本与费用最小化、企业利润最大化为目标。战略性财务管理则更具有战略眼光，它关注企业的长期发展，重视企业在市场竞争中的地位。

第二，战略性财务管理以企业外部情况为管理重点，而传统的财务管理则以企业内部情况为管理重点。战略性财务管理把视野扩展到企业外部，密切关注整个市场和竞争对手的动向，提供金融市场和资本市场动态变化情况、市场占有率、销售和服务网络、顾客满意度、市场购买力、宏观经济发展趋势与经济政策等信息，分析和预测市场变化的趋势与竞争对手的行为，以调整自己的竞争战略。

第三，战略性财务管理提供更多的非财务信息，是对传统财务管理中单一的、以货币为单位的计量模式的拓展。有助于实现企业战略目标的非财务信息格外重要，如市场需求量、市场占有率、产品质量、销售和服务网络等。

第四，战略性财务管理运用新的业绩评价方法，将业绩评价指标与战略管理相结合，根据不同的战略，确定不同的业绩评价标准。新的业绩评价方法需要在财务指标与非财务指标之间求得均衡。

第五，战略性财务管理以战略目标为预算编制的起点，而传统财务管理的预算编制着眼于初期的内部规划和运作，以目标成本、费用、利润为预算编制的起点，与战略目标没有任何关系，有时甚至与战略目标背道而驰。战略性财务管理则围绕战略目标编制预算，并将人力资源管理、技术管理、供应链、价值链方面的活动都纳入预算管理体系之中。

13.4 战略性营销管理

13.4.1 战略性营销

在讨论战略性营销管理之前，首先要理解战略性营销的意义。营销是指在市场经济的竞争背景下，通过有效参与竞争、广泛建立和加强与各利益相关方之间的关系，最大限度地满足市场需求以达到盈利目的的行为、活动和过程。**战略性营销（Strategic Marketing）**又称战略营销，则是指有战略思想和意识、基于战略层面的营销行为，是一种特定层面的营销行为（焦晓波，2006）。

战略性营销是由确定目标市场和进行市场定位这两个核心要素驱动的一个决策过程。战略性营销包括三个层次：宏观层次的目标市场选择和市场定位确定，中观层次的营销策略组合，微观层次的营销策略组合指标。与传统的战术性营销相比，战略性营销更注重营销活动的整体性、全局性和长期效果，注重经营环境分析，以竞争为导向，以竞争为动力。

战略性营销的特点与目标如表13-2所示。

表13-2 战略性营销的特点与目标

战略性营销的特点	• 具有市场导向和竞争导向相结合的战略营销观念 • 具有前瞻性、全局性、系统性、长期性、持续性、独特性和创新性战略营销意识 • 具有竞合与实现多赢的竞争观念 • 具有鲜明的社会市场营销观念
战略性营销的目标	• 具有合理、明确和可操作的中长期战略营销目标 • 定性目标与定量目标相结合，便于衡量和评估 • 得到企业上下各管理层级的基本确认、共识和认可 • 目标可分解

资料来源：曾路（2010）。

战略性营销是市场营销管理史上的一次革命。沃伦·J.基坎（Warren J. Keegan）提到，战略性营销把原来市场营销管理的着眼点由顾客或产品转移到企业外部环境。一家企业要取得成功，就必须把顾客或产品放到一个更广阔的环境中去理解。这个环境包括竞争对手、政府政策与管理、广泛的社会、经济和政治等外部力量。企业通过对战略环境的分析，了解自己与竞争对手的实力，做出最恰当的战略性营销，帮助企业建立长久的竞争优势。同时，战略性营销的目标从自身盈利转向利益相关方获益。利益相关方是指那些与企业行为具有利益关系的个人或组织，主要包括股东、管理者、顾客、社会和政府。当然，企业仍会关注经济利益，但经济利益已不是终点。企业的最终目标是为利益相关方创造价值（Tantalo and Priem，2016）。

战略性营销理论是在一般市场营销理论中注入战略管理的思想和方法，使战略性营销成为传统营销的"升级版"。类似的，**战略性营销管理（Strategic Marketing Management）**是以营销管理理论为基础，将战略管理的思想注入营销管理理论中所得到的融合产物。

13.4.2 战略性营销管理与一般营销管理的区别

营销管理是企业在正确的市场营销观念指导下，针对特定的目标市场和营销环境，基于市场调研、SWOT分析和市场定位，制定和实施产品、定价、分销、促销战略与策略，以不断获取和巩固有利的市场地位的活动。战略管理思想的注入使营销管理在内涵、观念、内容和方法上都发生了很大变化。战略性营销管理较之一般的营销管理具备了更加明显的战略特征，并在一些关键的营销环节和行为中得以体现（曾路，2010；曾国安，2001）。

第一，在营销观念中的体现。一般营销管理

强调市场导向，即消费者需求导向。而战略性营销管理在营销观念上鲜明地体现和突出了战略的竞争性、前瞻性、独特性和系统性。战略性营销管理中的营销观念不仅强调消费者需求导向，还强调竞争导向，认为企业只有同时做到有效应对竞争，才有可能有机会有效地满足消费者需求，并通过最大限度地满足消费者需求来提高营销效率，进而达到盈利的目的。

第二，在对市场需求理解上的体现。战略性营销管理对"需求"的理解也由当下需求扩展到潜在需求，认为市场上消费者的需求不仅包含已显现出来和表达出来的需求，还包括未被意识到和未被表达的潜在需求。这种潜在需求需要通过某种特定的刺激来激活，转化成现实需求。从消费者需求导向和竞争导向这两个角度来看，通过激活消费者潜在需求来抢占先机、创造新市场，企业通过率先差异化掌握了竞争的主动权。激活潜在需求的能力并非所有的企业都具备，这需要企业，特别是高层决策者具备敏锐的市场敏感和前瞻性的市场预测与判断能力。

第三，在定位决策中的体现。定位决策的依据不仅来自当下需求，还依赖于对潜在需求的预测。企业通过制定独特和创新性的定位决策，先于竞争对手激活消费者潜在需求并占领这一市场。

第四，在竞争优势获取中的体现。战略性营销管理不仅关注对企业自身内部资源的利用，还会努力开发、寻找不可直接控制的或共享的外部资源来利用和配置，以提升企业的核心竞争力。

第五，在产品研发中的体现。战略性营销管理不仅关注能够有效满足当下需求的产品，还通过前瞻性研发来创造新的需求，充分考虑潜在市场。因此，产品研发应具备一定的预见性。新产品研发、投入大规模生产和投放市场并非同步进行的。新产品的大规模生产和市场投放取决于企业基于产品生命周期的整体营销战略安排。

第六，在营销策略组合中的体现。营销策略组合是指产品策略、定价策略、分销策略和促销策略的综合运用。在战略性营销管理下，围绕战略定位这一核心，产品系列更加强调多层次、多元化和系列化；定价过程和价格体系照顾到了多方面的因素，包括市场可接受程度、成本因素、竞争因素和应变因素；分销更加强调市场分层，依据定位与目标市场构建出不同层次和不同类型的模式。

第七，在战略执行中的体现。虽然整体营销战略是由管理层制定的，但营销战略的执行具有全员性。战略执行涉及企业所有职能部门，上至企业最高领导，下至基层普通员工，都直接或间接参与战略执行。

第八，在企业整体营销运作上的体现。战略性营销管理将营销活动视为一个由各个营销元素构成的运行整体，营销元素间具有互补、互动、相互制约和相互不可替代的关系。

简言之，从一般的营销管理到战略性营销管理的演变标志着从短期到长期、从内部到外部、从局部到全局、从组合到系统的提升，从策略层面到战略层面的提升，从消费者需求导向到消费者需求导向加竞争导向的提升，从现实性到前瞻性的提升，从关注产品到关注价值的提升，从关注企业利益到关注社会利益的提升。

13.4.3 战略性营销管理的流程

在营销管理的基本原理与运作规律的基础上，整合企业战略管理的一般过程（环境分析、战略制定、战略实施、绩效评估与控制），就形成了企业战略性营销管理的流程。战略营销管理的流程由营销目标初定、市场研究、营销战略制定、营销策略分解、营销执行和营销评价等环节构成（见图13-4）。

图 13-4　战略性营销管理的流程

资料来源：曾路（2010）。

战略性营销管理由营销目标初定开始。目标初定后，企业需要进行市场研究。研究的范围和深度取决于决策的需要。该阶段的市场研究不能仅停留在市场信息的收集和整理上，而应形成直接服务于决策的市场情报。基于市场研究和所指定的营销战略，企业需要对初定的目标进行调整。下一环节，是将既定目标进一步分解为具有可操作性和可执行性的营销策略。历经分析、设计和规划阶段，营销执行环节是对营销战略的具体实施。市场效果必须通过有效的执行才能得以显现。最后，通过对企业战略性营销相关能力和业绩的评价，可得到下一阶段企业战略性营销应参考和借鉴的结论，使下一阶段营销效率进一步提高。在整个流程中，反向的信息流动始终存在，以便于各环节的调整与协作。

13.5　战略性供应链管理

许多企业只有在出现问题时才会考虑供应链问题，但真正懂得持续经营的企业会站在竞争优势和核心能力的视角，对其供应链进行持续优化，不断寻找增加价值和拓宽绩效边界的新方法，从而实现供应链和总体经营绩效的领先（柯恩和罗塞尔，2015）。

战略性供应链管理的五大核心原则如图13-5所示。

战略性供应链管理具有以下特点：

（1）战略性供应链管理需要明确一个长短期问题，即企业必须具备快速响应机制以应对外界

图 13-5　战略性供应链管理的五大核心原则

资料来源：柯恩和罗塞尔（2015）。

环境的变化，同时还需要大量投入以打造出长期差异化的供应链。这将是企业运用供应链进行竞争的先决条件。拥有高绩效供应链的企业能够在服务水平、设计与制造周期、营运资金及成本之间找到均衡，并制定出最适合企业总体战略的决策。战略性供应链管理应由顾客服务、销售渠道、价值系统、运营模式和资产布局组成，并需满足以下条件：

- 其结构与企业权威（市场影响力）相匹配；
- 其复杂度与产品或服务的竞争战略相匹配；
- 具有弹性，最大限度地利用现有资产布局来满足供需变化；
- 具有社会责任，关注可持续性与利润、人力、地点的三重底线；
- 具有适应性，随时准备应对变化的市场环境。

　实践链接

对于创新导向的企业，供应链与设计链之间的匹配合作将是产品迅速走向市场的重要支持。西班牙"快时尚"服装企业Zara不同于将生产外包给亚洲合约制造商的竞争对手们，选择与发货地附近的生产商合作，更快地为喜好瞬息万变

的时尚圈消费者提供新产品。Zara将近50%的成衣以这种方式制造，尽管这增加了约15%—20%的产品制造成本，但全球各网点的即时销售信息使得Zara能够更精准地识别当地最热销的产品，并尽可能快地生产和送达零售店铺，减少了零售商方面的产品积压。全价销售比例因此提高，Zara也因此避免了陷入降价促销循环，其净利润率也远高于竞争对手。

对于基于质量竞争的企业，端到端的供应链完整性，甚至是能够追溯到产品生产起点的能力，将成为企业的差异化供应链之源。以纯果乐打造的"从种植到杯子"系统为例，这家果汁公司确保水果在其状态最好的时候被采摘，选择专门设计的包装罐来保证水果新鲜、最先进的冷藏货车及专门设计的火车车厢来运送果汁，以确保产品"原汁原味"地送抵各个配送中心。

资料来源：柯恩和罗塞尔（2015）。

（2）战略性供应链管理意味着企业需要设计出可以映射整个供应链活动的流程架构，以一种高度协调的方式运作计划、采购、制造、交付、退回和使能六个主要流程，做到"无缝衔接"，形成一个有机整体。这一端到端的流程架构包含内部功能之间的交互合作以及企业与供应商和客户之间的交付合作。此外，流程架构必须支持企业的竞争战略，具有战略协调性。比如，亚马逊尤其擅长订单履行流程，以最快地将货物送至消费者手中。流程架构的适应性则体现在其根据战略改变而进行的调整能力上。

实践链接

法国眼镜镜片制造商依视路的使命是为世界各地的人们带来良好的视力，以提高人们的生活质量。其发展战略包括：产品和服务的创新，发展中高端产品，通过合作和收购实现国际性增长，刺激需求以扩大市场规模并履行使命。依视路的供应链管理是其实现战略目标的关键优势之一。以供应链的适应性为例，依视路部署了一系列策略来降低供应链中断的风险：围绕厂房和配送中心建立紧密联系的网络，使公司可以在几乎没有提前通知的情况下也能调整产量、配送与定价；在供应链的脆弱环节部署多余工厂和额外库存；建立标准化的生产流程，用业务连续性计划来确保配送网络的运行。这些措施使依视路渡过了2011年泰国的洪水危机，避免了自然灾害对供应链的破坏性损害。

（3）企业需要重新设计其供应链组织，以应对全球化、高度不确定性、人力资源稀缺等挑战。以往的供应链组织往往是一个单独的职能部门，负责购买原材料、生产制造及配送。相对而言，产品研发、营销等部门承担了更多的战略性功能。而在战略性供应链管理下，供应链组织与其他内部职能部门及外部合作伙伴之间应建立更紧密的关系，依靠体系化的流程架构高效运转。这意味着供应链组织，即每一个涉及计划、采购、制造、交付、退回和使能流程的企业员工，都需要对岗位和职责有明确的定义。企业的领导者应把正确的技能和人才落实到位，特别地，应选择一个正确的组织结构，帮助企业的经营战略有效执行并达到供应链所需运营绩效。集中式、分散式、混合式是常见的三类供应链组织结构（见表13-3）。

表13-3　战略性供应链管理的组织结构

组织结构	优势
集中式	利用规模经济
	整合全球需求和供给，有利于制造、销售和配送层面的决策
	保证整个企业的政策、程序和流程的一致性

（续表）

组织结构	优势
分散式	包容业务单元和企业或地区之间的文化差异
	为产品、业务单元或地区进行供应链流程优化
	允许业务单元拥有自主经营权
混合式	鼓励开发团队共享组件和/或供应商
	对某些业务单元采用企业标准，但在如何执行这些标准方面给予各业务单元灵活性

资料来源：柯恩和罗塞尔（2015）。

实践链接

联合利华（Unilever）采取了混合式的供应链组织结构。截至20世纪90年代，联合利华的所有供应链活动都在地方一级管理。随着全球范围内业务规模的暴涨，旧有的供应链组织结构已不能承担全部功能。为平衡其全球化业务并保持本地服务的敏捷性，联合利华向混合式供应链组织结构转变。在地方层面，联合利华拥有8个地理集群团队，每一个团队负责日常一线的供应链功能，包括供需平衡、订单管理、生产与物流。同时，联合利华的集团供应链团队管理95%的采购业务，以减少价格波动的影响，保证原材料的持续供应。集团供应链团队还管理其他贯穿整个公司的职能组织，并协调这些组织与地理集群团队的工作对接。混合式的组织结构确保联合利华的供应链高效运作，并使之成为一份战略资产，为核心能力的构建提供保障。

（4）战略性供应链管理对企业与供应商或客户的合作模式提出了更高的要求。企业要对范围内的不同程度的合作有所了解，确定企业的具体需求，并考虑与供应商采取哪种类型的合作最有利。随着合作程度逐步加深，合作模式分为交易性、协作、协调、同步四类。交易性合作是最基本且应用最广泛的合作模式，往往体现为双方针对具体产品商定一套价格，使得交易更容易完成。在这种模式下，合作关系通常较短暂，不具有战略价值。协作合作意味着更高程度的信息共享，数据从一方流向另一方。比如，供应商利用POS（销售终端）数据了解消费者的购买行为，从而更好地制订计划。协调合作为合作关系增加了相互依赖性，包含信息的双向流动、更加密切的合作计划和执行流程、一定程度的长期承诺和投入。合作战略下的双方通常采取协调合作的模式。合作程度最高的是同步合作，普遍存在于战略联盟之中，其着眼点在于中长期的战略愿景。同步合作覆盖供应链与其他关键业务流程，合作活动包括共同研发项目、供应商开发、知识产权开发，等等。此时，信息不仅仅是双向流动，而是由合作双方共同开发生成。

（5）绩效评价体系是战略性供应链管理的重要组成部分。相较于传统的计分卡评估体系，企业应特别考虑跨职能的供应链指标与非财务指标，并进一步制定运用这些指标优化供应链流程和组织结构的方案。一套正确、全面的供应链指标还需具有前瞻性，以判断供应链运营水平是朝着更好还是更坏的方向发展，便于管理者在危机来临之前就做出改变。最后，供应链指标必须与总体经营目标相一致，以考察供应链对企业经营战略的影响。

案例阅读

再谈协同论

物理学家赫尔曼·哈肯（Hermann Haken）教授于1969年提出了"协同论"（Synergetics）。哈肯发现，非生物和生物都有集体运动的自组织现象。通过了解自组织现象的宏观规律，哈肯指出动态不均衡系统从无序到有序的过程特征。哈肯的协同论强调，在系统秩序形成过程中，合作活动与竞争活动至少有同等的重要性，甚至在大多数情况下，合作活动起着主导作用。合作是系统秩序形成过程中的主流现象。没有部件之间的合作，所有的有机体就无法存活。没有有机体之间的合作，生态和社会系统就不复存在。从混沌到秩序，合作具有必然性。

哈肯在协同论发表50周年接受采访时提到，协同论对管理学有特殊的意义。多年来，竞争的学说一家独大，微观个体分析研究方法居于主流地位，从宏观层面研究合作活动的理论长期匮乏。根植于自然科学规律的协同论恰好是与管理竞争学说互补的理论。在经济领域，随着一个组织逐渐适应新环境，合作将顺势主导。

哈肯认为，具体到管理活动中，协同论仍然适用。管理活动的核心是在集体、个体和环境之间扮演信息媒介的角色。管理者要做两种信息转化的媒介：一是理解组织与环境之间的关系，并把这一关系用于约束组织活动；二是理解组织内部自组织活动，并把个体行为规律传达给组织中的个体成员。总之，管理者是信息媒介，但管理者的个体能力有限，难免有理解和表达模糊的地方。从组织与环境的关系角度来看，受管理者信息处理能力影响，所有组织都要面对"有限选择"的挑战：一个高度稳定的组织会失去对环境的适应性，一个非常适应环境的组织会失去内部一致性。组织在稳定和适应之间做有限选择，这是一条恒定的管理规律。

资料来源：

鲍勇剑. 2019. 协同论：合作的科学——协同论创始人哈肯教授访谈录［J］. 清华管理评论，(11)：6-19。

思考题

1. 你是否认同战略协同的价值？请举出一个企业案例加以佐证。
2. 采取战略性人力资源管理、财务管理、营销管理与供应链管理的企业，其能力观、知识观与创新观可能呈现哪些特点？
3. 请列出几个战略协同在实践中可能面临的经营挑战。

每章必读

［1］DOBNI C B, LUFFMAN G. 2003. Determining the scope and impact of market orientation profiles on strategy implementation and performance［J］. Strategic Management Journal, (24): 577-585.

［2］GROYSBERG B, MCLEAN A, REAXIS C. 2005. Delivering strategic human resource management［Z］. Harvard Business School Case Study 9-405-049.

［3］LYALL A, MERCIER P, GSTETTNER S. 2018. The death of supply chain management［J］. Harvard Business Review, (15), 2-4.

［4］TANTALO C, PRIEM R L. 2016. Value creation through stakeholder synergy［J］. Strategic Management Journal, 37 (2): 314-329.

［5］陈劲. 2017. 管理学［M］. 2版. 北京：中国人民大学出版社.

［6］陈志祥，马士华. 2001. 供应链中的企业合作关系［J］. 南开管理评论，(02)：56-59.

［7］戈文达拉扬. 2020. 精益创新：实现管理现在与创造未来的有效平衡［M］. 余宁，周或君，译. 北京：中信出版集团.

［8］王大刚，席酉民，周云杰. 2006. 海尔集团整合营销战略［J］. 系统工程，(03)：95-102.

参考文献

［1］CLARDY A. 2008. The strategic role of human resource

development in managing core competencies [J]. Human Resource Development International, 11（2）: 183-197.

[2] TANTALO C, PRIEM R L. 2016. Value creation through stakeholder synergy [J]. Strategic Management Journal, 37（2）: 314-329.

[3] 阿布什，纽恩斯，唐斯. 2019. 明智转向 [M]. 陈召强，等，译. 北京：中信出版集团.

[4] 鲍勇剑. 2019. 协同论：合作的科学——协同论创始人哈肯教授访谈录 [J]. 清华管理评论，（11）: 6-19.

[5] 波特. 2014. 竞争战略 [M]. 陈丽芳，译. 北京：中信出版集团.

[6] 陈劲. 2017. 管理学 [M]. 2版. 北京：中国人民大学出版社.

[7] 戈文达拉扬. 2017. 精益创新：实现管理现在与创造未来的有效平衡 [M]. 余宁，周或君，译. 北京：中信出版集团.

[8] 焦晓波. 2006. 战略营销的理论内涵及在我国的应用问题分析 [J]. 技术经济，（05）: 71-73.

[9] 柯恩，罗塞尔. 2015. 战略供应链管理 [M]. 李伊松，田源，译. 北京：机械工业出版社.

[10] 黎精明，兰飞，石友蓉. 2017. 财务战略管理 [M]. 北京：经济管理出版社.

[11] 林正刚，周碧华. 2011. 企业战略协同理论国外研究综述 [J]. 科技管理研究，31（21）: 189-192.

[12] 鲁川. 2013. 企业的战略性财务管理 [J]. 中外企业家，（21）: 82+87.

[13] 徐大佑，黎开莉，等. 2008. 管理协同与精细化 [M]. 北京：科学出版社.

[14] 曾国安. 2001. 战略市场营销 [M]. 大连：东北财经大学出版社.

[15] 曾路. 2010. 企业战略营销竞争力 [M]. 北京：光明日报出版社.

[16] 邹韶禄. 2004. 基于战略导向的企业全面预算管理体系研究 [D]. 中南大学.

第14章
战略评估

> **学习目标**
> - 了解战略评估的意义；
> - 熟悉企业战略评估的过程和方法；
> - 了解平衡计分卡的内容与实施程序；
> - 了解战略地图的基本思路和构成要素。

开篇案例

小心，别让指标毁了你的公司

过去几十年，将绩效指标与战略捆绑在一起已经成为商界公认的最佳实践。从定义上看，战略是抽象的，但指标让战略有了具象，也让我们更容易理解战略。有了指标，福特汽车公司曾经的"质量第一"（Quality is Job One）战略就转化为六西格玛绩效指标；苹果公司的"非同凡响"（Think Different）战略和三星公司的"创造未来"（Create the Future）战略就与新产品销量指标关联起来。如果说战略是构建组织的蓝图，那么指标就是混凝土、木材、石膏板和砖块。

但这种架构中隐藏着陷阱：公司很可能忽视战略，反而密切关注本应代表战略的指标。这一问题的极端例子就是富国银行（Wells Fargo）。该银行员工为了执行如今已臭名昭著的"交叉销售"战略，在未经客户同意的情况下，私自开设了350万个存款和信用卡账户。富国银行为此付出了沉重的代价，直到现在还没有从那次金融灾难中走出来。丑闻后接管银行的首席执行官蒂莫西·斯隆（Timothy Sloan）于2019年3月辞职。

富国银行问题目前已有多种解释，最广为接受的是将责任归咎于公司的激励机制。但这套薪酬体系究竟是富国银行问题的根源，还是另一个更隐蔽的问题的表象？另一个重要原因可能是，员工既要完成极具挑战性的销售业绩，还要背负持续的高压。实际上，多位接受调查的员工提到，导致不当行为的因素往往是压力，而非激励措施。还有一个可能原因是纵容不当行为的销售文化。某内部调查发现，管理层信奉的哲学是，"为获得一个优质账户而售出十个低质量账户的行为，公司可以接受"。调查还发现，经理称客户不需要或不想要的产品为"滑点"（Slippage），而滑点到了一定数额，在"任何零售环境下都算是经营成本"。

激励措施、完成业绩的压力和销售文化都和富国银行当时采用的制度有关。事实上，几乎每家公司都有类似的制度——绩效评估体系，从组织层面一直到员工个人层面的日常业务活动都在监控范围之内。如果富国银行不严格追踪销售数据，就没有销售激励。如果不清点客户账户数量，就不会有每个家庭应开账户数量的目标、完成目标的压力以及相应的销售文化。富国银行前首席执行官约翰·斯坦普夫（John Stumpf）那句现已臭名远扬的准则——"八个就好"（目标是让每位客户都拥有八个富国银行的产品），就是基于这一共同认知。

富国银行问题的真正根源在于评估指标。银行决定积极追踪每日交叉销售额，于是员工努力将销售额最大化。薪酬激励、纵容不当行为的文化和严苛的业绩要求，再加上员工可能非法开设未经授权的账户，这些都以推进交叉销售的"战略"为名。制定评估指标并不是件坏事。评估指标有其裨益，只有通过制定指标，我们才能了解商业环境、结果和战略目标，进而取得成功。但正如富国银行的案例所示，如果员工不知道指标本身与战略之间有偏差，那么组织会面临极大的风险——而恰恰因为指标能够协调行为，所以偏差还会在组织中不断放大。

和富国银行的情况一样，几乎所有组织的战略每天都会受到数字的挟持。事实证明，用指标替代战略的心理倾向，即所谓的替代倾向（Surrogation）相当普遍，而且会破坏公司价值。

新任管理层在丑闻发生后强调与客户重建信任，从而明确并突出了长期关系战略。银行已不再向员工支付交叉销售的费用，并取消了所有销售目标。富国银行目前至少设定了十余个以客户为重点的指标来评估战略。富国银行强调，任何单一指标都不能全面阐释战略，并鼓励员工有意识地防范替代倾向。

虽然富国银行取得了一些进步，但这次丑闻不论在可量化的现金储备，还是在较难量化的声誉（但影响巨大）方面，都给了其极其惨痛的教训。然而，至少富国银行采取的新措施可能提醒未来的管理者和员工，绩效指标仅仅是战略的代表，而非战略本身。

许多管理者都在经历过惨痛的教训后认识到，替代倾向可能会毁掉战略。如果你正在使用绩效指标，那么替代倾向也许已经产生——只要有一个指标，甚至在没有任何薪酬激励的情况下，就足以诱发一定程度的替代行为。因此，组织应注意哪些指标最容易诱发替代倾向，以及在哪些方面会造成最大损失。正如富国银行案例所示，防范远比治理更划算。

请思考

1. 富国银行为什么会遇到危机？
2. 如何理解战略与绩效指标之间的关系？

资料来源：

哈里斯，泰勒. 2019. 别让指标毁了公司 [J]. 哈佛商业评论（中文版），(9)：92-99。

本章首先明确战略评估的重要意义，战略评估是战略管理的重要环节，它对于战略决策、战略实施都有重要意义。其次梳理企业战略评估的过程和方法，增强对企业战略评估的整体认识。最后对于平衡计分卡和战略地图两种常用的战略评估方法进行详细介绍，明确平衡计分卡的内容与实施程序，以及战略地图的基本思路和构成要素，并尝试着运用这些战略工具进行分析。

14.1 战略评估的意义

在实践中，企业战略实施的结果并不一定与预定的战略目标相一致，产生这种偏差的主要原因有三个：一是制定企业战略的内外部环境发生了变化，原定的企业战略与新的环境条件不再适合。二是企业战略本身有重大缺陷或比较笼统，在实施过程中难以贯彻，需要修正、补充和完善。三是在战略实施过程中，受企业内部某些主客观因素变化的影响，战略的实施偏离了战略计划预定的目标。例如，某企业领导采取了不恰当的措施，致使战略实施结果与战略目标产生偏差等。要使企业战略能不断适应变化的内外部环境，除了要使战略决策具有应变性，还必须加强对战略的评估。战略评估是指在企业经营战略实施过程中，利用所掌握的信息，运用一定的方法、程序、指标等，对一定时期内的战略行为表现做出判断，从而进一步对当前的战略进行调整，形成内外动态匹配的战略规划模式。

战略评估具有以下几个方面的意义：

第一，战略评估是战略管理的重要环节，它保证战略的有效实施。战略评估的质量将直接影响企业战略实施的效果和效率。

第二，战略评估的能力和效率是战略决策的重要制约因素。企业战略评估和控制能力强，企业高层管理者就可以做出较为大胆的、风险较高的战略决策，否则就只能选择较为稳妥的战略决策。

第三，战略评估可以为战略决策提供重要的反馈，帮助决策者明确哪些内容是正确、符合实际的，哪些内容是不正确、不符合实际的，这对于提高战略决策的适应性水平具有重要作用。

第四，战略评估具有激励作用，能够调动全体员工的工作积极性，使员工的个人目标与组织的战略目标相协调，考核的结果可以作为企业人事决策的依据和奖惩的依据。

14.2 企业战略评估的过程

企业战略实施的结果并不一定与预定的战略目标相一致，要使企业战略能不断适应变化的内外部环境，就必须加强组织控制和战略评估。战略评估可理解为一个循环过程，即首先对企业现行战略的绩效进行评价，检查其是否为企业带来经济效益、是否与企业经营目标相一致、是否能适应环境变化等问题，检查结果或者继续执行原战略，或者采取纠正措施。若决定采取纠正措施，则可能在原战略基础上做调整，也可能制定新战略。制定新战略则需要评价企业现行环境并严格按照以上标准制定备选战略、进行战略选择评价、确定并实施新战略，同时进行执行过程评价，及时获取战略执行情况并处理战略目标差异，最后对战略实施结果进行评价。大卫（2003）总结了战略评估的框架，如图 14-1 表示。

14.3 企业战略评估的方法

围绕以战略为导向的业绩评价和业绩管理，国内外早在 20 世纪 90 年代初就展开了讨论，企业战略评估的方法已经广泛运用于实践，形成了几种具有代表性的观点。

图 14-1 战略评估框架

资料来源：大卫（2003）。

14.3.1 以组织控制为中心的观点

管理中的控制职能主要是指在企业经营战略实施过程中，检查企业为实现战略目标所进行的各项活动的进展情况，对下级的工作进行衡量、测量和评价，把它与预定的战略目标和绩效标准相比较，分析产生偏差的原因，并通过反馈机制对战略实施、战略方案或目标等进行修正。组织控制常用的方法包括以下几种：

14.3.1.1 预算评价与控制

预算就是用数字编制未来某一个时期的计划，也就是用财务数字（例如在财务预算和投资预算中）或非财务数字（例如在生产预算中）表明预计的结果，从而约束企业和战略经营单位的经营活动。预算内容可以简单地概括为三个方面：

（1）"多少"，即为实现计划目标的各种管理工作的收入（或产出）与支出（或投入）各是多少。

（2）"为什么"，即为什么必须收入（或产出）这么多数量，以及为什么需要支出（或投入）这么多数量。

（3）"何时"，即什么时候实现收入（或产出），以及什么时候支出（或投入），必须使收入与支出取得平衡。

编制预算实际上是控制过程的第一步——拟定标准。由于预算是以数量化的方式来表明管理工作的标准的，其本身就具有可考核性，因此有利于根据标准来评定工作成效，找出偏差，并采取纠正措施，消除偏差。无疑，编制预算能使确定目标和拟定标准的计划工作得到改进。但是，预算的最大价值还在于它对改进协调和控制的贡献。当为组织的各个职能部门都制定了预算时，就为协调组织的活动提供了基础。同时，由于对预期结果的偏离将更容易被查明和评定，预算也为控制工作中的纠正措施奠定了基础。所以，预算可以带来更好的计划和协调，并为控制提供基础，这正是编制预算的基本目的。

预算在形式上是一整套预计的财务报表和其他附表。按照内容的不同可以将预算分为经营预算、投资预算和财务预算三大类。要使一项预算对任何一级的主管人员真正具有指导和约束作用，预算就必须反映该组织的机构状况。只有充分按照各部门业务工作的需要来制订、协调并完善计划，才有可能编制一个足以作为控制手段的分部门的预算。

预算工作中存在一些使预算控制失效的危险倾向。预算过细是一种危险倾向。预算究竟应当细微到什么程度，必须联系授权的程度斟酌而定。过细、过繁的预算等于使授权名存实亡。另外一种危险倾向是让预算目标取代了企业目标。在这种情况下，主管人员只是热衷于使自己部门的费用尽量不超过预算的规定，却忘记了自己的首要职责是千方百计地实现企业的目标。

14.3.1.2 审计评价与控制

审计是指系统地对企业战略实施过程中全部管理人员的工作成效进行评价、审核与监督。战略审计的重点是战略管理的成效，按照企业的战略目标来衡量战略实施的成果。从事战略审计的人员不仅要弄清企业财务账目的准确性和合法性，而且要对企业文化、政策、组织结构、职权范围、市场地位和竞争对手等企业内外部环境做比较全面、客观的了解与评价。不仅如此，审计人员还要对战略管理本身及战略管理过程有明确的了解，这样才能保证战略审计可信、真实和有效。

审计分为内部审计和外部审计。内部审计是企业的一项重要控制活动，是指由企业内部的审计部门和审计人员为达到预定的目的而对本企业的会计资料及其所反映的经济业务活动进行审查与监督。由于从事审计工作的是内部的审计部门和审计人员，因此内部审计可以伴随企业经济活动的发生而随时进行。内部审计的优点是审计人员对本企业的文化、组织结构及业务活动比较了解，容易获得企业的有关资料，并对企业所制定的方针、政策、程序和工作方法提出建议。内部审计的局限性体现在审计人员常常受到企业内部文化和决策者思想的影响，从而很难真正达到审计的目的。

外部审计是指由被审计企业以外的专门审计机构和审计人员对该企业的会计资料所进行的审查与监督。由于审计工作是由与该企业无关的第三方进行的，审计机构和审计人员只对国家与社会负责，因此审计的结果具有独立性、公正性。但外部审计的缺点是，外部审计人员对企业内部的文化、组织结构及业务活动不了解，再加上被审计企业的人员对外部审计人员的抵触和不合作情绪，使得外部审计工作开展起来常常不够顺利。审计通过审查企业的财务记录来评价企业的经济运行和财经状况，它是一种监督和鼓励企业人员遵纪守法、保护企业财务资源的有效的评价与控制手段。

14.3.1.3 目标管理

1954年，美国著名管理学家彼德·德鲁克提出了目标管理（Management by Objective，MBO）的概念。他认为，目标管理就是组织的上级和下级管理者一起制定组织的共同目标，根据预期效果规定每个人的主要职责范围，并以这些衡量尺度为工作的指导方针和评定个人贡献的标准。目标管理是一种系统的管理方式。最早的目标管理仅是对组织成员进行业绩考核、行为激励的一种手段，最近的发展则是把组织的战略计划等均纳入目标管理之中，如组织结构设计、流程改造、文件管理、创新开发等都成为目标管理体系之中的内容。目标管理使战略经营单位进行自我评价和控制成为可能。

14.3.2 以非财务指标补充财务指标的观点

20世纪初，美国杜邦公司的经理建立了杜邦公式，即投资报酬率＝资产周转率×销售利润率，也是现在最常用的战略绩效评价方法。杜邦分析法（DuPont Analysis）是利用几种主要的财务比率之间的关系来综合地分析企业的财务状况。但传统的杜邦分析法存在两个缺陷：其一是不能完整地评价财务活动对获利能力的影响，其二是不能准确地揭示经营活动的获利能力（邵希娟和田洪红，2007）。杜邦分析法的这两个缺陷主要是因其在分析过程中未将企业的经营活动和财务活动彻底划分开来而造成的。

Drucker（1995b）等学者认为，业绩评价应在现有财务业绩评价的基础上增加非财务指标，作为对财务指标的补充。Drucker（1995b）提出，评价一家企业改革的出发点不能仅从其自身业绩出发，而应仔细评估其所处行业在一定时期内的改革。他强调，业绩评价系统必须首先突出管理部门的思想意识，通过设计一系列特定性质的问题，提醒员工需要重视的方面。

14.3.3 以最佳实践者为标杆的观点

标杆法（Benchmarking）将最佳实践者（Best Practicer）的业绩作为业绩评价的标准，可以发现企业与行业内最佳实践者业绩之间的差距，从而为企业改进业绩指明方向。标杆法最早应用于美国的通用电气公司，20世纪90年代之后成为一种重要的管理工具。但有学者认为，过程、最佳实践和业绩具有特定的组织依赖性，具体业绩不能脱离具体的环境，最佳实践者的最佳实践不一定适应于本组织。

14.3.4 以企业资源/能力为基础的观点

价值链分析法是以企业资源/能力为分析基础的企业价值链分析工具，是重要的企业战略分析方法之一。Porter and Millar（1985）从企业内部环境出发，将价值链描述成企业用以"设计、生产、销售、交货及维护其产品的内部过程或作业"，提出了以价值链为基础的战略分析。Shank et al.（1993）描述的价值链的范围要大得多。他们认为，"价值链包括从最初的供应商手里得到原材料直到将最终产品送到用户手中的全过程"，同时还将会计信息置于价值链分析中，计算出价值链每一个阶段的报酬率与收入。

战略执行与战略设计相背离是企业管理的重大问题，运用价值链可以定量分析企业战略执行与战略设计的偏差，并提供纠正偏差的解决办法。价值链分析的步骤包括：建立价值链活动模型，确定成本、价值、资产在各项活动中的分布，识别各项活动中的关键成本/价值驱动因素，识别关键驱动因素之间的相互关系，进行动态价值链分析。

14.3.5 以战略过程为中心的观点

以战略过程为中心的观点强调，业绩评价的目的是辅助战略成功实施，业绩评价的目标应与战略目标相一致，业绩评价的框架模式、指标设置都应体现企业的战略。

在以战略过程为中心的评价模式中，最具代表性和影响力的是Kaplan and Norton（1998）的平衡计分卡。平衡计分卡从四个角度（财务、客户、内部经营过程、学习和成长）来综合评价企业的业绩，并且通过建立因果关系将最后的财务目标与其驱动因素联系起来，指出了战略目标与目标实现途径之间的关系。平衡计分卡的理论出发点重在追求战略实施过程中矛盾的平衡，旨在全过程地进行战略沟通、全方位地促进企业战略的实施。针对平衡计分卡在使用过程中反馈时间过长的缺陷，有学者做了进一步的研究。Jensen and Sage（2000）提出的动态平衡计分卡以平衡计分卡的四个维度为研究基础，依据个案公司的特性与历史资料进行基本仿真，提出动态的业绩评价系统。

Kaplan and Norton（2004a）介绍了战略准备度方法，这种方法可以用来系统地评估无形资产与企业战略协调一致的程度。所谓战略准备度，是指企业的人力资本、信息资本和组织资本与企业战略协调一致的程度。平衡计分卡可以帮助管理者建立企业战略地图（Strategy Map），战略地图将显示无形资产是如何影响企业业绩的。于是无形资产的衡量变得十分重要，而战略准备度是一种无形资产评估的新方法和工具。企业战略准备度也可以作为企业整体战略执行力的合理评估指标，并明确企业所拥有资源与企业战略协调一致的程度。传统的战略评价体系过于强调财务指标，而战略准备度与企业整体战略相结合，将原有的单一的财务指标进行扩展，全面地评价了企业整体战略。战略准备度定量地评价了战略执行与战略目标的契合程度，使企业战略目标和整体战略实施紧密结合起来，并为企业下一步调整战略指明了方向。

战略地图是 Kaplan and Norton（2004b）对平衡计分卡的发展和升华。平衡计分卡只建立了一个战略框架，而缺乏对战略进行具体而系统、全面的描述。战略地图是在平衡计分卡的基础上发展出的划时代的战略管理工具。它以平衡计分卡的四个层面（财务、客户、内部经营过程、学习和成长）目标为核心，通过分析这四个层面目标的相互关系，绘制成企业战略因果关系图，从而将企业的战略目标转化为可操作的指标与行动方案。在战略地图中，战略指标不是四个孤立层面的业绩指标，而是目标之间一系列因果关系的可视化表达。

14.4 平衡计分卡

管理变革已经成为企业永续发展的主题。在当今经济全球化、一体化的激烈竞争中，管理的竞争已经成为决定企业成败的关键因素。从 20 世纪 90 年代起，世界优秀企业普遍掀起了一场企业管理革命，建立了以绩效管理为核心的新型企业管理体系，保持了企业旺盛的市场竞争力。

企业外部环境的不断变化要求企业的管理者应站在战略管理的高度，为企业的发展进行总体谋划。企业的业绩评价系统是连接战略目标和日常经营活动的桥梁，科学的业绩评价系统应能将战略目标具体化。而传统的以财务指标为主体的业绩评价体系已越来越不能满足现代企业管理发展的要求。其原因是，传统单一的以财务指标为主体的业绩评价体系只提供了企业有限的信息：一方面，这些信息只反映过去的业绩，并不能对企业未来的发展前景与获利能力做出评价；另一方面，这些信息只反映了结果，并没有反映导致结果发生的驱动因素；更为重要的是，它不能实现企业的战略目标与管理手段的有机融合。鉴于以上问题，企业界、学术界一直在研究和探索全方位的、财务指标与非财务指标相结合的策略性业绩评价指标体系。于是，平衡计分卡应运而生，该方法一经提出就迅速在美国乃至整个发达国家的企业和政府中得到广泛的应用，而且效果越来越显著。

14.4.1 平衡计分卡的内容

平衡计分卡是 1992 年由哈佛大学商学院教授罗伯特·卡普兰（Robert Kaplan）和复兴全球战略集团总裁戴维·诺顿（David Norton）设计的。平衡计分卡最突出的特点是：将企业的愿景和战略与企业的业绩评价系统联系起来，把企业的使命和战略转变为具体的目标与评测指标，以实现战略与绩效的有机结合。平衡计分卡以企业的愿景和战略为基础，并将各种衡量方法整合为一个有机的整体，它既包含财务指标，又通过客户满意度、内部经营过程、学习和成长的业务指标来补充说明财务指标，而这些业务指标是财务指标的驱动因素。这样就使企业能够一方面追踪财务结果，另一方面密切关注能使企业提高能力并获得未来增长潜力的无形资产等方面的进展，从而使企业既具备反映财务业绩的"硬"指标，同时又具备能在竞争中取胜的"软"指标。

平衡计分卡不仅仅是一种新的业绩评价系统，更重要的是企业管理过程的核心组织框架，并且只有在平衡计分卡被从衡量系统改造为管理系统时，它才具有更大的威力。图 14-2 描绘了平衡计分卡的四个方面及其相互间的关系。

图 14-2 平衡计分卡控制

14.4.1.1 财务方面

财务方面的目标是解决"股东如何看待我们""要在财务方面取得成功，我们应向股东们展示什么"这一类问题，告诉企业管理者，他们的努力是否对企业的经济效益产生了积极的作用，因此，财务方面是其他三个方面的出发点和归宿。总之，财务方面是描述已经发生的事情，与传统的业绩评价并没有什么不同。财务指标包括销售额、利润额、资产利用率等。

14.4.1.2 客户方面

客户方向的目标是解决"客户如何看待我们"这一类问题，通过客户的眼睛来看一家企业，从时间（交货周期）、质量、服务和成本几个方面关注市场份额及客户的需求和满意度。客户方面体现了企业对外界变化的反应。客户指标包括市场份额、客户保持率、客户获得率、客户满意度和客户盈利率等，如图14-3所示。

图 14-3 客户指标

（1）市场份额用于衡量在给定的市场中（可以是客户的数量，也可以是销售的数量）企业销售产品的比例。

（2）客户保持率是指企业继续保持与老客户交易关系的比例（可以是绝对数，也可以是相对数）。

（3）客户获得率用于衡量企业吸引或取得新客户的数量或比例（可以是绝对数，也可以是相对数）。

（4）客户满意度是通过一定的方法（如函询、会见等）对客户的满意程度做出估计。

（5）客户盈利率是指企业为客户提供产品或服务后所取得的净利润水平。对于有盈利的客户，企业应争取和保持。

14.4.1.3 内部经营过程方面

内部经营过程方面的目标是解决"我们擅长什么"这一类问题，报告企业内部效率，关注使企业整体绩效更好的决策和行动，特别是对客户满意度有重要影响的企业活动。在内部经营过程方面，应本着满足客户要求的原则来制定衡量指标，如生产率、生产周期、成本差异、合格品率、次品率、返工率、新产品开发速度、对故障反应的速度、售后服务成本及一次成功率等。内部经营过程是企业改善其经营业绩的重点。

虽然每家企业都有自己独特的、确定客户价值及实现经营业绩的程序，但是普通的价值链模式可以为企业在确定业务程序时提供一个模板，如图14-4所示。

图14-4 确定业务程序

14.4.1.4 学习和成长方面

学习和成长方面的目标是解决"我们如何保持变革和进步的能力"这一类问题，将注意力引向企业未来成功的基础，改善企业内部的沟通渠道、加强对员工的基于职业生涯发展的教育和培训、激发员工的积极性和提高员工的满意度等。在这方面，关键因素是人才、信息系统和组织程序。学习和成长指标包括培训支出、培训周期、员工的满意度、员工的挽留率、信息覆盖率、每个员工提出建议的数量、工作团队成员彼此的满意度等。

平衡计分卡中的"平衡"是指在以下四个方面保持平衡：长期评价指标与短期评价指标之间，外部评价指标（股东和客户）与内部评价指标（内部经营过程/学习和成长）之间，成果评价指标与帮助取得成果的驱动因素评价指标之间，以及财务评价指标与非财务评价指标之间。

一个合理的平衡计分卡可以反映企业的策略，并将企业的策略转化为一系列相互联系的指标（这些指标由长期决策目标和达到这些目标的途径共同决定），明确成果评价指标和帮助取得成果的驱动因素评价指标之间的因果关系。

14.4.2 平衡计分卡的实施程序

平衡计分卡的实施程序如下：

（1）建立企业愿景与战略。企业愿景与战略简单明了，对每一部门均具有明确意义，使每一部门都可以采用一些业绩衡量指标去实现企业愿景与战略。

（2）在企业的高级管理层中对企业愿景与战略达成共识。成立平衡计分卡推行小组或委员会去解释企业愿景与战略，并确立财务、客户、内部经营过程、学习和成长四个方面的具体目标。

（3）为财务、客户、内部经营过程、学习和成长四个方面找出最具有意义的业绩衡量指标。

（4）加强企业内部沟通与教育。利用各种不同的沟通渠道，如定期或不定期的刊物、信件、公告栏、标语、会议等让各级管理人员知道企业的愿景、战略、目标与业绩衡量指标。

（5）确定每年、每季度、每月的业绩衡量指标的具体数值，并与企业的计划和预算相结合。一定注意厘清各类指标间的因果关系、驱动关系与连接关系。

（6）将每年的奖励制度与平衡计分卡挂钩。

（7）经常听取和采纳员工的意见，修正平衡计分卡衡量指标并改进企业战略。

14.4.3 正确运用平衡计分卡

虽然平衡计分卡的观念已经具有一定的普遍性与实际效果，企业通过采用平衡计分卡而脱胎换骨的例证也时有所闻，但是要想成功地实施平衡计分卡仍是一项挑战，需要投入相当的成本与力度。在实施过程中，要注意如下方面的问题：

（1）应用平衡计分卡不要盲目地"拿来主义"。平衡计分卡在企业业绩评价中起着很重要的作用，尤其是一些外国企业采用此方法取得了明显的效果。因此，有些企业迫不及待地采用这种业绩评价方法，把成功的案例直接照搬到自己企业，期望给企业带来效益。然而，实践证明，采用这种方法的企业并不完全像预先期望的结果那样。只有将平衡计分卡的原理与企业的具体情况相结合才能发挥平衡计分卡的功效，不能简单地模仿其他企业已经开发完成的平衡计分卡。

因为不同的企业有不同的背景和战略任务，所以各自平衡计分卡四个层面的目标及其衡量指标皆不同；即使相同的目标，也可能采取不同的指标来衡量；另外，不同企业的指标之间的相关性也不同；相同的指标也会因产业不同而导致作用不同。总之，每家企业都应开发具有自身特色的平衡计分卡。如果盲目地模仿或照搬其他企业平衡计分卡内容，不但无法充分发挥平衡计分卡的长处，反而会影响对企业业绩的正确评价。只有从企业实际出发，才能恰当地运用平衡计分卡给企业带来效益。

（2）应用平衡计分卡是企业提高管理信息质量的要求。平衡计分卡的管理系统是一个评价系统。信息的精细度与质量要求不够，会影响企业实施平衡计分卡的效果，如导致所设计与推行的衡量指标过于粗糙，或不真实准确，无法有效衡量企业的经营业绩。此外，由于无法正常发挥平衡计分卡的应有作用，还会挫伤企业对其应用的积极性。与欧美企业相比，中国企业信息的精细度和质量要求相对偏低，这会在很大程度上影响平衡计分卡应用的效果。

（3）正视平衡计分卡实施时不能立竿见影地取得成效的问题。平衡计分卡的四个层面彼此是连接的，要改善财务方面首先要改善其他三个方面。要改善就要有投入，所以实施平衡计分卡首先出现的是成本而非效益。更为严重的是，效益的产生往往滞后很长时间，使投入与产出、成本与效益之间有一个时间差，这可能是6个月，也可能是12个月，甚至更长的时间。因而往往会出现客户满意度提高了，员工满意度提高了，效率也提高了，可财务指标却下降的情况。关键的问题是在实施平衡计分卡时一定要清楚，非财务指标的改善所投入的大量资金，在可以预见的时间内能够从财务指标中收回，不要因为实施了6个月没有效果就失去信心了，应该将眼光放得更远一些。平衡计分卡不一定能立竿见影，它是一个长期的过程，不能急于求成。

（4）平衡计分卡的执行要与奖励制度结合。虽然企业中每个员工的职责不同，但使用平衡计分卡会使大家都清楚企业的战略方向，有助于群策群力，也可以使每个员工的工作更具有方向性，从而提高每个员工的工作能力和效率。为充分发挥平衡计分卡的效果，企业需在重点业务部门及个体等层次上实施平衡计分卡，使各个层次的注意力都集中在各自的工作业绩上。这就需要将平衡计分卡的实施结果与奖励制度挂钩，注意对员工的奖励与惩罚。总之，应用平衡计分卡，要让每一个员工都参与进来，以战略思维来指导其行为。企业可以通过策略学习组或认知培训班，从上至下地提高企业中每一个员工对平衡计分卡的认识。这样，企业中的每一个经济单位、部门甚至每一个个体都会建立平衡计分卡。一旦战略思想在企业各个层次都能融会贯通，就可以帮助部门和个体懂得并创建新的途径去支持企业的战略，同时，这种新途径又在一定程度上有助于企业转变，形成一种良性循环。

14.4.4　动态平衡计分卡

考虑到传统平衡计分卡所表现出的不足，学

者们提出了平衡计分卡与系统动力学（System Dynamic，SD）相结合的新方法，即动态平衡计分卡（Dynamic Balanced Score Card，DBSC）。

14.4.4.1 动态平衡计分卡——平衡计分卡基础上的改进

平衡计分卡在影响不断扩大的同时，也受到了一些批评。Wolstenholme（1998）针对平衡计分卡注重静态业绩衡量而忽略了对战略执行结果的动态监测问题，提出利用系统动力学的反馈控制的优点来增强平衡计分卡的动态性。Sloper et al.（1999）提出在平衡计分卡中运用系统动力学的方法和系统思考的思想来厘清业绩衡量指标间的复杂因果关系。Akkermans and Van Oorschot（2002）提出一种平衡计分卡与系统动力学相结合的两阶段建模步骤，即先进行定性的因果关系图形描述，然后进行定量仿真。

针对平衡计分卡存在的因果反馈的动态复杂情况，平衡计分卡的两个创始人卡普兰和诺顿明确承认采用系统动力学模型细化平衡计分卡可以满足改进的需要。

动态平衡计分卡结合了系统动力学从一个系统的角度考虑问题和平衡计分卡从多角度分析问题的两种重要思想。在实践中，管理者可以利用平衡计分卡先建立一个多维的指标体系和战略举措，然后利用系统动力学模型模拟这些措施实施后的可能结果，从而帮助管理者找出潜在的不良后果及改进措施。这样，一方面可以避免企业资金和精力的浪费，另一方面则可以提前预知企业相关措施实施的结果，实现更加透明化的管理。

14.4.4.2 动态平衡计分卡的实施

动态平衡计分卡利用系统思考的思想，应用系统动力学原理，以平衡计分卡的四个层面为研究基础，根据企业的背景与特征进行建模与仿真分析。系统动力学具有高阶、非线性、时变且具有多重反馈的复杂系统特性，有助于弥补平衡计分卡所欠缺的因果反馈、时间延迟等不足，模拟出企业策略的动态行为，增强平衡计分卡实施的动态性。动态平衡计分卡弥补了平衡计分卡简单因果关系及动态性不足的缺陷，通过计算机模拟，得到在不同的策略下战略绩效改进效果的对比情况，为决策者选择最合理的策略提供支持，使平衡计分卡真正成为一种重要的战略绩效改进工具。

因果反馈。变量间的因果关系并非单向的，而是双向的，变量本身既是因又是果。若我们观察企业运作的情景，将发现变量间的因果关系多是复杂的因果反馈回路。系统动力学擅长处理复杂的因果反馈回路问题，它将因果反馈回路分成正反馈回路和负反馈回路，进而能够由因果关系定性且定量地解释系统行为。

非线性因果关系。两变量间的函数关系并非一条直线，而是一条曲线。企业各种策略属于动态、复杂且非线性的关系，需要逻辑判断与大量数学逻辑运算。系统动力学仿真方法采用微分方程，其中的参数随时间变化而变化，可以处理动态复杂问题。

时间延迟。平衡计分卡确实注意到指标间具有时间延迟的关系，会有领先指标与滞后指标的区别。系统动力学将变量区分为状态变量与速率变量，以处理时间因素。状态变量指某一时点累积的量，速率变量指某一段时间的变化量。因此，使用状态变量与速率变量来建立模型可以有效地处理时间延迟问题。

通过上述分析，动态平衡计分卡的实施步骤如图14-5所示。首先，对所要进行绩效改进的企业做详细的调查和分析，确定使命、愿景并形成战略目标，将战略目标层层分解为具体目标，针对具体目标设立相应的业绩评价指标，确定平衡计分卡的四个层面并建立战略宏图。其次，根据战略宏图中业绩评价指标之间的关系建立因果关系图，利用系统动力学软件建立系统动力学模型并进行模型检验。最后，通过对模型仿真结果进行分析，比较不同策略下的仿真结果，为决策者选择最合理的策略提供支持。

图 14-5 动态平衡计分卡的实施步骤

资料来源：孙晓宇等（2008）。

14.5 战略地图

14.5.1 战略地图的基本思路

战略地图是 Kaplan and Norton（2004b）对平衡计分卡的发展和升华。他们提出的平衡计分卡引入非财务指标来补充财务指标，从而改善了企业对无形资产的衡量。在对实行平衡计分卡的企业进行长期的指导和研究的过程中，两位教授发现，使用平衡计分卡进行业绩评价有一个重要的前提：企业必须有清晰一致的战略。平衡计分卡只建立了一个战略框架，缺乏对战略进行具体而系统、全面的描述，企业由于无法全面地描述战略，管理者之间及管理者与员工之间无法沟通，对战略无法达成共识。

通过战略地图这一工具，员工可以清晰地理解战略，因为战略地图可以直观地展示企业各种战略目标之间的逻辑关系，形成具有清晰因果关系的战略路径，从而将企业的战略目标转化为可操作的指标与行动方案。在平衡计分卡中，卡普兰和诺顿创造性地提出"如果你不能衡量，那么你就不能管理"。而在战略地图中，两位教授再次创造性地提出"如果你不能描述，那么你就不能衡量"。作为平衡计分卡的进一步发展，战略地图是描述和实施企业战略的强有力工具。两位教授提出，战略的成功执行需要三个要素：

突破性成果＝描述战略＋衡量战略＋
管理战略

平衡计分卡提出从多个视角衡量战略目标，关注的重点是战略衡量；而战略地图更详尽地说明了如何描述战略并使之直观化，关注的是战略描述。因此，以上公式可以重写为：

突破性成果＝战略地图＋平衡计分卡＋
战略中心型组织

因此，战略地图提供了一种描述战略的动态可视化工具。经典的平衡计分卡包括财务、客户、内部经营过程、学习和成长四个层面。但这只是一个基本框架，在指导战略实施时仍显不足。因此，与平衡计分卡相比，战略地图增加了细节层，用以说明战略的时间动态性；也增加了"颗粒"层，用以改善战略的清晰性和重点。比如，按照价值创造周期长短，内部经营过程被划分为运营管理流程、客户管理流程、创新流程、法规和社会流程四大类；客户价值主张被细分为总成本最低战略、产品领先战略、全面客户解决方案和系统锁定战略四大类。重点清晰的战略地图也使企业在制定战略时，不会造成关键战略要素的遗漏。无论企业采用何种方法制定战略，战略地图都提供了一个描述战略的统一方法，从而使战略目标与衡量指标可以被制定和管理。

14.5.2 战略地图的构成要素

好的战略地图本身就是一个好的战略故事，因为战略地图符合战略故事要求的"逻辑清晰的因果关系"。战略地图的构成要素主要包括财务、客户、内部经营过程、学习和成长四个层面。四个层面的目标通过因果关系联系到一起，它们的协调一致是价值创造的关键（见图 14-6）。

图 14-6　战略地图说明企业如何创造价值

资料来源：Kaplan and Norton（2004b）。

14.5.2.1 财务层面：长短期对立力量的战略平衡

在平衡计分卡中，财务层面的最终目标是企业利润最大化。企业改进财务业绩的方式一般是收入增长战略和生产率提高战略。

收入增长战略包括提高客户价值和增加收入机会两种方式。一方面，企业可以通过加深客户关系、提高客户价值，销售更多现有的或额外的产品和服务来实现收入增长；另一方面，企业可以通过开创新收入来源实现收入增长。销售新产品、建立新的细分客户、扩大新市场都是企业增加收入的方法。

生产率提高战略包括改善成本结构和提高资产利用率两种方式。一方面，企业可以通过降低直接成本和间接成本来削减成本；另一方面，企业可以通过更有效地利用其财务与实物资产来减少支持既定业务量水平所必需的运营和固定资本。

企业在收入增长与生产率提高之间存在矛盾，投资于无形资产是为了长期的收入增长，削减成本是为了实现短期财务业绩，改善收入往往比改善生产率花费的时间更久。为了推动股东价值的持续增长，战略的财务要素必须同时考虑到长期和短期两个维度。短期财务目标（削减成本和生产率提高）和长期财务目标（收入增长）之间的战略平衡是战略地图其余部分的组织框架。

14.5.2.2 客户层面：战略的基础是差异化的价值主张

满意的客户是企业价值创造持续的源泉。在客户层面，企业要面对目标客户提出清晰的价值主张，描述企业将如何为其提供独特的产品组合、价格、服务、关系和形象，从而创造差异化、可持续的价值。在战略地图的客户层面，管理者确定了业务单元竞争的目标客户和业务单元在目标客户方面的业绩衡量指标。客户价值主张被细分为总成本最低战略、产品领先战略、全面客户解决方案和系统锁定战略四大类。

（1）总成本最低战略。竞争性的价格是总成本最低战略的显著特征，但是同时总成本最低战略的价值主张还强调一贯的质量、快速的采购和适当的选择。采取总成本最低战略的企业可以提供满足大部分目标客户需要的选择，同时缩减成本。例如，西南航空、戴尔、沃尔玛、麦当劳和丰田等公司在各自的行业中都向其客户提供了总成本最低的价值主张。

（2）产品领先战略。产品领先战略的价值主张强调的是产品创新和产品领先。例如，索尼、奔驰、英特尔等公司通过提供性能出众的产品，统率高于行业平均水平的高价格领域。主张产品领先战略的企业强调独特的产品特征和性能，具体的衡量指标可以是速度、尺寸、准确性、重量或其他超出竞争对手产品的特征和性能，以及新特征和新性能的首先上市。企业可以基于其产品的独特性能制定出高价格，也可以在转换成本巨大或系统锁定的市场上获得较高的市场份额，并在多个市场细分群体中拓展产品的卓越性能。

（3）全面客户解决方案。全面客户解决方案的价值主张强调建立与客户的长期关系，让客户感受到企业了解他们，并能提供客户化的、满足其需要的产品和服务。这种战略的成功典范包括 IBM 和高盛公司。IBM 为用户提供最好的信息技术服务及全面解决方案（包括硬件、软件、安装、现场服务、培训、教育和咨询），全面解决方案针对每个用户的需要量体裁衣。主张全面客户解决方案的企业强调解决方案的全面性（销售多种捆绑的产品和服务）、售前和售后的特别服务，以及客户关系质量；企业重视客户关系的维护和保留，以产生更高的长期利润。

（4）系统锁定战略。系统锁定战略是指企业通过为客户创造较高的转换成本，从而产生长期的可持续价值。20世纪90年代，软件、计算机硬件、互联网和电信等以信息技术为基础的新经济日益增长，使系统锁定战略得以流行。企业会创造出较高的转换成本，来阻碍其客户转向竞争对手的产品。微软和思科公司的股票市场价值比其有形资产的账面价值要高出数千亿美元，这在很大程度上是因为其软件和硬件不仅已成为行业标准，而且竞争对手很难复制，同时客户转换成本也很高。易贝（ebay）和黄页（Yellow Pages）这样的主流交换平台是另一种成功的系统锁定战略典范。买方将选择大量卖方聚集的交换平台，卖方提供产品和服务时也会选择能够把他们展现给大量潜在购买者的交换平台。在这种情况下，一家或两家企业将趋向成为主流的交换平台供应商，并阻止其他交换平台进入，给买方和卖方创造了高昂的转换成本。

不同价值主张的客户目标如图14-7所示。

图14-7 不同价值主张的客户目标

资料来源：Kaplan and Norton（2004b）。

14.5.2.3 内部经营过程层面：通过内部业务流程创造价值

战略地图与平衡计分卡的财务和客户层面描述了结果，也就是企业希望实现什么：通过收入增长和生产率提高来增加股东价值；通过客户获得率、满意度、保持率、忠诚度和成长性来增加客户在本企业消费的份额。而内部经营过程以及学习和成长层面描述的是企业如何实施其战略。高效协调的内部经营过程决定了价值的创造和持续。关键的内部经营过程不仅传递了差异化的价值主张，而且对提高生产率和维持企业的经营特许权至关重要。按照价值创造周期长短，内部经营过程被划分为运营管理流程、客户管理流程、创新流程、法规和社会管理流程四大类。

（1）运营管理流程。运营管理流程是生产并向客户提供产品和服务的基本日常流程。制造企业的运营管理流程包括：①从供应商获得原材料；②将原材料转变为产成品；③向客户分销产成品；④风险管理。服务企业的运营管理流程是生产并交付客户使用的服务。

（2）客户管理流程。客户管理流程拓展并加深了与目标客户的关系。客户管理流程包括：①选择目标客户；②获得目标客户；③保持目标客户；④实现客户业务增长。

（3）创新流程。创新流程开发新产品、方法和服务，常常推动企业进入新的市场和获得细分客户。创新流程包括：①识别新产品和服务的机会；②对研究和开发进行管理；③设计和开发新产品和服务；④将新产品和服务推向市场。

（4）法规和社会流程。法规和社会流程有助于企业在其生产与销售的地区持续获得经营权。企业在以下几个关键维度管理法规和社会表现：①环境；②健康和安全；③招聘实践；④社区发展。对环境、健康、安全、招聘实践和社区发展进行投资所带来的卓越声望有助于企业吸引与保持高素质员工、提高生产率、降低经营成本、加强客户形象，从而驱动长期的股东价值创造。

在开发战略地图的内部经营过程层面时，管理者将确定对战略最重要的流程。实行总成本最低战略的企业必须擅长运营管理流程；实行产品领先战略的企业将强调卓越的创新流程；实行全面客户解决方案的企业将强调客户管理流程。但即使强调重点不同，企业仍必须实行平衡战略并投资改善所有四组流程。这四个主题不同的内部流程具有不同的时间周期。运营管理流程改善带来的成本节约较为快速地出现（6—12个月内），加强客户关系管理带来收入增长需要花费较长的时间（12—24个月），创新流程则需要更长的时间才能产生收入和改善利润（24—48个月），法规和社会流程也需要较长的时间来帮助企业提高社会形象。一家企业内少数的关键战略流程经常被有机地组成战略主题，这些战略主题是战略执行的基石。

14.5.2.4 学习和成长层面：无形资产与战略的协调一致

学习和成长层面描述了组织的无形资产及其在战略中的作用。我们将无形资产分为三类：

（1）人力资本，即执行战略所要求的技能、才干、技术诀窍等能力。

（2）信息资本，即支持战略所要求的信息系统、网络、知识运用和基础设施能力。

（3）组织资本，即执行战略所要求的持续变革流程的组织能力，包括文化、领导力、协调一致及团队工作。

无形资产无法直接创造有形成果，创造企业未来价值的无形资产只有与企业战略协调一致才能发挥作用。否则，企业在无形资产上的投资将造成极大的浪费。在战略地图中，我们能够清晰地看到无形资产转化为有形成果的路径：为使股东和客户满意，实现财务和客户层面的目标，企业必须擅长核心内部经营过程，而核心内部经营过程卓越的基础就是学习和成长层面的无形资产。无形资产与战略的协调一致程度越高，无形资产转化为有形成果的速度就越快，效益就越高。为了衡量无形资产与战略的协调一致程度，卡普兰和诺顿两位教授创造性地提出了无形资产战略准备度的概念，又具体细分为人力资本准备度、信息资本准备度和组织资本准备度。

14.5.3 战略地图的制定

战略地图由上至下形成了四个层面的逻辑假设。企业只有通过运用人力资本、信息资本和组织资本等无形资产（学习和成长），才能创新和建立战略优势与效率（内部经营过程），进而使企业把特定价值带给市场（客户），从而实现股东价值（财务）。战略地图在传递客户价值主张的客户层面将战略分为总成本最低战略、产品领先战略、全面客户解决方案和系统锁定战略四大类。每一类战略关注不同的关键战略流程，从而形成不同的战略主题。每个主题都有 1—2 个战略目标，每个目标都有各自的衡量指标和目标值。根据前面确定的战略地图及相应的不同目标、指标和目标值，企业必须制定相应的战略行动方案，配备资源，形成预算。企业通过描述战略地图中的各种要素及其因果关系，形成静态的战略地图。要将战略地图作为一个动态的管理工具来使用，两位教授给出了如下步骤：

（1）确定股东/利益相关者的价值差距；
（2）调整客户价值主张；
（3）制定战略规划时间表；
（4）确定战略主题（少数关键战略流程）；
（5）确定和协调无形资产（提升无形资产战略准备度）；
（6）确定执行战略所要求的战略行动方案并安排预算。

案例阅读

美国联邦政府采购系统的平衡计分卡

美国联邦政府采购系统的平衡计分卡保留了传统的平衡计分卡的四大要素，同时加上了第五大要素，即向雇员授权，以强调联邦政府的雇员在注重客户的政府机构中所必须发挥的关键作用。图 14-8 是美国联邦政府采购系统运用平衡计分卡方法的实例。

图 14-8　美国联邦政府采购系统的平衡计分卡

资料来源：Kaplan and Norton（1998）。

思考题

1. 战略评估为什么重要？企业战略评估的方法有哪些？
2. 如何运用平衡计分卡进行战略评估？
3. 请结合本章内容和身边的例子，为一家企业制定战略地图。

每章必读

［1］KAPLAN R S, NORTON D P. 1998. Putting the balanced scorecard to work［J］. The Economic Impact of Knowledge, 27（4）: 315-324.

［2］KAPLAN R S, NORTON D P. 2004b. Strategy maps: converting intangible assets into tangible outcomes［M］. Boston, MA: Harvard Business School Press.

［3］德鲁克. 2019. 管理的实践［M］. 齐若兰, 译. 那国毅, 审订. 北京: 机械工业出版社.

［4］霍斯克森, 希特, 爱尔兰, 等. 2010. 战略管理: 赢得竞争优势［M］. 薛有志, 张世云, 译. 北京: 机械工业出版社.

［5］金占明. 2016. 战略管理: 超竞争环境下的选择［M］. 4版. 北京: 清华大学出版社.

［6］卡彭特, 桑德斯. 2006. 战略管理: 动态观点［M］. 王迎军, 等, 译. 北京: 机械工业出版社.

［7］黎群. 2017. 战略管理教程［M］. 2版. 北京: 北京交通大学出版社.

［8］王成. 2014. 战略罗盘: 提升企业的战略洞察力与战略执行力［M］. 北京: 中信出版社.

参考文献

［1］AKKERMANS H, VAN OORSCHOT K. 2002. Developing a balanced scorecard with system dynamics［J］. Journal of the Operational Research Society, May: 1-17.

［2］DRUCKER P F. 1995a. Managing the non-profit organization: practices and principles［M］. New York: Taylor & Francis.

［3］DRUCKER P F. 1995b. People and performance: the best of Peter Drucker on management［M］. London and New York: Routledge.

［4］JENSEN A J, SAGE A P. 2000. A systems management approach for improvement of organizational performance measurement systems［J］. Information Knowledge Systems Management, 2（1）: 33-61.

［5］KAPLAN R S, NORTON D P. 1998. Putting the balanced score card to work［J］. The Economic Impact of Knowledge, 27（4）: 315-324.

［6］KAPLAN R S, NORTON D P. 2004a. Measuring the strategic readiness of intangible assets［J］. Harvard Business Review, 82（2）: 52-63.

［7］KAPLAN R S, NORTON D P. 2004b. Strategy maps: converting intangible assets into tangible outcomes［M］. Boston, MA: Harvard Business Scool Press.

［8］PORTER M E, MILLAR V E. 1985. How information gives you competitive advantage［J］. Harvard Basiness Review, （04）: 149-160.

［9］SCHOENEBORN F. 2003. Linking balanced scorecard to system dynamics［C］. The 21st International System Dynamics Conference, New York, USA: 165-182.

［10］SHANK J H, GOVINDARAJAN V, GOVINDARAJAN S. 1993. Strategic cost management: the new tool for competitive advantage［M］. New York: Simon and Schuster.

［11］SLOPER P, LINARD T K, PATERSON D. 1999. Towards a dynamic feedback framework for public sector performance management［C］. Full paper on CD-ROM Proceeding of 1999 International System Dynamics Conference. Wellington: 23-28.

［12］WOLSTENHOLME E. 1998. The role of system dynamics in supporting balanced scorcards and value based managemen［C］. The 16th International System Dynamics Conference, Quebec, Canada: 25-63.

［13］大卫. 2003. 战略管理: 概念部分［M］. 李青, 译. 北京: 清华大学出版社.

［14］德鲁克. 2019. 管理的实践［M］. 齐若兰, 译. 那国毅, 审订. 北京: 机械工业出版社.

［15］邵希娟, 田洪红. 2017. 试析杜邦分析法的改进与应用［J］. 财会月刊, 10（460）: 48-50.

［16］孙晓宇, 赵达薇, 李志刚. 2008. 动态平衡计分卡在制造业企业中的应用研究［J］. 哈尔滨工程大学学报, （10）: 85-89.

第 6 篇
战略素养

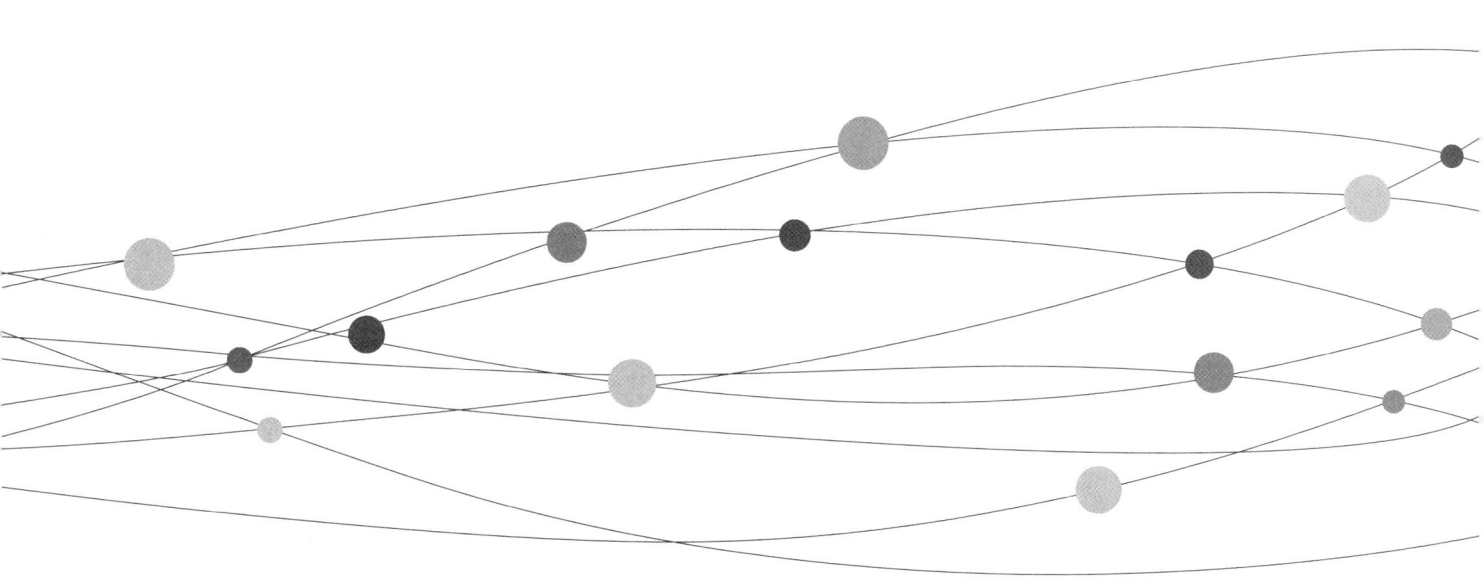

第15章
战略领导力

> **学习目标**
> ➢ 了解战略领导力的基本概念、构成要素及类型；
> ➢ 明确高层管理者作为战略领导团队的重要角色，了解 CEO 战略领导力的关键要素；
> ➢ 了解管理者的继承与接替；
> ➢ 掌握关键的战略领导行为。

开篇案例

从优秀到卓越，你需要的是战略领导力

领导力大师约翰·曾格（John Zenger）提出了一个著名的因果律：领导者→员工→顾客→企业利润，即糟糕的领导者会让员工士气低落和技能低下，从而无法为顾客提供好的服务或富有竞争力的产品，进而导致企业利润滑落，甚至陷入亏损的边缘。从另一个方面讲，企业要提升利润和竞争力，最为源头和最为长效的方略就是持续提升领导者的领导力水准。

提升领导力水准，最难以跨越的是"从优秀到卓越"。"优秀"与"卓越"之间仅仅是一小步的距离，完成跨越升级的难度却非常大。令人欣慰的是，曾格的研究表明，一旦完成跨越升级，卓越领导者为企业创造的盈利能力将三倍于优秀的领导者。

要成为一名卓越领导者，需要遵循如下方程

式开展持续修炼：

$$卓越领导力 =（交易领导力+魅力领导力）\times 战略领导力。$$

把领导和管理区分开来，是从交易领导力（Transactional Leadership）的概念提出开始的。交易领导力不仅关注任务，更关注达成任务的员工，以及员工在达成任务过程中的心理感受，要有艺术地、运用多种措施驱动员工达成任务。整个领导过程就是领导者和被领导者相互满足的交易过程。交易领导力十分强调短期绩效是否达成，不能够赋予员工工作上的意义，从而无法持续调动员工内在的积极性和创造性。

仅仅有交易领导力还不行，卓越领导者还需要拥有魅力领导力（Charismatic Leadership）。正如李嘉诚所言：做老板简单得多，你的权力主要来自你的地位；做领袖就比较复杂，你的力量源自人性的魅力和号召……领袖领导众人，让大家主动工作；老板只懂支配众人，让别人感到渺小。研究表明，魅力领导力主要需要具备三项关键的能力：有远大愿景和理想；能让下级认同愿景，并为该理想奋斗前行；本人对愿景和理想一以贯之，并执着追求。可见，对魅力领导者的首要要求是：要站得高、看得远，成为企业愿景的描绘者，成为企业方向的指引者，如此才能让下属有方向感。只有让整个组织具有方向感的领导者才是真正的魅力领导者，下属才愿意从简单的服从变成死心塌地的追随。这就是所谓的内在动机（Intrinsic Motivation）。他们追随的可能不是领导者个人，而是他所指明的方向。在一定程度上，有魅力的不是你，而是你所提出的未来方向。

有了魅力领导力还是无法跨越升级为卓越领导者。因为魅力往往是短暂的。高管层在修炼交易领导力、魅力领导力之外，更需要修炼战略领导力。在诸多领导者中，战略领导者的领导力尤为重要。战略领导力的根本特征是对全局整体负责、对方向路径负责、对事业的成败负责、对持续的未来负责。

如果你仅有一个好战略，却没有充分展示魅力领导力的行为，就无法打动员工的内心，让员工奋力执行战略；如果你没有战略领导力作为引导，魅力领导力的相关能力就不会用到恰当的地方，无法盛开出绚烂的胜利果实。

请思考

1. 卓越领导者的必备要素是什么？
2. 战略领导力为什么重要？如何提升战略领导力？

资料来源：

王成.2018.卓越领导者方程式［J］.哈佛商业评论（中文版），（6）：136-140。

本章首先明确战略领导力的基本概念、构成要素和类型，形成对战略领导力及其重要性的基本认识；其次明确高层管理者作为战略领导团队的重要角色，特别是企业CEO的战略领导力对于企业的战略发展至关重要，管理者的继承和接替也关系到企业战略的长期发展。最后通过对部分关键战略领导行为的分析，为企业提升战略领导力提供指引。

15.1 战略领导力及其类型

15.1.1 战略领导力

领导力是比管理能力更高层次的能力，可以通过改变员工的态度和观念使之努力工作，而非凭借其组织地位指挥下属工作。早在19世纪二三十年代，国外学者就开始研究领导力的问题。

从功能上看,领导者的任务包括明确愿景使命、创建组织文化、协调人力物力等方面。19世纪80年代,学者们开始关注领导者的战略领导行为和战略思维。特别是在21世纪以后,复杂多变、不可预测的外部环境使许多企业陷入经营困境或面临重组、转型,越来越多的学者认为高层管理者的战略领导力是解决问题的重要因素,战略领导力理论由此受到更多的关注。传统领导理论从微观视角出发,主要关注组织内部的管理事务,并强调领导者与下属的关系。而战略领导力则聚焦于宏观战略视角,强调战略领导者要时刻洞察组织外部的环境变化,站在组织层面制定战略,并引领组织变革。战略领导力是领导力的一个子集,战略领导力的研究主要以领导理论为基础,从企业战略管理的高度出发,探讨企业高层管理者如何进行顶层设计并带领和影响企业创造卓越的绩效。

战略领导者与战略领导力是天然统一的,战略领导力即战略领导者的能力。战略领导者是指确定企业长期目标并推动目标实现的高层管理者。在不同组织中,战略领导者可能是集团董事长、首席执行官或高管团队,等等。在战略领导力的理论研究中,学者们从许多不同的视角定义什么是战略领导力。Christensen(1997)指出,战略领导力是指个人预测、展望、保持灵活性、战略思维及同他人合作创造战略改变机会的能力。Boal(2000)认为,战略领导者具有一个系统的、整体的、动态的、广阔的战略性视野,通过采取一系列过程和结果导向并重的决策活动,衔接了企业的过去、现在和未来。

总体来说,战略领导力是指企业高层管理者影响组织未来发展方向的能力,在系统的、整体的、动态的、广阔的战略性视野下,通过确定组织愿景、影响战略活动、发动战略变革等方式推动组织发展。有效的战略领导力使组织能够把握自己的命运,即为用户创造价值、为股东创造利润,从而实现组织长期、独立的经营。

15.1.2 战略领导力的构成要素

战略领导力的构成要素是指高层管理者在战略领导过程中所要具备的核心素质与能力,以及实现战略领导所要采取的举措。

休斯等(2005)提出,战略领导力就是要激发他人参与并形成战略引领、战略协同和战略承诺,具备战略思考能力、战略行动力和战略影响力。战略思考既是一个认知的过程,又是一个社交的过程,显示了战略领导者的战略规划设计能力。战略行动力的核心是找到关键成功要素,把战略思考转化为集体行动,确保行动与战略目标一致,规避组织中的模糊、混乱和冲突,为组织带来好的绩效表现。战略影响力是指让成员参与到战略规划设计流程中,运用组织的文化和影响力,让成员对组织的战略方向做出坚强有力的承诺。

Collins(2001)提出,一名有效的战略领导者所需具备的能力包括五个层级(见图15-1):

第一层,有能力的个体。领导力的第一层级是凭借个体的才能、知识、工作努力和技能做出富有成效的贡献。

第二层,有贡献的团队成员。高层管理往往需要团队作战,因此领导力的第二层级需要表现出作为一名团队成员高效工作的能力。

第三层,有能力的管理者。除了团队合作的能力,领导力的第三层级还需要展现出管理其他成员的能力,即能够组织团队中的成员并配置资源以实现既定目标的能力。

第四层,有效的领导者。领导者必须能够提出清晰而令人信服的组织愿景、明确的战略意图,并能够激励追随者取得高绩效。

第五层,高层管理者。最高层次的变革型领导者不仅要表现出坚定的决心和专业的意志力以实现更高的目标,还要展现出专业的谦逊态度。

图 15-1 五层级领导者：能力层级

资料来源：Collins（2001）。

15.1.3 战略领导力的类型

15.1.3.1 变革型领导

变革型领导是在 20 世纪 80 年代由美国政治社会学家詹姆斯·麦格雷戈·伯恩斯（James MacGregor Burns）在他的经典著作《领袖论》（*Leadership*）（伯恩斯，1996）中提出的一种领导类型。变革型领导通过自身的行为表率、对下属需求的关心来优化组织内的成员互动。同时，变革型领导还通过对组织愿景的共同创造和宣扬，在组织内营造变革的氛围，在富有效率地完成组织目标的过程中推动组织的适应性变革。

在伯恩斯的著作中，他将领导者描述为能够激发追随者的积极性从而更好地实现领导者和追随者目标的个体，进而将变革型领导定义为领导者通过让员工意识到所承担任务的重要意义和责任，激发下属的高层次需要或扩展下属的需要和愿望，使下属超越个人利益，为团队、组织和更大的政治利益努力。Bass and Avolio（1994）将变革型领导行为的方式概括为四个方面：理想化影响力（Idealized Influence）、鼓舞性激励（Inspirational Motivation）、智力激发（Intellectual Stimulation）、个性化关怀（Individualized Consideration）。具备这些因素的领导者通常具有强烈的价值观和理想，他们能够成功地激励员工超越个人利益，为了团队的伟大目标而相互合作、共同奋斗。

（1）理想化影响力。理想化影响力是指能使他人产生信任、崇拜和跟随的一些行为。它包括领导者成为下属行为的典范，得到下属的认同、尊重和信任。这些领导者一般被公认具有较高的伦理道德标准和很强的个人魅力，深受下属的爱戴和信任。大家认同和支持他所倡导的愿景规划，并对其成就一番事业寄予厚望。

（2）鼓舞性激励。领导者向下属表达对他们的高期望值，激励他们加入团队，并成为团队中共享梦想的一分子。在实践中，领导者往往运用团队精神和情感诉求来凝聚下属的努力以实现团队目标，从而使工作绩效远高于员工为自我利益奋斗时所产生的绩效。

（3）智力激发。智力激发是指鼓励下属创新、挑战自我，包括向下属灌输新观念，启发下属发表新见解和鼓励下属采用新手段、新方法解决工作中遇到的问题。通过智力激发，领导者可以使下属在意识、信念及价值观的形成上产生激发作用并使之发生变化。

（4）个性化关怀。个性化关怀是指关心每一个下属，重视个人需要、能力和愿望，耐心细致地倾听，以及根据每一个下属的不同情况和需要，区别性地培养和指导每一个下属。这时变革型领导就像教练和顾问，帮助成员在应对挑战的过程中成长。

15.1.3.2 愿景领导

"愿景领导"一词由 Nanus（1992）正式提出。愿景包括组织长期的计划与未来发展的景象，是组织现况与未来景象之间的桥梁。对于领导者而言，愿景提供行动的目标，并帮助领导者超越目前的情境，实现组织的改进与成长。在组织发展的过程中，愿景领导者常会提出真知灼见，并驱使成员采用新的行动去完成新的目标，因此愿景领导者也常被视为革新者或理想的楷模。

Hoyle（2006）提出了达成愿景的三个基本元素：愿景陈述、任务陈述、目的陈述。愿景陈述是指具有激励性质的理想陈述，它通常由组织成员共同创造，目的在于激励成员不断努力。任务陈述是指组织对外的工作陈述，目的是要告诉外界组织的工作目标和过程。因此，任务陈述往往比愿景陈述更详细、明确。目的陈述是指组织任务的具体陈述，目的在于引导组织成员完成组织目标。

愿景领导的基本原理是通过远大的抱负来激发出组织强大的追求拉动力，使各级管理者向着充满野心的、似乎是胆大妄为的理想不断前进。它是基于这样一种哲学的基本假设：人的生命是短暂而有限的，职业者应将其个人发展融入企业发展之中以共同实现社会价值，因此，人的潜能是无限的，并且应该以高不可攀的目标来激发这样的潜能。

愿景领导本质上是一种哲学思辨、一种思想工具。这样的思维模式是要告诉员工应该从 2 万米的高度，而不是从下一个季度销售收入（即从 100 米的高度）预测，来关注企业的战略计划。这是一个远远超脱于生硬照搬战略管理概念及流程的思维模式。中国大部分企业管理人员目前仍认为愿景、哲学、文化是虚无缥缈的，只相信战略计划本身才是成功的关键，同时坚持使用战略计划的套路，在月度、季度和年度进行战略评估与调整，以便对战略方向有足够的把握。战略计划非常重要，但若仅仅停留在对战略计划的依赖上，只能使高层管理者的思维束缚于现有问题的解决，而难以放远眼光，掌控全局，展望未来。传统的战略计划是制定战略决策的主要办法，而企业高层管理者的愿景对每一个企业的规划过程至关重要。

15.1.3.3 创新领导力

琼·菲利普·德尚（Jean-Philippe Deschamps）在《成为创新领导者：高级管理人员如何激励、引导和维持创新》（*Innovation on Leaders: How Senior Executives Stimulate, Steer and Sustain Innovation*）一书中提出，创新需要一种不同于其他主流领导力类型的特殊的领导力。创新领导力是一类极为特殊的领导力——它需要领导者更有战略眼光、更富冒险精神，也需要具备综合协调能力，以保持创新项目的正确方向和有效实施。

创新领导者是在组织中推广创新的高层管理者，他们在组织中鼓励、赞助和指导创新。他们知道如何动员成员开展创新，并且亲自指导创新项目团队。他们被命名为"捍卫者""赞助商"或"推动者"。3M 公司极具魅力的前 CEO 刘易斯·雷尔（Lewis Lehr）说："我们追随那些追求梦想的同伴们。"提起创新领导者，我们想起了很多著名的名字：宝丽来的埃德温·兰德

（Edwin Land）、英特尔的罗伯特·诺伊斯（Robert Noyce）、苹果的史蒂夫·乔布斯（Steve Jobs）、微软的比尔·盖茨（Bill Gates）、思科的约翰·钱伯斯（John Chambers）、亚马逊的杰夫·贝索斯（Jeff Bezos），以及谷歌的拉里·佩奇（Larry Page）和谢尔盖·布林（Sergey Brin）。但有魅力的企业家不是唯一的创新领导者，创新领导者可以在组织的各个管理层面、各个类型中寻找到。他们来自组织的不同职能部门，尤其是营销和研发部门。他们致力于保持组织的创新基因，将自己看作组织创新过程的一部分，推动创新和创业文化在组织内生根发芽。

创新具有不同的模式——自下而上的创新和自上而下的创新，同时具有不同的阶段——"模糊前端"（Fuzzy Front End）和"快速后端"（Speedy Back End）。

自下而上的创新要求创新领导者鼓励自发的创新举措，通过建立创新目标、鼓励创意征集、设置激励机制等一系列举措和组织创新文化的驱动，鼓励自下而上创新氛围的建设。自上而下的创新强调创新领导者掌握创新主动权。创新是一种竞争性的必需品，是发展和抓住新兴市场机遇的最佳途径，需要进行主动管理。创新领导者认为，创新是一个跨职能的过程，创新不仅仅是一些特定职能（如营销或研发）的责任，更依靠全组织的努力，需要建立起相关的流程、治理系统和组织机制，不断鼓励和开发创新活动。

模糊前端的创新主要关注从想法到概念的过程，领导者的创造力和风险承受能力十分关键。创新的前端涉及非线性的过程，关乎感知新的市场需求、探索新的机会、尝试新的技术，以及提出创意解决客户问题、开发产品和服务的新概念、培育新的企业等，需要大量的组织创造力。而快速后端的创新则主要关注从概念到产品发布的过程，需要领导者在规则的框架中拥有快速有效的执行力。创新的后端需要周密的计划，并且在规划和执行方面有很强的组织纪律。在人事管理方面，后端创新领导者要在组织内部领导团队，并与他们一起并肩作战，在产品上市时间方面提出苛刻的要求，强调紧迫感、纪律感和速度感。

在不同的情境下，创新领导者需要不同的特征和领导风格。真正的创新领导者同时聚焦创新的两种模式：自下而上和自上而下。企业需要一位创新指挥者，可以是首席创新官（CIO）或首席技术官（CTO），有时也被称为基于科学研究领域的首席研究官（CRO）。他们整合创新战略与管理行为，领导全新产品、服务、业务系统、商业模式的创造，改进和增强客户体验价值，建设以创新为中心的合作关系。创新领导者具有以下特性：

（1）"情感和现实主义的结合"，即创造力和过程的纪律性的结合。

（2）接受不确定性、风险和失败，鼓励组织成员从中学习。

（3）对使命和创新有高度的热忱，并常常与组织成员分享这种激情。

（4）主动搜寻外部技术和想法，并进行试验。

（5）具有停止项目的勇气，并且能够做出何时坚持项目/何时下马项目的正确决策。

（6）具有建立团队与指导团队获胜的智慧，掌握吸引和留住创新者的诀窍。

15.2　高层管理者在企业中的角色

高层管理者是保证企业成功运用战略管理过程的重要资源，其战略思考与战略决策的质量会影响企业进行创新和有效战略变革的能力。高管团队由 CEO 和其他一些负责确定企业方向、制定和实施企业战略的高层管理者组成。

15.2.1 高管团队的角色

高管团队与股东之间是代理人与委托人的关系。高管团队是企业的职业管理人员,作为企业所有者的代理人经营企业,以实现企业所有者的投资回报最大化为目标。高层管理者在活动中可以分为三个基本的角色:人际关系角色、信息角色与决策角色(Mintzbery,1973)。

人际关系角色是指高层管理者作为企业内外部利益相关者的联系人和领导者,承担着其职位和正式职权所带来的职责。高层管理者作为领导者,要对员工与利益相关者进行激励和指示,设立愿景、目标和发展方向。

信息角色包括监控者、传播者和发言人三种类型。作为监控者,高层管理者建立了包含员工及其相互联系的广泛网络,从而收集和比较信息,识别问题和机会,并做出决策。在向内部利益相关者传递信息的过程中,高层管理者还扮演着传播者的角色。在向外部利益相关者传递信息的过程中,他们则扮演着发言人的角色。作为传播者,高层管理者不仅传递实际信息,还传递价值观和企业文化;作为发言人,高层管理者也承担着诸如游说、公共关系、正式报告等沟通的任务。

高层管理者最重要的责任是为企业的战略和未来发展做出关键性的决策。作为一个企业家,高层管理者要设计企业的战略,决定企业主要的战略行动并监督战略的执行。作为一个危机处理者,高层管理者往往要解决不可预见的情况或企业非自愿卷入的事情,包括企业内外部的冲突、斗争和危机。作为一个资源分配者,高层管理者掌握着企业中的财务、物资及人力资源的分配权,需要在企业资源分配中做出权衡,这对于战略的制定及其成功执行都非常重要。作为一个谈判者,高层管理者常常还需要关心企业的收购、合并、部门剥离等问题。

15.2.2 战略领导团队

高管团队是一支战略领导团队,组织成功的一个关键要素在于拥有一支具备卓越的管理及决策能力的高管团队。

战略领导团队的建设往往需要一支具有多种实力、能力和知识的高度多元化的高管团队,它由具有不同职能背景、经验和教育背景的个人组成。高管团队的异质性越高,它在制定战略时提供有效的战略领导的能力越强。在异质性高管团队中,团队成员探讨所形成的不同观点往往提高了团队决策的质量。研究表明,高管团队的高异质性与创新及战略变革呈正相关关系,团队异质性会鼓励成员在决策时更具创造性,跳出决策时的思维定式(Werther,2003)。具有不同领域专长的团队更可能识别外部环境变化(机会和威胁)与企业内部变化,及时调整战略方向。

然而,异质性的战略领导团队也会面临团队冲突。例如,团队成员对组织变革提案的重要性和紧急性存在分歧;团队成员在什么是关键优先事项,以及投资等资源分配上存在分歧;个别团队成员的位置、资源或其他个人利益受到威胁;团队在长远能力培养与短期结果之间难以形成平衡;等等。因此,在团队成员内部形成凝聚力,将异质性团队的不同观点与行为整合到一个共同的思考和行为方式之中,是战略领导团队的一个重要挑战。战略领导团队可以通过评估内部和外部竞争环境、构建组织认同和志向,以及制定经营和领导战略提高团队凝聚力(休斯等,2005)。

15.2.3 CEO的战略领导力

CEO作为战略领导团队中最重要的角色,其战略领导力对于企业的战略发展具有重要的影响。CEO的战略领导力有利于帮助历任CEO获得和维持对企业命运的控制力，企业的CEO能够创造一种战略领导力文化。伯格曼等（2018）通过对惠普这一在高科技行业历经数十年风雨，而且还在持续变革的公司进行深度调研，提出了一个战略领导力分析框架。CEO战略领导力的三个关键任务包括定义企业战略、发展与战略对应的独特能力、推动战略执行。而企业战略领导力的四个关键要素是开发战略领导力体制、管理企业战略与文化之间的动态互动、平衡战略资源分配，以及保持董事会与CEO之间的建设性互动关系。

15.2.3.1 开发战略领导力体制

战略领导力要求在动态的环境中利用现有机会并创造新机会。伯格曼等（2018）提出战略领导力体制取决于自上而下与自下而上的领导力的不同组合。自上而下的战略过程往往能够将企业深层次的战略行动和企业战略联结起来，追求路径清晰的成长机会，这一过程被称为诱导性战略过程（Induced Strategy Process），有利于企业把握和利用现有机会。英特尔公司的安迪·格鲁夫（Andy Grove）将其称为给组织"定向"（Vectoring the Organization）。但是，这种战略领导力也有使发展的动力变为惯性的风险，并经常被现有环境锁定。而自下而上的战略过程是指企业具有创业精神的员工尝试在新兴环境中发现新的商业机会，这一过程被称为自主性战略过程（Autonomous Strategy Process）。自主性战略过程中战略领导力的作用主要表现在企业可以探索现有战略之外的新机会，依据新的环境要素将企业竞争力拓展到其他领域，保持企业的演化能力。利用自主性战略举措取决于企业高层管理者的战略认知能力（Strategic Recognition Capacity）。因此，开发战略领导力体制，整合自上而下与自下而上的战略过程，是增强企业竞争力，应对环境动态性的重要方法。高层管理者往往鼓励在放权和松散的组织设计中保持一定比例的自主活动，帮助企业认清关键演化阶段的战略情形，并在合适的时机（当自主活动表现出可行性时）将其整合到诱导性战略过程中。

		自上而下的领导力	
		强	弱
自下而上的领导力	强	建设性冲突（Constructive Confrontation）	随波逐流（Drifting）
	弱	步调一致（Lock Step）	布朗运动（Brownian Motion）

图15-2 四种领导力体制

资料来源：伯格曼等（2018）。

15.2.3.2 管理企业战略与文化之间的动态互动

企业文化是指企业中稳定存在的企业成员所共享的价值观、行为规范、道德准则和信仰规范体系。简单来说，企业文化就是企业的价值观，是一种相当持久的信念。作为一种价值观，企业文化描述与界定了企业的"抽象边界"。因此，构建企业文化也是战略领导者的中心任务。企业的成长过程也取决于这一过程中企业战略与文化能否互相支撑。伯格曼指出，没有文化的战略是无能为力的，而没有战略的文化则是漫无目的的。管理企业战略与文化之间的互动关系是战略领导力的关键要素，令人信服的企业战略和兼容的企业文化相组合就会带来承诺（Commitment）（如图15-3所示），有利于企业成员贯彻执行战略。

		企业战略	
		不令人信服	令人信服
企业文化	兼容	争论（Contention）	承诺（Commitment）
	非兼容	困惑（Confusion）	冲突（Conflict）

图15-3 企业战略与文化之间的互动关系

资料来源：伯格曼等（2018）。

战略领导者的一个关键作用是构建创新性的企业文化，例如通过鼓励创业机会来促进创新。创新性的企业文化鼓励员工超越现有的知识、技术和参数进行思考，以发现创新性的增值方法。改变企业文化比维持企业文化更难，但有效的战略领导者需要进行企业文化的变革。

15.2.3.3 平衡战略资源分配

高层管理者不仅肩负企业的最高责任，还掌控、调配企业内的核心资源。企业资源在实现竞争优势时具有关键价值，因此战略领导者需要负责保证企业获取和开发竞争所必需的资源。战略领导者调配资源的实例包括组织结构和流程（包括反馈机制和流程）的设立、企业文化和氛围的培养、组织时间（注意力）的分配等。

（1）管理人力资本。管理人力资本的能力是战略领导者必须具备的关键技能。在21世纪，管理知识和创新的能力对于战略领导者尤为重要。同时，战略领导者也应该为相关人员的表现和发挥创造优越的环境。从人力资本视角来看，员工往往被视为需要重点投资的资本。管理人力资本需要构建对企业目标的有效承诺，形成致力于实现企业战略意图的有效的企业团队。

（2）平衡适应性与可演化性的战略资源分配。战略领导力的实现要求CEO在战略制定的内部生态中进行平衡，一方面是自上而下的战略规划，促进与现有产品市场环境的"适应性"；另一方面是自下而上的自主性战略举措，保持企业的演化能力。虽然自主的新业务机会常常由具有创新精神的员工自下而上地发现或创造，但仍需要高层管理者通过投入和分配大量资源进一步强化。因此，在这两种战略间的资源分配问题是战略领导力的重要命题。通过建立平衡适应性与可演化性的战略资源分配模式，战略领导者可以运用有限的资源，平衡现有机会的利用与创造。

15.2.3.4 保持董事会与CEO之间的建设性互动关系

董事会具有选拔、任命、评估CEO的职责，并且为CEO提供一定的支持，例如帮助CEO开展战略领导力的关键任务、平衡自上而下和自下而上的战略领导力、审议CEO提出的战略变革方案，等等。因此，董事会与CEO之间的互动情况对于企业的战略领导力和长远发展都具有重要的影响。如图15-4所示，当CEO提出令人信服的企业战略且董事会高效运作时，这种组合将带来建设性的动态关系，增强企业的成长前景。

		CEO的企业战略	
		不令人信服	令人信服
董事会运作	运作正常	纠偏性的（Corrective）	建设性的（Constructive）
	运作不佳	破坏性的（Destructive）	颠覆性的（Disruptive）

图15-4　董事会与CEO之间的互动关系

资料来源：伯格曼等（2018）。

15.3　管理者继承与接替

高层管理者特别是CEO的选聘是重要的组织决策。CEO的继任计划会受到技术、政治和文化三个层面因素的影响。建立并执行好周密、详细的继任计划对于成功的交接十分重要。CEO的交接往往要在董事会的监督下，并与外部的咨询公司和现任的CEO共同完成。企业从两类经理人市场挑选战略领导者：内部市场和外部市场。内部市场由企业内部的管理者构成，外部市场由其他企业中的管理者构成。过去企业喜欢由企业内部的管理者填补高管职位，因为企业偏好持续忠于现有愿景、使命和既定战略的管理者。人们往往认为由外部管理者继任高管职位是董事会想进行变革的明显信号。

内部继任的益处在于管理者对企业及其产业环境具有丰富的经验，对企业的产品、市场、技术和运营程序十分熟悉。另外，内部继任会降低现有人员的流动率，更好地利用企业员工的专用性知识。企业的专用性知识通常是竞争优势的来源，包括企业的"独特惯例、过程、记录或商业秘密"。因此，当企业业绩较好时往往采用内部继任。然而，内部员工晋升为高层管理者的过程往往需要企业开发管理者的有效继任管理项目，来识别、评估、培养和开发具有管理与战略领导潜能的人。例如，由于通用电气在过去二十多年里取得了辉煌的成就和有效的管理开发项目，内部人杰夫·伊梅尔特（Jeffrey Immelt）被选聘为杰克·韦尔奇（Jack Welch）的继任人。同样，IBM的萨姆·帕尔米萨诺（Samuel Palmisano）也是通过内部聘用被选作路易斯·郭士纳（Louis Gerstner）的继任人。

由于竞争形势逐渐加强和企业业绩的变化，越来越多的董事会在选拔CEO时开始转向外部继任。当企业出现问题时，他们往往寄希望于从外部寻找有远大理想的变革型领导者重振企业。企业通常通过猎头公司帮助识别和招聘强有力的CEO候选人。外部继任的益处在于有利于激发创新和变革，推动熊彼特式的颠覆性创新，打破企业的天花板。面对当今企业激烈的竞争形势，在企业内部进行创新或创造激发创新的环境是战略领导者的重要责任。研究表明，整个职业生涯期在同一家企业的高层管理者可能变得"迂腐守旧"。高层管理者在一家企业任期过长，可能会降低他们应对企业环境的创新能力。外部继任的另一个原因是企业往往看重外部经理人在其他企业工作时开发的多元化的知识基础和丰富的社会网络。多元化的知识基础和丰富的社会网络可能推动企业新竞争优势的建立。IBM的郭士纳就是通过外部继任被选为CEO，IBM选择郭士纳是为了改变公司的战略方向，因为公司当时很不景气。

内部继任与外部继任都有其各自的优势和劣势。内部CEO熟悉企业和员工，但有时认识不到彻底改变的必要性。外部CEO能够认识到创新的必要性，但有时因对企业和行业了解不足而无法推动变革。因此，企业需要培养具有外部视角的内部接班人。

CEO是企业管高团队的领导核心。图15-5表明了CEO继任与高管团队构成之间如何相互作用从而影响战略。当新任CEO是内部继任且高管团队是同质的（高管团队成员拥有相似的职业经历和教育背景）时候，企业的现有战略往往保持稳定。相反，当新任CEO是外部继任且高管团队是异质的时候，企业战略发生变革的概率极大。当新任CEO是内部继任而高管团队是异质的时候，战略可能部分发生变化。外部CEO继任加上同质的高管团队则会带来不确定性很高的情形。

		经理人市场：CEO继任	
		内部CEO继任	外部CEO继任
高管团队构成	同质的	稳定战略	高管团队中不确定的、可能的变革
	异质的	具有创新的稳定战略	战略变革

图15-5　CEO继任与高管团队构成对战略的影响

资料来源：伯格曼等（2018）。

15.4　关键战略领导行动

15.4.1　动态性的战略定位

有效的战略领导者能够对企业面临的内外部环境进行合理分析，定期评估企业内部的优势和劣势，以及企业外部的机会和威胁。企业的经营活动正是企业与其内外部环境之间交互联系的动态过程，企业战略的实质就是企业内外部因素的动态匹配与整合。因此，战略领导的核心环节之一是对企业环境与产业环境中的变化做出回应，并且能够在动态的环境中及时转换。战略领导者通过运用战略分析工具，如分析产业、市场、竞争对手以及内部优势和劣势，来帮助进行战略定位和动态战略调整。

2002年，通过对英特尔公司进行长达12年的研究，伯格曼出版了专著《战略就是命运：战略运筹如何造就公司未来》（Strategy is Destiny: How Strategy Making Shapes a Company's Future），对动态竞争环境中的组织自适应能力挑战提出了很多综合性见解。伯格曼对经典的波特五力模型进行了拓展，增加了"四力"（互补伙伴、分销渠道、技术及政府管制），并特别在原有的"新进入者"里面强调了跨界颠覆者（Corss-boarder Disruptor）的重要作用。伯格曼提出，如果领导者希望引领企业跳出原有的发展模式，那么必须将企业的战略定位与核心竞争力相结合，并进行最优化的调整。沃尔玛由零售业进军医疗保健业（沃尔玛诊所的出现）就是"跨界颠覆者"竞争优势的良好例证（Burgelman，2002）。

伯格曼认为，单独的波特五力模型（战略定位）和核心能力理论都不足以很好地解释当前企业面临的复杂的战略挑战，他把两种理论相结合，从推动企业战略演进的动力角度提出了自己的战略分析框架，即**"橡皮筋模型"**（The Rubber Band Model），包括行业竞争优势基础、企业正式战略、企业独特竞争力、内部选择环境、战略行动等几种动态力量。企业战略决策和行动就是这些动态力量共同作用的结果，多种动态力量之间的关系就好比橡皮筋，在战略执行一致的阶段，驱动力相互和谐，橡皮筋拉扯得比较均匀；有时则因驱动力趋于分散而无协调可言，此时橡皮筋的伸缩则不协调。橡皮筋模型可以帮助分析战略的不协调因素，而转折点往往在战略不协调的时候发生。

15.4.2　构建愿景、使命和价值观

战略领导者是愿景与使命的提出者、维护者和行动者，为组织构建明确的愿景、使命和价值观，并且依据愿景、使命和价值观所表达出的战略目标来制定组织的战略。愿景是组织的精神动力，有愿景的组织才是有血有肉的共同体；愿景是组织可持续发展的保障，它可以让组织明白自己将要走向何处；愿景服务于组织经营，促进组织绩效的持续提高。愿景是组织的梦想。亨利·福特（Henry Ford）在100年前提出"使每一个人都拥有一辆汽车"的愿景，在当时曾使人感到不可思议，但又会不由自主地被它的力量感染。组织愿景的作用是促使组织的所有部门拥有同一目标并给予鼓励。同时，它也是组织成员在日常工作中的价值判断基准。愿景的力量正在于它是处于可实现而又不可实现的模糊状态。组织只有具有清晰的顶层设计，才能确保战略的执行与落地。

愿景是组织战略与文化的结晶。战略领导者作为愿景的提出者、维护者和行动者，推动组织愿景、使命和价值观成为组织全员共享的美好理想，在这一过程中为组织赋予了灵魂。

15.4.3　开发和管理与关键利益相关者的关系

对于一个特定的组织来说，利益相关者通常是指那些与组织有利益关系的个人或群体，组织与利益相关者之间是一种互动的共生关系。Freeman（2010）提出，利益相关者是指"能够影响组织任务的完成或者受组织任务影响的群体或个人"。界定和识别各种各样的利益相关者，明确

他们的利益诉求以及相应的策略，并通过组织愿景加以反映和协调，是战略领导者的重要任务。如果利益相关者的利益不能在愿景中得到尊重和体现，就无法使他们对组织的主张和做法产生认同，组织也无法找到能对他们施加有效影响的方式。比如，一家化工组织如果只是以盈利为目标而没有将环保责任融入愿景，那么必将遭到环保组织、当地社区甚至消费者的抵制。

战略领导者位于利益相关者网络的核心，具有维护利益相关者的重要责任。通过明确战略决策对利益相关者的影响和利益相关者的力量对战略决策的影响，战略领导者可以在战略决策中进一步发挥利益相关者（重点是客户和组织成员）的积极性与创造性。与关键利益相关者建立良好关系的战略领导者能够帮助组织获取有关外部环境更加及时、准确的信息，从而增强组织的计划和决策能力。随着企业环境的复杂性和依赖性日益增强，管理与利益相关者关系的领导角色越来越具有战略意义。

15.4.4 确定和沟通战略方向

组织的战略方向体现于相互联系的组织使命、愿景、目的、长期目标及价值之中，界定了组织的长期形象和特征。战略方向在组织内部的传递与沟通对于组织的发展和变革至关重要，战略领导者应当构建从上至下和从下至上沟通机制的战略领导力体系。下行沟通是人们最熟悉也最常见的正式沟通方式，它是指消息和信息从最高管理层向下传达给下属，通常包括目标和战略的实施、工作说明和基本原则、程序和惯例（组织的政策、规定、规章、福利和组织结构）、绩效反馈以及使命、文化、价值观的传递。上行沟通是指在组织层级结构中自下而上地传递信息。建设完善的上行沟通渠道有助于员工表达不满、报告工作进程，以及对管理活动提出反馈。将上行沟通和下行沟通有效地结合在一起能够保证员工与管理者之间沟通的完整性。上行沟通的方式包括提出问题、例外和困难，提出改进建议，进行绩效报告，提出不满和争议，以及汇报财务与会计信息。水平沟通是指同伴或同事之间沿水平方向或对角线方向进行的沟通，水平沟通的目的不仅是沟通信息，而且要寻求支持或协作。水平沟通包括解决部门内部问题、解决部门之间的协作以及发起变革和改进（见图15-6）。

图15-6 组织内的下行沟通、上行沟通和水平沟通

15.4.5 监督战略的制定和实施

战略领导者的责任是保证企业制定并成功实施恰当的战略。一旦战略领导者指导制定了企业的战略方向、战略及实施计划,他们的最终责任就是构建组织控制系统以保证计划得以真正实施并就进行评估。因此,组织控制是战略实施过程的重要部分,有助于调整战略、促进和支持战略变革。与财务控制关注短期财务结果相反,战略控制集中于战略行动的内容而非结果。战略控制鼓励管理者制定包含适度的、可接受的风险的决策。战略领导者在确定战略控制和财务控制之间的适度平衡时起着重要的作用。

> **案例阅读**
>
> **修炼战略领导力的四大转身**
>
> **转身一:从局部专才到全局通才**
>
> 要想具备领导某项业务的能力或者开启一段创业之旅,需要从专才变成通才,要对各个职能部门有足够的了解。这需要战略领导者在一定程度上忽略那些细枝末节的运营事项,把思想和时间都解放出来。战略的意义是把各个局部综合起来进行分析,形成整体观念,并且弄清一个个局部在全局中所处的位置以及彼此间的联系,并有效地将组织内部和外部的各种意见、资源调动整合起来,形成合力,为一定的全局服务。战略领导者需要谨记,战略的精髓不在于分解,而在于综合。
>
> **转身二:从总结者到预见者**
>
> 战略领导者需要有站在高山之巅极目远眺的远见能力,见人之所未见。一旦提升为组织领导者,战略领导者既要关注"绩效差距",更要关注"机会差距",需要突破3个月的"远见极限"转而变成思考至少3年的未来。组织领导者应该努力做到深谋远虑,想得深、看得远,面向未来预见并开展战略准备,而不只是针对过去总结经验。
>
> **转身三:从分析者到决断者**
>
> 一旦晋升为公司级领导,战略领导者就需要自己做取舍、做决策,对自己的决定给出富有逻辑的解释。事实上,在任何组织中,每天都会涌现出许多好想法,但是这些想法中几乎90%和组织战略不一致,战略领导力要求领导者具有取舍的勇气和智慧:将那些与战略不一致的想法过滤掉。领导者需要富有"人际勇气",同时还不能打击大家群策群力的积极性。"坏战略"的一个标志就是CEO想要的太多,没有智慧和勇气去做取舍。
>
> **转身四:从观察者到洞察者**
>
> 在产业格局及产业运营稳定的阶段,也许仅仅需要"观察"就可以做到不错的经营业绩。"战略观察"是基于竞争环境的稳定性、连续性和可预测性,但是,一旦置身于变革大潮中,领导者就无能为力做到精确的战略观察。此刻,战略领导者需要从"战略观察"上升到"战略洞察"。战略洞察就是在灰度中决策,在边缘处创新,在混沌里探索前行的方向。在一定程度上,战略就是我们不知道未来会发生什么,但又必须采取行动的决策。
>
> 在一定程度上,战略领导力是一个人带领一群人抵达从来没有去过的地方。在诸多不确定的场景下,如何共启愿景、使众人行、持续探索、获取胜利,是战略领导力要彰显的行为。这一切正如一句格言所述:优秀的领导者能够把人们带到他们想去的地方;卓越的领导者能够把人们带到他们没想到要去但是应该去的地方。
>
> **资料来源:**
> 王成.2018.卓越领导力方程式[J].哈佛商业评论(中文版),(6):136-140。

思考题

1. 战略领导力为什么重要?战略领导力的构成要素有哪些?
2. 企业应该如何发展战略领导力?
3. 请结合本章内容和身边的例子,举出一个战略领导者的例子,并解析其战略领导力主要体现在哪些方面。这带给了你什么启示?

每章必读

［1］CHRISTENSEN C M. 1997. Making strategy: learning by doing [J]. Harvard Business Review, 75 (6): 141-146.

［2］FREEMAN R E. 2010. Strategic management: a stakeholder approach [M]. New York: Cambridge University Press.

［3］TICHY N M. 2014. Succession: mastering the make or break process of leadership transition [M]. London, UK: Penguin.

［4］伯格曼,麦金尼,梅扎. 2018. 七次转型:硅谷巨人惠普的战略领导力 [M]. 郑刚,郭艳婷,译. 北京:机械工业出版社.

［5］德尚. 2009. 成为创新领导者:高级管理人员如何激励、引导和维持创新 [M]. 陈劲,贾筱,译. 北京:电子工业出版社.

［6］霍斯克森,希特,爱尔兰,等. 2010. 战略管理:赢得竞争优势 [M]. 薛有志,常世云,等,译. 北京:机械工业出版社.

［7］休斯,贝蒂,迪恩伍迪. 2005. 战略型领导力:战略思考、战略行动与战略影响 [M]. 刘旭东,牟立新,沈小滨,译. 北京:电子工业出版社.

参考文献

［1］BASS B M, AVOLIO B J. 1994. Improving organizational effectiveness through transformational leadership [M]. Thousand Oaks, CA: Sage.

［2］BOAL K B. 2000. Strategic leadership research: moving on [J]. Leadership Quarterly, (11): 515-549.

［3］BURGELMAN R A. 2002. Strategy is destiny: how strategy-making shapes a company's future [M]. New York: Free Press.

［4］CHRISTENSEN C M. 1997. Making strategy: learning by doing [J]. Harvard Business Review, 75 (6): 141-146.

［5］COLLINS J. 2001. Good to great: why some companies make the leap and the other don't [M]. New York: Harper Business.

［6］FREEMAN R E. 2010. Strategic management: a stakeholder approach [M]. New York: Cambridge University Press.

［7］HOYLE J R. 2006. Leadership and futuring: making visions happen [M]. Thousand Oaks, CA: Corwin Press.

［8］MINTZBERG H. 1973. The nature of managerial work [J]. Administrative Science Quarterly, 19 (1): 505-506.

［9］NANUS B. 1992. Visionary leadership: creating a compelling sense of direction for your organization [M]. San Francisco, CA: Jossey-Bass Inc.

［10］TICHY N M. 2014. Succession: mastering the make or break process of leadership transition [M]. London, UK: Penguin.

［11］WERTHER W B. 2003. Strategic change and leader-follower alignment [J]. Organizational Dynamics, 32 (1): 32-45.

［12］伯恩斯. 1996. 领袖论 [M]. 刘李胜,等,译. 北京:中国社会科学出版社.

［13］伯格曼,麦金尼,梅扎. 2018. 七次转型:硅谷巨人惠普的战略领导力 [M]. 郑刚,郭艳婷,译. 北京:机械工业出版社.

［14］德尚. 2009. 成为创新领导者:高级管理人员如何激励、引导和维持创新 [M]. 陈劲,贾筱,译. 北京:电子工业出版社.

［15］霍斯克森,希特,爱尔兰,等. 2010. 战略管理:赢得竞争优势 [M]. 薛有志,常世云,等,译. 北京:机械工业出版社.

［16］王成. 2018. 卓越领导力方程式 [J]. 哈佛商业评论(中文版), (6): 136-140.

［17］休斯,贝蒂,迪恩伍迪. 2005. 战略型领导力:战略思考、战略行动与战略影响 [M]. 刘旭东,牟立新,沈小滨,译. 北京:电子工业出版社.

第 16 章
战略创业

>> **学习目标**
> 了解战略创业兴起的时代背景；
> 了解战略创业的作用机制；
> 了解战略创业的流程模型；
> 了解战略创业的保障机制。

开篇案例

诺基亚的战略创业（1865—2020）

诺基亚从林业起家，然后成为全球最大的手机制造商，中途沦落为失落宝座的巨头，忍辱重整业务后，于 5G 通信设备市场中再度问鼎全球。诺基亚沉迷胜利时的自大保守与面对失败后的积极进取形成强烈对比，深刻体现了一家百年全球知名跨国企业的自我救赎和创业重生之路。

第一阶段——创新者的窘境

2007 年是全球通信行业极为重要的一年。诺基亚于全球市场占有率高达 40%，营业收入达到 511 亿欧元，创下公司历史新高，手机年出货量超 4 亿台，至今仍是世界纪录。同年，苹果公司的 iPhone 手机横空出世；谷歌宣布成立开放手机联盟，联合业内 34 家硬件制造商、软体开发商与电信业者，共同开发名为安卓的移动操作系统。彼时，一场前所未见的产业转型风暴正席卷而至。面对 iPhone 引起的波浪，诺基亚最初不以为然，亦不认为 iPhone 引以为傲的触屏、应用程序和在线商店等创新技术及商业模式足以掀翻自己这艘巨轮。毕竟诺基亚早就掌握了这些技术，而眼前巨大的市场份额亦足证明其在手机领域的霸主地位。

不过这项后来被诺基亚现任董事长李思拓喻为"成功的毒药"的手机业务被竞争对手苹果、三星及谷歌步步进逼。其时，李思拓综合了诺基亚面对的三大威胁：在关键的北美市场，苹果的 iPhone 为诺基亚高端智能手机带来挑战；在低端市场，受到来自雨后春笋般涌现的中国手机厂商的紧逼；在中端市场，则很有可能被安卓系统超越。诺基亚曾经察觉到危机并试图回应，然而这个"成功的毒药"蔓延诺基亚整个企业文化，他们相信自己一手塑造了整个行业，没有人能够比他们更出色。由于缺乏居安思危及深刻的市场洞察，公司进入了创新者的窘境。

诺基亚忽视了自身的竞争优势正随着整个移动终端设备行业的颠覆而开始土崩瓦解，在后来舍安卓而投 Windows 系统的决定更使其彻底跑输 4G 竞赛。事实上，产业转型并非一夜之间就能颠覆整个行业格局，如同胚胎不能瞬间成人一样，背后都潜藏着安静的酝酿期。但在如何面对变革的态度上，对既得利益的迷恋和过于依赖过往成功的战略，往往成为强者接受变化的最大"魔障"。

第二阶段——战略创业与 5G 布局

尽管败于智能手机的市场（B2C）混战中，但是诺基亚早具远见而坚守的另一块阵地——通信设备（特别是 5G 技术创新）和解决方案（B2B）让公司有了再创业进而复苏重生的机会。

诺基亚很早就注意到了 5G 通信设备市场的巨大潜力。2006 年，公司与西门子合作组建诺基亚西门子通信公司（Nokia Siemens Networks），双方各持股 50%。2010 年，公司宣布全资收购美国摩托罗拉通信公司及其全球业务。2012 年，李思拓临危受命接任诺基亚董事长，以战略创业思维开启了重生之路。在他的带领下，诺基亚在 2013 年 7 月买回西门子持有的另一半股份，取得诺基亚西门子通信公司的所有控制权，加强了在电信设备领域的布局。2015 年，公司宣布以 166 亿美元并购全球主流通信设备制造商阿尔卡特－朗讯（Alcatel-Lucent）通信公司，同年以 28 亿欧元出售非主营业务 Here 地图。

2016 年，诺基亚成为继华为后世界第二大通信设备制造商。诺基亚将网络基础建设打造成公司的核心事业，完成产业整合，从单纯提供行动网络的供应商提升成能够提供完整网络基础建设（包括 IP 路由器和光纤网络）的公司。重中之重的是，通过并购阿尔卡特－朗讯通信公司也让诺基亚把享誉全球的研发机构贝尔实验室（Bell Labs，阿尔卡特－朗讯的子公司）收归旗下。再综合之前微软为诺基亚旗下手机业务支付的 72 亿美元，成了诺基亚重整内部架构的本钱，让它有能力开启 5G 通信设备的全盘大计。诺基亚的大刀阔斧、断尾求生，促成现今诺基亚、爱立信与华为在通信设备业上三分天下的局面。

作为行业领军者，诺基亚，包括贝尔实验室，具备一流的创新能力，在 5G 发展的各个环节中，无论是 5G 技术研发、与 3GPP（第三代合作伙伴计划，由欧洲电信标准化协会等全球七大标准制定组织合作形成）合作建立 5G 标准，还是助力推出 5G 商用网络，都扮演着十分重要的角色。诺基亚在第一套全球互操作性 5G 标准落地过程中发挥了十分关键的作用，当前正积极推动制定下一版 5G 标准。凭借在研发创新和标准化方面的领先地位，诺基亚成功完成 5G 技术的生态系统开发，为消费者和行业快速平稳走进 5G 时代铺平了道路。

诺基亚在创新和标准化方面的贡献，得益于过去 20 年超过 1 290 亿欧元的研发投入，值得一提的是，仅 2019 年一年就高达约 44 亿欧元。至 2020 年 3 月，诺基亚已经申明的 5G 标准核心专利（SEP）已达 3 400 多个专利族。过去五年，该核心专利组合的规模增长一倍不止，而且，诺基亚的 GSM（全球移动通信系统）、3G、4G 和 5G 标准核心专利都具有领先的市场占有率。这些标准核心专利大部分来自诺基亚贝尔实验室，并由诺基亚技术负责管理和许可，目前已有 200 多家被许可商，包括大多数主流智能手机供应商和汽车品牌。

诺基亚首席技术官、诺基亚贝尔实验室总裁马库斯·韦尔登（Marcus Weldon）表示："诺基亚研发了大量应用于几乎所有移动设备、数字系统和网络的基础技术，对于工业物联网时代具有十分重要的意义。为便于广泛应用和部署，这些技术已实现标准化。5G 最初旨在向消费者交付极高的容量，但随着新技术和网络架构的发展，5G 还将为企业和工业领域带来新的应用。5G 端到端网络将会成为推动第四次工业革命的关键因素，诺基亚贝尔实验室则将再次成为革命浪潮的引领者。"

时至今日，得益于 5G 技术的发展，诺基亚已经重整旗鼓，再度走进人们的视野。《左传》有云："居安思危，思则有备，有备无患。"管理国家如此，管理企业更是如此。无论企业处于怎样的发展阶段，都应该抱有忧患意识，对未来可能遇到的风险做出预警。商场上的机会稍纵即逝、挑战层出不穷，如果不能及时变革和创新，那么即便是商业帝国也很有可能在瞬间覆灭。诺基亚在手机业务上的失利虽然差点毁掉百年根基，但是它通过实施战略创业，最终实现了创新重生，值得任何企业组织在不同发展阶段借鉴。

请思考

1. 曾经的诺基亚有哪些战略上的失误？
2. 结合本章内容，分析诺基亚高管团队在战略创业过程中的具体表现。

资料来源：
作者根据相关资料撰写。

本章首先介绍战略创业发生的时代背景以及企业进行战略创业的必要性，通过对战略创业概念的剖析明晰战略创业的双层内涵。其次建立简明的概念模型分析战略创业的作用机制和流程，了解战略创业型企业的特征以及企业施行战略创业的内部必要环节。最后从整个企业的角度，介绍实施战略创业的必要保障机制，由内而外地梳理战略创业的基本体系。

16.1 战略创业的背景与内涵

16.1.1 战略创业的时代背景

战略创业是战略管理与创业研究交叉融合的产物，同时兼具两者的特征要素，它的出现具有深刻的时代背景。

（1）变革性。自 20 世纪 90 年代以来，从工业互联网、无线通信技术，到如今的大数据、边缘计算等各类信息技术变革的爆发以及知识经济的兴起，传统产业不断遭受来自新兴产业的挑战，而新兴产业一旦止步不前也将面临被淘汰的危险，直面与改变是大势所趋。除了环境的动荡，信息的变革同样使得企业的信息化、知识密集化、组织扁平化水平得到大幅提高，这为企业开展战略创业活动创造了良好的条件。

（2）竞争性。在全球经济融合发展的今天，日益普遍的动态、复杂的竞争环境给寻求创造价值与财富的企业带来了多重挑战。一方面，企业在吸引人才与资本等资源方面投入越来越大；另一方面，信息传送速度加快，顾客可以快速掌握所需产品和服务的信息，市场需求呈现多样化。顾客对产品和服务方方面面的要求日趋个性化，且喜好更新迭代的频率越来越高。行业内也由于信息的愈加透明，对人才和市场份额的争夺日趋激烈，这都要求企业进一步完善产品和服务的研发机制并构建企业的可持续竞争优势。

（3）不确定性。竞争的加剧伴随着技术创新的加速、需求的非连续性及跳跃性的变化，也使得企业的战略决策时间越来越短，企业的决策不确定性显著提高。这要求企业经营者必须寻求能够适应剧烈变化的新的商业模式。环境的竞争性需要企业充分开发和利用企业当前的竞争优势，表现为战略思维的运用；环境的变革性和不确定性要求企业发挥创业精神，能够在高风险的动态环境下把握机会。

在环境的变革性、竞争性以及不确定性的驱动下，已经成长起来的企业为了追求创新目标而进行的战略创业的兴起体现了动态市场中缩短创新和行动时间的要求。管理者在短时间内收集、处理信息，找到发展机会并做出决策、分配资源进而实施行动的能力，已经成为企业生存发展的必要条件。

16.1.2　战略创业的概念与内涵

Hitt et al.（2001）认为，有效的战略创业要求在寻求优势和机会两个方面找到平衡。因此，从内涵维度来看，战略创业是二维的：一方面，在既有业务领域创造和保持竞争优势；另一方面，持续搜索新的机会。战略创业概念中的战略部分是寻求稳定性和可预测性，而创业部分是实现弹性和新颖性。因此，战略创业是企业寻求优势和寻求机会的并行活动，以此来达到企业成长和财富创造的目的，最终实现卓越的企业绩效。企业主要通过对现有竞争优势的开发以及对能够创造未来竞争优势的机会的识别来进行战略创业。在战略创业型企业中，企业利用战略思维的全局性，同时发挥创业精神的开拓性，以此减少或利用不确定性来为企业创造更多价值和财富。战略创业主要有以下两层内涵：

（1）用战略思维开展创业活动。战略思维依据其长期性可以帮助初创企业家从全局出发看待问题，全方位地对现状进行分析，从而全面考虑企业的发展与经营情况。其主要思维要求如下：第一，创业者在创业初期要学会制定经营策略。结合企业内部的发展情况以及企业外部的资源现状，明确企业的经营目标和策略，并制定出企业发展的战略方向。第二，创业者要拥有前瞻性思维，激发自己的商业洞察力。创业者要了解企业外部商业竞争环境的发展情况及近期动态，并及时掌握与行业相关的政策、经济等信息，进行加工、处理、整合，从而提炼出对企业发展有利的信息，对国内外的经济形势形成一个总体的判断，进而分析出对行业和企业可能产生的影响。第三，创业者既然确定了战略目标，就要在了解行业的基础上，再对战略目标进行深层次的理解和发掘。对市场做出一个全面的分析，并运用相关管理经验制定各个业务的子目标，将总体战略目标划分成一个个小目标进行逐个攻破，进而达到实现总体战略目标的目的。第四，创业者要在理解战略目标和方向的基础上，通过企业会议及日常的沟通工作，向下级员工进行解读和阐述，促使每位员工都能理解企业的战略目标和方向，如此才能带领企业按照战略目标努力奋斗，最终达到实现战略目标的目的。

（2）用创业精神开发企业战略。这是战略创业最为重要的内涵，不再局限于初创企业，而是鼓励处于激烈竞争市场的所有企业都发挥创业精神，本章的讨论也主要基于这一方向。创业行为的特点是新颖性，不仅包括新资源、新顾客、新市场，还包括资源、顾客、市场的新组合方式。

基于创业行为形成的创业精神则体现着勇于挑战与坚持到底。当大企业采取行动形成竞争优势并通过施行具备创业精神的战略来利用这些行动时，企业就采取了创业型战略。创业型战略促进了整个企业的战略灵敏性、灵活性、创造性及持续的创新性。企业工作的重心也转向于识别机会、发现新的价值源及能够带来更高收益的产品和流程创新。当然，创业型战略也必须转化为企业目标、薪酬制度、控制系统、规划方法、组织结构和人力资源管理实践等，并需要通过文化来强化。

16.2 战略创业的作用机制

战略创业型企业内部一般具有以下四个方面的独特特征——创业心智、创业文化与创业型领导、战略性资源管理，以及运用创造力发展创新（Hitt et al.，2003）。这四个方面相互影响并共同作用于企业寻求机会和寻求优势的动态过程（见图16-1）。

图16-1 战略创业的作用机制

资料来源：Hitt et al.（2003）。

16.2.1 创业心智

创业心智可以从两个角度来理解：作为一种思维方式，创业心智强调企业应当善于利用不确定性带来的积极一面，创业心智在这里指在不确定环境中寻找机会并整合、运用资源来开发机会的行为意识；作为一种能力，创业心智展现出企业在不确定环境中快速感知机会、采取行动以及动员企业人员的能力。综合思维方式与能力，创业心智可以从企业创业警觉性、创业洞察力和资源使用柔性三个方面进行衡量（戴维奇和魏江，2015）。

创业警觉性是指企业可以发现市场空缺带来的发展机会。机会并不是所有人都能平等地认识到，通常掌握不对称信息的个体更有可能发现市场机会，但更重要的，是依靠企业家的警觉意识。创业洞察力是企业家对机会的战略性思考，仅仅具备发现市场机会的能力并不意味着具备创业心智，企业家同时需要对这一市场机会的未来发展进行前瞻性考量，比如宏观上是否会影响现有业务、是否契合企业的战略布局，以及从微观角度对创业困难、创业风险做出评估，对创业团队建立、人际关系调和、创业资金筹集、创业项目建设等的铺展进行可行性的思考。资源使用柔性意味着对把握机会发展新业务所需资源的相对价值以及这些资源从投入转化为产出后的潜在未来价值具有独特认识，从而进行资源的灵活配置。拥有创业警觉性、创业洞察力和资源使用柔性也就具备了创业心智，而具备创业心智的战略创业型企业即使在高度的压力下，也能快速感知发展机会。

16.2.2 创业文化与创业型领导

创业文化与创业型领导是指驱动并支持企业寻求创业机会，以促进创新并催生创造力的文化和领导行为。其中，创业文化强调鼓励新想法和创造性思维产生、鼓励风险行为，能够容忍失败，促进学习，支持产品、流程和管理的创新，并且将不断的改变看成带来机遇的过程。拥有创业文化的企业一般会存在多重期望，并且能够推动企业对其所拥有的资源进行战略性管理。由此可以发现，创业文化直接导致了利用现有竞争优势不断地搜寻创业机会的行为，并且能够有效地促进创业机会的挖掘和创业目标的实现。而企业创业文化的构建离不开创业型领导的推动，创业型领导强调以寻求机会和优势为目的并通过采取影响他人的战略性行为（如人力资源管理中的战略性激励）来实现目标，同时通过培育创业能力和保护当前商业模式下的创新等把创业与战略管理结合起来并实现两者的高度统一。

创业心智植根于特定的创业文化，并随着企业创业文化的发展带来的对创业的关注增加而得以提升，两者相互交织在一起（Hitt and Ireland, 2003）。创业文化与创业型领导是相互依存的，文化影响着领导者未来的决策和行动，领导者的判断影响着企业文化，只有创业型领导采用创业心智模式，创业文化才能在企业中得到发展与成长。创业心智、创业文化与创业型领导的彼此促进，卓越提升了战略创业型企业的机会识别能力。

16.2.3 战略性资源管理

战略性资源管理是指对战略创业过程中财务资源、人力资源等运营类资源和知识性资源的有效获取、配置与利用，是企业建立竞争优势的根本途径。企业如果拥有有价值的、稀缺的、不可模仿和不可替代的异质性资源，也就拥有了价值创造的基础，以及获得竞争优势和良好绩效的可能。但拥有资源并不能保证竞争优势的获得或价值创造，合理、有效地对资源进行配置，才是将资源价值转化为竞争优势的直接桥梁。因此，企业寻求竞争优势既需要关注资源的获取，又需要具备足以应用组织流程为实现要求的目标而配置资源的能力（Ireland and Webb, 2006）。

总之，资源获取与配置能力共同完成了对企业资源的识别、开发和利用。资源获取后需要借由资源管理的能力来使资源产出效益，而能力的构建则是在资源的具体配置上发挥作用，二者不可分割，合力形成企业的竞争优势。

16.2.4 运用创造力发展创新

创造力是指企业内部有价值的、有用的新产品、服务、想法、步骤或过程的创造能力，这种创造由在企业内部工作的个体共同完成。创新则是为组织开发新产品/服务或者改进产品/服务并把这些产品/服务推向市场时获得的成功。创造力只停留在新事物的产生过程，而创新是新事物从产生到筛选、再到推行与商业化的全过程。可以认为，创造力是创新的基础，一个创造性想法只有在被充分地实施或商业化之后才能被称为创新，创新是对企业是否识别有利机会与成功建立竞争优势的衡量手段。

运用创造力发展创新是战略创业型企业的又一大特征，主要强调企业应该从战略的高度来认识创业心智、创业文化和创业型领导及资源管理对创新的影响。具体而言，创业文化是企业创新生产方法、改进生产方式的重要推动力。只有具备创业心智、富有变革力的创业型领导推动创业创新思想内化成为企业文化的一部分，才能将创造力思维渗透于企业员工的生产、生活，并影响组织内部有关产品、流程和管理等一系列活动，激发员工以更长远和更富创造性的视角看待问题，形成更多的创造性工作，从而慢慢整合成为企业发展前进的新动力，最终带来创新。企业在鼓励创新的同时，提供足够的所需资源，如人力、资金、时间，这种内部资源的支撑可强化企业对运用创造力发展创新的鼓励。而最终当员工追求创造力并感知到自己拥有足够的资源时，又会更好地响应企业对机会寻求和优势寻求的号召。

16.3 战略创业的流程模型

在了解战略创业型企业内部机会寻求和优势寻求的作用机制后,本节将战略创业的过程清晰地划分为"投入—过程—产出"三个阶段(Ireland and Webb,2006)(见图16-2)。投入阶段关注机会识别与资源获取,主要有环境、组织和个人三方面影响因素,特别是对于机会识别,从企业内部创业心智等的影响拓展到了外部环境视角;过程阶段介绍了通过资源配置寻求竞争优势的具体方法,包括结构化资源组合、捆绑资源以构建能力,以及强调为顾客创造价值、为企业创造财富的资源平衡调节;产出阶段则详细论述了战略创业为企业带来的最终成果及其他收益。战略创业的流程模型与战略创业的作用机制是一脉相承的,作用机制影响着流程模型的每一个阶段。

图 16-2 战略创业的"投入—过程—产出"模型

资料来源:Ireland and Webb(2006)。

16.3.1 投入阶段

16.3.1.1 环境因素

企业的外部环境影响企业的机会识别能力和资源组织能力,进而影响企业竞争优势的构建。

首先,环境的友好会促进资源的获取和机会的发现,如果一家企业的外部环境是友好的,那么该企业就能够获取支持企业持续增长、稳定和生存的外部资源,包括原材料、金融资本、劳动力和顾客等运营资源以及知识等无形资源。

其次,环境的重要性对于企业而言是非特定的。不同的企业面对相同的环境可能获取不同的外部资源。但具有战略创业思维的企业可以更有效地获取环境中的资源,以产生竞争优势并创造价值。战略创业型企业在获取外部资源时一般具备两个特征:其一,企业在其认为可以创造价值的资源方面是特质的,稀缺性资源不代表在企业里一定可以占据战略地位,可以关注到在其他企业里不受重视却能创造非凡价值的资源同样重要。其二,企业往往会根据领导者的创造性判断和行动从资源中获得不同的收益,对待相同的资源,如何更有效地进行利用是战略创造的一大关键。因此,即使资源受限的环境也可以被一些企业视为有益的环境。

最后,许多企业面临的环境本质上是动态的,这就产生了不确定性。由于环境的不确定性,企业和个人可获得的信息质量受到限制,一般会降低他们评估当前和未来环境状况的能力,这对战略决策过程就构成了威胁,往往使得企业无法识别和利用新机会。而战略创业型企业在战略制定时往往可以利用其感知和处理不确定性的能力在动态市场中寻找机会,所具备的创业精神也大大提升了企业家的风险承担能力,提升了企业识别机会并构建竞争优势的可能性。例如,在动态环境中,一些企业使用诸如战略联盟之类的合作策略来建立并促进竞争优势发展。

16.3.1.2 组织层面

企业文化和高层管理者是企业最特殊的资源。有效的领导力是发展与壮大新企业以及培养和引领现有企业走向卓越的必要条件。在战略创业型企业的内部作用机制中,我们解释了创业文化和创业型领导的彼此促进对运用创造力发展创新的影响。实际上，它们同样影响着资源的获取。战略创业型企业在识别与开发机会的过程中会产生大量的知识资源和运营资源需求，但以知识资源需求为主，企业需要利用知识资源发现、筛选和评估新机会，积极求索的创业文化促使企业获取所需知识资源满足机会识别的需求。而运营资源如人力、资金、技术、物质资源和市场订单则是机会开发应具备的基本条件，因此，企业通过创业文化和创业型领导促进对机会识别与机会开发的寻求努力，进而促进资源获取。

16.3.1.3 个人投入

个人投入关注企业内部关键人物的社交能力。这些人物的社交能力往往影响企业的一种无形资源——社会资本。社会资本是企业内部社会资本（个人之间的关系）和企业外部社会资本（外部组织与企业中的个人之间的关系）的总和，它通过人与人之间的合作进而提高企业的工作效率和一体性。社会资本有助于企业成员在企业内外交流中获取更多的所需资源。比如，拥有良好声誉与广泛社交网络的企业家通过吸引金融资本和关键员工等资源，对个人及其企业的成功发挥了重要作用。在企业内部，具有成熟社交能力的个人也会更多地发现与创造机会，比如在争取需要跨部门获取资源的项目时得到认可。其本身为抓住机会而采取的行动与努力往往会鼓励企业中的其他人进行协作，推动了企业文化氛围的建设。

16.3.2 过程阶段

过程阶段需要实现对投入阶段从外部获取的环境资源、组织资源及个人投入的有效控制与整合。资源整合与领导者为促进有效管理企业资源而采取的行动有关，其中最主要的行动是结构化资源组合，将资源合理捆绑内化为能力，并通过平衡调节使这些能力为顾客创造价值，从而构建企业的竞争优势。其中，结构化资源组合包括获取、积累和剥离资源；捆绑的目标包括稳定现有能力、丰富当前能力和创造新能力。平衡调节强调领导者必须同时协调各种资源管理行动，以及发挥能力强项、解决能力弱项，以实现竞争优势的构建。接下来具体阐释提到的三个主要资源整合行动。

（1）结构化。资源组合是企业所有和控制的有形资源与无形资源的集合，资源组合建立了一个时点上企业潜在价值创造的上限。结构化资源组合是企业获取、积累和剥离资源的过程。结构化过程中的资源组合是持续变化的，因此企业的结构化过程也应当是动态的。其中，资源的获取对于新创企业和已经建立的企业都很重要，识别与开发机会需要以知识资源和运营资源为基础。而随着时间的变化与市场机会的更迭，新的资源可能需要增加，其他资源需要被剥离，企业必须卖掉低价值资源或者降低其维护成本以获取新的资源，这就是资源的积累与剥离。资源组合的结构化提供了捆绑资源以创造能力即资源整合的第二个维度的基础。

（2）捆绑。资源捆绑即对资源进行整理配置，是一个能力形成的过程。能力是利用企业资源执行并协调好任务的才干，每种能力可以理解为一种特殊的资源组合，例如企业为了为顾客创造价值而进行特定的诸如营销、研发等方面的活动，合理有效的资源捆绑可以带来出色的营销能力或研发能力。捆绑资源创造能力的过程实际上产生于有形资源和无形资源之间的复杂互动，这种创造出来的特定能力帮助企业在不同方面战胜竞争对手。从战略创业的角度来看，资源捆绑的目标是帮助企业建立竞争优势。基于三个不同的目标有三种不同的捆绑理念，分别是稳定、丰富和开拓。稳定是在已有能力中做出渐进改进；丰富是延伸和精细化现有能力；开拓过程需要探索性学习，涉及捆绑完整的新资源。资源捆绑的关键在于选择，捆绑选择影响着企业的绩效目标。领导者需要针对企业的实际情况对不同资源进行合理的捆绑选择，以达到稳定、丰富现有能力以及开拓新能力的目标。此外，捆绑选择也会受到来自企业外部环境不确定性的影响，高度的环境不确定性会提升创造新能力的需求。

（3）平衡调节。在结构化和捆绑后企业必须回答一个问题：通过捆绑资源形成的能力如何发挥？发挥是指应用企业能力为顾客创造价值、为所有者创造财富的过程，包括动员与协调。这一过程在企业内部能力和外部环境匹配中是非常关键的，是真正给企业带来潜在的、相对于竞争对手的巨大竞争优势，并把持久竞争的能力和资源充分利用起来的关键因素。企业实现能力发挥进而创造竞争优势，需要领导者加以平衡调节，也就是领导者在特定的市场环境下通过选择与实施特定的策略来调动、协调和部署各类资源管理行动，以此发展企业能力。一旦资源投资偏离行业标准，就会对企业绩效产生负面影响，因此领导者需要收集企业内部能力和外部环境的充分信息进行有效的平衡调节。

尽管上述按照顺序介绍了三个资源整合行动，但实际上领导者可以基于具体的实际情况进行行动的顺序选择。例如，了解顾客的领导者可能首先采取杠杆调节策略确定资源配置方式与具体的行动方向，然后采取实施战略所需的结构化和捆绑行动。

16.3.3 产出阶段

对于企业而言，经过了战略创业的资源投入与整合过程的机会寻求和优势寻求，其结果就是竞争优势的构建以及企业财富的创造。战略管理和创业领域都是关注财富创造的科学，战略管理研究强调开发利用当前的竞争优势为企业创造财富，而创业研究侧重于通过识别竞争对手尚未发现的机会为企业创造财富。因此，战略创业活动中，创造财富同样是企业发展的主要关注目标与目标产出结果。除了组织层面的财富收益，战略创业同时也会带来社会层面的福利增加和个人层面的知识积累。

16.4 战略创业的保障机制

战略创业思维使企业能够在当前的环境背景下应用其知识和能力，同时通过应用新知识和新的/或增强的能力探索可供未来利用的机会。这要求企业在"创业"的机会寻求行为与"战略"的优势寻求行为之间取得平衡。创业部分在一定程度上要求灵活性和新颖性，而战略部分则追求稳定性和可操作性。然而，实现这种平衡具有挑战性，因为企业资源是有限的，分配给当前竞争优势就无法再分配给探索未来的机会和新的优势来源，因此要周全考虑。要实现这种平衡，就需要特定的机制来保障开发和探索的双重需求。保障机制则来自企业核心保障机制和支持保障机制的共同支撑作用。核心保障机制和支持保障机制的划分依据是是否直接参与企业战略创业的作用机制或流程中，核心保障机制和支持保障机制均包括五个基本要素（Luke, 2005）。

16.4.1 核心保障机制

核心保障机制直接参与企业战略创业的流程，包括五个基本要求：

（1）机会识别。机会识别是有关战略创业精神的一个关键主题，并且是竞争优势的重要来源。但不是每一个想法都有一个真实可行的市场，不是每一个想法的时机都很成熟，在实践中很多机会一开始并不被看好，结果却能创造出巨大的价值，而相反，很多一开始带着光环的机会却往往被实践证明是不可行的，因此企业在选择项目时不能盲目，要慎重考虑隐藏在表层之下的机会的潜在价值。因而，在选择机会时，需要一个有序的评价流程，抛弃类似没有发展潜力的、进入门槛高的以及与创业者个人目标不相符等的机会，还需要对整体创业时机、内部资源、产业环境等进行综合对比；针对不同的项目类型需要有不同的评价指标，需要强调的是创业机会不是独立存在的，应该从系统的角度思考，即综合市场、行业、经济、政治、社会等各方面因素选取指标。

（2）风险管控。风险承担是建立在个人感知的概念上对环境风险的思考。风险承担过程中企业要有承担风险的意愿，同时对环境风险的感知必须基于分析和判断。战略创业型企业同创业型企业一样，普遍被认为具备较高的风险承担能力，但同样需要对战略总投资风险以及战略创业领导者个人投资风险建立较为科学的管控机制，以避免战略创业的失败和个人资产的损失。例如，为降低总投资风险，企业可以关注战略创业过程中的关联活动，如享受政府政策优惠、发展企业网络关系、加入孵化器、获得管理咨询、制订战略计划、在熟悉的领域创业，等等。为降低个人投资风险，战略创业领导者可以通过组织创业团队、引入风险投资、获得政府资助等手段分散风险。

（3）创新管理。创新是创造性创意的商业化过程，是衡量战略创业是否成功的一个标准，有利于构建企业竞争优势。创新受到多重因素的影响，但实现创新的有效落地，从而促进创新成果真正转化为企业生产力需要企业具有相配套的运行机制。不论是技术创新还是管理创新，创新首先需要明确工作的最终目的是什么，所有的创新必须围绕目的与实际追求而开展，这是创新工作的出发点。创新的对象必须坚持聚焦主题，要能真正服务于企业战略，精准对接企业核心追求，只有这样，才能促进各类创新形成合力。其次需要通过深入分析企业所处的发展阶段、文化氛围、员工素质基础、当前面临的主要问题等因素，做好改善创新的前向管理，如合理化建议、管理诊断、审核评审等，充分发现和识别问题与需求，精准指导和管理创新的开展。

（4）柔性管理。企业柔性是战略创业的重要原则。这种柔性可以快速响应变化，并定期审查企业的核心能力（如资源获取能力、调配能力），以确保这些能力继续发展和进步。因此，企业进行有效的柔性管理可以不断发展和增强核心竞争力，构建可持续竞争优势，是战略创业之根本所需。柔性管理首先体现在管理决策的柔性化上，即以满意准则代替最优化准则。柔性管理的另一个重要体现就是激励机制的柔性化，除物质上的激励外，企业更应注重精神上的激励，还可以通过扩大和丰富工作内容、提高工作的意义和挑战性对员工进行激励。

（5）愿景规划。企业的愿景是对企业未来存在价值的判断与思考，不仅影响创新思想和综合战略的制定，同时是对企业战略创业基本目标的明晰。愿景规划既要立足现实，又要符合战略意图，做到现实与目标并重，用行动来支撑战略。同时，愿景规划应当做到了解行业竞争要点和成败关键，并且统领全局愿景规划，知道如何描绘蓝图并用语言和行动向他人解释愿景，这关乎内外部资源的整合。愿景规划实质上是对机会识别、创新管理、风险管控和柔性管理的补充。

16.4.2 支持保障机制

支持保障机制不直接参与企业战略创业的流程，它包括五个基本要素：

（1）企业文化。企业文化建设可以助力提升企业的核心竞争力，企业的核心竞争力是企业所具有的不可模仿的独特的优势，是企业竞争中最具有长远和决定性影响的内在因素。企业文化同创新一样，作为一个理念，必须具有实际的落地措施。在企业共同的文化认知上，只有通过科学的程序化设计和模式化设计，进行文化导入，赋予个人和团队信心、恒心、决心等精神力量，这时，文化理念才能转化为持续行动。企业可以有策略地规划文化推广的进程，系统化地进行文化传播，以及制定制度对落实企业文化进行保障，让文化理念在制度、流程、管理原则等的保障下不折不扣地贯彻到行为上，发展于企业成员的认同上，并体现在企业对外的形象上。

（2）品牌建设。品牌是企业自主创新能力、市场竞争力和可持续发展能力的重要保障，而品牌建设的本质是塑造出企业的核心专长，使得品牌优势深入消费者内心，进而支持竞争优势的构建（Luke and Verreynne，2006）。因此企业对品牌建设也应当有合理规划。对于品牌建设，首先要进行品牌定位，品牌定位可以从企业发展战略和产品经营特点出发，根据消费者的购买习惯、需求偏好、价值观念和生活方式等因素，在总体市场中寻求与自身个性和特色相适应的细分市场，开发出富有自身特色的新产品、新技术。其次要重视品牌推广，强化品牌营销。

（3）卓越运营。企业卓越的运营体系可以助力其提升灵活性和效能，因此是企业识别机会和寻求优势的体系保障。企业应当不断地调整运营管理战略与布局，以卓越运营为目标，构建灵活高效的运营体系，增强企业竞争力。具体而言，企业可以从四个方面入手对运营体系进行优化：生产方式方面，从粗放式生产转变为精益化生产；运营管理手段方面，从传统管理转向信息化管理；生产品种方面，伴随市场需求的多样化，提高产品品质满足消费者个性化需求；管理制度方面，制定原则与标准。

（4）成本效益。战略创业的目标在于财富创造，因此必然要讲求成本效益，树立成本效益观念。企业的成本效益管理就是要建立完善、系统、高效的管理机制，从而实现企业的成本降低、效益提升。建立完善的财务结构是实现企业成本效益管理的有效途径，具体而言，从成本和效益的角度出发确定管理主体、职责、内容和方法；在明确上述四个因素的基础上确定成本效益管理的基本单元，通过建立完善的内部财务结构，实现各基本单元之间的关联；使各基本单元形成一环套一环的成本效益管理链条。另外，企业要注重从原材料采购到产品生产再到存货、销售、应收账款、税金、财务费用等与企业效益有关的所有环节的成本管理。

（5）知识的传播与应用。知识的传播与应用在于企业的知识管理，知识管理是一种企业管理思想，它不仅包括信息系统范畴的内容，还包括企业管理制度的建立健全等。知识管理系统的建设将以知识的积累、共享、交流为手段，以提高企业核心竞争力为最终目标，因此也为战略创业提供了支持。每家企业都拥有其特殊的知识，对这些知识，企业可以建立一套知识管理方法。比如，企业如何建立获取、储存、共享知识的机制和手段，如何衡量企业的知识、智力价值。另外，企业不可能拥有自己想要的所有知识，因而企业要努力从外部获取知识，激励员工创造和共享知识。

案例阅读

海康威视的"一企两制"

如何确保公司现有主营业务能够持续稳步发展，同时能够探索培育对公司未来发展具有战略性的新业务？如何使得公司在具有国有企业的战略定力和稳健性的同时，也具有民营企业那样的灵活性？海康威视作为一家国企背景的安防行业领先企业，近年来在借鉴国内外先进企业经验教训的基础上，探索出了一条具有海康威视特色的"一企两制"公司战略创业机制。具体思路就是在现有主营业务之外的创新业务上大胆探索新的激励和运营机制。

海康威视的创业基因

海康威视脱胎于原电子工业部第52研究所（以下简称"52所"，现更名为中国电子科技集团公司第五十二研究所），该所的全称是电子工业部计算机外部设备研究所，是一家专业从事计算机外存储设备研究、军民结合的国家一类研究所。1984年由山西太原整体搬至浙江杭州。52所最初经历了非常困难的时期，到20世纪90年代初，才逐步发展起来。

转机发生于2001年，美国"9·11"恐怖袭击事件给当时全球的监控市场带来了快速发展的机会。52所准备抓住这次机会，利用自己的优势大力发展数字音视频监控产业。2001年年底，陈宗年、胡扬忠等52所的28位骨干员工，放弃了令人羡慕的"铁饭碗"，承担起创业创新重任，在当时杭州西湖区马塍路的一层简易办公楼开始了创业之旅，海康威视由此诞生。海康威视从成立伊始就引入了外部民营资本，成为国有控股企业中少有的中外合资的混合所有制企业，创业的基因与生俱来。

战略创业寻找新增长点

2013年，海康威视实现销售收入100亿元的突破，连续三年蝉联市场研究机构IHS Markit评选出的全球视频监控市场占有率第一。但是，随着行业竞争的日趋激烈和公司重庆项目的受挫，公司整体毛利率出现结构性下降，持续成长性受到外界关注。各方分析认为，海康威视发展正在遭遇天花板。海康威视由于是国企背景，有30%以上的国内市场收入来自政府项目，其余部分来自大型企业和事业单位。随着宏观经济下滑导致的政府预算和事业单位的安防预算削减，使得安防主营业务的一线销售压力变大。因此，公司亟须寻找新的增长点。

陈宗年和胡扬忠等高管经过多次探讨，逐渐达成一个共识：公司要想成为千亿级的世界行业领先企业，必须通过二次创业，寻找新增长点、再创新优势。二次创业首先要有创业的精神，创业有风险，要敢于闯，敢于面对不确定性。可是具体该如何推动二次创业呢？

2013年，海康威视推出了全新的民用品牌"萤石"ezviz，进行充满风险的二次创业探索。一次创业解决"从无到有"，二次创业就要追求"从有到优"。2015年9月8日，董事长陈宗年主持的第三届董事会第五次会议针对战略创业以9票赞成、0票反对、0票弃权，一致通过了《核心员工跟投创新业务管理办法（草案）》。

海康威视2014年组建了机器人团队，2016年4月正式成立了杭州海康机器人技术有限公司。海康机器人主攻智能制造，开拓机器视觉、移动机器人及行业级无人机等业务领域。在无人机领域，公司拥有"雄鹰"系列四旋翼、六旋翼飞行器，"指挥官"系列地面站，"防御者"系列无人机干扰器等全线产品，行业级无人机市场正在逐步打开。2017年，汽车电子业务全面铺开，视频、毫米波雷达等后装独立式产品形态不断丰富，智能车载后视镜"云镜"、360°全景环视系统、车载智能化监控系统等智能化汽车电子产品与解决方案持续推出；在系统层面，综合前车碰撞预警、车道偏离预警、危险驾驶行为分析和右侧盲区侦测的ADAS（高级驾驶辅助系统）产品推向市场，应用到前装客户和行业客户市场。

"我们都是传统行业出来的，之前和普通工厂没多大区别，现在通过创新跟投平台，不仅建立了基于创业、创新的风险共担、利益共享的长效机制，还探索出了一大批我们之前都不敢接触的业务，这些业务风险高，作为一家以国企为背景的上市公司，这样的机制我们是开了先河。"

海康威视董事长陈宗年曾说道。

战略创业的实施，内部创新平台的设立，使得普通员工也看到了希望，对于不少曾经有创业理想但是出于各种家庭、资金等原因耽误的人来说，像这样既可以实现创业梦想，又可以留在海康威视的大平台中的机会真是太宝贵了。实施结果也确实没有让大家失望，计划推出仅一年时间，公司2016年年报首次披露萤石、机器人和汽车电子等创新业务，实现营业收入约6.48亿元，占集团总收入的2%，2017年更是实现营业收入超16亿元，同比增幅达252%。

资料来源：

作者根据相关资料撰写。

思考题

1. 什么是战略创业？结合实例谈一谈你对战略创业的理解。
2. 企业实施战略创业的意义有哪些？
3. 什么样的企业适合进行战略创业？
4. 结合实际中战略创业型企业的例子，指出战略创业型企业一般具备哪些特征。
5. 战略创业型企业与创业型企业相比有哪些不同？
6. 什么是创业心智？具备创业心智的领导者会对企业带来什么影响？
7. 分析论述创业心智、创业文化与创业型领导三者之间的关系。
8. 试论述资源对于企业的重要意义。企业在实行战略创业时应当如何管理资源？
9. 为何需要构建企业实行战略创业的保障机制？
10. 分析构成企业战略创业核心保障机制的五个要素的含义与保障目标。
11. 为了实现战略创业，企业应当做好哪些工作？可基于品牌、能力、文化等视角。

每章必读

[1] IRELAND R D, HITT M A, SIRMON D G. 2003. A model of strategic entrepreneurship: the construct and its dimensions[J]. Journal of Management, 29 (6): 963-989.

[2] KETCHEN D J, IRELAND R D, SNOW C C. 2007. Strategic entrepreneurship, collaborative innovation and wealth creation[J]. Strategic Entrepreneurship Journal, 1 (3-4): 371-385.

参考文献

[1] HITT M A, IRELAND R D. 2003. Strategic entrepreneurship: creating a new mindset [J]. Administrative Science Quarterly, 48 (2): 340-342.

[2] HITT M A, IRELAND R D. 2011. Strategic entrepreneurship: creating value for individuals, organizations, and society [J]. Academy of Management Perspectives, 25 (2): 57-75.

[3] HITT M A, IRELAND R D, CANP S M, et al. 2001.

Strategic entrepreneurship: entrepreneurial strategies for wealth creation [J]. Strategic Management Journal, 22 (6-7): 479-491.

[4] HITT M A, IRELAND R D, Sirmon D G. 2003. A model of strategic entrepreneurship: the construct and its dimensions [J]. Journal of Management, 29 (6): 963-989.

[5] IRELAND R D, WEBB J W. 2006. Strategic entrepreneurship: creating competitive advantage through streams of innovation [J]. Business Horizons, 50 (1): 49-59.

[6] LUKE B. 2005. Uncovering strategic entrepreneurship: an examination of theory and practice [M]. Riga, Latvia: VDM Verlag Publishing Group.

[7] LUKE B, VERREYNNE M L. 2006. Exploring strategic entrepreneurship in the public sector [J]. Qualitative Research in Accounting & Management, 3 (1): 4-26.

[8] 戴维奇, 魏江. 2015. 创业心智、战略创业与业务演化 [J]. 科学学研究, 33 (08): 1215-1224.

第 17 章

战 略 思 维

> **学习目标**
> - 了解战略思维的概念及类型；
> - 了解综合集成思维的重要内涵；
> - 了解信息科技驱动的战略思维的主要内容；
> - 了解以《孙子兵法》为代表的东方动态战略思维。

开篇案例

从"备胎转正"看华为的战略思维（上）

2019年5月16日，作为中美贸易摩擦进一步升级的标志性事件，华为被列入美国商务部工业和安全局的实体名单（Entity List）。这意味着，华为不可以在未经特别批准的情况下购买重要的美国技术。

5月17日，华为海思总裁发出致员工的一封信，启动"备胎计划"。信中表示，海思已很早布局，应对可能出现的危机，海思储备的技术将在一夜之间全部转正，包括自主解决芯片等各类零部件问题。

5月19日，谷歌表示将停止对华为新制成的终端设备提供支持。谷歌母公司Alphabet已按特朗普要求，停止与华为相关的业务和服务，涉及硬件、软件和技术服务方面，包括旗下智能手机操作系统——安卓。

华为启动了"B计划"，使用海思研发的芯

片作为手机现有芯片的替代品。"鸿蒙"操作系统（OS）可能在不久的将来面市。

5月20日，美国商务部官方网站发布：给华为及其合作伙伴90天的"临时许可"。允许将对华为的禁令延迟90天实施，该临时许可有效期从当天开始至8月19日截止。该发布称，这项安排是为了给"相关部门和公司提供进行调整的时间"。

华为创始人任正非21日接受采访时回应："美国的90天临时执照对我们没有多大意义，我们已经做好了准备。"

面对美国几乎无死角的封堵，华为的管理层显示出了令人惊叹的战略定力，对于这场突如其来的"断供"打击，华为似乎早有准备。在世界经济深度全球化的今天，企业管理者很难想象全球供应链突然切段后企业所面临的危机。然而，处于风暴中心位置的华为，似乎早就预见到了如此的困境，并从多年前开始准备这种极限情况下的生存预案。

请思考

华为是依靠怎样的战略能力，在多年前就开始布局今天的预案？

资料来源：

作者根据相关资料撰写。

本章首先对战略思维进行清晰的定义；其次从信息时代的基本特征入手，讨论信息科技驱动的战略思维的特征与性质；再次讨论以钱学森思想为代表的综合集成思维；最后讨论以《孙子兵法》为代表的东方动态战略思维。在主体部分之后，运用战略管理理论对开篇案例进行分析。

17.1　什么是战略思维？

习近平总书记在《之江新语》中说道："干在实处永无止境，走在前列要谋新篇。"企业管理的战略思维（Strategic Thinking），本质上是一套思维的认识论与方法论体系，它涉及企业生存与发展的一系列重要问题，包括企业的战略目标是什么（What）、为什么（Why）以及如何实现（How）。战略思维是企业一系列战略计划、行动、评价体系的起点，是指导战略得以设计并成功实施的保障。Liedtka（1998）提出战略思维的五大特征：系统性视角（Systematic Perspective）、意图性（Intent Focus）、时间思维（Thinking in Time）、假设驱动（Hypothesis Driven）和聪慧机会主义（Intelligent Opportunism）。从本质上看，战略思维是一种融合上述特征的系统性思维，其注重将视角、意图、方法、范围等相结合。战略思维与一般的运营思维（Operational Thinking）最大的区别在于，其可以帮助企业克服短期主义，实现长期竞争优势的获得与企业的永续经营。

作为战略思维的三大支柱，驱动性（Driven）、系统性（Systematicness）、历史与社会性（Historicity & Sociality）分别代表了战略思维的技术环境、结构框架和外部情境。针对这三大支柱，本章将分别介绍战略思维的代表性范式：首先介绍信息科技驱动的战略思维，其次介绍以钱学森思想为代表的综合集成思维；最后介绍以《孙子兵法》为代表的东方动态战略思维。

17.2　信息科技驱动的战略思维

信息时代的到来，加速了知识变革的步伐。超媒体、人工智能、物联网、5G、大数据、云计算、量子计算、3D打印（增材制造）、虚拟现实、机器人和无人驾驶等新概念的出现不仅标志着科学的快速进步，更重要的是体现了人类创新思维在实践中的极大成功，而这些成就又反过来深刻地影响着人类的思维。我们的心智和认知正在与互联网、大数据、人工智能等发生着一系列的共振，人类思维会因此产生怎样的进化效应呢？本节将从统计思维和大数据思维的角度展开讨论。

17.2.1　思维的进化

在三十多亿年的生命进化历程中，人类逐步产生了各种认知，从低级到高级分别为神经认知、心理认知、语言认知、思维认知和文化认知（见图17-1）。其中，特属于人类的认知是思维认知和文化认知，这两种认知都属于高阶认知。虽然思维认知是人类特有的，但它也常受到其他认知的影响。在思维各层级的心智和认知方面，20世纪中叶以来取得了很多重要的研究成果，比如英国心理学家彼得·C.沃森（Peter C. Wason）提出的认知偏差，美国心理学家兰斯·里普斯（Lance Rips）提出的心理三段论，2002年诺贝尔经济学奖获得者美国心理学家丹尼尔·卡尼曼（Daniel Kahneman）和阿莫斯·特沃斯基（Amos Tversky）构建的前景理论等。

图17-1　人类认知进化示意图

资料来源：蔡曙山（2019）。

对于人类的思维，学者们的关注和研究从未停止。1952年，恩斯特·克里斯（Ernst Kris）出版了著作《艺术的精神分析探索》（*Psychoanalytic Explorations in Art*），从心理学角度，对艺术和创造性问题的思维过程进行了阐释，提出了思维加工过程。他认为，思维加工过程可以分为初级思维加工过程和次级思维加工过程，这两个过程代表了一个思维连续体的两端，一端是相对自由或流动（如梦境）的，另一端则是相对束缚（如基于现实的）的一些想法。初级思维加工过程是一种较为原始的思维活动，会受到本能和欲望的驱使，不太遵循逻辑规则。通常，对于初级思维加工过程，人类具备对其进行再加工的能力。缺乏创新思维的人可能在这个过程中会遇到较大的障碍，但创造力丰富的人则能够轻松地对初级思维的形态进行较为深入的加工，且能够自如地切换。这样一个加工和切换的操作，有可能促成创新思想的生成，找到解决问题的创造性方案，然后进入刺激思维阶段，从而形成正式的想法。所以，创造力缺乏的人会更依赖初级思维加工过程，而这个问题解决的过程往往无法产生创意（陈劲和唐孝威，2013）。

在此基础上，西尔瓦诺·阿瑞提（Silvano Arieti）对思维加工过程理论进行了拓展，将其分为原发过程、继发过程和第三极过程三个层次。原发过程（潜意识过程）是心理的一种无意识状态，主要表现在梦境和精神疾病状态中。继发过程（意识过程）是大脑处于完全清醒状态下的一种逻辑思维的表现。第三极过程是大脑较为清醒状态下的一种心理活动，近似于将前两个过程结合起来，也可以认为是精神和物质的结合，或者是理性和非理性的产物。对于第三极过程的思维，我们认为是创新思维。

17.2.2　统计思维

Sutherland et al.（2013）提出了解释科学主张的20个技巧，这20个技巧基本都与统计思维有关，告诉大家要把握证据的局限性。

在社会活动中，统计学常被应用于"洞察"

人类行为的"因果关系",还被用于"把握现状"和"预测未来"。经济发展与社会运行都要求对生产、分配、流通、消费和积累等环节进行深入的研究,以达到优化计划、调控、平衡乃至预测的目的。

在学术领域,统计学也已成为科学研究的最重要工具之一。自然科学的研究方法主要包括观察和实验,人文社会学科的研究方法多为调查。对于观察和调查这两种方法而言,其研究结论的科学性、可靠性和客观性,都需要统计方法的支持(程开明,2015)。因此,统计学已经被广泛应用于自然科学和人文社会科学的各个学科当中,比如生物信息学、管理学、情报学、军事学和政府决策科学等。

现代统计学的奠基人罗纳德·A.费歇尔(Ronald A. Fisher)说:"给20世纪带来了人类进步的独特方面是统计学,统计学的普遍存在以及在开拓新知识领域方面的应用已远远超过20世纪内的任何技术或科学发明。"

借助后面所提到的大数据技术,我们从原来的信息匮乏变为信息泛滥,从而遇到了前所未有的信息甄别的挑战,如此背景下,树立正确的统计思维尤其重要。

17.2.3 大数据思维

统计学一路走来,汇聚了一大批学者的研究成果,各个分支学科也在不断发展壮大,为政府机构、科研院所和个人生活提供了很多决策参考。然而,我们也看到了,统计学除带给我们便利、带领我们认识世界的真相之外,也存在一些不可避免的缺陷和局限,比如假设检验和显著性水平。这些缺陷使得统计学面临巨大的挑战。有人认为,科学革命之前往往伴随着测量革命。大数据(Big Data)将转变我们揭示真相的思维,它带来了认识论和伦理学水平的深刻变化。

对于大数据的定义,有很多不同的版本和视角。

亚马逊大数据科学家约翰·劳泽(John Rauser)这样给出定义:大数据指任何超过了一台计算机处理能力的数据。

权威杂志《科学》(Science)将大数据定义为:那些无法在有限时间内用当前技术去获取的数据。

维基百科给出的定义是:所涉及的资料规模巨大到无法通过目前主流软件工具,在合理时间内达到抓取、管理、处理并整理成为帮助企业经营决策更积极目的的资讯。因此,大数据是一个体量特别大、数据类别特别多的数据集,并且这样的数据集无法用传统数据库工具对其内容进行抓取、管理和处理。

北京航空航天大学吴季松教授这样定义大数据:大数据是信息化发展的新阶段。它是一种较传统数据库系统种类更多、存量更大、有顶层设计和规则的系统,因此是管理更有效的数据库,以云平台存储,以云计算等新的模式处理,通过开放和融通的系统使信息资产产生更重要的价值。

无论大数据的定义如何千变万化,其内涵和本质不会改变。对于大数据区别于数据的特征,人们一开始将其归纳为"3V",即Volume(体积)、Variety(种类)、Velocity(速度)。后来,IBM将其扩展为"5V",即Volume(数据体量大)、Velocity(高速流转)、Variety(数据种类多样)、Veracity(数据集更具真实性)、Value(价值密度低)。在此基础上,罗布·基钦(Rob Kitchin)又对5V特征进行了补充,认为大数据还具有灵活性的特点,具有可添加性(可以轻松添加新字段)和可扩展性(可以快速扩展大小)的特征。

人类思考的方式决定着人类对未来的决策。那些对未来有远见卓识的人会做出各种面向未来的决定,比如投资于未来、避免未来的伤害等。因此,关于未来的思考可能会影响决策,这样,未来不再遥远，而必须与当下紧密结合，因此便有了数据驱动决策（Data Driven Decision Making，DDDM）这个概念（Thorstad and Wolff，2018）。

数据驱动决策是指基于数据分析而非纯粹凭直觉做出决策的实践。例如，营销人员可以纯粹根据长期经验以及行之有效的眼光来选择目标客户，也可以通过分析有关消费者对广告的反应数据来进行决策，还可以综合运用这些方法。数据驱动决策不是全有或全无的做法，不同的企业都或多或少地参与数据驱动决策。数据驱动决策的具体阶段如图17-2所示，企业通过识别有高度影响力的问题，提出响应结构，并理解问题情境，在此基础上形成解决问题的方案，不断通过反馈优化，从而形成企业决策。

图 17-2 数据驱动决策流程

资料来源：Hoerl et al.（2014）。

数据驱动决策的作用已经获得广泛的证明。经济学家埃里克·布林约尔森（Erik Brynjofsson）及其同事开展了一项关于数据驱动决策如何影响企业业绩的研究。他们开发了一种数据驱动决策的测量方法，以对利用大数据进行决策的力度进行评估。统计数据显示，一家企业的数据驱动决策越深入，决策效率就越高。数据驱动决策还与较高的资产回报率、股本回报率、资产利用率和市场价值有关，这似乎是一种因果关系。

17.3 以钱学森思想为代表的综合集成思维

战略思维的第二大支柱是系统性，其代表了战略思维的核心结构框架，是指导决策产生的重要机制。钱学森作为我国一代"科技帅才"，其广博的知识、前瞻的眼光为世人所敬仰。他提出的综合集成思想，是开展系统科学研究的主要工具，也是解决复杂巨系统问题的有效方法。

钱学森及其合作者在《一个科学新领域——开放的复杂巨系统及其方法论》一文中，首次全面、系统地阐述了关于开放的复杂巨系统和处理此类系统的方法论的学说，这也成为综合集成思想的正式开端。

钱学森认为，可以把系统分成简单系统和巨系统两类，前者子系统数量少，关系简单，后者子系统数量非常大（成千上万、上百亿、万亿）。巨系统又可以分为两类，如果子系统种类不太多且关联关系比较简单，就属于简单巨系统；如果子系统种类很多并有层次结构，它们之间的关联关系又很复杂，就属于复杂巨系统，如果该系统又是开放的，就称作开放的复杂巨系统（Open Complex Giant Systems，OCGS）。所以开放的复杂巨系统具有四个典型特征：①系统本身与周围环境有物质、能量和信息交换，所以是开放的；②所包含的子系统很多，所以是巨系统；③子系统种类繁多，所以是复杂的；④有许多层次，任一层次的行为主体很难确定系统中有多少层次。在处理开放的复杂巨系统问题上还原论是不适用的，钱学森指出，近代科学和现代科学里，还原论是认识客观世界和解决实际问题的主要方法论，它通过把事物分解，一层一层分析下去来深入研究。它虽然取得了巨大成功，但缺点是不断的层次分解使得事物的整体反而被忽视了，从而没有了整体的观点。也就是说，还原论所遵循的路径（把事物分解成低层次和局部的事物进行研究，以为低层次或局部研究清楚了，高层次或整体也就清楚了；如果低层次或局部仍不清楚，那么还可以继续分解下去，直到把整个问题弄清楚）是不能够解决系统整体性和复杂性研究中的涌现（Emergence）问题的。

面对处理开放的复杂巨系统方法论方面的难题，钱学森指出，现在能用的、唯一有效的方法就是从定性到定量的综合集成方法（Meta-synthesis）。该方法通常是将科学理论、经验知识和专家判断相结合，通过提出经验性假设（这种假设往往是定性认识，但可以用经验性数据和资料以及模型对其确实性进行检测），经过定量计算、反复对比，最终形成科学结论，是从定性上升到定量的认识过程。而从低层次的定性发展起来的高一层次的定量不断累积，又形成了更高层次的定性，这是人的认识不断发展的过程。综合集成方法既从整体到部分自上而下，又从部分到整体自下而上，是还原论与整体论的辩证统一，实现了"1+1>2"的飞跃。其实质是把专家体系、知识体系和机器体系有机地结合起来，构成一个高度智能化的人机结合体系，从而在应用中充分发挥该系统的综合优势、整体优势和智能优势。

钱学森作为我国著名科学家，其卓越的科学才能不仅体现在其过人的理论创新水平上，而且体现在其对理论的应用实践具有的高度洞察力和创造力上。正如他本人所说："我思考问题，一方面在理论上要站得住，另一方面在工程上还要有可操作性。"1992年，钱学森提出了"从定性到定量的综合集成方法"的实践形式——从定性到定量的综合集成研讨厅体系（Hall for Workshop of Meta-synthetic Engineering, HWME）。HWME的实质是把专家的智慧、计算机的智能和各种数据、信息有机结合起来，把各种学科的科学理论和人的经验知识结合起来，构成一个统一的、人机结合的巨型智能系统和问题求解系统，其核心在于人的心智与机器高性能的取长补短，综合集成。我国传统文化对于把复杂事物各方面综合起来获得整体认识有"集大成"之说，集大成得智慧，所以钱学森又把它称作"大成智慧工程"（Meta-synthetic Engineering），理论上再加以提炼就是"大成智慧学"。

综合集成思想的提出，引起了学术界的高度重视和浓厚兴趣。我国香山科学会议从1994年开始先后共4次召开以开放复杂巨系统、从定性到定量的综合集成法和研讨厅体系为主题的研讨会。会议对钱学森提出的思想和观点给予很高的评价，通过研讨对综合集成思想也有了更深刻的认识。国家自然科学基金委员会批准的"支持宏观经济决策的人机结合综合集成体系研究"重大项目，把传统的"厅"的概念扩展到了钱学森所说的"智界"（即信息空间），建立了基于信息空间的综合集成研讨厅体系（Cyberspace for Workshop of Meta-synthetic Engineering, CWME），标志着在研究和应用钱学森综合集成思想上进入了新的发展阶段。在理论研究方面，近年来诸多学者围绕着综合集成方法进行了深入的研究与发展，如顾基发提出的"物理—事理—人理"系统方法，在不同程度上丰富和完善了综合集成思想。

17.4 以《孙子兵法》为代表的东方动态战略思维

长期以来，西方的企业战略思维缺乏对环境与企业自身战略动态性的系统性关注，无论是资源基础观还是企业核心能力观，都以静态分析为主要的理论视角。尽管近年来有关动态能力与边缘竞争等理论范式的提出在相当程度上纠正了上述不足，但动态性始终只是西方战略管理框架中的一种"条件"，而非"基础"。

这种对动态基础的忽视对于战略管理的框架而言，其所产生的最突出问题是战略视野的"短视"，即管理者只关心外部环境的"当下"变化，缺乏对知识经济时代新的竞争优势的前瞻性思考，对关乎企业可持续发展与永续经营的社会大趋势回应不足。引入以《孙子兵法》为代表的东方动态战略思维，可以弥补上述不足，形成以复杂系统为基本框架的动态战略思维体系。

17.4.1 系统观：《孙子兵法》把"竞争环境"视为一个巨系统

《孙子兵法·计篇》中的五事（道、天、地、将、法）即涵盖了政治、天时、地利、将帅素质、军事体制等战略要素，形成了一种超越军事领域的总体战略。钮先钟（2003）认为，"战略家必须认清其问题的总体性，并能以总体的眼光来看问题。在古代战略思想家中具有此种取向者，孙子实为第一人"。孙子对每个具体战争问题的论述，也是考虑了问题的多个方面，使其形成一个完整的系统。如孙子讲"火攻"时，把火攻的内涵概括成"火攻有五"（火人、火积、火辎、火库、火队）；讲"用间"时，把用间的内涵概括成"用间有五"（因间、内间、反间、生间、死间）；讲地形时，概括成"地有六形"；论将帅素质时，概括成"将有五德""将有五危""兵有六败"；讲知胜时，概括成"知胜有五"；等等，这些都是系统思维的表现。

《孙子兵法》中强调的"天人合一"是中国传统文化整体观思想的至高境界，更是儒家、道家等众多学说共享的世界观，其强调天、地、人相统一的思维体系，是战略管理全新框架中不可或缺的纲领性指引。应当认识到，尽管西方组织理论与战略管理理论对"原子论"的组织观业已进行了批判，嵌入（Embeddedness）理论（Granovetter，1985）、社会网络（Social Network）理论（Burt，1992）等都从不同维度论述了组织与其所在环境之间的紧密关系，但其分析维度偏重于微观，而忽略了企业自身发展与社会价值、文化进步、人类发展等重要大议题的紧密联系。东方整体观思想中系统性、前瞻性、动态性的整体思维将有效弥补上述不足。

应用于战略管理的新框架中，《孙子兵法》的战略思想可以为企业把握社会发展的大趋势提供有力借鉴。所谓大趋势，是指对全球以及全人类发展带来重大、长远影响和冲击的全局性力量及其演变模式。大趋势是深藏于社会变革底层的核心逻辑，是颠覆人们现有生活方式的根本性力量。对大趋势的理解体现了企业高层管理者对未来的基本判断，是战略管理的核心。

系统观强调自然规律、社会规律与人的发展规律的统一，强调企业发展与自然环境的和谐统一，与社会发展的协调一致，以及对人的自我实现的关怀（陈劲和曲冠楠，2018）。在战略决策者眼中，企业不应当是市场、社会乃至整个世界中的一个"原子"，而应当是人类社会大系统中与外界广泛联系的一个"小系统"，个体与整体是对立统一的关系。因此，对大趋势的顺应以及对整个系统的综合贡献才是支持企业可持续发展与永续经营的关键。

17.4.2 伦理观：《孙子兵法》战略思想的"利他精神"

孙子兵法中不仅包含"战"的哲学，还包含"和"的智慧，从本质上讲，其体现了中国传统文化中"利他"的伦理观。其在中国传统文化中的表述是"上善、至善、慈悲"，同样见于道家的"上善若水"、儒家的"仁者爱人"、释家的"慈悲为怀"、墨家的"兼爱"等。

在孙子看来，战争并非单纯的对抗、暴力和冲突，也有联盟、合作与竞争中的和谐。正因如此，孙子在强调"破胜"的同时，也追求"上兵伐谋、其次伐交"的"全胜"。《孙子兵法·谋攻篇》中说："是故百战百胜，非善之善者也；不战而屈人之兵，善之善者也。""全"既是"成全"也是"保全"，是典型的不以消灭对手为目的的"正和博弈"，代表圆满，不仅考虑到保全自己，还考虑到保全对方。《孙子兵法》中的"全"思想与西方文化中以消灭对手为目的、崇尚杀戮文化的思想极为不同，其所体现的不仅是对己方而且是对对手生命的尊重，以及对整个社会总体价值的维护。

一直以来，西方商业伦理中有关企业社会责任（Bowen and Johnson，1953）的研究更多地将社会责任看作一种"成本"，其根本来源是西方经济学中经济人假设中的利己传统。诚然，经济人假设作为经济管理的核心假设不应被抛弃。但是，"个体"的利己与"组织"的利他不应存在根本的矛盾。企业的战略决策者应当认识到，企业战略的利他性行为可以有利于个体利己目的的实现。东方战略思想中的"利他精神"秉持一种更加积极的伦理观，强调以利他思维达成共赢的正和博弈，可以对企业战略的商业伦理建设提供新的思路。

应用于战略管理的新框架中，《孙子兵法》的利他精神体现在企业的发展对社会价值、文化价值等外部意义的关注，其所追求的不仅仅是企业社会责任，而是以社会的积极发展、文化的积极革新、个体的积极实现为己任的企业价值观与伦理观。新时代的企业战略制定者，应当摆脱纯粹利己思维的束缚，引入利他精神的指引，实现"各美其美，美人之美，美美与共，天下大同"（费孝通，1993）的思维层次升级。伟大的事业方能铸就伟大的企业，秉持利他精神的伦理观是打造世界级企业的关键。

案例阅读

从"备胎转正" 看华为的战略思维（下）

华为的战略思维在很大程度上受到其创始人任正非先生的影响。总结起来，任正非的战略思维有几个特点：

首先，是专注于战略机遇，不被非战略机遇干扰。 中国有很多企业家制定战略强调抓机会，即"什么赚钱做什么"，这样势必会导致主次不分，耗费战略精力与资源。任正非在战略思维上强调高度聚焦、"力出一孔"，一旦发现了战略机遇，就不在非战略机遇上浪费时间和资源。这是华为的特点，别人是机会导向的"等不及"，华为是真正"等得及"。战略是一种选择，华为一旦选择了干什么，就心无旁骛，傻干傻付出。这也是为什么任正非舍得在长远的战略目标上加大对技术、人才、市场投入的原因。华为从不在一些非战略机遇上计较，不让局部利益牵制了战略竞争力。

其次，是居安思危，关注战略危机。 2012年，任正非看了电影《2012》后在华为成立了"2012实验室"，他明确地告诉实验室："我们在做高端芯片时，我并没有反对你们买美国的高端芯片。我认为你们要尽可能地用他们的高端芯片，好好地理解它……主要是让别人允许我们用，而不是断了我们的粮食。断了我们粮食的时候，备份系统要能用得上。"

他对海思总裁何庭波说："我每年给你4亿美元的研发费用，给你2万人。一定要站立起来，适当减少对美国的依赖。"而且这种投入是坚定的、持久的，"我们可能坚持做几十年都不用，但是还得做，一旦公司出现战略性的漏洞，我们就不是几百亿美元的损失，而是几千亿美元的损失。公司今天积累了这么多的财富，这些财富可能就是因为那一个点，（这个点若是）让别人卡住，最后（就会）死掉。"这些话在一年来发生的种种事件后再听，振聋发聩。

再次，是关注大趋势，面向大未来。 任正非一直强调，华为需要战略家和思想家。他曾不无忧虑地说道："为什么我们总是落后？就是因为我们没有仰望星空，没有全球视野。你看不见世界是什么样子，就把握不住世界的脉搏，容易被历史抛弃。"一直以来，华为都能够清晰地区分短期投资和长期利益，这得益于其战略思维的长远性。任正非认为："对未来的投资不能手软。"任正非强调："华为未来的领袖要具备两个条件：技术洞察能力和市场洞察能力。将来轮值CEO要做思想家，手脚都要砍掉，只剩脑袋。"

最后，是勇于批判的反思思维。 最好的防御就是进攻，任正非认为，进攻就是进攻我们自己，永不停歇，直到死亡的那一天。每日三省吾身，坚持自我批判。华为专门在公司战略层面下设了一个特殊机构——蓝军参谋部。其主要职能是负责构筑组织的自我批判能力；主要任务是"唱反调"，虚拟各种对抗性声音，模拟各种可能发生的信号，甚至提出一些"危言耸听"的警告。通过这种方式，推动在公司各个层面建立红蓝军对抗机制，通过不断地自我批判，使公司走在正确的方向上。

在以上战略思维的引领下，华为早在2012年以前就开始为未来可能的战略危机设置"保险"，通过近十年的努力，终于形成了相对完善的技术体系，这也是为什么其可以在美国"狂风暴雨"般的绞杀下活过来，继续向上攀登的原因所在。

资料来源：
作者根据相关资料撰写。

思考题

1. 综合集成思维有哪些特点？可以解决哪些问题？
2. 信息科技驱动的战略思维相较于传统的战略思维有哪些不同？
3. 中国传统文化中包含哪些战略思维？请举例说明。
4. 战略思维的五大特征是什么？
5. 战略思维的三大支柱是什么？

每章必读

[1] BONN I. 2001. Developing strategic thinking as a core competency [J]. Management Decision, 39 (1): 63-71.

[2] KAPFERER J N. 2012. The new strategic brand management: advanced insights and strategic thinking [M]. London: Kogan Page Publishers.

[3] LIEDTKA J M. 1998. Strategic thinking: can it be taught? [J]. Long Range Planning, 31 (1): 120-129.

[4] SCHOEMAKER P J H. 1995. Scenario planning: a tool for strategic thinking [J]. Sloan Management Review, 36 (2): 25-50.

参考文献

[1] BARNEY J. 1991. Firm resources and sustained competitive advantage [J]. Journal of Management, 17 (1): 99-120.

[2] BOWEN H R, JOHNSON F E. 1953. Social responsibility of the businessman [M]. New York: Harper, 1953.

[3] BROWN S L, EISENHARDT K M. 1998. Competing on the edge: strategy as structured chaos [M]. Boston, MA: Harvard Business Press.

[4] BURT R S. 1992. Structural holes: the social structure of competition [M]. Cambridge: Harvard University Press.

[5] GRANOVETTER M S. 1973. The strength of weak ties [J]. American Journal of Sociology, 78 (6): 1360-1380.

[6] GRANOVETTER M. 1985. Economic action and social structure: the problem of embeddedness [J]. American Journal of Sociology, 91 (3): 481-510.

[7] HOERL R W, SNEE R D, DE VEAUX R D. 2014. Applying statistical thinking to 'big data' problems [J]. Wiley Interdisciplinary Reviews: Computational Statistics, 6 (4): 222-232.

［8］KRACKHARDT D. 1992. The strength of strong ties：the importance of philos in organizations［M］//NITIN N，ROBERT G E. Network and organizations. Cambridge：Harvard Business School Press.

［9］LIEDTKA J M. 1998. Strategic thinking：can it be taught？［J］. Long Range Planning, 31（1）：120-129.

［10］PRAHALAD C K, HAMEL G. 1990. The core competence of the corporation［J］. Harvard Business Review, 68（3）：79-91.

［11］SUTHERLAND W J, SPIEGELHALTER D, Burgman M. 2013. Policy：twenty tips for interpreting scientific claims［J］. Nature News, 503（7476）：335.

［12］TEECE D J, PISANO G, SHUEN A. 1997. Dynamic capabilities and strategic management［J］. Strategic Management Journal, 18（7）：509-533.

［13］THORSTAD R, WOLFF P. 2018. A big data analysis of the relationship between future thinking and decision-making［J］. Proceedings of the National Academy of Sciences, 115（8）：E1740-E1748.

［14］蔡曙山. 2019. 人类认知体系和数据加工［J］. 张江科技评论,（4）：8.

［15］陈劲, 曲冠楠. 2018. 有意义的创新：引领新时代哲学与人文精神复兴的创新范式［J］. 技术经济, 37（7）：4-12.

［16］陈劲, 唐孝威. 2013. 脑与创新：神经创新学研究评述［M］. 北京：科学出版.

［17］程开明. 2015. 科学事实与统计思维［J］. 中国统计,（12）：24-26.

［18］方超. 2010. 钱学森综合集成思想研究［D］. 国防科学技术大学.

［19］费孝通. 1993. 人的研究在中国［M］. 天津：天津人民出版社.

［20］钮先钟. 2003. 孙子三论［M］. 桂林：广西师范大学出版社.

［21］钱学森, 于景元, 戴汝为. 1990. 一个科学新领域——开放的复杂巨系统及其方法论［J］. 自然杂志,（1）：3-10.

［22］钱学森. 1981. 系统科学、思维科学与人体科学［J］. 自然杂志,（01）：5-11+82.

［23］王琳. 2013. 基于钱学森综合集成思想的情报学理论研究论要［J］. 情报理论与实践, 36（4）：6-11.

［24］徐绪松. 2010. 复杂科学管理［M］. 北京：科学出版社.

［25］徐绪松. 2017. 复杂科学管理：新时代呼唤新的管理理论［J］. 清华管理评论,（11）：20-26.

［26］徐绪松, 2020. 复杂科学管理的创新性［J］, 复杂科学管理,（1）：1-20.

［27］郑湛, 陶小龙, 赵伟, 等. 2020. 复杂科学管理基本原理解析［J］. 信息与管理研究, 5（1）：1-11.

［28］郑湛, 徐绪松, 赵伟, 等. 2018. 选择行为研究的计算实验范式［J］. 技术经济, 37（1）：120-129.

［29］郑湛, 徐绪松, 赵伟, 等. 2019. 面向互联网时代的组织架构、运行机制、运作模式研究［J］, 管理学报, 16（1）：45-52.

［30］郑湛, 徐绪松, 朱国宾, 等. 2015. 大组织理论研究［J］, 管理学报, 12（4）：522.

［31］郑湛. 2015. 大组织宏观动态管理理论研究［D］. 武汉大学.

第 18 章
战 略 变 革

》》学习目标

- 了解企业战略变革的概念及类型；
- 了解新时代企业战略变革的重要意义；
- 了解企业战略变革的行动过程；
- 了解战略变革与组织变革之间的重要关系。

⮕ 开篇案例

从辉煌到衰落：ofo 战略变革的得与失
（上）

ofo 曾经是共享单车行业的领袖和标杆，曾占有最大比例的市场份额，并且背后还有阿里、滴滴等股东。在共享单车发展得热火朝天之时，ofo 可谓抢尽了风头，即使是在其后迅速崛起并后来居上的优秀选手"摩拜"，也没能夺走它在人们心中的地位。ofo 创始人凭借对经济发展风口的准确把握和运营模式的成功创新，促使其在初期快速发展，一时间把共享行业抬到一个时下风口的行业高度和投资热点。但是，居高不下的破损率和占用率一直没有得到解决，使得许多破损单车得不到处理，最终成为"城市垃圾"，造成极大的负面影响。2018 年 9 月，因拖欠货款，ofo 被凤凰自行车起诉；同月，有网友反映称，在使用 ofo App 时，充值或退押金时被诱导消费；

10月27日，又有媒体披露ofo退押金周期再度延长，由原来1—10个工作日延长至1—15个工作日；2018年10月至11月，ofo在北京市第一中级人民法院、北京市海淀区人民法院等的多个案件中被列入被执行人名单，涉及执行标的5 360万元。有报道显示，有超过千万人在ofo的App上排队退押金，创始人戴威还被列入"老赖"名单。

曾几何时，ofo的商业模式创新一枝独秀，引领了一个行业的产生与壮大，将互联网思维、大数据与绿色出行的概念"完美"整合的商业模式使其迅速成为行业巨头。作为第一批站在共享经济风头的企业，两年时间不到成为独角兽企业，3年时间内成为估值60亿美元的共享单车巨头。背靠阿里、腾讯、滴滴三座大山，ofo成为共享单车曾经的绝对领先者。然而，从2016年到2019年短短4年时间，风云变幻，共享单车行业从一个人人看好的"朝阳"行业彻底沦为一个资本开路不断"烧钱"的红海，作为昔日领军者的ofo也因债务问题而濒临破产。

请思考

1. 到底是什么摧毁了行业领先的ofo？
2. 曾经领先的商业模式创新战略为何没有为ofo带来持续的竞争优势？

资料来源：

陈劲，等．2020．创新思维［M］．北京：清华大学出版社。

本章首先对企业战略变革的基本定义和类型进行区分；其次从宏观层面入手，讨论新时代企业战略变革的重要意义；再次讨论企业战略变革的关键过程；从次讨论企业战略变革与组织变革之间的关系；最后展望企业变革能力与时代发展大趋势之间的协同关系。在主体部分之后，运用战略管理理论对开篇案例进行分析。

18.1 战略变革及其类型

战略变革的概念最早可以追溯到战略领域开创者之一的Ansoff（1965），后续学者对这一概念进行了拓展，提出了从不同角度理解战略变革的多种范式。Mintzberg（1978）分析了企业战略的发展路径，从资源配置角度将企业战略变革定义为关键性资源的重新配置。Wiersema and Bantel（1992）从产品角度提出，企业的战略变革可以用其产品的多样化水平来衡量。Sanders and Carpenter（1998）从空间分布角度提出，企业的战略变革可以用其地理多元化水平来衡量。Hitt et al.（2007）从企业研发的角度阐释战略变革，认为企业研发投资的强度是其战略变革的表征，对新的技术与产品的探索代表了企业不断追求变革的动态过程。尽管存在众多视角，但主流视角仍然关注资源配置，如Finkelstein and Hambrick（1990）、Carpenter（2000）、Naranjo-Gil et al.（2008），他们提出企业的战略变革涉及多个维度，只有把握企业在多个战略维度上资源配置模式的变化总趋势，才能从整体上衡量企业的战略变革程度。Zhang and Rajagopalan（2010）通过实证方式检验了企业战略变革与绩效之间的关系，用企业在关键活动上的资源调动与配置的变化来衡量企业战略变革，描述了企业在经营层面上的战略变化。

综上，我们可以将企业的战略变革分为六种类型：

其一，企业资源配置战略变革。在这一视角下，企业战略的核心是资源的配置与再配置，而企业战略的变革即是资源配置的变革。作为企业获得可持续竞争优势的关键，企业的战略资源具有稀缺性、有价值性、不可模仿性与不可替代性，可以为企业带来持续的李嘉图租金与熊彼特租金，而企业的资源配置模式会影响其使用效率，企业对资源配置的调整显示了其战略变革的发生。

其二，企业产品战略变革。从产品角度来看，企业战略变革是企业产品类别及对应市场的变化，因此可以用产品的多样化水平来衡量。产品不仅是企业生产活动最直接的产出，更代表了企业对多元市场的态度与战略目标。产品及产品线的更迭或多样化，是企业战略变革的最直观体现，既代表了企业对生产活动的调整，又代表了企业对市场行为的改变。

其三，企业地理多元化战略变革。从企业空间分布角度来看，企业的地理多元化水平体现了其战略变革。应当认识到，企业在地理空间上的拓展体现了其对不同经济区域、文化情景、制度发展、社会规范的理解，以及对自身发展的动态性把握。地理多元化战略包括企业的跨区域扩张与收缩、国际化战略和本地化战略等。

其四，企业研发战略变革。可以从企业对技术与产品的研发角度阐释企业战略变革。对于延续现有战略发展路径的企业而言，其研发投入主要集中于改良现有工艺水平、提高生产效率、改进现有产品的主要性能。因此，其研发投入应当处于一个相对平稳的状态。而对于追求技术与产品突破的企业而言，需要加大研发投入以获得突破性乃至颠覆性的技术与产品。基于这一分析，可使用企业研发投入的强度来衡量战略变革的程度。

其五，企业经营战略变革。经营战略关注企业所在行业的格局与市场的竞争性结构，通过对企业价值链上的关键活动与资源进行重新部署，企业可以谋求从价值链低端向高端的攀升。企业经营战略变革与其产业定位有关，包含两个部分：第一，行业（产业）的选择，不同的产业结构（由"五力"刻画）提示不同的盈利能力与潜在威胁，企业需要基于对产业结构的分析选择有吸引力（Attractive）的行业制定进入战略；第二，行业内的竞争战略，即便在同一个行业，企业之间所处的地位不同也会影响企业的盈利能力，处于更易盈利位置的企业具有优势竞争地位。能否获取行业内的有利地位，考验的是一家企业的"战略定位"（Strategic Positioning）能力（Porter，1996）。企业可以通过不断调整低成本、差异化、一体化（横向/纵向）、价值链活动等具体战略来进入潜力行业，争取有利地位，最终获取竞争优势。

其六，企业整体战略变革。显然，上述各种理论视角都有其理论和实践的适切性与局限性，一种整合性的框架逐渐形成。从资源角度将不同理论视角下的企业战略变革相整合，形成了衡量企业整体战略变革的理论范式。该视角强调从多个维度理解与衡量企业战略变革，从总体趋势上把握企业战略变革的方向、深度与广度。

18.2 新时代企业战略变革的意义

新时代，企业所面临的竞争环境是易变的、不确定的、复杂的及模糊的。伴随着知识经济的发展与深化，以大数据、人工智能、物联网、区块链、虚拟现实等为代表的新一代技术革命使得从工业经济向知识经济的转型迈向更深的层次与更广阔的疆域。时代的变革为企业的生存与竞争带来三大冲击，即认知革命的冲击、结构转型的冲击和环境变化的冲击（见图18-1）。

图 18-1 全球发展的挑战

资料来源：陈劲等（2019）。

第一，认知革命的冲击。在新一代技术革命浪潮的推动下，人们的工作与生活方式产生了颠覆式的改变，当这种改变聚合成为社会群体的共有趋势时，处于人们认知底层的价值与意义准则将会被重构，人们对外界事物的判断及以此为基础的行为将发生变化（兰德斯，2013），从而产生"认知革命"。认知革命将为社会带来全新的思想潮流、价值观乃至文化。然而，受限于区域间与群体间固有的历史、社会、经济和文化差异，认知改变的发生与表现形式是多样化且碎片化的，从而形成众多亚文化区域与群体，这些亚文化单元往往对应独立的利基市场。认知革命对企业的冲击在于，人们的认知逻辑与行为偏好会在不易察觉的情况下发生改变，企业的产品战略、市场战略等如不能及时、准确地把握上述趋势并适应新的利基市场，则将使其陷入被动，企业的市场地位极易被潜在的竞争对手颠覆（Christensen，1997）。

第二，结构转型的冲击。知识经济的到来对旧有企业结构带来了冲击，不仅使得旧有的"市场"与"层级"（Williamson，1975）的二元对立观点被打破（Powell，1999），而且催生了众多具有情境适应性与环境优越性的独特企业结构。在企业内部，员工与雇主的关系（凌玲，2013）、员工之间的关系（彭剑锋，2014）演化出众多形式，这不仅是对企业边界与治理结构相关理论（Coase，1937）的丰富，更是对企业战略与结构理论（Chandler，1962）的发展和回应。结构转型的冲击对企业应对特定环境进行结构调整的能力提出了挑战，经典的战略框架已很难为企业提供足够的理论依据。如"共享办公"等众多形式的企业实践以"摸着石头过河"的形式展开，这使得成熟的在位企业陷入了"进退维谷"的尴尬境地，一方面高昂的试错成本使得其望而却步，另一方面稍纵即逝的变革机遇又使其不忍错过。

第三，环境变化的冲击。时代转型带来的另一个重要影响是环境的变化。企业的外部竞争环境是战略管理研究的重点之一，是产业组织理论（Demsetz，1973）与以 Porter（1980）为代表的行业竞争结构分析的核心。在知识经济转型的冲击下，原有产业格局发生巨变，多种产业在新一代信息技术浪潮下实现整合。基于经典竞争理论的产业选择、进入和定位战略在高度变化的产业边界与结构下逐渐失去其适用性，从而使新进入企业、在位企业均受到冲击。此外，全球经济格局在全球化与逆全球化两种趋势的对抗下剧烈震荡，跨国企业时刻面临复杂的制度与市场环境，宏观环境的不确定性时刻挑战着企业的战略领导力，对未来大趋势的把握成了企业战略的关键。

18.3 关键战略变革行动

涉及战略变革的具体行动，需要从需求发现、机会寻找、方向把握、行动模式确立与团队协同等几个层面来阐述。其中，需求发现来自企业自身的发展需求，是一种"内部"视角，而机会选择是企业对外部环境的把握，是一种"外部"视角。进一步地，在统筹内外部因素的情况下确定战略变革的方向，可以以行业中某一标志性企业的模式为参照制定变革的具体方案，再通过有效的公司治理与结构化安排来实现战略变革（见图18-2）。

图18-2 关键战略变革行动

资料来源：陈劲（2010）。

18.3.1 发现战略变革需求

企业战略变革的需求根本上是企业内部的一种发展需求。在易变的、不确定的、复杂的及模糊的竞争环境中，企业自身的战略制定涉及生存、发展与卓越三大目标。企业在自身发展的不同阶段对这三大目标的思考与决策构成了企业战略变革的总体需求，需求包含三个阶段性议题——适应环境、获得优势、引领变革。

其一，是企业在变化环境中的生存问题，即企业如何组织、调配与重构资源来适应环境变化，以及适应能力的获得问题。

其二，是企业在变化环境中的发展问题，即在动态环境中企业持续竞争优势的塑造与保持。适应环境只能解决企业的生存问题，优秀企业应当考虑如何获得发展，也就是如何获得可持续竞争优势。

其三，是在变化环境下优秀企业如何走向卓越的问题，即如何积极引领时代变革，将发展优势转变为引领能力，成就世界级伟大企业。

18.3.2 寻找战略变革机会

战略变革的另一个推动力来自外部环境变化的冲击。企业需要通过一定程度的战略变革来适应外部环境的变化。外部的变革因素主要有市场的变化、社会与政治的变化及技术的变化三个方面，从积极的角度上讲这些都可以被视作机会。

18.3.2.1 市场的变化

市场的变化所带来的机会将会促使企业改变其策略、产品属性以适应市场需求，同时必须与顾客、供应商、合作伙伴建立新的关系结构和交易流程。当一种新兴产业或新的营销方式出现时，会对现有的产业产生影响。例如，阿里巴巴B2B电子商务平台的出现对整个国际贸易进行了颠覆。很多出口导向型的中小企业纷纷通过阿里巴巴进行国际贸易，这就需要设立专门的人员负责网络订单处理、客户关系管理等。

18.3.2.2 社会与政治的变化

从制度角度来看，企业需要遵守所在地区的政策和法规，当政府有新的政策和法规出台时，就可能推动相应的战略变革来与之适应。例如，我国为了建设自主创新型国家，推出了一系列优惠政策来推动产业结构升级和企业自主创新。这些政策推出以后，很多企业都积极地进行战略调整，诸如加大对研发的投入、增招优秀的研发人才、提高研发部门的地位等。

18.3.2.3 技术的变化

颠覆性技术的产生在很大程度上需要企业调整其战略部署。技术进步在对企业提出挑战的同时，也为新进入企业与后发企业提供机遇，推动企业加速运用高科技来提升竞争力，是企业调整与重塑整体战略的良好机遇。因为在技术环境飞速发展的情况下，任何领先企业都不能确保自身的技术路径能够成功。在此情况下，存在很多"弯道超车"的技术性颠覆的可能性，为积极进取的企业提供了广阔的技术战略选择空间。但需要注意的是，这些机会的分布是依概率的且往往是非线性的，伴随着高风险与高投入，当然也预示着高回报。

18.3.3 把握战略变革方向

在内部需求与外部机会的共同作用下，企业的战略变革方向得以确立。内外部环境是在不断变化的，变革过程蕴涵于内外部环境的变化之中，并随时间与环境共同演化（Co-evolution）。也就是说，战略变革的方向产生于组织与环境相互作用的过程中。组织与环境的互动性表现在很多方面。国家各种政策的制定需要对各种微观组织进行有效的分析，即环境受组织的影响；反过来，国家的制度、条例和法规等将影响组织的发展与变革，即环境影响组织。在组织与环境的相互作用过程中，组织的洞察力、吸收能力和反馈能力起着重要的作用，它们有助于组织适应环境变化，确立和完善自身的战略变革方向。

18.3.4 确立战略变革行动模式

企业战略变革的行动模式可以分为两类：一种是领导型战略变革行动，代表了某种战略变革方向在行业中的首次实施；另一种是追随型战略变革行动，代表了企业对行业领先企业战略变革方向的模仿与追随。

对于领导型战略变革行动而言，企业没有可以参考的完整模式，其具体的行动方针只能依靠自身的摸索与判断。这种行动显然是高风险的，因此对于很多行业领先的大型企业而言，除非到了生死边缘，否则它们并不愿意率先进行这种战略调整，而是希望小型企业先行试探，当战略的效果初步呈现时再通过收购与战略投资等行为进行"内化"，或者通过提供更多资源模仿相同模式与之竞争。然而，对于小型企业而言，这种高风险与高回报的战略变革行动模式有时是值得尝试的，其原因有二：其一，大型企业未必会识别出潜在的战略机遇与潜在的颠覆者，这为小型企业的生存、发展与壮大提供了优势；其二，即便大型企业选择在战略效果显现之后再进行干预，小型企业同样可以获得利益，因为领先企业的战略投资往往伴随着高溢价。

对于追随型战略变革行动而言，企业可以参照行业成功的战略变革行动模式，将其作为"榜样"。这种模式的好处有二：其一，可以规避风险。如前文所述，领导型战略变革需要面临巨大的不确定性，从而蕴藏巨大的风险。其二，可以获得合法性。根据种群生态理论的观点，当某种战略变革行动模式被率先提出时，其因制度合法性较低将面临很多阻碍，当采取这一模式的企业逐渐增多后，社会会逐渐认可该模式，其合法性得以确立。采用追随型战略变革行动的企业可以借助已经确立的合法性降低其融资等具体约束，控制变革成本。

18.3.5 加强团队有效协同

关于战略变革的协同问题涉及两个层次：第一个层次是变革的产生协同，即变革的整体战略是如何形成的，代表了哪些人的利益与诉求；第二个层次是变革的沟通与实施协同，即通过何种方式形成整个企业关于变革的统一认识，以顺利推动变革的完成。

首先考虑变革的产生协同，它涉及两个方面：系统性思考与广泛性决策。一方面，企业战略变革需要进行系统性思考，考虑变革的整体影响。变革失败的一个常见原因就是缺乏系统性。要成功推动企业战略变革，不能仅仅考虑被变革部分，还需要考虑变革对与之相关的其他部分的影响。企业通过将其机械式结构改变为创新型结构，来更好地进行自主创新。但如果评价和激励制度仍然以效率为重点的话，那么该变革就难以成功。因此，成功的变革一定要从战略、结构、文化、流程等多个方面来系统思考，而不能把注意力放在单一功能或部门上。另一方面，需要全员参与变革决策。使全员参与变革的准备和决策，可以将阻力转变为动力，因为全员参与变革决策会大大激发员工的主人翁精神，提高员工的主动性和积极性。而且全员参与变革决策有助于了解源于员工的阻力，从而在变革初始阶段就对其进行有效的解决。

其次考虑变革的沟通与实施协同，其中最关键的是加强沟通与反馈。第一，在管理层实现广泛的沟通，通过面对面交谈、小组会、报告等多种形式对变革的目标进行深化宣传，形成整个管理层对企业战略变革的共识与认同。第二，加强管理层与员工之间的沟通与反馈：沟通可以消除管理层与员工之间的隔阂，营造相互信任的气氛；反馈可以使变革者及时了解变革的情况与阻力，并立刻采取措施进行调整予以解决。

18.4　战略变革与组织变革

企业的战略变革能力往往与其组织变革能力相协同，一方面，组织变革是战略变革的保障，根据 Chandler（1962）提出的"结构追随战略"模式，企业的战略变革需要其实施相匹配的组织变革，形成相适应的组织结构。另一方面，在企业实施战略变革的过程中，其组织结构也不得不随之变化，战略重心的转移必然会涉及传统核心部门与新的核心部门之间关于资源权利的冲突，这种冲突将塑造新的企业组织格局。因此，在讨论企业战略变革时，对其组织变革进行分析是十分必要的。

18.4.1　组织变革的定义和本质

组织变革（Organization Change）是指企业打破以往的模式而采用新的理念、结构及文化等。组织变革必须是彻底改变企业文化以及员工素质、思维及行为模式等，通过不断更新来提升企业绩效。需要特别指出的是，组织变革与一般的组织改善不同，改善只是部分的、小幅的改变，以积少成多的方式提升绩效，而变革则是更大范围和幅度的改变。

具体来说，组织变革过程主要包括员工、文化、结构、流程和技术五个方面，广义的组织变革还将企业战略包括在内：员工是企业的主体，也是推动组织变革的主体，但是在很多情况下，员工也会成为组织变革的阻力。比如，要对组织进行"瘦身"，就意味着必须裁减很多岗位，辞退很多冗余的员工，此时大部分员工就会成为阻力。文化是变革的对象，同时又是变革的条件。组织变革往往需要对文化进行变革，而文化的成功变革又可以推动其他方面的变革。文化是一种隐含的、刚性的组织特性，想要对其进行变革是非常困难的，正所谓"江山易改，本性难移"。但是一旦攻破文化堡垒，组织变革就可以顺水推舟了。结构和流程是组织变革中另外两个比较重要的方面。20 世纪 80 年代以前，人们更多地关注组织结构（亨利·明茨伯格提出的机械式组织、有机组织、创新组织、创业组织、愿景组织等）；80 年代中后期，迈克尔·哈默提出了流程再造的概念，后人将其不断系统化发展，于是流程的变革成为组织变革的核心内容。技术也是企业实现组织变革的关键一环。现代的组织变革往往需要一定的技术体系来支持。在科技高速发展的今天，企业要想获得竞争优势，就必须采用新的技术和设备，实现更高水平的自动化、智能化和信息化。

18.4.2　组织变革的模式与路径

在进行组织变革的过程中，需要保证变革的

模式及其实施与组织的特点相适应。虽然组织变革就是大幅改变，但是在组织变革过程中不可以冒进，而应该循序渐进地逐步进行改造，否则可能会前功尽弃。以下列举几个典型的组织变革模型。

18.4.2.1 勒温模型

组织变革的最经典模型来自堪称"变革理论之父"的库尔特·勒温（Kurt Lewin）。勒温认为，组织变革就是改变维持组织系统稳定的力量，构建新的平衡。组织在变革过程中会受到两种力量的作用：维持原状的力量（Restraining Forces），即组织变革的阻力；促进组织变革的力量（Driving Force），即组织变革的动力。如果阻力大于或者等于动力，那么组织变革将难以取得进展。此时，只有采取措施削弱阻力或增强动力，才能推动组织变革顺利开展。勒温的变革理论将组织变革分为解冻、改变和再冻三个阶段，也就是著名的勒温三阶段模型。

（1）解冻（Unfreezing）。任何组织成员都会对变革产生一定程度的消极情绪、成为阻碍，因此组织在实施变革之前，必须消除维持原状的力量，刺激组织成员改变原来的态度、行为。一般可以通过刺激性的主题或事件，使组织成员了解变革的必要性和具体情况。这个阶段就好像冰块的溶化过程，因此称为解冻阶段。

（2）改变（Changing）。按照组织变革计划，开展相应的具体变革行动（如组织结构的扁平化、组织文化的创新化等），这是组织变革的实质性阶段。为了防止变革过于激进，往往将此阶段分为试验和推广两个步骤。在全面实施变革计划之前，在小范围内进行尝试，以便总结经验。这个过程就好像把溶化的水倒入预设的模子里，因此称为改变阶段。

（3）再冻（Refreezing）。实施变革行动并不意味着变革的完成，还需要进一步强化组织的新结构、新流程或新文化，并使之内化稳固。这个过程就好像把模子里面的水再冻成冰，因此称为再冻阶段。

18.4.2.2 李维特模型

组织变革领域另一个著名的模型是由学者哈罗德·李维特（Harold Leavitt）提出的，如图18-3所示。李维特把组织变革分为三个不同的方面，即结构、技术和行为。这三个方面是相互依赖、相互作用的，其中任何一个方面的变革都可能引起其他方面的变革。

（1）结构。根据外部环境，对企业的战略、组织结构、制度规范等进行变革。

（2）技术。对组织流程进行再造。

（3）行为。对考评、激励及训练机制等的改变，主要是组织行为方面。

图 18-3　Leavitt 组织变革模型

资料来源：Leavitt（1965）。

18.5　战略变革与大趋势

长期以来，西方主流战略管理理论缺乏对长期环境变化的关注。面对不断变化的环境，西方主流战略管理思想形成了两种主要视角：其一是适应（Adaptation）视角，代表性的如权变理论（Burns and Stalker, 1961），它认为企业可以依靠有机方式（Organic Approach）适应动态环境；其二是竞争与选择（Competition and Selection）视角，代表性的如种群生态理论（Hannan and

Freeman, 1977），它认为由于组织结构惯性（Inertia）的存在，一些企业因无法适应环境而被淘汰，对应某一利基市场的种群最终会稳定在某一水平。显然，无论是适应视角还是竞争与选择视角都认为，企业在环境中的存续取决于自身结构与当下环境的匹配，而不讨论企业对未来趋势的理解。然而，对于战略制定者而言，只关心当下显然是危险的，企业战略的本质特征之一就是对未来的规划。

以印度哲学为基础的三盒战略是东方时空观的典型代表。在Govindarajan（2016）看来，管理当下、反思过去与创造未来是企业战略制定者的重要使命。三盒战略的核心思想基于印度的传统文化，揭示了东方时空观对企业战略管理的重要意义。三盒战略强调企业应当在发展过程中不断创造新知识（创造）、深化当前业务（维系）、忘却旧知识并探索未来（毁灭与重生）。三盒战略将过去、现在与未来看作一种连续且循环的时间流，从而建立"可鉴"的时空观。平衡好这三个盒子，找到卸下历史包袱、把握当下机遇与创造未来之间的最佳战略均衡点。通过这种方式，企业战略决策者可以更好地理解高度变化环境中的不变规律，实现对环境变化大趋势的把握。

三盒战略的核心是回归战略管理的本质，即"由外向内"与"由内向外"战略的统一，也即对企业外部的环境、市场、科技与内部的知识管理、创新管理的统筹安排和整体性、系统性思考。新框架不仅强调将波特范式下对企业外部环境的分析与资源视角下对企业内部资源的分析相连接，更强调将二者进行系统性的整合，建立全时空、内外协同、统筹全局的战略管理体系。

案例阅读

从辉煌到衰落：ofo战略变革的得与失（下）

从一个令所有互联网从业者都为之狂欢的独角兽，到被千万用户追着退押金，**ofo团队的战略变革失当是其衰落的重要原因之一。**

在前期，以"共享出行"为核心价值主张的商业模式将"绿色出行"的理念同互联网思维、平台战略和大数据能力相结合，与政府、市场、供应商（下行中的自行车产业）及资本方的利益相符，可以说是一种多方共赢的模式创新与战略安排。因此，ofo可以在短短的两年时间内成为独角兽企业，三年时间内成为估值60亿美元的共享单车巨头。然而，商业模式所带来的竞争优势并非永久的，市场的高速迭代与客户需求的不断变化使得旧有战略必须不断被修正。战略变革力的缺失使得ofo最终走向衰落。

从客户需求角度来看，ofo初始阶段的战略是"低价+补贴"，依靠价格优势获得客户与日订单量，尽管这种"烧钱"的战略是互联网企业经常使用的，但ofo并未意识到，共享单车行业与传统互联网平台有着明显的区别，产品的单一与互动的缺乏导致客户黏性非常低，较高的获客成本与较高的流失率注定了其商业模式难以长期维持。

从资本方角度来看。前期资本大量进入共享单车行业，目的是希望挑战早就存在的有桩公租自行车，该模式的本质就是自行车分时租赁，而资本市场则希望通过投资瓜分这块大蛋糕。但没想到的是，共享单车一开始就陷入了野蛮竞争：粗放经营，盲目扩张，补贴不断。"烧钱"的规模和速度远远超过了资本预期，前期的资本运作让ofo全然沉寂在"钱花不完"的喜悦当中。沉溺于资本运作，而忽视造血能力的ofo，也埋下了分崩离析的种子。当蒙眼狂奔、跑马圈地却无力负担运营，没有给资本带来更多的收益时，资本市场便放缓了投资的步伐。"价格战""投放更多车辆""用户补贴"……这一系列的"烧钱"举动就越来越显得捉襟见肘，也为后来资金链断裂埋下隐患。

从运营角度来看，ofo后期对自行车管理懒散、缺乏效率，没有主动解决维护困难和破坏率高的问题，导致维护人员越来越少，坏车也越来越多，严重影响了用户体验及便捷出行的需求，导致用户不再使用ofo。与此同时，前期大量投放单车虽然方便了用户寻找，但是某些地方的单车投放量过高，造成了资源浪费，产生了大量的"城市垃圾"，给企业"绿色出行"的形象带来了巨大损害，并导致整个行业面临合法性危机。

面对以上众多的战略失当，ofo的管理层不仅没有及时地修正企业战略，反而在"烧钱"的道路上越走越远。ofo的案例说明，再好的战略都不可能确保企业"山河永固"，面对复杂环境的战略变革能力才是支持企业永续经营的关键所在。

资料来源：

陈劲，等．2020．创新思维［M］．北京：清华大学出版社。

思考题

1. 什么是企业战略变革，其包含哪些类型？
2. 企业战略管理的意义是什么？
3. 企业战略变革的过程包含哪些重要的行动？
4. 企业如何以组织变革带动战略变革的实施？

每章必读

[1] JOHNSON G, YIP G S, HENSMANS M. 2012. Achieving successful strategic transformation [J]. MIT Sloan Management Review, 53 (3): 25.

[2] STOCKPORT G J. 2000. Developing skills in strategic transformation [J]. European Journal of Innovation Management, 13 (1): 45-52.

参考文献

[1] ANSOFF H I. 1965. Corporate strategy [M]. New York: Penguin Books.

[2] BARNEY J. 1991. Firm resources and sustained competitive advantage [J]. Journal of Management, 17 (1): 99-120.

[3] BOWER J L, CHRISTENSEN C M. 1995. Disruptive technologies: catching the wave [J]. Harvard Business Review, (1): 43-53.

[4] BURNS T, STALKER G M. 1961. The management of innovation [M]. London: Tavistocck Rublishing.

[5] CARPENTER M A. 2000. The price of change: the role of CEO compensation in strategic variation and deviation from industry strategy norms [J]. Journal of Management, 26 (6): 1179-1198.

[6] CHANDLER A D. 1962. Strategy and structure: chapters in the history of the industrial enterprise [M]. Cambridge, MA: MIT Press.

[7] CHRISTENSEN C M. 1997. The innovator's dilemma: when new technologies cause great firms to fail [M]. Boston: Harvard Business School Press.

[8] COASE R H. 1937. The nature of the firm [J]. Economica, 4 (16): 386-405.

[9] DEMSETZ H. 1973. Industry structure, market rivalry, and public policy [J]. Journal of Law and Economics, 16 (1): 1-9.

[10] DEWAR R D, DUTTON J E. 1986. The adoption of

radical and incremental innovations: an empirical analysis [J]. Management Science, 32 (11): 1422-1433.

[11] FINKELSTEIN S, HAMBRICK D C. 1990. Top-management-team tenure and organizational outcomes: the moderating role of managerial discretion [J]. Administrative Science Quarterly, 35 (3): 484-503.

[12] GOVINDARAJAN V. 2016. The three-box solution: a strategy for leading innovation [M]. Boston: Harvard Business Review Press.

[13] HANNAN M T, FREEMAN J. 1977. The population ecology of organizations [J]. American Journal of Sociology, 82 (5): 929-964.

[14] HITT M A, HOSKISSON R E, Ireland R D. 2007. Management of strategy: concepts and cases [M]. Mason: Thomson South-Western.

[15] HURTS S. 2008. Business model: a holistic scorecard for piloting firm internationalization and knowledge transfer [J]. International Journal of Business Research, 8 (3): 52-68.

[16] KNIGHT F. 1921. Risk, uncertainty, and profit [M]. Boston: Houghton Mifflin.

[17] LEAVITT H J. 1965. Applied organizational change in industry, structural, technological and humanistic approaches [M]//MARCH J G. Handbook of organizations, Chicago, IL: Rand McNally: 264.

[18] MARACH J G, OLSEN J P. 1976. Ambiguity and choice in organizations [M]. Bergen, Norway: Universitetsforlaget.

[19] MINTZBERG H. 1978. Patterns in strategy formation [J]. Management Science, 24 (9): 934-948.

[20] NARANJO-Gil D, HARTMANN F, MAAS V S. 2008. Top management team heterogeneity, strategic change and operational performance [J]. British Journal of Management, 19 (3): 222-234.

[21] PETERAF M A. 1993. The cornerstones of competitive advantage: a resource-based view [J]. Strategic Management Journal, 14 (3): 179-191.

[22] PORTER M E. 1980. Competitive strategy [M]. New York: Free Press.

[23] PORTER M E. 1996. What is strategy? [J]. Harvard Business Review, 74 (6): 61-78.

[24] POWELL W M. 1990. Neither market nor hierarchy: network forms of organization [M]//STAW B M, CUMMINGS L L. Research in organizational behavior. Greenwich, CT: JAI Press: 295-336.

[25] RUMELT R P. 1987. Theory, strategy, and entrepreneurship [M]. Cambridge, MA: Ballinger.

[26] SANDERS W G, CARPENTER M A. 1998. Internationalization and firm governance: the roles of CEO compensation, top team composition, and board structure [J]. Academy of Management Journal, 41 (2): 158-178.

[27] STACEY R. 2009. Complexity and organizational reality: uncertainty and the need to rethink management after the collapse of investment capitalism [M]. London: Routledge.

[28] WERNERFELT B. 1984. A resource-based view of the firm [J]. Strategic Management Journal, 5 (2): 171-180.

[29] WIERSEMA M F, BANTEL K A. 1992. Top management team demography and corporate strategic change [J]. Academy of Management Journal, 35 (1): 91-121.

[30] WILLIAMSON O E. 1975. Markets and hierarchies [M]. New York: Free Press.

[31] WILLIAMSON O E. 1985. The economic institutions of capitalism: firms, markets, relational contracting [M]. New York: Free Press.

[32] WILLIAMSON O E. 1991. Comparative economic organization: the analysis of discrete structural alternatives [J]. Administrative Science Quarterly, 36 (2): 269-296.

[33] ZHANG Y, RAJAGOPALAN N. 2010. Once an outsider, always an outsider? CEO origin, strategic change, and firm performance [J]. Strategic Management Journal, 31 (3): 334-346.

[34] 陈劲, 曲冠楠, 王璐瑶. 2019. 基于系统整合观的战略管理新框架 [J]. 经济管理, 41 (7): 5-19.

[35] 陈劲, 等. 2020. 创新思维 [M]. 北京: 清华大学出版社.

[36] 陈劲. 2010. 管理学 [M]. 北京: 中国人民大学出版社.

[37] 兰德斯. 2013. 2052: 未来四十年的中国与世界 [M]. 秦雪征, 谭静, 叶硕, 译. 南京: 译林出版社.

[38] 凌玲. 2013. 新型雇佣关系背景下雇佣关系稳定性研究——基于可雇佣能力视角 [J]. 经济管理, (5): 63-71.

[39] 彭剑锋. 2014. 互联网时代的人力资源管理新思维 [J]. 中国人力资源开发, (12): 41-48.